ARCHIVES DE LA FRANCE MONASTIQUE
VOL. XIV

ABBAYES ET PRIEURÉS
DE L'ANCIENNE FRANCE

Recueil historique
des Archevêchés, Évêchés, Abbayes et Prieurés de France
par Dom BEAUNIER

TOME CINQUIÈME

Province ecclésiastique de Bourges

PAR

le R. P. Dom J.-M. BESSE

ABBAYE DE LIGUGÉ
CHEVETOGNE, PAR LEIGNON (BELGIQUE)

PARIS
JOUVE ET Cⁱᵉ, ÉDITEURS
15, RUE RACINE, 15

1912

ABBAYES ET PRIEURÉS
DE L'ANCIENNE FRANCE

V

Province ecclésiastique de Bourges

ARCHIVES DE LA FRANCE MONASTIQUE
VOL. XIV

ABBAYES ET PRIEURÉS
DE L'ANCIENNE FRANCE

Recueil historique
des Archevêchés, Évêchés, Abbayes et Prieurés de France
par Dom BEAUNIER

TOME CINQUIÈME

Province ecclésiastique de Bourges

PAR

le R. P. Dom J.-M. BESSE

ABBAYE DE LIGUGÉ	PARIS
CHEVETOGNE, PAR LEIGNON (BELGIQUE)	JOUVE ET Cie, ÉDITEURS 15, RUE RACINE, 15

1912

PROVINCE ECCLÉSIASTIQUE DE BOURGES

I

DIOCÈSE DE BOURGES[1]

[Bourges[a], *Bituricencis*..., métropole de la première Aquitaine et de l'Exarcat des Gaules. C'est une bonne ville dans le gouverne-

---

1. Chef-l. départ. du Cher. — Histoire du Berry, contenant l'origine, antiquité, gestes, prouesse, privilèges et libertés des Berruyers, avec particulière description du pays, le tout recueilli par J. Chaumeau. *Lyon*, 1566, *in-fol.* — Histoire de Berry abrégée dans l'éloge panégyrique de la ville de Bourges, par Labbe. *Paris*, 1647, *in-12* et *Bourges*, 1840. — Histoire du Berry, par Gaspard Thaumas de la Thaumassière. *Bourges*, 1689, *in-fol.* — Inventaire sommaire des titres employés dans les preuves de l'histoire du Berry, par le même. *Bourges*, 1675 *in-fol.* — La Thaumassière, sa vie, ses relations et ses œuvres, par de Robillard de Beaurepaire, dans *Mém. Soc. Antiq. Centre*, I (1867), 129-164. — Nouvelle histoire du Berry avec les histoires héraldiques des maisons et familles nobles les plus connues dans le Berry, par Pollet. *Paris*, 1783-1785, 5 vol. *in-8.* — Histoire du Berry depuis les temps les plus reculés jusqu'en 1789, par Louis Raynal. *Bourges*, 1844-1847, 4 vol. *in-8.* — Notice sur l'« Histoire du Berry » de Raynal, par Jaubert. *Paris*, 1855, *in-8.* — Quelques faits relatifs à l'histoire du Berry, extraits des miracles de saint Benoît par les Moines de Fleury, par de Brimont, dans *Mém. Soc. Antiq. Centre*, VIII (1879), 83 et s. — Description générale du pays et duché de Berry et diocèse de Bourges, par de Nicolay (1567), publiée d'après le manuscrit autographe. *Châteauroux*, 1885, *in-8.* — Chronique berrichonne du XVIIe siècle. Journal des choses mémorables, arrivées en la ville de Bourges et autres lieux de la pro-

---

(a) Le texte entre [ ] est emprunté à Dom Beaunier.

ment d'Orléans. Son archevêque, qu'on y voit dès l'année 250, prétend à la qualité de patriarche, parce qu'on la lui donna par honnêteté dans le sixième siècle. Il fit tous ses efforts du temps de Charle-

---

vince (1621-1694), mises en ordre et publiées par Henri Jongleux. *Bourges*, 1881, in-8. — Le régime municipal en Berry des origines à 1789, par H. de Mazière-Mauléon. *Paris*, 1903, in-8. — Étude sur les communautés d'habitants dans le Berry, par H. Clément. *Châteauroux*, 1891, in-8. — Le XVIe siècle et les guerres de la Réforme en Berry, par de Brimont. *Paris*, 1905, 2 vol. in-8. — Mémoire sur la généralité de Bourges en 1697, par de Girardot. *Bourges*, 1844, in-12. — Essai sur les assemblées provinciales et en particulier sur celles du Berry (1778-1790), par le même. *Bourges*, 1845, in-8. — De feudali conditione hominum et prædiorum in bailliva Bituricensi sub anno MDCCLXXXIX, auct. Marcello Bruneau. *Bourges*, 1902, in-8.

Patriarchium Bituricense; historia patriarcharum, archiepiscoporum Bituricensium..., par un moine de Saint-Sulpice, dans *Nova Bibliotheca* de Labbe, II, 1-150. — Chronologia historica patriarcharum, archiepiscoporum Bituricensium et Aquitaniarum primatum, anno 1603 primo edita, nunc vero editioni secundæ accessit catalogus decanorum ecclesiæ Bituricensis, auct. Chenu. *Paris*, 1621, in-4. — Table chronologique des archevêques de Bourges, s. l. n. d. in-4. — Notice sur l'ancien clergé du diocèse de Bourges, par de Clamecy. *Bourges*, 1841, in-8. — Recueil des antiquités et privilèges de la ville de Bourges et de plusieurs autres villes capitales du royaume..., par Chenu. *Paris*, 1621, in-4. — Notices historiques et archéologiques sur Bourges et le département du Cher, par Pierquin de Gembloux. *Bourges*, 1840, in-8. — Notes historiques sur la ville de Bourges, son origine, ses fortifications et ses monuments gallo-romains, par Ribault de Laugardière. *Bourges*, 1858, in-12. — Bourges et ses monuments, par S. Clément. *Bourges*, s. d. — Guide de l'étranger dans la ville de Bourges, par Buhot de Kersers. *Bourges*, 1897, in-8. — Les anciennes institutions municipales de Bourges, par Ed. Charlemagne. *Bourges*, 1889, in-8. — Les corporations ouvrières de Bourges, par Toubeau de Maisonneuve. *Bourges*, 1884, in-8.

La réforme à Bourges au XVIe siècle, par Weiss, dans *Bul. Soc. hist. Protestantisme* (1904), juillet-août. — Martyrs du diocèse de Bourges pendant la révolution de 1793, par Caillaud. *Bourges*, 1858, in-12. — Les détenus ecclésiastiques dans les prisons du département de l'Indre, par H. Vaillant, dans *Bul. Soc. acad. Centre*, IX (1903), 179-195, 341-364; X, 77-101, 177-234. — Notice sur quelques confesseurs de la Foi dans le diocèse de Bourges pendant la révolution de 1793, par Caillaud, dans *Mém. am. hist. Cher* (1860), 175-211. — M. de Puységur et l'É-

magne pour s'établir une espèce de primatie sur les rois d'Aquitaine et a eu depuis ce temps-là de grandes contestations avec les archevêques d'Auch et de Bordeaux sur ce sujet, qui sont encore indé-

---

glise de Bourges pendant la révolution (1789-1802), par DE BRIMONT. Bourges, 1896, in-8. — La vente des biens nationaux pendant la révolution, avec étude spéciale des ventes dans les départements de la Gironde et du Cher, par MARION. Paris, 1908, in-8. Inventaire sommaire des archives départementales, Cher, I, sér. A et B, par BOYER et BARBERAUD. Bourges, 1883, in-4 ; II, sér. B, C, D, E, par BOYER et DAUVOIS. Ibid., 1885, in-4. — Incendie d'archives, Bourges. Liste des cartulaires détruits (1858), dans Bul. Soc. hist. France, XX (1859-1860), 64. — Analyse des actes de Charles VII conservés dans les archives départementales du Cher, par JACQUES SOYER. Bourges, 1898, in-8 ; ext. Mém. Soc. antiq. Centre. — État général par fonds des archives départementales, 137-148. — Les archives de l'histoire de France, par LANGLOIS et STEIN, 111. — Archives de la ville de Bourges, par JONGLEUX. Bourges, 1877, 2 vol. in-8. — Inventaire sommaire des archives départementales, Indre, sér. G, sér. H, par HUBERT. Paris, 1876, in-4. Sér. A. Châteauroux, 1901, in-4. — Mémoire sur les archives de l'Indre, par DESPLANQUES. Paris, 1863, in-8. — Recueil général des chartes intéressant le département de l'Indre (VIe-XIe s.), par HUBERT. Châteauroux, 1899, in-8. — Recueil des chartes françaises du XIIIe siècle conservées aux archives de l'Indre, par LE MÊME. Paris, 1885, in-8. — État général..., 311-316. — LANGLOIS et STEIN, 158. — Les sources de l'histoire du Bas-Berry aux archives nationales. Répertoire des documents concernant le département de l'Indre, par HUBERT. Paris, 1893, in-8. — Catalogue des titres et papiers conservés dans le cabinet de Mademoiselle Labbé à Bourges, dans Mém. Soc. Antiq. Centre, XXX (1906), 243-264. — Rapport sur les manuscrits conservés dans les dépôts publics du département du Cher, par SALMON, dans Congrès archéol. France, XV. Bourges, 55-60. — Notice sur les archives du Cher, Ibid. 61-64. — A quelle époque remontent les archives municipales des principales villes de la région, par FAUCONNEAU-DUFRESNE et HUBERT. Ibid., XL, 509-535. — Catalogue général des manuscrits. Départements, IV. Bourges, 1-91, XL, 636-640, IX. Châteauroux, 159-194. — Bibliothèque de la société des antiquaires du Centre. Catalogue du fonds Berruyer, Bourges, 1904, in-8.

Antiquités bénédictines de Dom ESTIENNOT, Bib. nat. ms. lat., 12742, 12743. — Essai sur les vicissitudes monastiques dans le Bas-Berry, par DESPLANQUES, dans Revue archéol. du Berry (1898), 7-12, et Mém. lus à la Sorbonne. Histoire, II (1863), 163-199. — Conférence sur les anciens

cises. Cependant il porte la croix double comme un primat et a deux officiaux, l'un de métropole et l'autre de primatie ; mais leur juridiction ne s'étend point hors de sa province. En prenant les

châteaux et les anciennes abbayes du Bas-Berry, par Fauconneau-Dufresne, *Châteauroux*, 1877, *in-12*. — Les règlements d'abbayes du Bas-Berry aux XVe et XVIe siècles, par Hubert, dans *Revue du Berry* (1907), 295-298. — Les commanderies de Malte en Berry, par de Toulgoet-Treanne, Bourges, 1909, *in-8* ; ext. *Mém. Soc. Antiq. Centre*, XXXI (1909), 97-188. — Notices sur les châteaux, abbayes et monuments du département du Cher, par de Barral. *Paris*, 1848, *in-8*. — Répertoire historique et archéologique du diocèse de Bourges, publié par les soins du Comité diocésain. *Bourges*, 1872, *in-8*. — Histoire et statistique monumentale du département du Cher, par Buhot de Kersers. *Bourges*, 1875-1898, 8 vol. *in-4*. — Dictionnaire historique, géographique et statistique du département de l'Indre, par Hubert. *Paris*, 1889, *in-8*. — Le Bas-Berry. Histoire et archéologie, par le même, *Paris*, 1905-1906, *in-4*. — Armorial de la généralité de Bourges, par d'Hozier, avec introduction par des Gozis, dans *Mém. Soc. Antiq. Centre*, XII (1883). — Armorial des archevêques de Bourges, par des Méloizes. *Bourges*, 1909, *in-8* ; ext. même recueil. — Générale description du Bourbonnais, par Nicolas de Nicolay, publiée par Vayssière. *Moulins*, 1889, 2 vol. *in-8*. — Paroisses bourbonnaises depuis leur origine jusqu'à nos jours, par Morel. *Moulins*, 1902, *in-8*, 369-502.

Rapport sur l'état des études archéologiques dans le département du Cher depuis trente ans, par de Lagardière, dans *Congrès archéol. France*, LXV (1898). *Bourges*, 125-140. — Caractères principaux des églises du Bas-Berry, depuis le XIe s. jusqu'à la Renaissance, par Damourette. *Ibid.*, XL, 424-494. — Les églises romanes du Berry. Caractères et pénétrations étrangères, par Desnouillières, dans *Bul. monum.* LXXIII, 1909, 469-492. — Congrès archéologique de France, XV (1849). Châteauroux, *Paris*, 1850, *in-8*. XL (1873), Châteauroux, *Paris*, 1874, *in-8*. LXV (1898), Bourges, *Paris*, 1900, *in-8*.

Sociétés des Antiquaires du Centre. Mémoires, *Bourges*, 1867 *et s.*, *in-8*. — Société historique, littéraire du Cher. Bulletin et mémoires. *Bourges*, 1852 *et s.*, *in-8*. — Comité d'histoire et d'archéologie du diocèse de Bourges. Bulletin. *Bourges*, 1867 *et s.*, *in-8*. — Société académique du Centre. Revue et Bulletin. *Châteauroux*, 1878 *et s.*, *in-8*. — Revue du Berry. *Bourges*, 1864-1866, *in-8*. — Le Bas-Berry. *Châteauroux*, 1875-1878, *in-8*. — Annuaire du Berry. *Bourges*, 1840-1845, *in-12*. — Gallia christiana, II, 1-115 ; *instr.* 1-72. — Le clergé de France, par du Tems, III, 1-120.

qualités de patriarche, primat des Aquitains, et de métropolitain, il a, en vertu de la première, juridiction sur les archevêques de Narbonne et de Toulouse, et, en vertu de la seconde, sur les archevêques de Bordeaux et d'Auch. Cependant on ne voit aucun vestige de cette juridiction avant le neuvième siècle. Ce fut pour lors que l'archevêque de Bordeaux Frotaire reconnut la primatie de Bourges. Ensuite la ville de Bordeaux ayant été ruinée de fond en comble par les Normands, Frotaire fut fait archevêque de Bourges, sans renoncer à celui de Bordeaux ; ce qui le rendit paisible primat de toute l'Aquitaine. Dans le même temps, l'archevêque de Narbonne avait été également soumis à Bourges, quoique sa province n'eût jamais fait partie de l'ancienne Aquitaine. Aussi les archevêques de Narbonne se sont-ils, dans les siècles suivants, exemptés de cette primatie... Les guerres que la reine Eléonore alluma entre la France et l'Angleterre firent naître l'envie à l'archevêque de Bordeaux de secouer le joug de la primatie que l'archevêque de Bourges avait sur lui ; mais il ne fut pas heureux, car le Pape Grégoire IX, par sa bulle du 9 des calendes d'octobre de 1231, ordonna qu'il serait permis à l'archevêque de Bourges de visiter de sept ans en sept ans la province de Bordeaux[1]. Le Pape Innocent IV confirma ce règlement quelque temps après. Les archevêques de Bourges ne se sont pas bornés à l'obtention de ces bulles ; ils les ont mises à exécution, puisque Aymon de Bourbon visita la province de Bordeaux et consacra l'église, comme aussi le monastère de Saint-Front de Périgueux, l'an 1047. Pierre de la Châtre, Guérin, Henri de Sully et plusieurs autres archevêques ont fait la même chose. Ce dernier consacra l'église cathédrale de Saintes dans le cours de ses visites... Cependant le

---

[1]. Les prétentions des archevêques de Bourges à la primatie d'Aquitaine ne sont pas antérieures au XIe siècle. — De primordiis Primatiæ Bituricensis, a PARISET. Nancy, 1896, in-8. — La Primatie de Bourges, par LEROUX, dans *Annales du Midi*, VII, 141 et s. — Les Fastes épiscopaux de l'ancienne Gaule, par DUCHESNE, II, 1-20. — Recueil des actes du clergé, VIII, 201 et s.

pape Clément V, qui avait été archevêque de Bordeaux, sans s'arrêter au jugement de son prédécesseur, Grégoire IX, jugea en faveur des archevêques et de l'Église de Bordeaux, en imposant silence à ceux de Bourges, qui n'ont pas laissé néanmoins de soutenir leurs prétentions jusqu'à présent, sans que ce différent ait pu être terminé.

Comme métropolitain, l'archevêque de Bourges a cinq suffragants, qui sont les évêques de Clermont, de Saint-Flour, du Puy, de Tulle et de Limoges. Autrefois il en avait onze. L'évêché d'Albi, qui en était un, ayant été érigé en archevêché, fut distrait de la juridiction de l'archevêché de Bourges, de même que les évêchés de Mende, de Rodez, de Vabres, de Castres et de Cahors, dont les évêques devinrent suffragants de l'archevêque d'Albi. Il fut pris en échange quinze mille livres de rente sur l'archevêché d'Albi, qui furent annexées à l'archevêché de Bourges par contrat du 7 mars 1675 et par ce moyen l'archevêché de Bourges, qui ne valait que douze mille livres de revenu, en a valu depuis vingt sept mille.

Saint Ursin a été le premier évêque de Bourges [1]...

L'église patriarchale de Saint-Etienne est un très bel ouvrage gothique. Elle est située dans l'endroit le plus élevé de la ville. Là

---

1. Sur les origines de l'Église de Bourges : DUCHESNE, ouv. cit., II, 21-31 ; 122-124. — Apostolicité de l'Église de Bourges, par CHEVALIER, dans Bul. Soc. Acad. du Centre (1896), 1-31, 95-123, 178-194. — Saint Ursin, apôtre du Berry, avec une introduction, par DE LUTIO, Bourges, 1858, in-18. — Saint Ursin, son apostolat dans le Berry et son culte, par DE BUIMONT. Bourges, 1884, in-8. — Sur le lieu de sépulture de saint Ursin, apôtre du Berry, par DUMOUTET et APPÉ, dans Bul. com. hist. Bourges (1867-1875), 214.

La mense abbatiale de Saint-Benoit-sur-Loire fut unie à l'archevêché de Bourges en 1772. — Le chartrier de cet établissement est conservé aux archives départementales du Cher, où il se compose de 424 articles. Le fonds de l'officialité métropolitaine comprend 66 liasses. Il y a un inventaire des titres de l'archevêché de 1777 et un cartulaire (XIII-XIVe s.) qui commence en 1119. — Bib. nat. Baluze LXXIX, LXXXI, f. 1-126. — Bib. Tours, ms. 1172.

sur un vaste perron, on trouve cinq grandes portes. Aux deux côtés de ce frontispice sont deux belles et hautes tours, l'une ancienne, appelée la tour sourde, et l'autre nouvelle, qu'on appelle la belle tour, qui fut commencée le 19 octobre 1508, d'autres disent en 1507, en la place d'une autre qui était tombée le 31 décembre 1506, et achevée l'an 1538, sous la conduite de Guillaume de Pellevoisin, un des plus fameux architectes de ce temps-là[1]...

---

[1]. La cathédrale de Bourges. Description historique et monumentale de l'église patriarcale, primatiale et métropolitaine de Bourges, par Romelot, Bourges, 1824, in-8. — La cathédrale de Bourges. Description historique et archéologique avec plan, notes et pièces justificatives, par Girardot et Durand. Moulins, 1849, in-18. — Vitraux peints de Saint-Étienne de Bourges. Recherches détachées d'une monographie de cette cathédrale, par Cahier et Durand, Paris, 1841-1844 et 1860, in-fol. — Sur quelques points de zoologie mystique dans les anciens vitraux peints. Fragment extrait d'une monographie de la cathédrale de Bourges, par les mêmes. Paris, 1842, in-4. — Vitraux de Bourges, Vitraux du XIIIe siècle de la cathédrale de Bourges, illustré de 54 planches autographiées, par S. Clément et A. Guitard. Bourges, 1900, in-8. — Note sur un très ancien vitrail de la cathédrale de Bourges, par des Méloizes. Bourges, 1833, in-8. — Les vitraux de Bourges, par le même. Caen, 1901, in-8 ; ext. Bul. monum. — Vitraux peints de la cathédrale de Bourges postérieurs au XIIIe siècle. Texte et dessins par le même, avec introduction par Eug. de Beaurepaire. Paris, 1891-1897, 10 livraisons. — Description de la cathédrale et des vitraux de Bourges et des autres monuments de la ville, par Barreau. Châteauroux, 1885, in-8. — Rapport de Didron sur les travaux exécutés de 1829 à 1848 à la cathédrale de Bourges, publié par Octave Roger. Bourges, 1889, in-8. — La cathédrale de Bourges. Étude sur les restaurations effectuées depuis 1826, par Parreau. S. l. n. d., in-8. — Les artistes de la ville et de la cathédrale de Bourges, par de Girardot. Nantes, 1861, in-fol. — Description des sculptures du portail de la cathédrale de Bourges, par le même, dans Mém. Soc. Antiq. Centre, VII (1877), 249 et s. — Remarques ecclésiologiques sur les églises de Bourges, par Bordeaux. Ibid., II, 291 et s. — Visite à la cathédrale de Bourges, par Crosnier, dans Congrès archéol. France, XVI (1849), 41-104. — Note sur l'essai de restauration des vitraux de la cathédrale de Bourges, par Thévenot. Ibid., 85-90. — Le portail méridional de la cathédrale de Bourges, par Auber et Thévenot, Ibid., 111-114. — Ancienne horloge de la cathédrale de Bourges, par Boissier-

Le chapitre de l'église cathédrale est composé d'un doyen, d'un chantre, d'un chancelier, d'un grand archidiacre, d'un sous-chantre, de neuf archidiacres et de quarante chanoines prébendés... Ce chapitre est exempt de la juridiction de l'archevêque et relève immédiatement du Saint-Siège. L'église de Saint-Etienne est entourée d'un cloître fermé, où sont les maisons canoniales. Le chapitre a toute justice dans ce cloître et sur tous ceux qui y demeurent, par concession du roi Louis VII, de l'an 1174 [1].

Duran, dans *Bul. com. hist. Bourges* (1867), 380-383. — L'ancien jubé de la cathédrale de Bourges, par Oct. Roger. Bourges, 1892, in-8. — Sépultures découvertes dans la cathédrale de Bourges en 1896, par le même. *Bourges*, 1893, in-8. — Une inscription inédite de la cathédrale de Bourges, par des Méloizes, dans *Mém. Soc. Antiq. Centre*, XV, 123-126. — Sur une inscription arménienne trouvée dans la cathédrale de Bourges, par de la Tour d'Auvergne, dans *Bull. com. hist. Bourges* (1867), 254 et s. — Les chapelles absidiales de la cathédrale de Bourges, par Buhot de Kersers, *Ibid.*, III, 47 et s. — Le grand orgue de la cathédrale de Bourges, par de Boissoudy. *Bourges*, 1883, in-8. — Mausolée du maréchal de la Grange-Montigny dans la cathédrale de Bourges, par Gauchery, dans *Mém. Soc. Antiq. Centre*, XXIX (1906), 267-278. — Notes historiques sur la décoration de la chapelle de la Vierge à la cathédrale de Bourges, avant la révolution, par Mater, *Ibid.*, XXVIII, 241-258. — Les statues et les mausolées des familles de Laubespine et de la Grange-Montigny à la cathédrale de Bourges, par Gauchery, *Ibid.*, XXVII, 364-382. — Les anciennes tapisseries de la cathédrale de Bourges. Pierre de Crosses, par Mater. *Ibid.*, XXVII, 329-360. — La cathédrale de Bourges, ses richesses artistiques, par Clément. *Saint-Amand*, 1894, in-8.

1. Le fonds du Chapitre métropolitain aux Archives départementales du Cher ne comprend pas moins de 2119 articles. *État général*, 142. On y trouve un cartulaire (XIIIe-XVIIIe s.). — Cartulaire de l'église cathédrale de Bourges (XIIIe s.), *Bib. nat. nouv. lat. ms.* 1274. — Le cartulaire de Saint-Etienne de Bourges, par de Boissoudy. *Bourges*, 1884, in-8, ext. *Semaine religieuse*. — Bibliographie générale des cartulaires, par Stein, n°s 597-599, p. 85. — Etienne de Gallardon, clerc de la Chancellerie de Philippe-Auguste, chanoine de Bourges, par L. Delisle, dans *Bib. éc. Chartes*, LX (1899), 1-44. — Les libertés, immunités et exemptions de l'église patriarcale de Bourges, avec les arrêts et règlements obtenus par les doyen, chanoines et chapitre de la dite église. *Paris*, 1618, in-8. — Arrêt du Conseil d'État du roi, qui ordonne que les prises

Les diptyques de l'église de Bourges sont peut-être la pièce la plus curieuse du trésor de la cathédrale. Ce sont des tablettes d'ivoire sur lesquelles étaient écrits les noms des archevêques et que l'on exposait sur l'autel durant la messe. Lorsque ces tablettes ont été remplies, on les a copiées sur des feuilles de parchemin, que l'on a insérées dans ces tablettes, qu'on appelle communément *le livre d'ivoire*. Il y a dans la bibliothèque de la cathédrale, outre les livres imprimés, plusieurs manuscrits ; les principaux sont une belle Bible en deux gros volumes, Saint Augustin sur les psaumes et autres [1].

---

de possession de bénéfices, ensemble tous les actes de la compétence des notaires apostoliques, compris dans l'édit du mois de décembre 1691, seront contrôlés dans la quinzaine de la date... juillet 1728, *in-4*. — Arrêt du Conseil d'État du roi, ordonne que le clergé de Bourges sera tenu de justifier des baux qu'il a dû faire de tous ses revenus, 10 avril 1750. *S. l. n. d. in-4*. — Mémoire signifié pour les doyen, chanoines et chapitre de l'église de Bourges, intimés contre le M" de Gaucourt, 1741. *S. l. n. d., in-fol*. — Factum pour le Doyen... contre Pierre Denis Perrotin de Barmond, diacre du diocèse de Bourges, tenant l'indult de M. Baussan ci-devant maître des Requêtes. *S. l. n. d., in-fol*. — Mémoire pour le Doyen..., contre les prétentions du s. D. Perrotin de Barmond sur le doyenné de la dite église, comme cessionnaire d'indult, *S. l. n. d., in-4*. — Histoire du Chapitre Saint-Étienne de Bourges, par DE GIRARDOT. *Orléans*, 1853, *in-8* ; ext. *Mém. Soc. Archéol. Orléanais*. — Journal de Mathieu Perrot, chanoine prébendé de la cathédrale de Bourges (1662-1703), par H. PONNOY, dans *Mém. Soc. Antiq. Centre*, XX, 55-270. — Recueil des actes du clergé de France, II, 535 et s., 1077 ; VII, 1633-1634.

1. Histoire et inventaire du trésor de la cathédrale de Bourges, par DE GIRARDOT, dans *Mém. Soc. Antiq. France* (1859), 183-272. — Ancien catalogue de la bibliothèque de l'église cathédrale de Bourges (1265), par MORTET, dans *Cabinet historique* (1882), I, 50-52, et Catalogue des manuscrits de la bibliothèque de Bourges, par DE GIRARDOT. *Paris*, 1859, *in-4*. — Histoire des imprimeurs et libraires de Bourges, suivie d'une notice sur ses bibliothèques, par H. BOYER. *Bourges*, 1854, *in-8*.
Le catalogue des évêques inscrit sur le diptyque a été publié par L. DELISLE, art. cit., dans *Bib. éc. chartes*, LX, 42-44. — DUCHESNE, *ouv. cit.*, II, 21. — Les diptyques de la cathédrale de Bourges, par DUMONTET, dans *Mém. lus à la Sorbonne* (1863), 229-242.

Le palais archiépiscopal serait un édifice superbe, si quelque archevêque de Bourges voulait bien suivre le dessein, dont Michel Phelypeaux de La Vrillière, archevêque de cette ville, a jeté les fondements et a même avancé l'exécution. Les beaux tableaux d'Italie, que M. de Gesores y a mis en grand nombre, sont d'un prix inestimable. Le séminaire, qui est tout proche et bâti des ruines de la grosse tour, est le plus magnifique qui soit dans le royaume. Mais ce n'est qu'un édifice commencé et il n'y a guère d'apparence qu'on n'en voie jamais la fin. Il est gouverné par Messieurs de Saint-Sulpice[1]. L'église de Moutier-Moyen, qui est à présent celle de ce séminaire, est fort ancienne. Toutes les églises collégiales de Bourges, excepté la Sainte-Chapelle, étaient dans leur origine des abbayes d'hommes ou de filles. On compte dans Bourges seize paroisses et cinq chapitres, sans parler de deux, qui ont été unis au séminaire.

Quoique le Berry n'ait pas ce grand nombre d'évêchés qu'on remarque dans d'autres provinces du royaume et que l'archevêché de Bourges soit le seul qu'il y ait, on peut néanmoins assurer qu'il y a peu de province où le clergé soit aussi nombreux et aussi florissant. Car l'on compte dans ce diocèse huit cents paroisses, qui sont divisées en vingt-trois archiprêtrés, savoir : Bourges, Argenton, Bourbon, La Châtre, Chantelle, le Château, la Chapelle-Gilon,

---

1. La dotation du séminaire fut constituée par l'union des chapitres de Montermoyen, des Aix-d'Anguillon, des abbayes de Fontgombaud, Miseray et Plaimpied. Ce fonds aux Arch. Départ. du Cher, sér. E, comprend 223 articles. — L'abbaye de Massay fut unie avec plusieurs prieurés au petit séminaire. Il y a dans ce fonds 100 articles. — La collégiale de Notre-Dame de Montermoyen, où le séminaire fut installé, remontait à l'an 1012. Le séminaire a été transformé en caserne. Les autres chapitres de la ville épiscopale étaient : La Sainte-Chapelle, Saint-Ursin, Saint-Oustrille-du-Château et Notre-Dame-de-Sales. Les seize paroisses urbaines étaient : Notre-Dame-du-Fourchault, Saint-Jean-des-Champs, Saint-Pierre-le-Marché, Saint-Pierre-le-Guillard, Saint-Bonnet, Saint-Privé, Saint-Médard, le Château, Saint-Pierre-le-Puellier, Saint-Oustrille, Notre-Dame-du-Séminaire, Sainte-Croix, Saint-Ursin, Saint-Ambroise, Saint-Jean-le-Vieil et Saint-Fulgent.

Châteauroux, Châteauneuf-sur-Cher, Charenton, Dun-le-Roi, Issoudun, Graçay, Hérisson, Huriel, Levroux, Montfaucon, Montluçon, Le Blanc, Sancerre et Vierzon. Ces archiprêtrés dépendent de neuf archidiaconés, savoir : La Châtre, Bourbon, Châteauroux, Narzennes, Sologne, Buzançais, Sancerre, Graçay et Bruères [1].]

L'archidiocèse de Bourges possédait les collégiales suivantes : La Sainte-Chapelle, fondée en 1405 par le duc Jean I, se composant d'un trésorier et de treize chanoines à la nomination du roi ; on l'unit au chapitre métropolitain [2] ; elle possédait un riche trésor et

---

1. Pouillés du diocèse de Bourges, Bib. Bourges. ms. 294, 295 et 398. — Pouillé des Archevêchés de Bordeaux et de Bourges et de leurs suffragants. Paris, 1748, 2 vol. in-4. — Tableau historique des paroisses, églises et chapelles du Bas-Berry, par LAMY. Archiprêtré de Levroux, dans Bul. Soc. Acad. Centre (1897), 122-153, 208-229, 311-333 ; Archiprêtré de Charenton (1898), 13-39, 119-162 ; Archiprêtré d'Issoudun, 203-221 (1899), 33-54 ; de La Châtre et Châteaumeillant, 97-111, 229-242 ; (1900), 15-42, 65-80, 131-146, 177-221 ; du Blanc (1901), 1-34, 69-114, 213-243 ; (1902), 1-33, 68-103.

2. Les archives de la Sainte-Chapelle se trouvent dans le fonds du Chapitre cathédral. — Sur des chartes et bulles de la Sainte-Chapelle de Bourges, relatives aux prieurés de Saint-Jean-le-Vieux, de Saint-Hippolyte, de Saint-Fulgent et de Dion (1392-1405), par BERRY, dans Bul. com. hist. Bourges (1867), 51. — Les sceaux de la Sainte-Chapelle de Bourges, dans Mém. Soc. Antiq. Centre, XXXII, 1910, 295-305. — Sur l'Obituaire de la Sainte-Chapelle de Bourges, par BERRY, Bul. com., 115, 121, 144, 150. — Mémoire sur la Sainte-Chapelle de Bourges. Paris, 1747, in-fol. — Notes sur la Bibliothèque de la Sainte-Chapelle de Bourges, par DELISLE, Paris, 1856, in-8; extr. Bib. Ec. chartes. — Description d'après la teneur des Chartes du Trésor de la Sainte-Chapelle de Bourges, par HIVER DE BEAUVOIR, dans Mém. com. hist. Cher, X (1855), 1-127; (1860), 255-280. — Inventaire des reliquaires et joyaux de la Sainte-Chapelle de Bourges, par de GIRARDOT, dans An. archéol. X, (1853), 39-40, 142-144, 210-214 ; XI, 320-324. — La Sainte-Chapelle de Bourges, sa fondation et sa destruction, par LE MÊME. Paris, 1850, in-8; extr. Mém. soc. Antiq. France. — La Sainte-Chapelle de Bourges, par de BOISSOUDY. Bourges, 1883, in-8. — LA THAUMASSIÈRE, 113. — Gallia Christiana, II, 114-117; 811. — RAYNAL, II, 532, 540. — Recueil des actes du Clergé, II, 1029.

une belle bibliothèque. Saint-Oustrille du Château, qui avait remplacé un ancien monastère, uni au chapitre de la Sainte-Chapelle par le duc Jean, qui le reconstitua peu après avec un prieur et douze chanoines soumis au trésorier de la Sainte-Chapelle [1]. Saint-Ursin, qui remplaça un monastère de Saint-Symphorien, avec un prieur et douze chanoines [2]. Notre-Dame de Sales, fondée sur l'emplacement d'un ancien monastère remontant au VIIe siècle par le vicomte Geoffroy (1012); il y avait un prieur et neuf chanoines [3]. Notre-Dame de Monter-Moyen, dont il a été question; Saint-Pierre-le-Puellier, fondée (1012) auprès d'un ancien monastère [4]; La Sainte-Chapelle de Bourbon-l'Archambault, commencée par le duc Jean de Bourbon (1485) et achevée par le duc Pierre (1503), avec un trésorier et six chanoines [5]; Châteaumeillant, sous le vocable de Notre-

---

1. 289 art. aux arch. départ. sér. G, où Statuts du chapitre (1408), une chronique et quelques feuillets du cartulaire. — Le Château-les-Bourges, par Hip. Boyer, dans *Mém. com. hist. Cher*, (1890), 169-207. — Mémoire pour les Prieurs, Chanoines et Chapitre de Saint-Austrégésile du Château à Messeigneurs du Parlement, contre le Trésorier de la Sainte-Chapelle. S. l. n. d. in-fol. — Mémoire pour M. Robert le Hourt, trésorier de la Sainte-Chapelle, contre les Prieur, Chanoines et Chapitre de Saint-Austrégésile. S. l. n. d. in-fol. (1747). — La Thaumassière, 118. — *Gallia Christiana* II, 118, instr. 41. — Il ne reste qu'une travée du chœur et une sacristie.

2. 374 art. aux Arch. départ. sér. G, où des inventaires de meubles et d'ornements. On lui avait uni le chapitre de Montcenoux en Bourbonnais. — Douet d'Arcq, 9484. — La Thaumassière, 114. — *Gallia christ.* II, instr. 17, 27.

3. 353 art. aux arch. départ. sér. G, où des inventaires des XVIe et XVIIIe s. et un cartulaire du XVe s. L'église (XII et XVIIe s.) est conservée. — Etudes sur trois documents apocryphes des archives départementales du Cher, attribués à la période franque : Charte de Gontran, roi des Francs, en faveur de Notre-Dame de Salles. Testament de sainte Eustadiole, fondatrice de l'abbaye de Montermoyen, par Soyer. *Bourges*, 1900, in-8. — Douet d'Arcq, 9483. — La Thaumassière, 115. — *Gallia christiana*, II, 122-124. — Raynal, II, 535, 540, 590.

4. 354 art. aux arch. départ. sér. G, où un inventaire de 1699. — La Thaumassière, 117. — *Gallia christiana*, II, 122.

5. Chef.-l. cant., arr. Moulins, Allier. — Le château de Bourbon-l'Ar-

Dame, fondée par Jean d'Albret (1517), avec un doyen, trois chanoines et deux vicaires [1]; Châteauroux, fondé sous le vocable de Saint-Martin (1521) après la sécularisation des abbayes de Déols et de Saint-Gildas [2]; Saint-Aoustrille de Châtillon-sur-Indre avec six chanoines, remontant au XIIe siècle [3]; Saint-Pierre de Châteauneuf-sur-Cher, fondée par Raoul de Charenton (1267) [4]; Saint-Etienne de Dun-le-Roi, avec quinze chanoines [5]; Notre-Dame de Graçay, avec un prieur et treize chanoines [6]; Saint-Sauveur d'Hérisson, avec un

---

chambault, par BARBIER DE MONTAULT. *Moulins*, 1876, in-8. — Histoire de Bourbon-l'Archambault, par PINGUET. *Moulins*, 1884, in-8. — Le château de Bourbon-l'Archambault par GÉLIS-DIDOT. *Paris*, 1887, in-4. — Description de la Sainte-Chapelle de Bourbon, par DOM POUGET, dans *Bul. soc. Emul. Bourbonnais*, XII, 330 et s. — Inventaire archéologique et bibliographique des communes du département de l'Allier, par J. H. CLÉMENT. Canton de Bourbon-l'Archambault. *Moulins*, 1892, in-8, 24-29.

1. Chef.-l. cant., arr. Saint-Amand, Cher. — 9 art. aux arch. départ. sér. G, où un inventaire des titres (XVIIe s.) — Notice historique sur Châteaumeillant, par CHÉNON, dans *Mém. soc. Antiq. Centre*, VII (1877), 1-134. — Archiprêtré de la Châtre, par LAMY, dans *Rev. soc. acad. Centre* (1899), 236-239. — Chapiteaux épigraphes à l'église Saint-Genès de Châteaumeillant, par CHÉNON, dans *Mém. soc. Antiq. Centre*, XXXI (1909), 65-69. — L'église Saint-Genès de Châteaumeillant, par DESHOULLIÈRES; Caen, 1906, in-8; *Bull. monum.* — Statistique monum. du Cher, par DE KERSERS, in-4 (1885), 213-217.

2. Chef.-l. départ. Indre. — Invent. som. arch. départ. de l'Indre, sér. G, 1-48, p. 1-18.

3. Chef.-l. cant., arr. Châteauroux, Indre. — Inv. som. arch. départ. sér. G, 49-58; p. 18-21. — Congrès archéol. XL, 458. — Châtillon-sur-Indre, par AUBER, *Tours*, 1876, in-8; ext. *Bul. monum.*

4. Chef.-l. cant., arr. Saint-Amand, Cher. — 518 art. aux arch. départ. sér. G, où un inventaire de 1572.

5. Dun-sur-Auron, chef.-l. cant., arr. Saint-Amand. — 85 art. aux arch. départ. série G. — Histoire de Dun-le-Roi, précédée d'une notice sur le canton, par PAUL MOREAU. *Saint-Amand*, 1891-1896, 2 vol. in-8. — Crypte de Dun-le-Roi, par MOREAU, dans *Mém. com. historique* (1857), 149-155.

6. Chef.-l. cant., arr. Bourges. — 74 art. aux arch. départ. sér. G. — Histoire et statistique monumentale du département du Cher, par DE KERSERS, *fasc.* XV, 157-214.

doyen et douze chanoines, unie au chapitre de Moulins en 1767[1];
Saint-Martin d'Huriel[2]; Saint-Cyr d'Issoudun, dont la fondation
pourrait remonter à l'époque carolingienne[3]; Saint-Germain de la
Châtre, fondée au XIe siècle, avec un prieur et douze chanoines[4];
Les Aix-d'Anguillon, sous le vocable de saint Ythier, qui fut unie
au Grand Séminaire de Bourges[5]; Saint-Martin de Léré[6]; Saint-Sylvain de Levroux, composée de quinze chanoines, fondée par Eudes

---

1. Chef.-l. cant., arr. Montluçon, Allier. — 15 reg. et 28 lias. aux arch. départ. — Le Testament de Louis de Brosse, seigneur de Sainte-Sévère, par Chénon, dans *Mém. soc. antiq. Centre*, XXXI, 69-90. — Tombeau et épitaphes des de Brosse dans la chapelle collégiale de Saint-Martin, par LE MÊME. Moulins, 1889, in-8. — Paroisses Bourbonnaises, I, 403-405. — Inv. des titres de la maison de Bourbon, 591, 887, 1357, 1365, 3318, 3416.
2. Ibid. — 9 reg. et 10 lias. ibid. — L'église d'Huriel, par CLÉMENT, dans *Rev. Bourbon. hist.* III (1885), 36-48, 76-82. — Paroisses bourbonnaises, I, 402-405.
3. Chef.-l. arr. Indre. — Inv. som., Arch. départ. sér. G. 103-109, p. 37-40. — Histoire religieuse d'Issoudun depuis ses origines jusqu'à nos jours, par CHEVALIER, Issoudun, 1899, in-8, 109-162. — L'histoire religieuse d'Issoudun par V.-H. dans *Bul. soc. acad. Centre* (1899), 165-188. — Histoire de la ville d'Issoudun, par KŒMP. Issoudun, 1888, in-8. — Recherches historiques et archéologiques sur la ville d'Issoudun, par PÉRÉMÉ. Paris, 1847, in-8. — Congrès archéol. XL, 457.
4. Chef.-l. arr. Indre. — Ibid. sér. G. 59-101, p. 22-37. — Archiprêtré de la Châtre, par LAMY, dans *Rev. soc. acad. Centre* (1899), 99-104. — Histoire de la Châtre, par PIERQUIN DE GEMBLOUX. Bourges, 1840, in-8. — Congrès archéol., XL, 464. — Les origines de la Châtre en Berry, par CHÉNON, dans *Mém. soc. Antiq. Centre*, XXIX (1905), 41-67. — La Châtre avant la révolution, par CL. CH. DUGUET. La Châtre, 1896, in-8. — Notes historiques et archéologiques sur le Bas Berry, par CHÉNON, dans *Mém. soc. Antiq. Centre*, XXIX (1905), 48-56.
5. Chef.-l. cant., arr. Bourges, Cher. — Les archives se trouvent au fonds du Grand Séminaire. — L'église collégiale des Aix, par DE KERSERS, dans *Congrès archéol. France*, XXXV, 35-41, et *Bul. monum.* (1872), 709 et s. — RAYNAL, II, 583. — LA THAUMASSIÈRE, 468.
6. Chef.-l. cant., arr. Sancerre, Cher. — 88 art. aux arch. départ. sér. G, où un inventaire du XVIIe s. — Histoire et statistique monumentale, par DE KERSERS, XVIII, canton de Léré.

de Déols (1012)[1] ; Notre-Dame de Lignières, fondée par François et Philibert de Beaujeu[2] ; Notre-Dame de Mehun-sur-Yèvre, fondée par les seigneurs du lieu pour un doyen et huit chanoines[3] ; Sainte-Madeleine de Mézières-en-Brenne, fondée par Alips de Brabant (1339), avec un trésorier et six chanoines[4] ; Saint-Ursin de Montcenoux[5] ; Saint-Nicolas de Montluçon, fondée par les ducs de Bourbon (1250)[6] ; Neuvy Saint-Sépulcre, sous le vocable de Saint-

---

1. Chef.-l. cant., arr. Châteauroux, Indre. — Inv. som. arch. départ. sér. G, où un cartulaire (1012-1316). — Le chapitre de Saint-Sylvain de Levroux, par MOREAU, dans *Bul. soc. acad. Centre* (1896), 114-126, 200-223, 279-291 ; (1897), 109-121, 157-169 ; (1901), 181-202 ; (1902), 34-58. Continué dans la *Revue du Berry et du Centre*. — Archiprêtré de Levroux, par LAMY. *Ibid.* (1897), 56-64. — A propos des arènes de Levroux et de la fondation du chapitre de cette ville, par FROTEAU. *Ibid.* (1898), 177-190. — Le pieux pèlerinage de Saint-Silvin de Levroux, par POSSOZ. *Nantes*, 1854, in-12. — Dictionnaire historique... de l'Indre, par HUBERT, 101-102. — Congrès archéol. XL, 463. — RAYNAL, I, 476 ; II, 570. — Recueil des chartes en langue française du XIIIe siècle conservées aux archives départementales de l'Indre, par HUBERT. *Paris*, 1885, in-8, 20-28.

2. Chef-l. cant., arr. Saint-Amand, Cher. — 14 art. aux Arch. départ. sér. G. — Mémoires inédits pour servir à l'histoire de la ville et des seigneurs de Linières en Berry, par GILLES LE DUC et DUPRÉ, publiés avec introd. et notes, par JENY, dans *Mém. Soc. hist. Cher*, VI, 209-328 ; VII, 1-100. — De KERSERS, ouv. cit., XX, canton de Linières. — Notes sur Linières en Berry, par GRANGER. *Châteauroux*, 1901, in-8 ; ext. *Rev. archéol. Berry*.

3. Chef-l. cant., arr. Bourges. — 39 art. aux Arch. départ. sér. G. — DE KERSERS, ouv. cit., XXII, cant. Mehun.

4. Chef-l. cant., arr. Le Blanc, Indre. — Inv. som. arch. départ., sér. G, 161-164, p. 57-58. — Diction... de l'Indre, par HUBERT, 121. — Archiprêtré du Blanc, par LAMY, dans *Rev. Soc. acad. Centre* (1902), 82-83. — Congrès archéol. XL, 466.

5. Com. Villefranche-Montcenoux, cant. Montmarault, arr. Montluçon, Allier. — Paroisses bourbonnaises, I, 425.

6. Chef-l. arr., Allier. — 70 reg. et 104 lias. aux Arch. départ. sér. G. — Histoire de Montluçon, par JANIN. *Montluçon*, 1904, in-8. — Notice historique sur Montluçon, par DESLINIÈRES. *Montluçon*, 1892, in-8. — Simple croquis de Montluçon, par DE LAGUÉRENNE. *Moulins*, 1904, in-

Jacques, remontant au XI⁰ siècle¹ ; Sainte-Menehould de Palluau, fondée avant 1238 pour un prieur et quatre chanoines² ; Saint-Cyr de Sancergues, où Innocent III fixa le nombre des prébendés à quinze (1209)³ ; Saint-Laurian de Vatan, fondée au commencement du XI⁰ siècle, avec vingt prébendés⁴.

Il y avait dans la ville archiépiscopale des couvents de Dominicains, fondé par Louis de Bourbon, comte de Vendôme (1252)⁵ ; de Cordeliers, fondé par Henri II, comte de Vierzon (vers 1296)⁶ ; de Carmes, fondé par Jean Pélorde de la Voute et Marguerite, sa femme (1374)⁷ ; d'Augustins, que l'archevêque Gilles de Rome établit dans la commanderie des Templiers après leur suppression⁸ ;

---

18. — Les Montluçonnais de 1491 à 1497, par PERROT DES GOZIS, dans *Annales Bourbonnaises*, V-VI. — Paroisses bourbonnaises, par MORET, I, 436-439, 440. — Inv. titres maison de Bourbon, 371, 377.

1. Chef-l. cant., arr. La Châtre, Indre. — Inv. som. arch. départ. sér. G., 165-181, p. 58-64. — Notice historique et archéologique sur l'église de Neuvy-Saint-Sépulcre, par CAILLAUD. Paris, 1866, in-8. — Le Précieux-Sang de Neuvy-Saint-Sépulcre, par BÉDU. Bourges, 1903, in-18. — Congrès archéol. XL, 459-462.

2. Cant. Châtillon, arr. Châteauroux, Indre. — Inv. som. Arch. dép., sér. G, 182-191, p. 64-68. — Congrès archéol., XL, 465. — Recueil des actes du clergé, II, 1813.

3. Chef-l. cant., arr. Sancerre, Cher. — 29 art. aux Arch. départ. sér. G., où Inventaire des titres et du mobilier (XVIII⁰ s.)

4. Chef-l. cant., arr. Issoudun, Indre. — Inv. som. arch. départ. sér. G, 192-360, p. 69-127. — Les terres de Vatan et de Graçay et Jean de France, duc de Berry (1370-1405), par GANDILHON, dans *Mém. Soc. Antiq. Centre*, XXX, 119-232. — RAYNAL, I, 472. — Congrès archéol. XL, 462. — LA THAUMASSIÈRE, 683-685.

5. 9 art. Arch. départ. sér. H, où un Inventaire des titres (XVIII⁰ s.). — Monographie du couvent des Jacobins de Bourges, par MENU. Bourges, 1873, in-12. — LA THAUMASSIÈRE, 126.

6. 7 art. aux Arch. départ., sér. H. — LA THAUMASSIÈRE, 127. — RAYNAL, II, 310-312.

7. 39 art. ibid. — LA THAUMASSIÈRE, 126. — Recueil des actes du clergé, IV, 1032-1034.

8. 28 art. ibid., où Inventaire de titre. — Factum des religieux Augustins de la communauté de Bourges pour l'exécution de l'arrêt du con-

de Minimes, fondé en 1617¹; de Capucins, en 1587²; d'Augustins réformés, en 1616³; des maisons d'Oratoriens, arrivés en 1624, auxquels l'archevêque Pierre d'Hardivilliers confia le grand séminaire⁴; de Jésuites, appelés en 1573, et qui prirent la direction du collège de Sainte-Marie⁵; de Frères des Écoles chrétiennes. Les communautés de femmes étaient les Annonciades, fondées par sainte Jeanne de Valois dans le couvent des Vertus (1503)⁶; les Carmélites, arrivées en 1617⁷; les Clarisses⁸; les Visitandines,

---

seil de Sa Majesté du 19 mars dernier contre les PP. Ange Proust, Bruno Sauvé et quelques autres religieux qui y contreviennent. S. l. n. d., in-4. — LA THAUMASSIÈRE, 127. — RAYNAL, II, 265.

1. 9 art. aux arch. départ. sér. H. — RAYNAL, IV, 200.

2. RAYNAL, IV, 202.

3. ID. — Recueil des actes du Clergé de France, IV, 858 et s.

4. 70 art. aux Arch. départ. sér. H, où Inventaire des titres de 1676. Arch. nat., M. 221. — LA THAUMASSIÈRE, 127. — Correspondance de M. Tronson, par BERTRAND. Paris, 1909, in-8, I, 185-275.

5. Le fonds du collège aux Arch. départ. sér. D se compose de 355 articles; il y a un cartulaire et un inventaire des titres. — Mémoire pour les Pères Jésuites du collège de Sainte-Marie de la ville de Bourges, contre Guillaume Duris, Pierre Gerbaut et consors. Paris, 1740, in-fol. — Précis pour les Jésuites de Bourges contre les mêmes. Paris, 1740, in-fol. — Les origines du collège Sainte-Marie, par REBIOUX. Bourges, 1883, in-8. — L'enseignement secondaire et supérieur des sciences et des lettres à Bourges, de l'expulsion des Jésuites (1762) à la suppression du collège (1792). Le collège Sainte-Marie. La Faculté des arts, par MARCEL BRUNEAU; dans Mém. com. hist. Cher (1890), 1-66. — LA THAUMASSIÈRE, 128-133. Les Doctrinaires furent mis à la tête du collège après la suppression des Jésuites.

6. 178 art. aux Arch. départ. sér. H. — Les chroniques ou institutions premières de la religion des Annonciades, avec leurs règles, privilèges et cérémonies, par GAZET. Arras, 1607, in-12. — LA THAUMASSIÈRE, 155.

7. 14 art. aux Arch. départ. sér. H. — Arch. nat. L. 1047, S. 4666. — Factum du procès entre les religieuses, prieuré et couvent des Carmélites de Bourges, appelantes des sentences définitives rendues aux Requêtes du Palais, le 23 décembre 1659, et les religieuses Carmélites établies en la ville d'Ypres. S. l. n. d., in-fol. — Histoire des Carmélites de Bourges, par CLÉMENT. Bourges, 1900, in-8.

8. 1 art. aux Arch. départ. sér. H. — Recueil des actes du clergé, IV, 1029 et s.

établies dès 1618[1]; les Ursulines, en 1631[2]; les Hospitalières, en 1628[3]; les Religieuses de la Congrégation[4] et les Filles de la Charité du Montoire.

Le diocèse possédait, en outre, des couvents de Cordeliers à Argenton[5], à Châteauroux[6], à Issoudun[7], aux Plaix[8], à Vatan[9] et à Montluçon[10]; de Carmes, à Saint-Amand[11], à La Châtre[12]; de Minimes, à Dun-le-Roi[13], à Issoudun[14], à Bommiers[15]; de Capucins, à

---

1. 68 art. aux Arch. départ. sér. H.
2. 59 art. ibid.
3. 173 art. ibid. — Histoire de l'Hôpital général de la Charité de Bourges et des sœurs hospitalières de l'Hôpital général, aujourd'hui sœurs de Marie-Immaculée, par BOURNICHON. *Saint-Amand*, 1894, in-8.
4. 30 art. aux Arch. départ. sér. H. — La Congrégation des sœurs de la Charité de Bourges, par CLÉMENT. *Bourges*, 1893, in-8.
5. Chef-l. cant., arr. Châteauroux, Indre. — Fondé par Guy de Chauvigny (1459). — Inv. som. arch. départ. sér. H, 573-577, p. 189-191. — Dictionnaire de l'Indre, par HUBERT, 4.
6. Fondé par Guillaume de Chauvigny (1213). — Ibid. sér. H, 577-584, p. 191-193. — HUBERT, 43. — Le B. Bonencontre, disciple de S. François, et le couvent des Cordeliers de Châteauroux, par le R. P. DAVAL. *Bourges*, 1908, in-12. — Le B. Bonencontre, dans le *Pèlerin*, 10 mai 1908.
7. Fondé en 1250. — Ibid. sér. H, 585-587, p. 194. — HUBERT, 95. — Histoire religieuse d'Issoudun, par CHEVALIER, 209-217.
8. Com. Lourdoueix-Saint-Michel, cant. Aigurande, arr. La Châtre, Indre. — Ibid. sér. H, 740-741, p. 233.
9. Chef-l. cant., arr. Issoudun. — Fondé en 1450. — Ibid. sér. H, 742, p. 234.
10. Fondé en 1445. — Documents aux Arch. départ. Allier, sér. H. — Histoire de Montluçon, 50. — Les Cordeliers du Bourbonnais, par CLAUDON. *Moulins*, 1901, in-8. — Paroisses bourbonnaises, I, 439.
11. Doc. aux Arch. départ. du Cher, sér. H.
12. Fondé en 1375. — Inv. som. arch. départ., Indre, sér. H, 563-572, p. 186-189. — HUBERT, 47.
13. Fondé vers 1615.
14. Fondé en 1615. — CHEVALIER, ouv. cit., 220-225. — Inv. som. Arch. départ., Indre, sér. H, 592-597, p. 196-199. — Arch. nat. M. 222.
15. Fondé en 1520. — Ibid. sér. H, 588-591, p. 194-196. — HUBERT, 19.

Saint-Amand[1], à Montluçon[2], à Issoudun[3], à Châteauroux[4], à Bourbon-l'Archambault et à Vierzon[5]; d'Augustins, au Blanc[6], à Châtillon-sur-Indre[7], à Saint-Benoît-du-Sault[8] et à Sancerre[9]; de Récollets, au Blanc[10].

Les Ursulines étaient installées à Celles, à Lignières[11], à Châtillon[12], à Issoudun[13], à Montluçon[14] et à Valençay[15]; les Visitandines, à Issoudun[16], La Châtre[17]; les Hospitalières, à Vierzon[18]; les Reli-

---

— Le château et le couvent des Minimes de Bommiers, par HUBERT, dans *Revue du Berry*, XXXIX, 1910, 233-240, 247-259.

1. Fondé par le prince de Condé (1623). — RAYNAL, IV, 290-291.
2. Fondé en 1600. — Histoire de Montluçon, 83.
3. Fondé en 1612. — CHEVALIER, ouv. cit., 218.
4. Fondé en 1600. — HUBERT, 43.
5. Ces divers couvents de Capucins ont un certain nombre de pièces à leurs archives départementales respectives.
6. Fondé en 1367 par Perrichon de Naillac. — Inv. som. arch., sér. H, 536-549, p. 178-182. — HUBERT, 16.
7. Fondé en 1624 avec des religieux du couvent réformé de Bourges. — Ibid., sér. H, 550-560, p. 182-185. — HUBERT, 45.
8. Chef-l. cant., arr. Le Blanc, Indre. — Fondé en 1615 par Robert d'Aubusson. — Ibid., sér. H, 561-562, p. 185. — HUBERT, 169.
9. Fondé en 1630. — Doc. aux Arch. départ. Cher, sér. H.
10. Fondé en 1619. — Inv. som. arch. départ. Indre, sér. H, 598, p. 199. — HUBERT, 17.
11. En 1634. — Doc. aux Arch. départ. Cher, sér. H.
12. En 1646. — Inv. som. Arch. départ., Indre, sér. H, 921-932, p. 292-294. — HUBERT, 45.
13. En 1627. — Ibid. sér. H, 933-941, p. 294-298. — CHEVALIER, 226-235.
14. En 1645. — Histoire de Montluçon, 80. — Les couvents de Montluçon au XVIIe siècle, par MIQUEL, dans *Revue Bourbonnaise*, II, 90 et 199.
15. Chef-l. cant., arr. Châteauroux. — Inv. som. départ. Indre, sér. H, 942-949, p. 298-301.
16. Fondée en 1644. — Ibid. sér. H., 951, p. 301. — CHEVALIER, 236-250.
17. En 1640. — Ibid. sér. H, 950, p. 301. — HUBERT, 40.
18. En 1633. — RAYNAL, IV, 292. — Vierzon. Hospitalières et chanoinesses du Saint-Sépulcre, par TAUSSERAT, dans *Mém. Soc. Antiq. Centre*, XXIII, 85-173.

gieuses de la Miséricorde, à Sancerre[1] ; les Religieuses de la Congrégation de Notre-Dame, à Châteauroux[2].

Abbayes d'hommes

Ordre de Saint-Benoît

[SAINT-SULPICE DE BOURGES, *Sanctus Sulpitius Bituricensis, monasterium Navense*[3], reconnaît pour son fondateur le roi Clotaire II. Elle doit son origine à Sulpice le Débonnaire, successeur de saint

---

1. Un art. aux Arch. départ. Cher, sér. H.
2. Inv. som. Arch. départ. Indre, sér. II, 891-920, p. 281-292. — Arch. nat. S. 3307.
3. Le fonds de cette abbaye aux Archives départementales du Cher, sér. II, comprend 652 articles : Bulles et privilèges royaux, copies d'actes carolingiens. Inventaire des titres (XVIIIe s.), fragments d'un cartulaire. — Notes de DOM BERNARD AUDEBERT, *Bib. nat. ms. lat.* 12678, f. 119, 12698, f. 277. — Histoire de Saint-Sulpice de Bourges, par DOM CH. LE BOYER. *Ibid.* 13871. Voir *ms. lat.* 13819, f. 319, 331. — Inv. titres maison de Bourbon, 1214. — Abrégé historique de l'abbaye de Saint-Sulpice-les-Bourges (XVIIIe s.), *Arch. nat. ms.* 1606, publié avec Introduction et notes par F. DESHOULIÈRES, dans *Revue du Berry et du Centre*, XXXV (1906), 226-272. — Note relative à la contruction d'un bâtiment (1702), *Bib. Bourges*, ms. 207, f. 136. — Les fausses chartes de Saint-Sulpice de Bourges, par SOYER, dans *Mém. Soc. hist. Cher*, XI (1896), 323-334. — Die Urkunden der Karolinger, de SICKEL, II, 436. — Regesta Pontificum Romanorum, de POTHAST, *Grégoire VII* (1074), 4892 ; *Callixte II* (1119-1124), 7103. — Le plus ancien acte de Philippe-Auguste, confirmation d'une charte d'Ebes de Charenton en faveur de Saint-Sulpice de Bourges (1179), par DELABORDE, dans *Mém. Soc. Antiq. France*, LX (1899), 53-62. — Sentence rendue en 1265 contre l'abbaye de Saint-Sulpice par l'archevêque Jean de Sully, dans *Bul. Soc. Hist. Cher* (1836), 16. — Louis VI, par LUCHAIRE, nos 170, 587. — Layettes du trésor des chartes, II, 297. — Actes du Parlement de Paris, par BOUTARIC, nos 68, 78, 978. — Ordonnances des rois de France (1168), XVI, 554 ; (31 mars 1361), III, 557 ; (avril 1361), III, 493 ; (octobre 1455), XVI, 554 ; 556 ; (février 1466), XVI, 554 ; (1506), XXI, 341. — Epaves des églises de Bourges à Salbris. Notre-

Austrégisile, évêque de Bourges. On voit encore son sépulcre sous l'autel qui lui est consacré et ses sacrés ornements dans une fort belle châsse d'argent, dans la sacristie, avec plusieurs autres reliques très-authentiques. On prétend aussi y avoir du sang de saint Etienne, premier martyr, dans un coffre de vermeil doré, dont la clef était gardée autrefois par un seigneur du Berry. C'est à ce coffre ou à la châsse qu'était autrefois attachée une très-belle agathe qui représentait Marc-Antoine et Cléopâtre. Le Père Ménétrier, Jésuite, l'ayant vue, fut tellement frappé de sa rareté qu'il avoua que il était difficile de trouver rien en ce genre de plus beau, et, à son retour à Paris, il en parla au roi Louis XIV, comme d'une pièce qui méritait d'être placée dans son cabinet. Il en parla aussi à l'abbaye de Saint-Germain-des-Prés. Le R. P. Général de la Congrégation de Saint-Maur fit venir cette agathe à Paris et la fit présenter au Roi, qui l'admira. Mais ce Prince, qui avait beaucoup de religion, s'étant informé du Religieux, qui la lui avait apportée, d'où elle avait été prise, et lui ayant été répondu qu'elle aurait été

Dame-de-Pitié de l'abbaye de Saint-Sulpice, par GAUCHERY. Bourges, 1903, in-8; ext. *Mém. Soc. Antiq. Centre*, XXVI.

Mémoire pour les abbé et religieux de Saint-Sulpice de Bourges contre Dom Nicolas Deguienne. Paris, 1722, in-fol. — Collection des sceaux par DOUET D'ARCQ, n°ˢ 8165-8166 ; (abbé, 1308), 8570 ; (Jean, 1450), 8571.

Catalogus manuscriptorum codicum monasterii Sancti Sulpitii Bituricensis. *Bib. Arsenal ms.* 6600, f. 1-3. — Le Cabinet des manuscrits, par L. DELISLE, II, 508. — Bibliotheca Manuscriptorum, de MONTFAUCON, II, 1229. — Dictionnaire des manuscrits, I, 207-218. — Ueber mittelalterliche Bibliotheken, de GOTTLIEB, 96. — Catalogue des manuscrits... IV, Bourges.

Gallia christiana, II, 126-130. — Le clergé de France, par DU TEMS, II, 52-56. — LA TAUMASSIÈRE, 119-120. — RAYNAL, I, 464-471 ; 478-480 ; II, 517-519, 520, 522-524, 528, 542, 560 ; table, IV, 623. — Monasticon Gallicanum, pl. 25.

Recueil des chartes... par HUBERT, 96, 99, 193, 263. — Papsturkunden in Frankreich, par WIEDERHOLD, V, 47. — Désolation des églises, par DENIFLE, I, 258. — Etude sur les actes de Louis VII, par LUCHAIRE, 58, 60, 66, 552.

tirée d'un reliquaire ; alors le Roi lui dit cette belle parole, digne d'un Roi très chrétien : « A Dieu ne plaise que je prenne ce que la piété des fidèles a consacré à ses Saints. Mon Père, remportez votre agathe. »

On ne sait comment les Religieux de Saint-Sulpice avaient pu conserver ce trésor et toutes leurs reliques de la fureur des hérétiques ; car ces impies ruinèrent le monastère et principalement l'église, de fond en comble. On en rebâtit une autre sur les fondements de l'ancienne, qui est petite, mais assez jolie. La figure de la Sainte Vierge, qui est à son autel, est une pièce achevée : tous les étrangers, qui passent à Bourges, viennent exprès la voir et ne se lassent point de l'admirer. Quelques-uns n'estiment pas moins la figure de N. B. P. saint Benoît, qui est à l'autel de ce Saint. Les chaires du chœur sont assez belles, le travail est délicat, et, pour exciter la piété et la ferveur des Religieux, on a peint à chaque siège un saint, fondateur d'un ordre religieux. Cette abbaye s'appelait autrefois Notre-Dame de la Nef. Mais depuis que saint Sulpice, qui en avait été religieux et abbé, y a été enterré, elle a pris son nom. Elle est de la Congrégation de Saint-Maur depuis 1636 et c'est la cinquante quatrième abbaye qui lui a été unie. Elle est comme prétendue exemptée du Concordat. Elle est élective et triennale.]

Il ne reste de l'église et du monastère que la porte d'entrée et un pavillon (XVIIe s.), occupé par les petites Sœurs des Pauvres.

BOURG-DIEU ou BOURG-DÉOLS, *Dolum, Burgi Dolum, Burgus Dei*[1], fondée sous le vocable de Notre-Dame par Ebbles II le noble,

---

1. Com. Déols, cant. et arr. Châteauroux, Indre. — Inventaire des archives départementales de l'Indre, sér. G, 1-48, p. 1-18. — Bullaire de l'abbaye de Déols (XVIIIe s.), Châteauroux, *Bib. de m. de Fougères*. — Cartulaire de Déols (de la fondation à 1443), *Bib. nat. ms. lat.* 12820. — Ibid., ms. lat. 12668 f. 303 ; 13819 f. 11. — Extraits du cartulaire, dans *Die Cluniacenser...* de SACKUR, I, 378-381. — Arch. nat. K. 176 ; L. 987 *bis* et *ter* ; S. 3257-3261. Bulles d'Urbain II, L. 222 ; de Paschal II, L. 223 ; de Callixte II, L. 224 ; Lucius II, L. 227 ; Anastase IV, L. 229 ; Grégoire IX, L. 241 ; Clément V, L. 289. — Les sources de l'histoire du

seigneur de Déols (907). L'église fut consacrée par le pape Paschal II. [Bourg-Dieu était célèbre, longtemps avant la fondation du monastère, par le culte de saint Ludre, enfant mort incontinent après son baptême, fils de Léocade, sénateur de Bourges.] Henri de Bourbon, prince de Condé, obtint du pape Grégoire XV (1622) la

---

Bas-Berry aux Arch. nat., par HUBERT, 11-13. — Recueil général des chartes intéressant le département de l'Indre, par LE MÊME, 102-134, 142, 150-163, 168-177, 193-201, 204-210, 217, 234, 246, 247-251, 254-262, 266. — Catalogue des actes de Philippe-Auguste, n° 1991, 1992. — Actes du Parlement de Paris, n°⁸ 195, 1759, 2034, 3629. — Monuments historiques, par J. TARDIF, n°⁸ 245, 312, 315, 888, 1548. — Ordonnances des rois de France (sept. 1220), XVI, 530; (mai 1440), ibid.; (27 sept. 1463), XVI, 85; (déc. 1466), XVI, 530. — Pouillé général des bénéfices de France (1626), 454-466.

Chronique des seigneurs de Déols et de Chauvigny, extraite des titres, archives et annales de l'abbaye de Notre-Dame de Déols, par ordre de JEAN DAMIAU, prieur claustral, pour Henri de Bourbon, le 20 juin 1621. Note de Charles de Laubépine, abbé commendataire, mentionnant la découverte sous l'autel d'une boîte en cuivre renfermant les archives de l'abbaye (2 oct. 1610), Bib. Châteauroux ms. 37. — Chronique des princes de Déols et des barons de Châteauroux, attribuée au Frère Péan, religieux cordelier de Châteauroux. Archives départ. Indre, ms. 2. — Series genealogica dominorum Dolensium et Castri Rodulfi cum nominibus abbatum monasterii celeberrimi Beatæ Mariæ Burgi Dolensis, dans Bibliotheca nova, de LABBE, II, 740-741. — De miraculis Beatæ Mariæ Dolensis. Ibid., I, 319-322. — Chronicon Dolensis cœnobii (917-1308, 1450-1550), Ibid., I, 315-319. — Statuts de Notre-Dame de Déols, par PROU, dans Mél. archéol. école de Rome, VIII (1888), 19-26, et Revue du Centre, 1889. — Encyclique sur la mort de Hervé, abbé de Bourg-Dieu, dans Rouleaux des morts, par L. DELISLE, 355-360. — Un critique en liturgie au XIIᵉ siècle. Le traité inédit de Hervé de Bourg-Dieu, De correctione quarumdam lectionum, par Dom G. MORIN, dans Rev. bénédictine, XXIV (1907), 36-61.

Notice sur l'abbaye de Déols, par GRILLON-DESCHAPELLES, Paris, 1857, in-8. — Histoire de Déols de Châteauroux, par FAUCONNEAU-DUFRESNE. Châteauroux, 1873-1874, 2 vol. in-8. — Le culte de Notre-Dame de Déols, par DAMOURETTE, dans Revue du Centre, 1881-1883. — Note sur la découverte d'une tombe à Déols, par GUILLARD, Ibid., 1886. — Une description de la chapelle des miracles de Déols en 1666, par HUBERT, dans

suppression de cette abbaye et de celle de Saint-Gildas et leur union perpétuelle au duché de Châteauroux. [La Bulle du Pape, qui porte la suppression de la régularité dans cette abbaye et dans celle de Saint-Gildas, ordonne la fondation d'une église collégiale, à laquelle seront assignées six mille livres de rente des dites abbayes et autres quatre mille livres de rente pour la fondation d'un collège de Jésuites dans Châteauroux. Mais, cette ville ne s'étant pas trouvée assez considérable pour mériter l'établissement d'un collège, le prince de Condé fonda une école de théologie dans le collège des Jésuites de Bourges.] Sur les ruines de l'abbaye, on a construit un orphelinat.

Chezal-Benoit, *Casale Benedictum, Manale cœnobium*[1], fondée

---

Revue du Berry, XXXVII (1908), 111-112. — Une question de droit au X⁰ siècle par Chénon. Paris, 1899, in-8; ext. *Revue canonique*. — Le plan primitif de l'église de Déols, par Deshoulières, dans *Bul. monum.* LXXIV, 1910, 312-317. — La véritable origine du Château-Raoul par E. Hubert, dans *Rev. du Berry*, XXXIX (1910), 221-224.

Gallia christiana, II, 147-153; instr. 43-45. — Du Temps, III, 66-69. — La Thaumassière, 499. — Raynal, II, 572; table, IV, 581. — Dictionnaire... de l'Indre, par Hubert, 66-67. — Rapport sur l'excursion faite à Déols par le Congrès archéologique, le 11 juin 1873, par de Salies, dans *Congrès archéologiques, France*, XL. Châteauroux, 370-404; 432-435.

Potthast, *Grégoire VII* (1074), 4892; (1079), 5118, 5119; (1080), 5156; *Urbain II* (1088), 5376; *Paschal II* (1115), 6476; *Callixte II* (1119), 6748. — Wiederhold, V, 1, 2, 18, 29, 35, 62, 68, 80, 113, 116, 126, 145, 146, 147, 148, 149, 153, 154, 164, 166, 168. — Denifle, I, 259-261.

1. Cant. Lignières, arr. Saint-Amand, Cher. — 242 art. aux arch. départ. sér. H, où un Inventaire des titres de 1680. — Extraits du Bullaire. Bib. nat. ms. lat. 13816 f. 313-318. Fragments d'un cartulaire, ms. lat. 1852. Copies partielles par Dom Du Cher et Dom Estiennot, 13816 f. 296-309, 12744 f. 179-256. Extraits d'un autre cartulaire, 12664 f. 120-121. — Stein, n°⁵ 936-938. — Extraits du nécrologe, 12744 f. 162. — Charte de Raoul, seigneur d'Issoudun, pour Raoul, abbé de Chezal-Benoit, nouv. acq. lat. 2298 f. 7. — Arch. nat. L. 984-987; LL. 1328-1332. T 2¹⁻¹⁰. Histoire de l'abbaye de Chezal-Benoit ms. 1605. — Bib. Bourges

sous le vocable de saint Pierre par le bienheureux André de Vallombreuse (1093). L'église fut consacrée par Léger, archevêque de Bourges (1096). Cette abbaye devint la première d'une congrégation qui portait son nom (1516). Le corps d'André, premier abbé de Chezal-Benoît, était enterré en l'église abbatiale, au côté du chœur. Chezal-Benoît, étant chef de congrégation, a été exceptée du Concordat fait entre Léon X et François I. L'abbé est régulier, électif et triennal. Cette Congrégation a été unie à celle de Saint-Maur en 1636. C'est la cinquante-sixième abbaye qui lui a été unie. De l'église (XII-XIII⁰ s.), il ne reste que la nef.

---

ms. 101, 104 et 105, où se trouvent des documents d'archive, 206, 207. — POTHAST. *Paschal II* (1103), 5958. — TARDIF, 3098. — Arrêts du Conseil d'État sous Henri IV, par VALOIS, 202. — Mémoire pour les religieux de l'abbaye de Saint-Pierre de Chezal-Benoît contre Pierre Pinon du Coudray et Jeanne, son épouse. *Paris*, 1744, in-fol. — Collection des sceaux, par DOUET D'ARCQ; *Martin*, (1492), III, 8633. — WIEDERHOLD, V, 15, 22. — DENIFLE, I, 261.
Encyclica monachorum Casalis Benedicti de Andrea abbate nuper defuncto (1112), dans *Spicilegium* de D'ACHERY, II, 518-520 ou III, 462-464. — De morte sancti Andreæ, primi abbatis Casalis Benedicti, epistola encyclica, dans *Rouleaux des morts*, par DELISLE, 168-171. — Spécimens de l'architecture monastique en Berry, par LENOIR, dans *Congrès archéol. France*, XXXV (1868), 28-34. — Description de l'église de Chezal-Benoît, par JULLIEN, dans *Mém. com. hist. Cher*, III (1861), 57-64. — L'église abbatiale de Chezal-Benoît, par DESHOULIÈRES. *Caen*, 1908, in-8; ext. *Bul. monum.* LXXI (1907), 287-306. — Le crosseron de Chezal-Benoît, par LE MÊME, dans *Mém. soc. antiq. Centre*, XXXI (1909), 201-208. — Simple question à propos de Chezal-Benoît, par DE CHERGÉ, dans *Rev. du Centre* (1879), 133-138. — Notes sur l'abbaye de Chezal-Benoît, par par A. GRANGER, dans *Revue du Berry*, XXXVII (1908), 325-327 ; XXXVIII, 51-54. — Un document sur Chezal-Benoît, publié par J. PIERRE. *Ibid.* 56-59. — Monographie de l'abbaye de Chezal-Benoît, par DESHOULIÈRES, dans *Mém. soc. antiq. Centre*, XXXII (1910), 144-229. — Catalogue des manuscrits des bibliothèques, IV, Bourges.
Gallia christiana, II, 162-168. — DU TEMS, III, 74-80. — LA THAUMASSIÈRE, 801. — RAYNAL, II, 519. — Abbayes et prieurés de l'ancienne France. Introduction, pp. 62-72. — Histoire religieuse d'Issoudun, 163-175. — Archiprêtré d'Issoudun, par LAMY, dans *Bul. Soc. acad. Centre*, IV, 212-221 ; V, 33-37.

Fontgombault, *Fons Gombaudi* [1], fondée sous le vocable de Notre-Dame et de Saint-Julien (1091) par le bienheureux Pierre de l'Étoile, l'un des compagnons de saint Bernard de Tiron. [On voit la chapelle et les grottes des premiers religieux de B. Pierre. Il n'y

---

[1]. Cant. Tournon, arr. Le Blanc, Indre. — Inv. som. arch. départ. sér. H, 153-176, *p.* 58-66. — Arch. nat. L. 987; LL. 1011-1012. — Les sources de l'histoire du Bas-Berry, par Hubert, 13. — Histoire de l'abbaye de Fontgombault au diocèse de Bourges, par Dom Nicolas Andrieu, pitancier et prieur claustral de la dite abbaye, *Arch. nat. ms.* 1694 et une copie aux *Arch. départ. Indre.* — Fragment d'une somme payée au comte Alphonse de Poitiers (mai 1268), *Bib. Carpentras ms.* 1839 f. 128. — Pièces à consulter pour l'histoire de l'abbaye des Trappistes à Fontgombault. *Châteauroux*, 1890, *in-8*; ext. *Revue du Centre*, 14 *mars 1890*. — Inventaire du mobilier archéologique de l'abbaye de Fontgombault, par Barbier de Montault. *Caen, s. d., in-8*; ext. *Bul. monum.*, LVI (1889), 227-256. — Recueil général des chartes, par Hubert, 229-241. — Actes du Parlement de Paris, n°* 241, 1882. — Factum pour les religieux de l'abbaye royale de Fontgombaud, intimés, contre la veuve de feu Antoine de Mornay, sénéchal du Blanc. *S. l. n. d. in-fol.* — Inventaire des sceaux, par Douet d'Arcq; III, n° 8230; *Abbé* (1219), 8727; *Ranulf* (1268), 8728.

Histoire de l'abbaye de Notre-Dame de Fontgombault, par Bellouard. *Poitiers*, 1899, *in-16*. — Pillage et incendie de l'abbaye royale de Notre-Dame de Fontgombault par les Huguenots (1569), par Damourette, dans *Rev. Centre*, V (1883), 106-119. — Note sur l'église de Fontgombault, par Lenoir, dans *Congrès archéol.*, XVI (1849), 49-54. — Visite de la Société archéologique de Touraine à l'abbaye de Fongombault, le 14 juin 1886, et rapport lu par le même. *Tours*, 1886, *in-8*. — Une visite à l'abbaye de Fongombault, par le même, 2ᵉ éd. avec notes historiques et appendice. *Fongombault*, 1887, *in-8*. — L'abbaye des Trappistes de Fongombault, par De Chergé. *Poitiers*, 1850, *in-8*. — Cérémonies de la bénédiction de l'abbé de Fontgombault, augmenté de notices sur l'ordre de la Trappe, l'église abbatiale, par le même. *Ibid.* 1860, *in-8*. — L'abbaye de Fongombault, par Auber. *Amiens*, 1857, *in-8*; ext. *Rev. art chrétien*, I (1857), 535-546. — L'abbaye de Fontgombault et les seigneurs d'Alligny, par Desplanques. *Paris*, 1861, *in-8*; ext. *Compt. rend. soc. hist. Berry*. — De quelque particularités de l'église abbatiale de Fontgombault, par Le Nail, dans *Bul. monum.*, XL (1874). 631-642. — Iconographie et symbolisme de l'église abbatiale de Fontgombault, par Barbier de Montault. *Caen*, 1891, *in-8*; ext. *Bul. monum.* LXI (1890). 446-474. —

a pas longtemps qu'un saint ermite, nommé frère Hilarion, s'y étant retiré, y vécut pendant quelque temps dans une grande pénitence et ne quitta la place que pour éviter les visites que sa vertu lui attirait. Le P. Anselme de Marnay, qui était en possession de l'abbaye en 1657 en qualité d'abbé régulier, ne s'acquitta pas mieux de son devoir que ses prédécesseurs. Dieu avait réservé le rétablissement de cette maison à un frère récollet nommé Andrieu, de la ville de Rouen, qui, voulant être prêtre et ses supérieurs lui en ayant refusé la permission, alla à Rome, où il se mit sous la protection d'un cardinal, qui le fit passer dans l'ordre de saint Benoît et lui facilita par cette translation le moyen d'être prêtre. Après cela, il désira rentrer dans son premier ordre; mais, ses supérieurs n'ayant pas voulu de lui, il revint en France et se retira à Fontgombault. Ayant ensuite été élu prieur par ses Frères, comme il avait de la tête et quelques principes de régularité, il leur ôta à tous leur pécule, fit mettre en commun les revenus des offices claustraux, leur prescrivit quelques exercices communs, et, au lieu de deux ou trois religieux, qui à peine pouvaient vivre, il en reçut au moins dix, qui ne manquent de rien. Il rétablit les ruines de la belle église brûlée par les Huguenots, fit l'autel et les chaises du chœur, mit les lieux réguliers en état et enfin ferma l'enclos et le monastère de bonnes

---

Guide des visiteurs à l'abbaye de Notre-Dame de Fontgombault. *Paris*, 1898, *in-12*. — Sur des monnaies du XIIe siècle trouvées à Fontgombault, par Voisin, dans *Bul. com. hist. Bourges* (1867-1875), 276. — Inscription sur une plaque de plomb trouvée à Fontgombault, par de Lepinaist, dans *Bul. soc. archéol. Touraine*, VI (1883-1885), 391. — L'abbaye de Fontgombault et le jubilé sacerdotal de son restaurateur, l'abbé Lenoir, célébré le 28 sept. 1893. *Tours*, 1893, *in-8*. — A Mgr Lenoir, l'église abbatiale de Fontgombault, cantate composée à l'occasion de l'achèvement de cette église, paroles par Barangen, musique par Ménard. *Tours*, 1900, *in-8*.

Gallia christiana, II, 168-169. — Du Tems, III, 80-81. — La Thaumassière, 812. — Dictionnaire... de l'Indre, par Hubert, 77. — Archiprêtré du Blanc, par Lamy, dans *Bul. soc. acad. Centre*, VII, 95-105. — *Congrès archéol.* XL, 444-447.

et grandes murailles... Les religieux font très bien l'office divin, vivent avec édification, sont en bonne odeur dans tout le pays. Il serait à souhaiter que tous les anciens religieux Bénédictins les imitassent.]

Issoudun, *Exolidunum, Exoldunum* [1], fondée en l'honneur de Notre-Dame (947) dans le bourg de Saint-Martin, qu'on appelle de Saint-Paterne, depuis la translation en ce lieu du corps de ce saint évêque. [Cette abbaye, ayant été ruinée pendant les guerres, fut transférée du bourg de Saint-Paterne dans la ville d'Issoudun, en une maison appelée le Pignon-l'abbé, puis au château. Elle possède les sacrées reliques des saints Talaise et Baye, qui sont en singulière vénération dans tout le pays par plusieurs miracles. On y voit encore les reliques de sainte Brigitte et de saint Patrice, qui sont dans un sépulcre derrière l'autel de sainte Brigitte. Elle avait aussi celles de saint Paterne ; mais elles ont été transférées dans un prieuré de l'abbaye. Jeanne de Luxembourg, reine de France et de Navarre, est enterrée dans cette église... L'abbé d'Issoudun est doyen de l'église collégiale de Saint-Denis-lez-Issoudun.] L'abbaye a été complètement rasée. On a construit le palais de justice sur son emplacement.

Massay, *Massaium, Massiacum* [2], l'une des plus anciennes abbaye

---

1. Inv. som. arch. départ. Indre, sér. II, 177-250, p. 67-90. — Extraits et copies de chartes, *Bib. nat. ms. lat.* 12680 *f.* 301. — Recueil général des chartes, par Hubert, 135, 148. — Pothast, *Anastase IV* (1154), 9895 ; *Alexandre III* (1160-1179), 13150 ; *Urbain III* (1186), 15614. — Inventaire des sceaux, par Douet d'Arcq, III, 8244 ; *Abbé Raoul* (1235), 8762 ; *Jacques de la Châtre* (1448), 8763. — Wiederhold, V, 79. — Nécrologe, dans *Voyage littéraire*, par Martène et Durand, I, 22. — Histoire religieuse d'Issoudun, par Chevalier, 41-108. — Notice sur l'abbaye de Notre-Dame d'Issoudun, par Royer, dans *Comptes rendus soc. Berry*, 1857. — Congrès archéol., XL, 442-444. — Gallia christiana, II, 156-162, *instr.* 46-49. — Du Tems, III, 70-74. — La Thaumassière, 357. — Dictionnaire..., par Hubert, 95-96.

2. Cant. Vierzon, arr. Bourges, Cher. — Les archives de cette abbaye forment, aux arch. départ. sér. G., le fonds du Petit Séminaire, auquel

du Berry et autrefois des plus riches, fut fondée pendant la période carolingienne. Elle fut restaurée après les invasions des normands, qui l'avaient complètement ruinée. [Au trésor de cette église on trouve encore aujourd'hui la charte du roi saint Louis en original, du mois de décembre 1258, donnée à Bourges, par laquelle il atteste que, étant à Massay, les religieux lui firent voir plusieurs chartes des rois ses prédécesseurs, par la lecture desquelles il paraissait que ce monastère a été fondé par la pieuse libéralité de ses devanciers, qui lui avaient donné de grands biens, concédé de beaux privilèges et l'avaient prise en leur spéciale garde et protection, ce qu'il confirme et ordonne qu'elle et tous ses biens présents et à venir demeureront toujours en la garde et protection royale. Les corps de saint Cassie et de saint Victorin, martyrisés à Clermont, ont été transférés en l'église de l'abbaye de Massay, possédée par d'anciens Bénédictins.] L'église conventuelle (XIV et XV⁰ siècles) est encore debout.

---

on l'avait unie après sa suppression par la Commission des Réguliers. — Fragments d'un cartulaire (1253-1265), *Bib. nat. ms. lat.* 9864. — *Ibid. ms. lat.* 12742 f. 378-379; 12743, f. 341-348; coll. Duchesne, XXII f. 137. — Catalogue des actes de Philippe-Auguste, 2186, 2187. — Layettes du trésor des chartes, I, 556, 557. — Actes du Parlement de Paris, 534, 1069, 1278, 1380, 3051, 3629. — Ordonnances des rois de France, (mai 1361), III, 501. — Factum pour M. Bourdelot, abbé de Massay, et les religieux de la dite abbaye, intimés et défendeurs, contre fr. Louis le Vassor, religieux de l'ordre de saint Benoît, appelant comme d'abus, et contre fr. Louis Violette, l'un des religieux de la dite abbaye, intervenant. S. l. 1767, in-fol. — Inv. des sceaux, par Douet d'Arcq, III, 8280; *Abbé* (1308), 8828. — Monnaies féodales de France, par Poey d'Avant, I, 268. — Monuments épigraphiques provenant de l'abbaye de Massay, par de Marguery, dans *Mém. soc. antiq. Centre*, XX, 39-46. — Annales Maciacenses (732-1013) ou Breve chronicon Sancti Martini Masciacensis, dans *Bibliotheca nova*, de Labbe, II, 732; Pertz, *Scriptores*, III, 169. — Un commendataire de l'abbaye de Massay; L'abbé Bourdelot, par Duroisel, dans *Revue du Berry*, XXXVII (1908), 283-286. — *Gallia Christiana*, II, 141-145. — Du Tems, III, 62-64. — La Thaumassière, 808.

Méobecq, *Millebeccum*[1], sous le vocable de Saint-Pierre, fondée en 642 dans la forêt de Brenne. L'armée du prince de Condé incendia l'église et les édifices claustraux (1659). Louis XIV attribua ses revenus à l'évêché de Québec au Canada (1672), que l'on venait d'ériger. L'église a été restaurée avec soin.

Saint-Cyran, *Sanctus Sigirannus in Brenna*[2], appelée autrefois

---

1. Cant. Buzançais, arr. Châteauroux, Indre. — Inv. som. arch. départ. sér. H. 281-324, p. 102-117. — *Bib. nat. ms. lat.*, 13819 f. 5. — Arch. nat. S. 5282-5283. — Recueil général des chartes, par Hubert, 81-90. — Sceau de l'abbé Philibert (1490), dans Douet d'Arcq, 8829. — L'abbaye et la paroisse de Méobecq, par Lamy, dans *Bul. soc. Acad. Centre*, I (1896), 42-114. — Histoire des abbayes royales de Méobec et de Saint-Cyran, par Gaudin. Châteauroux, 1887, in-8. — Un point à rectifier dans l'histoire de Méobec, par Hubert, 1889. — La dédicace de l'église abbatiale de Méobec, par Stein, dans *Soc. antiq. France. Centenaire* (1804-1904), *Recueil des mémoires*, 417-422. — *Gallia christiana*, II, 169-170. — Du Tems, III, 81. — Dictionnaire de l'Indre, par Hubert, 119. — Archiprêtré du Blanc, par Lamy, dans *Bul. soc. Acad. Centre*, VII, 215-233. — Congrès archéol. XL, 428. — Le Bas-Berry, Histoire et archéologie, par Hubert, III, 489-520.

2. Com. Saint-Michel-en-Brenne, cant. Maizières, arr. Le Blanc. — Inv. som. arch. départ. sér. H. 486-504, p. 165-171. — Bib. nat. ms. lat. 12697 f. 87 ; 13819 f. 293. — Recueil général des chartes, par Hubert, 81-90. — Actes du Parlement de Paris, 7827. — Pouillé, France (1626). — Factum pour M. Thomas de Mouchy, abbé de Saint-Cyran, instituteur des Enfants de France, demandeur, contre Louis Rousseau, et M. Louis de Crevan, duc d'Humières, intervenant. S. l. n. d. in-fol. — Factum pour M. Thomas de Mouchy, abbé commendataire de l'abbaye royale de Saint-Cyran, contre les religieux de la même abbaye et leurs prétendus associés. S. l. 1682, in-4. — Sceau de l'abbé (1308), dans Douet d'Arcq, III, 9072. — Vita sancti Sigiranni, abbatis Longoretensis primi † 657, dans *Analecta Bollandiana*, III (1884), 379-407. *Bibliotheca nova* de Labbe, II, 434-444 ; *Acta Sanctorum* de Mabillon, II, 432-438. — Visio Barenti monachi Longoretensis, ed. Levison, dans *Monumenta Germaniae historica. Scriptorum rerum merovingicarum*, V, 368-394. — *Gallia christiana*, II, 130-132. — Du Tems, III, 56-59. — La Thaumassière, 803. — Raynal, II, 546. — Dictionnaire..., par Hubert, 171. — Archiprêtré du Blanc, par Lamy, dans *Bul. soc. acad. Centre*, VIII, 1-10. — Congrès archéol., XL, 425.

Lonrey ou Longoret, *Longoretum*, fondée en l'honneur de saint Pierre par saint Cyran (641), déjà fondateur de Méobecq. Ce monastère, qui avait pour abbé commendataire Duvergier de Hauranne, eut une grande célébrité au plus fort des controverses jansénistes. Martin de Barcos, qui reçut ensuite l'abbaye en commende, y introduisit une réforme austère. La mense abbatiale fut unie à l'évêché de Nevers (1712) et la mense conventuelle au collège des Jésuites. Le logis abbatial est conservé.

SAINT-GENOU DE L'ESTRÉE, *Sanctus Genulfus* [1], fondée en 828 par Wicfred, comte de Bourges. Les religieux n'embrassèrent aucune réforme au XVIIe siècle. Ils n'étaient qu'un tout petit nombre vivant très pauvrement, chacun en particulier. La communauté fut supprimée en 1772 et ses biens furent attribuées aux dames religieuses de Châteauroux. L'église (XIe s.) est devenue paroissiale.

SAINT-GILDAS, *Sanctus Gildasius* [2], fondée par Ebbes (913) pour

---

1. Cant. Buzançais, arr. Châteauroux. — Inv. som. arch. départ. sér. H, 505-518, p. 171-174. — Recueil général des chartes par HUBERT, 180-182. — Arrêt du 26 janvier 1688, confirmatif d'une sentence rendue contre Robert Le Fèvre, aumônier de Saint-Genoux condamné à 20 livres d'amende et au bannissement pour avoir manqué de respect à son abbé. S. l. n. d. in-4. — Sceau d'un abbé (1304) dans DOUET D'ARCQ, III, 9031. — Estrées-Saint-Genou, par BOUYONNET, dans Bul. soc. acad. Centre, VIII (1902), 104-124, et Revue du Berry, 1906-1907. — Abbaye de Saint-Genou, par DOINET, dans Moniteur de l'Indre, avril 1856. — L'église abbatiale de Saint-Genou, par FAUCONNEAU-DUFRESNE, dans Archives de la commission des monuments historiques, et Revue du Bas-Berry (1876), 433-439. — Notes sur le tombeau de Saint-Genou, par DAMBRINE, dans Rev. du Berry (1900), 484-498. — Le Bas-Berry. Histoire et archéologie, par HUBERT, III, 532-546. — Gallia christiana, II, 145-147. — DU TEMS, III, 64-66. — LA THAUMASSIÈRE, 865. — Dictionnaire..., par HUBERT, 175. — Archiprêtré du Blanc, par LAMY, dans Bul. soc. acad. Centre, VII, 69-93. — Congrès archéol. XL, 429-431.

2. Com. Châteauroux. — Arch. départ. série A et arch. départ. Cher, sér. H. — Bib. nat. ms. fr. 15695 f. 822. — Arch. nat. S. 3262-3268. — Les sources de l'histoire du Bas-Berry, par HUBERT, 29. — DOUET D'ARCQ, III, 8376; abbé (1308), 9035; abbé Antoine (1488), 9036. — DENIFLE, I, 262. — Inventaire de la bibliothèque de Saint-Gildas en Berry, par KOHLER,

recevoir les moines de Saint-Gildas de Rhuys, qui fuyaient devant les Normands avec le trésor de leurs reliques. Elle fut sécularisée en même temps que celle de Déols (1623). On en voit encore les vestiges.

VIERZON, *Virzio, Virzinum* [1], sous le vocable de Saint-Pierre, n'é-

---

Nogent, 1880, in-8; ext. *Bibliot. éc. Charles*, XLVII, 98-105. — Les Bas-Bretons en Berry (468, 1110-1117 et 1372), par CHÉNON, dans *Mém. soc. archéol. Ille-et-Vilaine*, XVI (1883), 351 et s. — Un monastère breton à Châteauroux, avec une note sur la translation et le culte à Issoudun des reliques de saint Paterne, de saint Patrice et de sainte Brigide, par LE MÊME. Rennes, 1885, in-8 ; ext. *Même recueil*, XVII, 147. — Histoire de Déols et de Châteauroux, par FAUCONNEAU-DUFRESNE, I, 153-168. — *Gallia christiana*, II, 153-156. — DU TEMS, III, 69-70. — Dictionnaire..., par HUBERT, 176. — *Congrès archéol.* XL, 440.

1. Chef.-l. cant., arr. Bourges, Cher. — 84 art. aux arch. départ. sér. H. — Cartulaire (XIIe s.), *Bib. nat. ms. lat.* 9865. — Notes sur le cartulaire de Saint-Pierre de Vierzon, par DAIGUSON, dans *Congrès archéol. France*, XL (1873), 576-626. — *Bib. nat. ms. lat.* 12668 *f.* 397 ; 12674 *f.* 376; 12691 *f.* 88; 12703 *f.* 172 ; col. DUCHESNE, XXII, 313-320. — DOM ESTIENNOT, 12744. — Etude sur les trois documents apocryphes des archives départementales du Cher attribués à la période franque, par JACQUES SOYER. Charte de Gontran, roi des Francs, en faveur de l'église Notre-Dame de Salles de Bourges. Testament de sainte Eustadiole, fondatrice de l'abbaye de Montermoyen de Bourges. Acte de transfert, en la ville de de Vierzon, du monastère de Dèvres, après autorisation de Thibaud, comte de Chartres et de Blois. Bourges, 1900, in-8. — Invasion des Normands dans le Berry, origine de Vierzon, par CLOUET, dans *Mém. com. hist. Cher* (1873), 49-93. — Vierzon et ses environs, par TAUSSERAT. *Ibid.* (1896), 53-275; (1897), 1-188; (1898), 1-61. — Un faux diplome carolingien, attribué tantôt à Louis le Débonnaire tantôt à Louis le Bègue, concernant l'abbaye de Dèvres, par SOYER. Bourges, (1898), in-8; ext. *Mém. soc. hist. Cher*. — POTHAST, *Paschal II* (1105), 6040; *Callixte II* (1120), 6874; *Adrien IV* (1155, 1157), 9988, 9990, 10251. — Ordonnances des rois de France, (décembre 1355), IV, 333. — Mémoire pour les prieur et religieux de l'abbaye royale de Saint-Pierre de Vierzon, demandeurs, contre les échevins, gouverneurs et habitants de Vierzon et des villages de la paroisse, défendeurs et demandeurs. Paris, 1760, in-4. — Factum pour les religieux, prieur et convent de l'abbaye royale de Saint-Pierre de Vierzon, intimés, contre P. Maillet, président

tait d'abord qu'un prieuré, dépendant de l'abbaye de Dèvres, *Doverum*, fondée par Centulpe de Vierzon sous le règne de Charlemagne. Après la destruction de Dèvres par les Normands (903), les moines se retirèrent à Vierzon. Dèvres ne fut dans la suite qu'un prieuré. On conservait à Vierzon les reliques de sainte Perpétue, martyre, et de saint Optat, évêque. Ce monastère fut agrégé à la congrégation de Saint-Maur. L'église (XV° s.) est devenue paroissiale. Ce qui reste des bâtiments claustraux est affecté à divers services publics.

Ordre de Cîteaux

AUBIGNAC, *Albiniacum*[1], fondée sous le vocable de Notre-Dame par des moines de l'abbaye limousine de Dalon (1138), soumise peu

---

au grenier à sel de Vierzon, et damoiselle M. P. Maillet, sa sœur... appelants d'une sentence rendue au siège royal de Vierzon, le 19 juillet 1709. Paris, s. d., in-fol. — DOUET D'ARCQ, abbé (1308), III, 9177; prieur (1270), 9348.

Chronicon Vircionense (843-1221), dans *Bib. nova* de LABBE, II, 737. — Mémoire sur Vierzon, par LEMAITRE. Bourges, 1836, in-18. — Histoire de Vierzon et de l'abbaye de Saint-Pierre, avec pièces justificatives, plans, sceaux, monnaies seigneuriales, par de TOULGOET-THEANNA. Châteauroux, 1884, in-8. — Eglise du monastère de Dèvres, par GAUCHERY, dans *Mém. soc. Antiq. Centre*, XV, 91-108. — *Gallia christiana*, II, 133-141. — Du TEMS, III, 50-92. — LA THAUMASSIÈRE, 793. — Monasticon gallicanum, pl. 24.

1. Com. Saint-Sébastien, cant. Dun, arr. Guéret, Creuse. — Invent. som. arch. départ. sér. II, p. 113-132, où Cartulaire (1165-1768), et Inventaire (1768-1769). — L'abbaye d'Aubignac, par DELANNOY, dans *Mém. soc. scient. Creuse*, XVII, 1, 7-63. — Liste des abbés d'Aubignac, par LE MÊME. Ibid. (1908), 78-99. — Abbaye d'Aubignac, par DE BEAUFORT, dans *Mém. soc. antiq. Ouest*, XXVI (1861), 314-321. — Gallia christiana, II, 217-218. — Du TEMS, III, 116-117. — Origines cistercienses de JANAUSCHEK, 159. — Dictionnaire topographique, archéologique et historique de la Creuse, par LECLER, 25. — Inv. titres maison de Bourbon, 55.

après aux observances de Cîteaux. Les moines étaient dans une situation précaire au moment de leur suppression. On voit encore les ruines de l'église.

Barzelles, *Barzella*[1], fondée en l'honneur de Notre-Dame par Renaud le Bigre avec des moines venus du Landais (1137). Un seigneur de Beauregard, qui fit rebâtir l'église après son incendie par les Anglais (1315), était enterré dans le chœur. Cette église est conservée.

Chalivoy, *Callovium*[2], fondée par des ermites, qui se donnèrent avec leurs biens à l'ordre de Cîteaux (1138). Les seigneurs du voisinage lui firent d'abondantes donations. Elle fut complètement ruinée pendant les guerres de religion (1562).

Fontmorigny, *Fons Moriniacus*[3], sous le vocable de Notre-Dame,

---

1. Com. Poulaines, cant. Saint-Christophe, arr. Issoudun, Indre. — Inv. som. arch. départ. sér. H, 1-152, p. 1-58. — Notice historique sur l'abbaye de Barzelles dans *Rev. du Centre* (1887). — *Gallia christiana*, II, 204-206; inst. 69. — Du Tems, III, 106-108. — Janauschek, 50. — Dictionnaire... de l'Indre, par Hubert, 9. — La Thaumassière, 802. — Recueil des chartes en langue française, par Hubert.

2. Cant. Dun-sur-Auron, arr. Saint-Amand, Cher. — 83 art. aux arch. départ. sér. H, où un Inventaire des titres (1445). — *Gallia christiana*, II, 192-194; inst. 60-64. — Du Tems, III, 98-100. — Janauschek, 52. — La Thaumassière, 798-202.

3. Com. Menetou-Couture, cant. Nérondes, arr. Saint-Amand. — 70 art. aux arch. départ. sér. H, où des chartes d'Éléonore de Guienne et de Richard Cœur-de-Lion; Inventaire des titres (XVIIIe s.). Arch. départ. Nièvre, sér. H. — Arch. nat. S. 3233. — *Bib. nat. nouv. acq. lat.* 2298, f. 34. — Cartulaire (XIIIe s.), *Bib. Bourges*, ms. 218. — Les actes des souverains antérieurs au XVe siècle conservés dans les archives départementales du Cher, par Soyer. Bourges, 1905, in-8; ext. *Mém. soc. antiq. Centre*, XXVII, 93-200. — Catalogue des titres, conservés dans le cabinet Labbé à Bourges. *Ibid.* XXX (1906), 243-264. — Mémoire pour les prieur, religieux et couvent de l'abbaye de Notre-Dame de Fontmorigny, contre mademoiselle Marie-Anne de Gaucourt, Albert Mathias de Gaucourt et M. Al. de Bigny, seigneur, marquis du dit lieu. *Paris*, 1742, in-fol. — Douet d'Arcq, *Prieur* (1308), 9309. — La rue de Fontmorigny. Etude sur les possessions de l'abbaye de Notre-Dame de

occupée d'abord par des Bénédictins, soumise à l'ordre de Cîteaux en 1148. Cette maison eut fort à souffrir pendant les guerres de religion. On en voit encore les ruines importantes.

La Prée, *Pratea*[1], fondée sous le vocable de Notre-Dame avec des moines de Clairvaux par Raoul II d'Issoudun, entre 1127 et 1134. Le pape Eugène III lui unit le monastère plus ancien de Bois-Dabert (1145). [Il paraît par les lieux réguliers de l'abbaye de La Prée, que ce monastère, où il n'y a que cinq ou six religieux, était autrefois considérable. L'église, les cloîtres, le chapitre et le réfectoire sont voûtés. Le réfectoire grand, large et élevé contenait un grand nombre de religieux. On voit dans l'église, du côté de l'Évangile, un sépulcre de pierre élevé sur six petites colonnes, dans lequel sont les reliques de sainte Fauste et de saint Evilasius. On trouve un règlement du chapitre général de Cîteaux de 1240, qui permet aux religieux de la Prée de faire tous les jours mémoire de ces Saints à Laudes, à Vêpres et à la Messe. Le cardinal de Prée, évêque de Bayeux et de Limoges, et abbé commendataire de La Prée (1519), a voulu être enterré aux pieds de sainte Fauste, comme on le voit par son épitaphe. Dans la croisée est le tombeau du seigneur Gaucher de Passac et dans le collatéral on voit une représentation de celui de Notre-Seigneur, dans lequel il y a un Christ étendu dans un sépulcre de pierre, dont la figure est très belle.]

Fontmorigny dans la ville de Bourges, par Ch. Ribault de Laugardière. *Bourges*, 1855, in-8. — Note sur l'ancienne abbaye de Fontmorigny, par Le Normant du Coudray, dans *Mém. soc. antiq. Centre*, XXV (1901), 149-164. — Gallia christiana, II, 198-200; inst. 68, 69. — Du Tems, III, 102-103. — Janauschek, 115. — La Thaumassière, 803-805. — Duval, II, 554. — De Kersers, VI, 35-41. — Inv. titres maison de Bourbon, 5988, 6495, 6765, 6767, 6768, 6770, 7947.

1. Com. Sogry, cant. et arr. Issoudun, Indre. — Inv. som. arch. départ. Indre, sér. II, 346-449, p. 124-134. — Gallia christiana, II, 207-211; *inst.* 513. — Du Tems, III, 108-110. — Janauschek, 86. — La Thaumassière, 797-798. — Archiprêtré d'Issoudun, par Lamy, dans *Bul. soc. acad. Centre*, V, 42-47. — Recueil des chartes en langue française, par Hubert, 24-26. — Bib. Tours, ms. 1164, n° 2; Angers, ms. 45.

Le Landais, *Landasium*[1], fondée en l'honneur de Notre-Dame avec des moines venus de l'Aumône (1125), eut parmi ses principaux bienfaiteurs les seigneurs de Buzançais. On voit encore des restes de l'église (XIIIe s.).

Loroy, *Locus regis*[2], fondée en l'honneur de Notre-Dame par les moines de la Cour-Dieu, qui avaient reçu le domaine et la forêt de Wulgrin, archevêque de Bourges (1125). Les seigneurs de Sully, qui furent les bienfaiteurs de cette maison, avaient leur sépulture sous le porche de l'église primitive. L'abbaye fut incendiée d'abord par les Huguenots (1562), puis à la suite d'une imprudence (1661). On voit encore des restes de l'église (XIIe-XIIIe s.).

Noirlac, *Niger locus*[3], surnommée la Maison-Dieu, *Domus Dei*,

---

1. Com. Ménétréols-sous-Landais, cant. Ecueillé, arr. Châteauroux. — Inv. som. arch. départ. sér. H, 251-280, p. 90-102. — Bib. nat. ms. lat., 9863. — Les Obituaires français, par Molinier, n° 460, p. 246. — Réception solennelle d'Henriette-Louise Colbert, comtesse de Buzançais, à l'abbaye du Landais (1725), par E. Hubert, dans *Revue du Berry*, XXXV (1906), 15-19. — Les tombeaux de l'église du Landais, par Soehné. *Ibid.* XXXIV, n° juin. — Wiederhold, V, 45. — Gallia christiana, II, 200-204. — Du Tems, III, 104-106. — Janauschek, 16. — La Thaumassière, 797. — Dictionnaire... Indre, par Hubert, 99. — Archiprêtré de Levroux, par Lamy, dans *Bul. soc. acad. Centre*, III, 226-229, 311-312.

2. Com. Méry-ès-Bois, cant. La Chapelle-d'Angillon, arr. Sancerre, Cher. — 58 art. aux Arch. dép. sér. H. — Collection de 36 chartes (1141-1297), Bib. nat. ms. lat. 9217. — Bulle d'Eugène III aux *arch. nat.* L. 228. — Catalogue des actes de Philippe-Auguste, 174, 314. — Sceau d'un abbé (1263), dans Douet d'Arcq, III, 8809. — Note sur l'abbaye de Loroy, par J. Pierre, dans *Revue du Berry*, XXXVII (1908), 66-69. — Gallia christiana, II, 213. — Du Tems, III, 112-113. — Janauschek, 15-16. — La Thaumassière, 796.

3. Com. La Celle-Bruère, cant. et arr. Saint-Amand. — 99 art. aux Arch. départ. sér. H, où un inventaire des titres de 1746. — Catalogue des actes de Philippe-Auguste, 1260. — Actes du Parlement de Paris, 3477, 5774. — Restauration et conservation de l'abbaye de Noirlac. *Saint-Amand*, 1893, in-4. — L'abbaye de Noirlac, par Eug. Lefèvre-Pontalis. Caen, 1901, in-8 ; ext. *Congrès archéol. France*, LXV, 223-235. — *Ibid.* 109 et XL, 453. — Excursion autour de Saint-Amand, par de Broc de

eut pour fondateur Ebbes V de Charenton (1150). Son premier abbé fut Robert, neveu de saint Bernard. Ce fut l'une des maisons les plus florissantes de l'ordre de Cîteaux dans la région. L'église (XIIe-XIIIe s.) et le cloître (XIIIe s.) sont en bon état de conservation ; les bâtiments claustraux ont été transformés en usine.

Olivet, *Olivetum*[1], fondée sous le vocable de Notre-Dame par Etienne de Graçay (1146), à qui l'archevêque de Bourges, Pierre de la Châtre, l'avait imposé en expiation de l'incendie de l'abbaye de Saint-Satur. Ses premiers moines venaient de la Cour-Dieu. Il n'en reste que des ruines.

Pierres, *Petræ*[2], fondée en l'honneur de Notre-Dame avec des religieux d'Aubepierre par Raoul le Vieux, prince de Déols, et son fils, Ebbes II, avant 1135. Les moines embrassèrent la réforme au XVIIe siècle et furent soustraits à la commende. On en voit encore les ruines.

Varennes, *Varennæ*[3], sous le vocable de Notre-Dame, fondée vers 1155 par Ebbes de Déols. Ses ruines subsistent encore.

Segange, dans *Bul. soc. ém. Bourbonnais* (1907), 19-20. *Bul. monum.*, LXXIII (1909), 342-343. — *Gallia christiana*, II, 195-198 ; *inst.*, 64-67. Du Tems, III, 100-102. — Janauschek, 43. — La Thaumassière, 798.

1. Com. Saint-Julien-sur-Cher, cant. Mennetou, arr. Romorantin, Loir-et-Cher. — 16 art. aux Arch. départ. sér. II, où Inventaire des titres (XVIIIe s.). — Actes du Parlement de Paris, 1821. — Douet d'Arcq, 9635, 8891. — Notes sur les antiquités de l'arrondissement de Romorantin, par de Fougères, dans *Revue Loir-et-Cher*, XXII (1907), 30. — *Gallia christiana*, II, 213-215. — Du Tems, III, 113-114. — Janauschek, 81. — La Thaumassière, 797.

2. Com. Sédailles, cant. Châteaumeillant, arr. Saint-Amand, Cher. — 149 art. aux Arch. départ. sér. II, où un Inventaire des titres (XVI-XVIIIe s.). — Charte latine (1311), Bib. nat. nouv. acq. lat. 2210. — Lettre de Jean, abbé des Pierres (1651), Bib. Troyes ms. 2196, n° 23. — Pothast, *Alexandre III* (1163), 10883. — Wiederhold, V, 43. — Denifle, I, 263. — *Gallia christiana*, II, 215-217. — Du Tems, III, 114-116. — Janauschek, 116. — La Thaumassière, 807-808. — Histoire de Déols, par Fauconneau-Dufresne, I, 191-193. — Archiprêtré de la Châtre, par Lamy, dans *Bul. Soc. acad. Centre*, VI, 209-212.

3. Com. Fougerolles, cant. Neuvy-Saint-Sépulcre, arr. La Châtre,

Chanoines réguliers

SAINT-AMBROISE DE BOURGES, *Sanctus Ambrosius Bituricensis*[1], fondée par Geoffroy, vicomte de Bourges, en 1012, auprès d'une église plus ancienne dans laquelle on avait transféré les reliques de saint Ambroise, évêque de Cahors, mort en Berry au VIII° siècle. Ses religieux embrassèrent la réforme de Sainte-Geneviève et entrèrent dans la Congrégation de France. Il n'en reste qu'un corps de logis et quelques arceaux du chœur.

LA VERNUSSE, *Vernutia*[2], sous le vocable de Notre-Dame, fondée antérieurement à 1172. Les religieux ont embrassé la réforme de Bourg-Achard. Il ne reste que le pavillon de l'abbé.

Indre. — L'abbaye de Varennes (1148-1791), par A. CHARDON, dans *Revue du Berry*, XXXV (1906), 201-208. — *Gallia christiana*, II, 211-213. — DU TEMS, III, 111-112. — JANAUSCHEK, 111-112. — LA THAUMASSIÈRE, 806. — FAUCONNEAU-DUFRESNE, I, 194. — Dictionnaire... Indre, par HUBERT, 193. — Congrès archéol. XL, 454.

1. 177 art. aux Arch. départ. Cher, sér. H, où un inventaire des titres (1751). — Bib. Sainte-Geneviève ms. 592 ; 608 *f*. 383 ; 309 *f*. 23. — Lettres de Peiresc à Maugis, abbé de Saint-Ambroise (1628). Bib. Carpentras ms. 1875, *f*. 670-673. — Actes du Parlement de Paris, 501 ; 4396. — Ordonnances des rois de France (1181 et 1455), XIV, 375. — Jacques Colin, abbé de Saint-Ambroise de Bourges (14.?-1547), par BOURRILLY. Paris, 1907, in-8. — Mémoires pour les prieur et chanoines réguliers de l'Abbaye de Saint-Ambroise de Bourges, contre M. Joseph de Miallet de Fargues, comte de Lyon, abbé commendataire de la dite abbaye. Paris, 1737, in-fol. — Sceau de l'abbé Thomas dans DOUET-D'ARCQ, III, 8518 ; *Abbé André* (1208), 8568 ; *Simon* (1303), 8569. — *Gallia christiana*, II, 181-182 ; *instr.* 49-50. — DU TEMS, III, 87-89. — LA THAUMASSIÈRE, 120-121. — RAYNAL, II, 552. — Recueil des actes du clergé, IV, 752-753.

2. Com. Bagneux, cant. Saint-Christophe, arr. Issoudun, Indre. — Inv. Arch. départ. sér. H, 519-535, p. 174-178. — Le temporel de l'abbaye de la Vernusse d'après un terrier dressé de 1700 à 1727, par DECROISEL, dans *Revue archéol. du Berry* (1897 mars). — WIEDERHOLD, V, 78. — DOUET D'ARCQ, III, 8291 ; abbé *Dreux* (1308), 9171. — *Gallia christiana*, II, 191-192. — DU TEMS, III, 96-98. — Dictionnaire..., par HUBERT, 197. — RAYNAL, II, 148.

MISERAY, *Miseraicum*[1], sous le vocable de saint Nicolas, fondée autour de la cellule de deux ermites, Girard et Godefroy, par quatre personnages habitant le château de Buzançais, Gisbert, Hugues, Arbert et Amalfred (1142). Les religieux suivaient aux XVIIe et XVIIIe siècles les observances de Bourg-Achard. La mense abbatiale était unie au grand séminaire de Bourges.

PLAIMPIED, *Plenus Pedis*[2], sous le vocable de saint Martin, fondée par Richard, archevêque de Bourges (1080), enterré dans le chœur de l'église. Les Huguenots la pillèrent presque complètement. Elle ne se releva guère de cette ruine. L'église (XIe s.) est devenue paroissiale; on conserve quelques bâtiments claustraux. La mense abbatiale avait été unie au grand séminaire diocésain.

PUYFERRAND, *Podium Ferrandi*[3], sous le vocable de Notre-Dame de Pitié, fondée au XIe siècle par Raoul VI le vieux, seigneur de Déols. Elle fut incendiée en 1569 par les Huguenots et restaurée au siècle suivant. On voit encore des restes de l'église (XIe s.) et du monastère.

---

1. Com. Heugnes, cant. Ecueillé, arr. Châteauroux, Indre. — *Inv. som. arch. départ.* sér. H, 325-345, p. 117-124, et arch. départ. Cher, sér. G, fonds du Séminaire. — Sceau de l'abbé Gilles (1275), dans DOUET D'ARCQ, 8840. — *Gallia christiana*, II, 189-191; 57-59. — DU TEMS, III, 95-96. — LA THAUMASSIÈRE, 806. — Dictionnaire..., par HUBERT, 122. — Archiprêtré de Levroux, par LAMY, dans *Bul. soc. acad. Centre*, III, 216-218. — *Congrès archéol.* XL, 456.

2. Cant. Levet, arr. Bourges, Cher. — Arch. départ. sér. G, fonds du Séminaire. — Louis VI le Gros, par LUCHAIRE, n° 587. — DOUET D'ARCQ, 8333. — Inscriptions murales de l'église de Plaimpied, par BUHOT DE KERSERS, dans *Mém. soc. antiq. Centre*, XIV (1866), 35-51. — Tombes découvertes à Plaimpied en 1891 par LE MÊME. *Ibid.* XX, 35-37. — Excursion à Plaimpied, dans *Congrès archéol. France*, LXV, 84. — *Gallia christiana*, II, 186-187. — DU TEMS, III, 91-92. — LA THAUMASSIÈRE, 796. — RAYNAL, II, 521, 527. — Canton de Levet, par BAILLY. Bourges, 1907, in-4, 41-46.

3. Com. et cant. Le Châtelet, arr. Saint-Amand, Cher. — 20 art. aux arch. départ. sér. H. — *Gallia Christiana*, II, 171. — DU TEMS, III, 82. — LA THAUMASSIÈRE, 810-812. — Archiprêtré de La Châtre, par LAMY, dans *Bul. soc. acad. Centre*, VI, 183-185.

Selles-sur-Cher, ou Celle-Saint-Eusice, Celle-Notre-Dame, *Sancta Maria de Cella*[1], formée autour de la cellule de saint Eusice, moine de Micy, qui mena la vie érémitique en ces lieux au sixième siècle. Après une disparition assez longue, elle fut restaurée au XIIe siècle et donnée à des Chanoines réguliers. Il y eut une tentative de réforme après 1607. Cela fut sans succès. Le monastère passa aux Feuillants en 1613. L'église (XIIe-XVe s.) est devenue paroissiale et les édifices claustraux sont conservés.

Saint-Satur, *Sanctus Saturus*[2], fondée au dixième siècle et des-

---

1. Chef-l. cant., arr. Romorantin, Loir-et-Cher. — 35 art. aux Arch. départ. sér. H, où un inventaire de titres du XVIIIe s. et l'Histoire de l'abbaye par le P. de Sainte-Catherine (XVIIe s.). — Vita sancti Eusicii abbatis Cellensis, et miracula, dans *Bib. nova* de Labbe, II, 372-376, 463-466. Alia Vita, dans *Hist. Franc. Script.* I, 534. — La vie de saint Eusice, patron et fondateur de la ville de Celle en Berry. S. l., 1708, in-12. — Recherches sur le culte de la Sainte Vierge dans le diocèse de Blois, par Dupont, 66-71. — Histoire de Selles en Berry et de ses seigneurs, par Romieu. *Romorantin*, 1898, in-8. — Selles en Berry et ses seigneurs, par V. H., dans *Bul. soc. acad. Centre*, V (1899), 112-128. Arch. nat. *Bull. de Paul V*, L. 342. — Bibliographie des cartulaires, par Stein, n° 3656. — Potthast, *Honorius III* (1222), 6805. — Charte par laquelle Pierre, abbé de la Selle, cède à une dame Hersande une terre appartenant à l'abbaye (1148-1162), dans *Documents historiques inédits*, II, B. 30. — Douet d'Arcq, 8588, 8589. — Géographie de la Gaule au VIe siècle, par Longnon, 472. — Notice sur l'église abbatiale de Selle-Saint-Eusice, par Paty, dans *Congrès archéol. France* (1841), 21-29 ; *Bul. monum.* VII, 389-397. — Notice sur l'église abbatiale de Selle-Sainte-Eusice, par de Witte. *Orléans*, 1850, in-8, ext. *Mém. soc. archéol. Orléanais*, II. — La Thaumassière, 730. — *Gallia christiana*, II, 182-185. — Du Tems, III, 89-91.

2. Cant. et arr. Sancerre, Cher. — 167 art. aux Arch. départ. sér. II, où un inventaire des titres (1689) et un fragment de cartulaire. — Quelques pièces aux arch. de la Nièvre, sér. II. — Arch. nat. K. 176. — Les actes des souverains antérieurs au XVe siècle conservés dans les archives départementales du Cher, I. Saint-Satur, par Soyer. *Bourges*, 1903, in-8 ; ext. *Mém. Soc. Antiq. Centre*, XXVI, 27-144. Voir : *Le Bibliographe moderne* (1903), 343. — Potthast, *Innocent II* (1131), 7506 ; *Alexandre III*

servie par des prêtres séculiers, qui cédèrent la place à des Chanoines réguliers sous le pontificat d'Innocent II (1131). Les archevêques de Bourges, les comtes de Champagne et de Sancerre furent ses bienfaiteurs insignes. Incendiée par les gentilshommes du pays, par les Anglais et enfin par les Huguenots, elle ne retrouva point sa splendeur première. Ses religieux embrassèrent la réforme de Bourg-Achard. Les vignobles de la mense abbatiale et de la sacristie étaient très renommés. L'église (1361-1405) est devenue paroissiale. Le monastère est employé à des services publics.

Abbayes de femmes

Ordre de Saint-Benoit

SAINT-LAURENT DE BOURGES, *Sanctus Laurentius Bituricensis* [1], fondée par saint Asclépius, à une époque inconnue, restaurée pen-

---

(1165), 11192. — Catalogue des actes de Philippe-Auguste, 57, 421. — Actes de Louis VII, par LUCHAIRE, 401, 405, 740, 764. — Actes du Parlement de Paris, 226, 287, 346, 769, 831, 1092ª, 2122ᵇ. — Ordonnances des rois de France, décembre 1266 et 1361, III, 538. — DOUËT D'ARCQ, III, 8393, 8394 ; de l'abbé Jean (1407), 9071. — Sceau de Jean II, abbé de Saint-Satur, par FOURNIER DU LAC, dans *Revue archéol.* VIII (1852), 76. — Monographie de l'abbaye de Saint-Satur, près Sancerre, par GEMAHLING. Paris, 1867, in-8. — Monographie de la paroisse de Saint-Satur et de ses environs, par MOREAU, dans *Bul. Soc. acad. Centre*, VIII, 133-150 ; IX, 1-20. — Le relâchement de la discipline dans l'abbaye de Saint-Satur-sous-Sancerre au XVIᵉ siècle et les statuts de la réforme (1557-1558), par SOYER. Bourges, 1899, in-8 ; *Mém. Soc. hist. Cher.* — *Gallia christiana*, II, 187-189 ; *instr.*, 51-57. — DU TEMS, III, 93-94. — LA THAUMASSIÈRE, 784-790. — RAYNAL, I, 480 ; II, 529-532.

1. 338 art. aux Arch. départ. du Cher, sér. II, où un Inventaire des titres. — Arch. nat. S. 3305. — Bib. nat. ms. lat. 12678, f. 117. Déclaration du revenu des religieuses (1667), ms. fr. 24033. — Lettre de l'évêque d'Alet, Taffourneau de Fontaine, à sa nièce, Mme Fenel, reli-

dant la période carolingienne, n'entre dans l'histoire qu'au XII⁰ siècle. Au XVII⁰, Mme de l'Aubespine de Châteauneuf y introduisit les observances des Bénédictines du Saint-Sacrement. Les religieuses se reconstituèrent immédiatement après la Révolution, en dehors de leur ancienne abbaye, dont il ne reste que le chœur.

CHARENTON, *Carentonium* [1], ou encore Bellevaux, prétendait

---

gieuse à Saint-Laurent de Bourges, etc. *Bib. Sens*, ms. 142. — POTHAST, *Honorius III* (1222), 6804. — Catalogue des actes de Philippe-Auguste, 602. — *Thesaurus novus* de MARTÈNE, I, 1251. — Ordonnance des rois de France, mai 1455, XIV, 356. — Factum pour les abbesses et religieuses de l'abbaye royale de Saint-Laurent de Bourges, contre M. Laurent Bernard, vicaire de Sainte-Catherine en l'église Saint-Étienne de Bourges et le chapitre de la dite église. S. l. n. d., in-4.

Histoire d'un monastère. Les Bénédictines de Saint-Laurent de Bourges, par UNE RELIGIEUSE. Introduction, par DOM RABORY. Bourges, 1892, in-8. — Les Bénédictines du Saint-Sacrement, par DOM VAN CALOEN, dans *Revue Bénédictine*, IX (1892), 387-391. — Hagiologium Franco-Gallicæ ac præsertim Aquitaniæ et Bituricensis Diœceseos, excerptum ex antiquo martyrologio abbatiæ Monialium Sancti Laurentii, dans *Bib. nova* de LABBE, 697-706, et *Paris*, 1643, in-4. — Discours funèbre sur le trépas de Marie de l'Aubespine de Châteauneuf, abbesse de la royale abbaye de Saint-Laurent de Bourges, composé par FR. FRANÇOIS BERTHET, *Paris*, 1641, in-4. — Éloge de feue Madame de l'Aubespine de Châteauneuf, dans *Éloge de plusieurs personnes de l'Ordre de Saint-Benoît*, par la M. DE BLÉMUR, I, 291-323. — Oraison funèbre de feue Madame Angélique du Toc, abbesse de Saint-Laurent de Bourges, prononcée dans l'église de l'abbaye, le 14 d'août 1671, par le R. P. MASSON. *Bourges*, 1671, in-4. — Quatre cousines de Bourdaloue, religieuses de l'abbaye de Saint-Laurent de Bourges, dans *Revue Bourdaloue* (1902), 357-361.

Gallia christiana, II, 172-174. — DU TEMS, III, 82-84. — LA THAUMASSIÈRE, 121. — Recueil des actes du clergé de France, IV, 1476-1477.

1. Chef-l. cant., arr. Saint-Amand, Cher. — 139 art. aux Arch. départ. sér. H, où Inventaire des titres (XVI⁰ s.), une Histoire de l'abbaye de Charenton (XVIII⁰ s.). Un abrégé de l'Histoire de Notre-Dame de Bellevaux, appelée ordinairement Charenton, tirée de la deuxième partie des Antiquités bénédictines du diocèse de Bourges, par DOM ESTIENNOT. — Mémoire concernant l'ancienne fondation du couvent de Charenton, par DOM ATHANASE DE MESGRIGNY (1698). — *Bib. nat.* ms.

remonter au septième siècle. Léger, archevêque de Bourges, remplaça les moniales par des chanoines réguliers (1123); après sa mort, le chapitre de Bourges y rétablit les religieuses. Madame d'Amboise, qui en fut abbesse au commencement du seizième siècle, soumit cette abbaye à la congrégation de Chezal-Benoît. Saint-Laurent de Bourges, Saint-Menoux et Saint-Pierre de Lyon suivirent cet exemple. Cette maison était en pleine décadence, lorsque madame Renée de Mesgrigny entreprit sa restauration morale et matérielle (1677).

Saint-Menoux, *Sanctus Menulfus*[1], ou encore Mailly, *Maliacum*, dont la fondation est antérieure à l'an 1000, se forma autour d'une église, où était conservé le corps de ce saint évêque. Les seigneurs de Bourbon, de Charenton et de Montfaucon furent ses principaux bienfaiteurs. Les religieuses embrassèrent, au seizième siècle, la réforme de Chezal-Benoît. L'église est devenue paroissiale depuis la suppression du monastère. Il reste une partie du cloître.

---

lat. 12766, *f.* 231-235. — Potthast, *Callixte II* (1120), 6870. — Factum pour les dames abbesse, religieuses, prieure et convent de Notre-Dame de Charenton, contre M. Henri de Bigny, marquis dudit lieu, appelant de la sentence des requêtes du Palais du 9 mars 1689. *S. l. n. d.*, in-4. — *Gallia christiana*, II, 174-178. — Du Tems, III, 84-86. — La Thaumassière, 809-810. — Denifle, I, 263. — Archiprêtré de Charenton, par Lamy, dans *Bul. soc. acad. Centre*, IV, 15-20. — Inv. titres maison de Bourbon, 481, 3860, 3868.

1. Cant. Souvigny, arr. Moulins, Allier. — 2 reg. et 4 lias. aux Arch. départ., sér. H. — Saint Menoux. Sa vie, son culte, par Monet. Moulins, 1893, in-8. — Histoire de saint Menoux, par Moner. Moulins, 1907, in-8; Du Broc de Segange, dans *Bul. soc. ém. Bourbonnais* (1907), 30-35. — Oraison funèbre de Constance de Bauffremont Senexey, abbesse de Saint-Menoux-en-Bourbonnais, faite et prêchée au même lieu, en ses obsèques, le 25 avril 1637, par Fr. Jean Cuissot. Moulins, 1637, in-8. — Pillage à l'abbaye de Saint-Menoux en 1792, par Delaigue, dans *Bul. soc. ém. Bourbonnais* (1906), 153-157. — Recherches sur le plan des églises romanes, Souvigny et Saint-Menoux, par de Dion. Moulins, 1872, in-8. — *Gallia christiana*, II, 178-180. — Du Tems, III, 86-87. — La Thaumassière, 810. — Paroisses bourbonnaises, I, 393-397.

Ordre de Cîteaux

Beauvoir, *Bellum Videre*[1], fondée sous le vocable de Notre-Dame par Robert de Courtenay et Mathilde, sa femme (1234). Madame de Chauvelin, qui reçut l'abbaye en 1676, la restaura matériellement et moralement au point de mériter le titre de seconde fondatrice. Un château s'élève sur l'emplacement de l'ancien monastère.

Bussière, *Busceria*[2], fondée sous le même vocable par Ebbes de Charenton et sa femme, Guiburge de Bourbon (1159), transférée à Bourges dans l'ancien monastère de Saint-Grégoire (1625), qui dépendait de Saint-Sulpice. On aperçoit encore des vestiges de cette abbaye.

Maisons conventuelles

Saint-Benoit-du-Sault, *Sanctus Benedictus de Saltu*[3], fondé par l'abbaye de Fleury-sur-Loire à Sacierges (VIIIe s.), transféré en ce

---

1. Com. Marmagne, cant. Mehun, arr. Bourges, Cher. — 34 art. aux Arch. départ., sér. H, où Inventaire des titres. — *Gallia christiana*, II, 218-219; *inst.* 70. — Du Tems, III, 117. — La Thaumassière, 808.

2. Com. Saint-Désiré, cant. Huriel, arr. Montluçon, Allier. — 86 art. aux Arch. départ. Cher, sér. H. — *Bib. nat. nouv. acq. fr. ms.* 8664. — Méreaux de l'abbaye de Bussière-les-Nonnains, par Francis Pérot, dans *Bul. soc. acad. Centre*, VIII, 325-332 ; IX, 105-107. — *Gallia christiana*, II, 220-221 ; *inst.* 12. — Du Tems, III, 118-119. — La Thaumassière, 121-122. — Douet d'Arcq, III, 8192. — Paroisses bourbonnaises, I, 470.

3. Chef.-l. cant., arr. Le Blanc, Indre. — Inv. som. Arch. départ. sér. H. 450-485, p. 155-165. — Arch. nat. S. 6899-6911; H. 3313-3314, 3319. — Les sources de l'histoire du Bas-Berry, par Hubert, 30-31. — Bibliographie des cartulaires, par Stein, n° 3318. — Recueil des chartes de l'abbaye de Saint-Benoît-sur-Loire, par Prou et Vidier, LXX-LXXVI. — Mémoire pour les supérieurs et directeurs du séminaire des Missions Étrangères, à cause de leur prévôté de Saint-Benoit-de-Sault, et les prieur et religieux de la dite prévôté conventuelle, contre la dame

lieu vers 974, devint le centre d'une ville. Ses domaines et ses droits s'étendaient sur la région. La congrégation de Saint-Maur y ramena la vie conventuelle (1688). On l'unit aux Missions étrangères en 1769. L'église (XII-XIV⁰ s.) est devenue paroissiale. Les bâtiments claustraux sont conservés.

BOURBON-L'ARCHAMBAULT [1], monastère de Bénédictines, sous le vocable de Saint-Georges, qui avait disparu avant la Révolution.

MENNETOU-SUR-CHER, *Monestum* [2], dépendance très ancienne de l'abbaye de Beaumont-lès-Tours, où une communauté de Bénédictines fut installée au douzième siècle. Les seigneurs de Vierzon lui

---

Mariette, veuve du sieur Pioger..., les sieurs marquis et comte de Veyrac... tous seigneurs et dame du vicomté de Brosse et de la châtellenie de la Châtre. *Paris*, 1742, *in-fol.* — Notes décisives servant de réfutation du mémoire imprimé des seigneurs de Brosse et de la Châtre, pour les prévôt, prieur et religieux de la prévôté de Saint-Benoît-du-Sault... *Paris*, 1742, *in-fol.* — Mémoire signifié pour les syndic, bourgeois et habitants de la ville de Saint-Benoît-du-Sault et M⁰ le Doux, leur procureur au Grand Conseil, contre les religieux bénédictins de la même ville, et le nommé Ithier, procureur postulant en la prévôté de Saint-Benoît-du-Sault. *Paris*, 1742, *in-fol.* — Mémoire signifié pour les prieur, religieux et convent de Saint-Benoît-du-Sault, membre dépendant de l'abbaye de Saint-Benoît-sur-Loire, défendeurs et demandeurs, contre Philippe Bernard, Laurent Bastide, etc., et autres particuliers se disant former la communauté de Saint-Benoît-du-Sault. *Paris*, 1742, *in-fol.* — Abbaye, ville et église de Saint-Benoît-du-Sault, par DE BEAUFORT, dans *Mém. soc. Antiq. Ouest*, XXVI (1861), 269-307. — Congrès archéologique de France, XL, 447. — Dictionnaire historique... de l'Indre, par HUBERT, 169.

1. Chef-l. cant., arr. Montluçon, Allier. — Inventaire archéologique des communes. Canton de Bourbon-l'Archambault, par CLÉMENT, 29.

2. Chef-l. cant., arr. Romorantin, Loir-et-Cher. — 17 art. aux Arch. dép. sér. II. — Arch. nat. S. 3233. — Règle de saint Benoît et constitutions à l'usage du monastère de Mennetou (XVI⁰). *Bib. nat. nouv. acq. fr.* 6166. — Bib. Tours, ms. 1328. — Mennetou-sur-Cher. Le prieuré, la châtellenie, par DE TOULGOËT, dans *Revue du Centre*, V (1883), 197-221.— Mes archives. Notes sur Mennetou-sur-Cher et diverses seigneuries voisines, par G. VALLOIS, dans *Mém. soc. antiq. Centre*, VIII (1879), 107-204. — Histoire de Vierzon, par DE TOULGOËT, 266-275. — LA THAUMASSIÈRE, 731. — RAYNAL, II, 517, 520, 528.

firent de généreuses donations. Les moniales entrèrent dans la congrégation de Chezal-Benoît en 1564.

Charly [1], Notre-Dame, monastère de Bénédictines.

Montluçon [2]. Les Bernardines fondèrent (1631) un monastère, auquel fut adjoint un pensionnat.

Glatigny, *Glatiniacum* [3], monastère de Fontevristes, sous le vocable de Notre-Dame, fondé par Agnès, prieure d'Orsan, sur des terres que lui avaient données Renaud le Bigre et Foulques de Romorantin (XIIe s.).

Jarsay, *Jarziacum* [4], monastère de Fontevristes en l'honneur de Notre-Dame, fondé par Agnès, femme d'Adélard de Châteaumeillant, vers 1110.

Longefont, *Longus fons* [5], toujours sous le même vocable, maison de Fontevristes fondée vers 1116 par Pierre Isembert; ce fut l'un des monastères les plus richement dotés de l'ordre.

Orsan, *Orsanum* [6], monastère du même ordre et sous le même

---

1. Cant. Nérondes, arr. Saint-Amand, Cher. — 31 art. aux Arch. départ. sér. H. — Hist. et statist. monum., par de Kensers, VI.

2. Quelques titres aux Arch. départ. Allier, sér. H. — Histoire de Montluçon, par Janin, 84-86, 151. — Les couvents de Montluçon au XVIIe siècle, par Miquel, dans *Rev. Bourbon.* II, 90, 199.

3. Com. Chabris, cant. Saint-Christophe, arr. Issoudun, Indre. — Inv. som. Arch. départ. sér. H. 824-831, p. 257-260. — 1 lias. aux Arch. départ. Maine-et-Loire, sér. H. — La Thaumassière, 809. — Dictionnaire.... par Hubert, 79. — Recueil des chartes en langue française conservées aux archives départementales de l'Indre, par Hubert, 12 et s.

4. Com. Moulins, cant. Levroux, arr. Châteauroux. — Ibid. H. 832-857, p. 260-269. — Une liasse aux Arch. dép. Maine-et-Loire sér. H. — Hubert, ouv. cit. 97. — Archiprêtré de Levroux, dans *Bul. soc. acad. Centre*, III, 213. — Recueil des chartes en français..., par Hubert, 18. — Le Bas-Berry. Histoire et archéologie, par le même, II, 161-162.

5. Com. Oulches, cant. Saint-Gaultier, arr. Le Blanc. — Ibid. H. 858-888, p. 269-279. — Hubert, ouv. cit. 105. — La Thaumassière, 809. — Fontevrault et ses monuments, par Edouard, II, 303-316.

6. Com. Maisonnais, cant. Le Chatelet, arr. Saint-Amand, Cher. — Inv. Arch. départ. Indre, sér. H. 889-890, p. 280. — 140 art. aux Arch.

vocable, fondé vers 1107 par Robert d'Arbrissel et Léger, archevêque de Bourges, grâce aux générosités d'Adélard de Châteaumeillant. Les Huguenots le pillèrent en 1569. Les reliques du bienheureux Robert d'Arbrissel, qu'on y vénérait, opérèrent au XVIIe siècle des miracles insignes, qui donnèrent lieu à des pèlerinages.

Prieurés simples

Bourges. *Saint-Fulgent*[1], où l'on conservait les reliques du Saint de ce nom, appartenant aux chanoines réguliers de l'abbaye de Plaimpied, uni par le duc Jean au chapitre de la Sainte-Chapelle. On unit à cette même collégiale le monastère de *Saint-Hippolyte*. *Saint-Martin-lès-Bourges*[2], uni au petit séminaire de la ville. *Saint-Paul*[3], dont la fondation est attribuée, en même temps que celle de Montiermoyen, à saint Eustadiole, appartenant à Déols dès le XIe siècle. *Saint-Quentin*[4], dépendant de l'abbaye de Vierzon. *Saint-Michel*, dépendant de Saint-Ambroise. Notre-Dame *La Comtale*[5], uni au collège des Jésuites. Les Chevaliers de Malte possédaient dans la ville une commanderie, dont il reste une chapelle[6].

---

dép. Cher, sér. H. — Le prieuré d'Orsan en Berry, par Desnoulières, dans *Mém. soc. antiq. Centre*, XXV (1901), 51-138. — Archiprêtré La Châtre, par Lamy, dans *Bul. soc. acad. Centre*, VI, 75-80, 131-133. — La Thaumassière, 790-793. — Raynal, I, 481. — *Gallia christiana*, II, instr. 9.

1. La Thaumassière, 136. — Sur des chartes et bulles de la Sainte-Chapelle relatives aux prieurés de Saint-Jean-le-Vieux, de Saint-Hippolyte, de Saint-Fulgent, dans *Bul. com. hist. Bourges*, 51.

2. Arch. départ. Cher, sér. G. — Recueil des actes du Clergé, XII, 976-977.

3. 3 art. aux Arch. départ. sér. H. — La Thaumassière, 136.

4. Histoire de Vierzon, 250.

5. Arch. départ. sér. D.

Achères, *Achierium*[1], dépendant de Saint-Sulpice de Bourges. — Ainay-le-Chateau, *Castrum de Ainaco*[2]. Saint-Benin, dépendant de Chezal-Benoît. Saint-Etienne, dépendant de l'abbaye de Charenton. — Arçay, *Arceium*[3], dépendant de l'abbaye de Plaimpied. — Arcomps, *Arconium*[4], dépendant de l'abbaye de Déols. — Ardennais, *Ardennayum*[5], dépendant de Puyferrand. — Argenton, *Argentonium*[6]. Saint-Etienne, donné à Saint-Gildas par Guillaume de Chauvigny, seigneur de Châteauroux, au commencement du XIIIe s., ainsi que *Saint-Benoît*. — Argy, *Argeium*[7]. Saint-Martin, dépendant de Saint-Genou. — Arpheuilles, *Arfolium*[8]. Sainte-Radegonde ou Saint-Hilaire, dépendant de Déols. — Aubigny-sur-Nerre, *Albiniacum*[9]. Saint-Martin, dépendant de Saint-Ambroise de Bourges. — Aveurdre, *Avuldria*[10]. Saint-Hippolyte, dépendant

---

1. Cant. Henrichemont, arr. Sancerre, Cher. — Arch. départ. sér. H. — Histoire et statistique monumentale du département du Cher, par de Kersers, VI, canton Henrichemont.

2. Cant. Cérilly, arr. Montluçon, Allier. — Arch. départ. Cher, sér. H. — Archiprêtré de Charenton, par Lamy, dans *Bul. soc. acad. Centre*, IV, 25. — Paroisses bourbonnaises, I, 501-502.

3. Cant. Levet, arr. Bourges, Cher.

4. Cant. Saulzais-le-Potier, arr. Saint-Amand, Cher. — De Kersers, *ouv. cit.*, VII, cant. Saulzais.

5. Cant. Le Chatelet, arr. Saint-Amand. Cher.

6. Chef.-l. cant., arr. Châteauroux, Indre. — Dictionnaire historique... de l'Indre, par Hubert, 5. — Le Bas-Berry, par le même, II, 170-180. — Recherches historiques sur la ville d'Argenton, par Grosset. *Châteauroux*, 1841, in-8. — Argenton, Saint-Marcel, par Laurière et Lenail, dans *Congrès archéol.* (1873), 690-713.

7. Cant. Buzançais, arr. Châteauroux. — Hubert, 5. — Archiprêtré de Levroux, par Lamy, dans *rec. cit.* III, 69-71. — Le Bas-Berry. Histoire et archéologie, par Hubert, III, 451-474.

8. Cant. Châtillon, ibid. — Hubert, 6. — Archiprêtré Le Blanc, par Lamy, dans *rec. cit.*, VII, 13.

9. Chef-l. cant., arr. Sancerre, Cher. — 28 art. aux Arch. départ. sér. H. — Histoire et statistique monumentale, par de Kersers, I, III. — La Thaumassière, 693.

10. Cant. Lurcy-Lévy, arr. Moulins, Allier. — Paroisses bourbonnaises, I, 399.

de Souvigny. — Avord[1]. *Soulrains*, dépendant de Saint-Sulpice. — Azay-le-Ferron, *Aziacum Ferronii*[2]. Saint-Nazaire, dépendant de Saint-Cyran.

Barlieu, *Barrolocum*[3], dépendant de Saint-Satur, uni à la cure du lieu. — Baudres, *Baudra*[4]. Saint-Martial, dépendant de Déols, dont il reste l'église et la maison priorale. Saint-Sulpice de *Balzénac*, *Baleremna*, dépendant de Saint-Genou. *Grammont-Brulemont*, dépendant de Grandmont en Limousin. — Bazaiges[5], *Le Grand-Chézelles*. — Beaune, *Belna*[6]. Saint-Aignan, dépendant de la prévôté d'Evaux. — Belabre, *Pulchra Arbor*[7]. Saint-Blaise, dépendant de Déols, uni à l'abbaye de la Règle de Limoges. — Bellenaves, *Bulanava*[8]. Saint-Martin, dépendant de l'abbaye de Menat. *La Jonchère*, commanderie de Malte. — Berry, *Beriacum*[9], dépendant de la Charité-sur-Loire. — Blancafort, *Blancafortis*[10], dépendant de Saint-Satur, uni au collège de Bourges (1616). *Lieu-Dieu de Fresne*, commanderie de Malte. — Bommiers, *Bonnetum*[11]. Saint-Pierre, dépendant de Déols. — Bouges, *Bogia*[12]. Saint-Germain, dépendant de Saint-Gildas. — Bourbon-l'Archam-

---

1. Cant. Baugy, arr. Bourges, Cher. — Pièces aux Arch. départ. sér. H. — De Kersers, I, iv.

2. Cant. Mézières, arr. Le Blanc, Indre. — Hubert, 7. — Archiprêtré Le Blanc, par Lamy, dans *rec. cit.*, VII, 14.

3. Cant. Vailly-sur-Sauldre, arr. Sancerre, Cher.

4. Cant. Levroux, arr. Châteauroux, Indre. — Hubert, 8, 10. — Archiprêtré Levroux, dans *rec. cit.*, III, 71-72.

5. Cant. Eguzon, arr. La Châtre. — Hubert, 10.

6. Cant. Montmarault, arr. Montluçon, Allier. — Paroisses bourbon., 446.

7. Chef-l. cant., arr. Le Blanc.

8. Cant. Ebreuil, arr. Gannat, Allier. — Paroisses bourbonnaises, I, 487. — Arch. hist. Bourbonnais.

9. Cant. Mehun, arr. Bourges, Cher.

10. Cant. Argent, arr. Sancerre, Cher. — Arch. départ. sér. D et H. — De Kersers, I, ii.

11. Cant. et arr. Issoudun, Indre. — Hubert, 19.

12. Cant. Levroux, arr. Châteauroux. — Hubert, 22. — Archiprêtré de Levroux, par Lamy, III, 73.

BAULT [1], Notre-Dame de *Vernouillet*, uni à la collégiale de la Sainte-Chapelle. *Saint-Georges*, dépendant de Saint-Menou. — BRAIZE, *Brezia* [2], uni à Charenton par le cardinal d'Amboise (1503). — BRECY [3]. Commanderie de *Francheville*, appartenant aux Chevaliers de Malte. — BRIVES, *Brivæ* [4]. Saint-Etienne, dépendant de Déols. *La Gravolle*, dépendant de Saint-Gildas. — BUXIÈRES [5]. Saint-Jean, commanderie de chevaliers de Malte. — BUZANÇAIS, *Buzentiacum* [6]. Saint-Etienne et Notre-Dame du *Verger*, dépendant de Méobecq, ainsi que Saint-Pierre d'*Habilly, de Abiliaco*. *Sainte-Croix*, dépendant des chanoines réguliers de Sainte-Croix de la Bretonnerie de Paris, fondé en 1419. Commanderie de *Beauvoir*, des Chevaliers de Malte.

CHALAIS [7], prieuré de *Chantouan*, d'une dépendance inconnue. — CHALIVOY [8], dépendant de Saint-Sulpice de Bourges. — CHAPPES, *Capæ* [9]. Notre-Dame, dépendant de Souvigny. — CHARLY, *Caroliacum* [10], dépendant de l'abbaye de la Règle à Limoges. — CHAROST,

---

1. Chef-l. cant., arr. Montluçon, Allier. — Le prieuré de Vernouillet, par COUTURE, dans Annales Bourbonnaises (1887), 169 et s. — Inventaire archéol. et bibliog. des com..., par CLÉMENT, 32-34. — Paroisses bourbonnaises, 378-379. — L'ancien canton de Bourbon, par GRÉGOIRE. Moulins, 1896, in-8.

2. Cant. Cérilly, arr. Montluçon, Allier.

3. Cant. Les Aix, arr. Bourges, Cher. — Les commanderies de Malte en Berry, par DE TOULGOET, dans Mém. soc. antiq. Centre, XXXI, 126-130.

4. Cant. et arr. Issoudun, Indre. — Archiprêtré d'Issoudun par LAMY, IV, 209.

5. Cant. Montaigut, arr. Riom, Puy-de-Dôme. — Paroisses bourbon. I, 446.

6. Chef-l. cant., arr. Châteauroux, Indre. — HUBERT, 29-30. — Archiprêtré de Levroux, par LAMY, III, 75-82, 214. — Le Bas-Berry historique et archéologique, par HUBERT, III, canton de Buzançais, 372-377.

7. Cant. Belabre, arr. Le Blanc. — Hubert, 35.

8. Cant. Dun-le-Roi, arr. Saint-Amand, Cher. — Arch. départ. Cher, sér. H. — Sur l'église de Chalivoy, par DUMONTET, dans Bul. com. hist. Bourges, 168. — DE KERSERS, ouv. cit. IV, 11.

9. Cant. Montmarault, arr. Montluçon, Allier. — Paroisses bourbonnaises, I, 414-416. — Inventaire des titres de la maison de Bourbon, 5054, 5062, 5064, 5097, 7762, 7800.

10. Cant. Nérondes, arr. Saint-Amand, Cher.

Carrofium[1]. Saint-Michel, ancien monastère, d'origine inconnue, réduit à la condition de prieuré. Sainte-Ursule de *Dame-Sainte*, *de dominis sanctis*, appartenant à l'abbaye de la Vernusse. — CHASSIGNOLES, *Cassagnolæ*[2]. Saint-Etienne, dépendant de Déosl. *Saint-Fiacre.* — CHATEAUMEILLANT, *Castrum Melani*[3]. Saint-Etienne, *Pentilloux, Podium Tillosum*, monastère de Grandmontains, fondé par saint Guillaume, archevêque de Bourges, qui avait été religieux de cet ordre (1205). — CHATEAUNEUF-SUR-CHER, *Castrum novum*[4]. Saint-Pierre, dépendant de l'abbaye de Saint-Benoît-sur-Loire. *Saint-Jean-Baptiste-du-Temple*, commanderie de Chevaliers de Malte. — CHATEAUROUX, *Castrum Rodulfi*[5]. *Saint-Blaise*, dépendant de Saint-Gildas. *Saint-Fiacre*, commanderie. Maison des Templiers, dépendant de la commanderie de l'Ormeteau. *Sauzai, Sauzeya*, monastère de Grandmont, fondé par Raoul VI, seigneur de Déols, qui y fut enterré (1176). — CHATILLON-ENTRE-LES-EAUX, *Cas-*

---

1. Chef-l. cant., arr. Bourges. — Archiprêtré Issoudun, par LAMY, dans *Bul. soc. acad. Centre*, IV, 210; V, 40. — Histoire du duché-pairie de Charost et de la seigneurie de Mareuil, par CARTIER SAINT-RENÉ : Paris, 1878, *in-8*. — DE KERSERS, III, III.

2. Cant. et arr. La Châtre, Indre. — Chassignoles, par H. DORANGEAU, dans *Revue du Berry et du Centre*, XXXVI (1907), 121-130. — Archiprêtré de la Châtre, par LAMY, dans *Bul. soc. acad. Centre*, VI, 42, 65-67. — HUBERT, *ouv. cit.*, 39.

3. Chef-l. cant., arr. Saint-Amand, Cher. — Notice historique sur Châteaumeillant, par CHÉNON, dans *Mém. soc. antiq. Centre*, VII (1877), 1-234. — Archiprêtré de la Châtre, par LAMY, dans *Bul. soc. acad. Centre*, V, 235, 239. — Destruction de l'Ordre de Grandmont, par GUIBERT, 858-869. — DE KERSERS, III, IV.

4. Chef-l. cant., arr Saint-Amand. — Arch. départ. Cher, sér. H. — Archiprêtré Châteauneuf, par LAMY, IV, 120-128. — DE KERSERS, III, v. — Histoire de l'église de Châteauneuf-sur-Cher, par HERVET. Paris, 1896, *in-8*.

5. Chef-l. départ. Indre. — Inv. som. Arch. départ. sér. II, 790-795, p. 246. — Ancienne maison du Temple de Châteauroux, par HUBERT, dans *Revue du Berry et du Centre*, XXXVIII (1909), 183, 192 et s. — GUIBERT, *ouv. cit.*, 874-875. — Dictionnaire, par HUBERT, 43.

tellum inter aquas [1]. Sainte-Radegonde, dépendant d'Evaux. — CHATILLON-SUR-INDRE [2]. Saint-Tiburce de *Toiselay*, monastère fondé au V⁰ siècle par saint Ours, devenu prieuré de Déols. — CHATILLON-SUR-LOIRE, *Castellio* [3], dépendant de Saint-Benoît-sur-Loire. — CHAUMONT, *Calvus mons* [4]. Notre-Dame, dépendant de Chezal-Benoît. — CHAVIN, *Chavani* [5], prieuré de *Verneuil*. — CHAZELET, *Chazeletum* [6]. Saint-Jean-Baptiste, dépendant de Déols. — CHÉRY [7], uni au petit séminaire de Bourges. — CHÉZELLES, *Casellæ* [8]. Saint-Cristophe, dépendant de Méobecq. — CHÉZELLES, *Casellæ* [9]. Saint-Pierre, dépendant de Souvigny. — CHIRAT-L'EGLISE [10]. Saint-Martin, dépendant de Souvigny. — CINON [11], prieurés de *L'Epine* et de *Scoury*, dépendant de Fontgombault. — CIVRAY, *Sivraicum* [12], Saint-Pierre, dépendant de Saint-Sulpice de Bourges. Notre-Dame de SÉRIGNY, *de Seriniaco*, établi sur un domaine restitué à la même abbaye par Eudes d'Issoudun (1166). — CLÉMONT, *Clemo* [13], dépendant

---

1. Cant. Le Montet, arr. Moulins, Allier. — Paroisses bourbon., I, 466.
2. Chef-l. cant., arr. Châteauroux. — Inv. som. Arch. départ. Indre, sér. II, 815-818, p. 253. — Archiprêtré Le Blanc, par LAMY, VIII, 87.
3. Chef-l. cant., arr. Gien, Loiret.
4. Cant. Charenton, arr. Saint-Amand, Cher. — Archiprêtré Charenton, par LAMY, IV, 34. — DE KERSERS, III, 11.
5. Cant. Argenton, arr. Châteauroux, Indre. — HUBERT, 49.
6. Cant. Saint-Benoît-du-Sault, arr. Le Blanc. — Id., 49.
7. Cant. Lury, arr. Bourges, Cher. — Arch. dép. Cher, sér. G. — DE KERSERS, V, IV.
8. Cant. Chantelle, arr. Gannat, Allier. — Paroisses bourbonnaises, I, 492.
9. Cant. Buzançais, arr. Châteauroux, Indre. — Chezelles, souvenirs historiques, par ADRIEN DE BARRAL, dans *Revue du Centre* (1884), 418-421, 426-430. — HUBERT, 51-52. — Archiprêtré de Levroux, par LAMY, III, 84. — Le Bas-Berry. Histoire et archéologie, par HUBERT, III, 481-488.
10. Cant. Ebreuil, arr. Gannat, Allier. — Paroisses bourbonnaises, I, 493.
11. Cant. et arr. Le Blanc. — HUBERT, 53.
12. Cant. Charost, arr. Bourges, Cher. — Archiprêtré d'Issoudun, par LAMY, dans *Bul. soc. acad. Centre*, V, 37-38.
13. Cant. Argent, arr. Sancerre, Cher.

de Vierzon. — Cléné-du-Bois, *Chillou*[1], dépendant de Fontgombault. *Mazerolles*, de commanderie de Lureuil. — Clion, *Clionium*[2]. Sainte-Colombe, dépendant de Saint-Gildas. Sainte-Catherine *de la Chaise*. — Cluis, *Closæ*[3]. Saint-Etienne et Saint-Paixent de Cluis-Dessus. Saint-Cristophe de Cluis-Dessous. — Colombier, *Columberium*[4], Saint-Pierre, fondé au sixième siècle par saint Patrocle, donné à Souvigny par Archambaud (1061-1071). — Colombier, *Columberium*[5], dépendant de Déols. — Concremiers, *Concremeyum*[6]. Saint-Martin, dépendant de l'abbaye poitevine de Saint-Savin. — Concressault, *Concorcellum*[7]. Notre-Dame, dépendant de Saint-Sulpice de Bourges. — Contres[8], prieuré de *Cormilly*, dépendant de Chezal-Benoît. — Corquoy[9]. Sainte-Marine, de la même dépendance. *Nantuel*, uni à Notre-Dame de Sales. *Grammont*, fondé vers le milieu du XIIe siècle. — Couleuvre, *Colobrium*[10]. Saint-Julien, dépendant de Saint-Menou. — Crozon, *Crosonium*[11]. Saint-Nicolas, appartenant à Marmoutier,

---

1. Cant. Châtillon, arr. Châteauroux, Indre. — Archiprêtré le Blanc, par Lamy, VII, 25-26.
2. Cant. Châtillon, arr. Châteauroux, Indre. — Hubert, 55. — Archiprêtré Le Blanc, par Lamy, VII, 26-30.
3. Cant. Neuvy, arr. La Châtre. — Id. 55-56. — Cluis, ses souvenirs, par d'Aigurande. *La Châtre*, 1855, in-8. — Cluis et ses souvenirs, par Clément.
4. Cant. Commentry, arr. Montluçon, Allier. — Paroisses bourbonn., I, 447-448.
5. Cant. et arr. Saint-Amand, Cher.
6. Cant. et arr. Le Blanc, Indre. — Hubert, 58.
7. Cant. Vailly-sur-Sauldre, arr. Sancerre, Cher. — Arch. départ. Cher, sér. H. — De Kersers, VII, iv.
8. Cant. Dun-le-Roi, arr. Saint-Amand. — Ibid. sér. H. — Id. IV, ii.
9. Cant. Châteauneuf, arr. Saint-Amand. — Ibid. série H. — Id., III, v. — Archiprêtré de Châteauneuf, par Lamy, dans *rec. cit.*, IV, 132-134.
10. Cant. Lurcy-Lévy, Allier. — Paroisses bourbonnaises, 385.
11. Cant. Aigurande, arr. La Châtre, Indre. — Hubert, 64. — Congrès archéol. France, XL, 450-451. — Les chartes du prieuré de Crozon, par Hubert. *Châteauroux*, 1889, in-8.

fondé vers 1087. — CULAN, *Cuslenum* [1], Notre-Dame, dépendant de Déols.

DAMPIERRE-EN-CROT, *Damna Petra* [2], dépendant de Saint-Sulpice de Bourges. — DENEUILLE, *Donolium* [3]. Saint-Martin, dépendant de Saint-Sulpice de Bourges. — DOMÉRAT [4]. Notre-Dame, dépendant de la prévôté d'Evaux, au diocèse de Limoges. Saint-Pardoux de *Girette*, dépendant de la Chapellaude. — DOUADIC [5], *Piedjobert*, dépendant de Fontgombault. — DREVANT, *Derventum* [6], dépendant du prieuré d'Agen. — DUNET, *Dunctum* [7]. Saint-Martial. — DUN-LE-POSTIER [8]. Saint-Vincent de *Coulommiers*. — DURDAT [9], prieuré dépendant d'Evaux. — EPINEUIL, *Espinogilum* [10]. Saint-Martial, dépendant de Déols. — FARGES [11]. Commanderie de Chevaliers de Malte. — FAVEROLLES, *Faveroliæ* [12]. Notre-Dame, dépendant de l'abbaye de Villeloin. Saint-Mathieu de *Mossay*, dépendant de Beaulieu. — FLEURIEL, *Floriacum* [13]. Notre-Dame, dépendant d'Evaux. — FOUGEROLLES, *Fangeroliæ* [14]. Saint-Pierre, donné à Saint-Sulpice de

---

1. Cant. Châteaumeillant, arr. Saint-Amand, Cher.
2. Cant. Vailly, arr. Sancerre, Cher. — Arch. dép. sér. H. — DE KERSERS, VII, IV.
3. Cant. Chantelle, arr. Gannat, Allier.
4. Cant. et arr. Montluçon, Allier. — Histoire de Montluçon, par JANIN, 503. — Paroisses bourbonnaises, I, 467-468.
5. Cant. et arr. Le Blanc, Indre. — Archiprêtré Le Blanc, par LAMY, VII, 32.
6. Cant. et arr. Saint-Amand, Cher.
7. Cant. Saint-Benoit-du-Sault, arr. Le Blanc, Indre. — HUBERT, 69.
8. Cant. Saint-Christophe, arr. Issoudun. — ID., 69.
9. Cant. Marcillat, arr. Montluçon, Allier. — JANIN, *ouv. cit.*, 503.
10. Cant. Sauzais-le-Potier, arr. Saint-Amand, Cher. — Paroisses bourbonnaises, I, 418.
11. Cant. Baugy, arr. Bourges, Cher. — Arch. dép., sér. H. — DE KERSERS, I, IV.
12. Cant. Valençay, arr. Châteauroux, Indre. — Archiprêtré de Levroux, par LAMY, dans *Bul. soc. acad. Centre*, III, 211-213. — HUBERT, 73.
13. Cant. Chantelle, arr. Gannat, Allier.
14. Cant. Neuvy, arr. La Châtre, Indre. — Recueil général des chartes..., par HUBERT, 96-99. — Dictionnaire..., par LE MÊME, 79-80.

DIOCÈSE DE BOURGES 55

Bourges (841). — FOURILLES, *Foreglæ*[1]. Saint-Saturnin, dépendant de Chantelle. — GARGILESSE, *Gargilessa*[2]. Saint-Laurent, uni à la collégiale de Châteauroux. — GEHÉE[3]. Saint-Michel de *Crox*, dépendant de Villeloin. Notre-Dame de *Beaune, de Belna*, dépendant de Miseray. Sainte-Catherine de *Chambrines, de Cambrinis*. — GIÈVRES, *Gieuræ*[4], dépendant de Massay. — GIPSY, *Gyptiacum*[5]. Saint-Pierre, dépendant de Saint-Menou. — GIROUX, *Giro*[6]. Saint-Martin, dépendant de Notre-Dame d'Issoudun (1214). — GRAÇAY, *Graciacum*[7]. Saint-Martin, dépendant de Massay. — GUILLY, *Giliacum*[8]. Saint-Symphorien, dépendant de Saint-Sulpice de Bourges. *La Vernussette*. — HÉRISSON[9]. Saint-Pierre de *Châteloy*, dépendant de Saint-Cyran, *Saint-Éloy*. — HEUGNES, *Ognia*[10]. Saint-Pierre, dépendant de Miseray, après avoir appartenu à Méobecq. — HURIEL[11]. Notre-Dame. — INEUIL, *Aynolium*[12]. Saint-Martin, dépendant de l'abbaye de Déols. — JALOGNES, *Jalloniæ*[13], dépendant de Saint-Satur.

LA BERTHENOUX, *Britonoria*[14]. Notre-Dame, dépendant de l'abbaye

---

1. Cant. Chantelle, arr. Gannat, Allier.
2. Cant. Eguzon, arr. La Châtre, Indre. — HUBERT, 83.
3. Cant. Ecueillé, arr. Châteauroux. — ID., 84. — Archiprêtré de Levroux, par LAMY, III, 210, 214. — Inv. som. Arch. départ. sér. II, 746, p. 235.
4. Cant. Selles, arr. Romorantin, Loir-et-Cher.
5. Cant. Souvigny, arr. Moulins, Allier. — Paroisses bourbonnaises, 386. — Histoire de Saint-Menou.
6. Cant. Vatan, arr. Issoudun, Indre. — HUBERT, 85. — Histoire religieuse d'Issoudun, par CHEVALIER, 95.
7. Chef.-l. cant., arr. Bourges, Cher.
8. Cant. Vatan, arr. Issoudun, Indre. — HUBERT, 91.
9. Chef.-l. cant. arr. Montluçon, Allier. — Paroisses bourbonnaises, I, 416.
10. Cant. Ecueillé, arr. Châteauroux. — HUBERT, 92.
11. Chef-l. cant., arr. Montluçon, Allier. — 8 reg. et 14 lias. aux arch. dép. sér. H. — JANIN, *ouv. cit.*, 502. — Paroisses bourbonnaises, 464.
12. Cant. Lignières, arr. Saint-Amand, Cher. — Archiprêtré de Châteauneuf, par LAMY, IV, 137. — DE KERSERS, V, LII.
13. Cant. et arr. Sancerre, Cher.
14. Cant. et arr. La Châtre, Indre. — Les origines de la foire de Ber-

de Massay, mentionné en 1175. — La Celle-Bruère, *Cella*[1]. Saint-Silvain, dépendant de Déols. — La Celle-Condé, *Cella prope Linerias*[2]. Saint-Germain, dépendant de l'abbaye de Massay. — La Chapelaude, *Capella*[3]. Saint-Denys, dépendant de l'abbaye de ce nom, fondé par Amblard Godelh, avant 1060. Cette maison eut quelque importance jusqu'au jour où elle devint un simple bénéfice. — La Chapelle-d'Angillon[4], *Capella*. Notre-Dame, restitué à Saint-Sulpice de Bourges par Humbert de Sully et Gilon, son frère (1064). — La Chapelle-Hortemale[5], Notre-Dame d'*Arta-*

---

thenoux, par Chénon, dans *Mém. soc. antiq. Centre*, XXIII, 11-17. — Archiprêtré de La Châtre, par Lamy, VI, 2. — Hubert, 14.

1. Cant. et arr. de Saint-Amand, Cher. — Saint-Silvain, sa chapelle, son tombeau, son culte, par Duroisel. *Bourges*, 1893, in-8. — De Kersers, VI, 11. — L'église de la Celle-Bruère, par Lefèvre-Pontalis, dans *Bul. monum.*, LXXIV, 272-284.

2. Cant. Lignères, arr. Saint-Amand. — Archiprêtré Châteauneuf, par Lamy, IV, 129. — De Kersers, V, 111. — La Thaumassière, 660.

3. Cant. Huriel, arr. Montluçon, Allier. — 7 reg. et 27 lias. aux Arch. départ. sér. H. — Bib. nat. coll. Baluze, LXXIII, 162-216 ; coll. Duchesne, XX, f. 271-295 ; *ms. fr.* 9498 f. 147-154 ; 18083 f. 20. — Bib. Arsenal *ms*. 5260. — Bib. Dijon *ms.* 916 f. 52-55. — Arch. nat. fonds de l'abbaye de Saint-Denis. — Fragments du cartulaire de la Chapelle-Aude, par Chazaud. *Moulins*, 1860, in-8. — Pièces curieuses ou inédites relatives à l'histoire du Bourbonnais ; additions au cartulaire de la Chapelle-Aude, par le même. S. l. n. d., in-8. — Notes sur des fragments du cartulaire de la Chapelle-Aude, par G. d'Espinay, dans *Mém. soc. agric. Angers*, XX (1863), 76 et s. — Bibliographie générale des cartulaires, par Stein, n°[s] 1789-1790. — Potthast, *Innocent II* (1131), 7503. — Notice sur un sceau matrice du prieuré de La Chapelaude, par Fr. Pérot, dans *Bul. soc. émul. Bourbonnais*, XVII (1884), 575. — Raynal, I, 482. — Histoire de Montluçon, par Janin, 501. — Histoire de l'abbaye de Saint-Denys, par Dom Félibien, 129-130, LXXXIX-XC. — Paroisses bourbonnaises, I, 408-414. — Confirmation faite aux moines de la Chapelaude de couper du bois dans les forêts de Humbault d'Ury, dans *Documents historiques inédits*... t. I, 492. — Restitution aux moines de la Chapelaude des biens qui leur avaient été ravis. *Ibid.* 497.

4. Chef-l. cant., arr. Sancerre. — La Thaumassière, 449. — De Kersers.

5. Cant. Buzançais, arr. Châteauroux, Indre. — Archiprêtré de

mala, de Horta Mali, dépendant de l'abbaye de Saint-Genou. — La Chapelle-Hugon, *Capella Hugonis*[1], dépendant de Vézelai. — La Chapelette, *Capeletta*[2]. Saint-Hilaire, dépendant de la prévôté de Chambon. — Langé, *Langeium*[3]. Saint-Jacques d'*Entraigues*, dépendant de Méobecq. Saint-Pourçain de *Beaune*. — La Petite-Marche[4], *Parva Marchia*. Saint-Thomas, dépendant d'Evaux. — La Peyrouse, *Perosium*[5]. Notre-Dame, dépendant de Menat. — La-vaulx-Sainte-Anne, *Vallis Sancta Anna*[6], dépendant de Menat. — Le Blanc, *Obliacum*[7] Saint-Génitour, dépendant de Saint-Gildas. Saint-Etienne, dépendant de Saint-Savin. — Le Brethon[8]. Saint-Pierre, dépendant de Plaimpied. — Le Magny, *Magniacum*[9]. Saint-Michel, donné à Déols à l'époque de la fondation, et uni à la chambrerie du monastère. — Le Montet-aux-Moines, *Monticulus Monachorum*[10]. Saint-Michel, dépendant de l'abbaye de Cluse en Piémont. — Le Pin, *Pinus*[11]. Saint-Gildas, donné à l'abbaye de ce nom

---

Levroux, par Lamy, III, 83. — Le Bas-Berry. Histoire et archéologie, par Hubert, III, 475-480.

1. Cant. La Guerche, arr. Saint-Amand, Cher.
2. Cant. Huriel, arr. Montluçon, Allier.
3. Cant. Valençay, arr. Saint-Amand, Cher. — *Ibid.*, III, 221.
4. Cant. Marcillat, arr. Montluçon, Allier.
5. Cant. Montaigut, arr. Riom, Puy-de-Dôme. — Paroisses bourbonnaises, I, 451.
6. Cant. et arr. Montluçon, Allier.
7. Chef-l. arr. Indre. — Archiprêtré du Blanc, par Lamy, dans *Bul. soc. acad. Centre*, VII, 6-7. — Histoire du Blanc et des environs, par Gaudon. — Dictionnaire... de l'Indre, par Hubert, 16.
8. Cant. Hérisson, arr. Montluçon, Allier. — Paroisses bourbonnaises, I, 407. — L'ancien canton d'Hérisson, par Grégoire. Moulins, 1894, in-8.
9. Cant. et arr. La Châtre, Indre. — Archiprêtré de la Châtre, par Lamy, VI, 74.
10. Chef-l. cant., arr. Moulins, Allier. — Une liasse aux Arch. dép. sér. II. — Histoire de Montluçon, par Janin, 507. — Paroisses bourbonnaises, 388-390. — L'histoire du Montet-aux-Moines, par Morel. Moulins, 1886, in-12.
11. Cant. Eguzon, arr. La Châtre, Indre. — Différend entre les seigneurs de Budecon et de Gargilesse au sujet du droit de sépulture dans le

par Hugues II de Naillac (1236). — Le Theil, *Tilia*[1]. Notre-Dame, dépendant du prieuré du Montet. — Levet, *Levetum*[2], dépendant de Plaimpied. — Lignères, *Lineria*[3]. Saint-Blaise, donné à Notre-Dame d'Issoudun par Pierre de Linières (1090), qui y choisit sa sépulture (1105). — Lignerolles, *Linarolæ*[4]. Saint-Martin, dépendant d'Evaux. — Limeux[5]. Saint-Laurent de *Manzay*, donné à Notre-Dame d'Issoudun (1154), qui le céda aux chanoines de Notre-Dame de Lartige (1340), enfin uni au collège des Jésuites de Limoges. — Louroux-Bourbonnais, *Oratorium Borbonense*[6]. Saint-Martin, dépendant de Souvigny. — Louroux-Hodement, *Oratorium*[7]. Saint-Jean-Baptiste, dépendant de la Charité-sur-Loire. — Luçay, *Lucaium*[8]. Saint-Maurice, dépendant de Villeloin, ainsi que Saint-Denys et Sainte-Catherine de *la Lande*, Saint-Gilles de *Chedon*,

---

chœur de l'église du Pin (XVIIe s.), par J. Pierre, dans *Revue du Berry et du Centre*, XXXVI (1907), 351-358. — Hubert, *ouv. cit.*, 156. — Nominations royales aux prieurés de Saint-Jean-de-Presle et de Saint-Blaise, (1775), par Dorothé de Froment, dans *Revue du Berry*, XXXIX, 1910, 318-320. — Mémoires inédits pour servir à l'histoire de la ville et des seigneurs de Linières-en-Berry, par Lucien-Jeny, dans *Mém. soc. hist. Cher* (1890), 209-328 ; (1891), 1-109.

1. Cant. Le Montet, arr. Moulins, Allier.
2. Chef.-l. cant., arr. Bourges, Cher.
3. Chef.-l. cant., arr. Saint-Amand, Cher. — Inv. arch. départ. Indre, sér. II, 796-799, p. 248. — Archiprêtré de Châteauneuf, par Lamy, IV, 142. — Histoire religieuse d'Issoudun, par Chevalier, 99-100. — De Kersers, V, III. — La Thaumassière, 660. — Notes sur Lignères, par Granger. *Châteauroux*, 1901, in-8.
4. Chef.-l. cant., arr. Montluçon, Allier. — Paroisses bourbonnaises, I, 469.
5. Cant. Lury, arr. Bourges, Cher. — Chevalier, *ouv. cit.*, 99. — De Kersers, V, IV.
6. Cant. Hérisson, arr. Montluçon, Allier. — Paroisses bourbonnaises, I, 419.
7. Ibid. — *Ibid.*, I, 419.
8. Cant. Valençay, arr. Châteauroux, Indre. — Inv. arch. départ. sér. II, 800, p. 229. — Archiprêtré de Levroux, par Lamy, III, 223. — Hubert, 108.

dépendant de Miseray. — Lurcy, *Lurciacum*[1]. Saint-Martin, dépendant de Plaimpied, en Auvergne. — Lureuil, *Larolium*[2]. Commanderie de Chevaliers de Malte. — Lury, *Luriacum*[3]. Saint-Jean, dépendant de l'abbaye de Vierzon. — Luzeret[4]. *Lieu-Dieu*, dépendant de Notre-Dame de Fontdouce. — Lys-Saint-Georges, *Olilium*[5]. Saint-Georges, dépendant de la cellérerie de Déols.

Maillet, *Malliacum*[6]. Saint-Martin, dépendant du chapitre de Bénévent. — Malicorne, *Malicornia*[7]. Saint-Prix, dépendant d'Evaux. — Marçais, *Marceium*[8], dépendant de Puyferrand. — Martizay, *Martizaium*[9]. Saint-Antoine de *Netz-l'abbé*, dépendant de l'abbaye de Saint-Savin. — Mauvières, *Malveriæ*[10]. Saint-Léger, dépendant de Saint-Martial de Limoges. — Méaulne[11]. Saint-Symphorien, dépendant de la Chaise-Dieu. — Meilland, *Meillanum*[12]. Sainte-Catherine, dépendant de Déols. — Meillers[13]. Saint-Julien, dépendant de Saint-Menou. — Ménetou-Ratel, *Monasterium*

---

1. Cant. Lurcy-Lévy, Allier. — Paroisses bourbon., 391. — Titres de la maison de Bourbon, 1214.
2. Cant. Tournon, arr. Le Blanc, Indre. — Inv. som. arch. départ. sér. II, 607-651, p. 202-211. — Hubert, 109.
3. Chef.-l. cant., arr. Bourges, Cher. — Histoire de Vierzon, 150. — De Kersers, V, iv. — Chroniques de la châtellenie de Lury, par Tausserat, dans *Mém. com. hist. Cher* (1878), 1-297.
4. Cant. Saint-Gaultier, arr. Le Blanc, Indre. — Inv. arch. départ. sér. II, 757-767, p. 237. — Hubert, 109.
5. Cant. Neuvy, arr. La Châtre. — Archiprêtré la Châtre, par Lamy, VI, 73. — Hubert, 109-110.
6. Ibid. — *Ibid.* — Hubert, 111.
7. Cant. Commentry, arr. Montluçon, Allier. — Paroisses bourbon., 449.
8. Cant. et arr. Saint-Amand, Cher.
9. Cant. Tournon, arr. Le Blanc, Indre. — Inv. arch. départ. sér. II, 776-777, p. 242.
10. Cant. Belabre, ibid. — Hubert, 115.
11. Cant. Cérilly, arr. Montluçon, Allier.
12. Cant. et arr. Saint-Amand, Cher. — De Kersers, VI, ii.
13. Cant. Souvigny, arr. Moulins, Allier. — Paroisses bourbonn., 388. — Histoire de Saint-Menou, 113-119.

Ratelli[1], dépendant de la Charité-sur-Loire. — Ménetou-Salon, *Monestum-Sallonis*[2], uni à la mense abbatiale de Saint-Sulpice. — Ménétréols-sous-le-Landais, *Monasteriolum*[3]. Notre-Dame, dépendant de Méobecq. *Chassenay* et *Saint-Sébastien*. — Ménétréols-sous-Vatan, *Monasteriolum*[4]. Saint-Valentin, dépendant de Notre-Dame d'Issoudun. — Ménétréols-sur-Sauldre, *Monasterium super Saldriam*[5], dépendant de Saint-Benoît-sur-Loire. — Méobecq[6]. Saint-Jean de *Mibouchet*, dépendant de Méobecq (1174). — Mérigny[7]. Commanderie de *Plaincourault*, de l'ordre de Malte. — Mers, *Mercum*[8]. Notre-Dame, dépendant de Déols, ainsi que le prieuré de *Genouillac*, unis l'un et l'autre au collège des Jésuites de Bourges. — Méry[9]. Saint-Martin, dépendant de Vierzon. — Meunet, *Munetum*[10]. Saint-Léger, possédé par Notre-Dame d'Issoudun avant 1154. *Saint-Eutrope*, dépendant de Saint-Sulpice. — Meusnes, *Meusna*[11]. dépendant de Pontlevoy. — Monestier, *Monasterium*[12]. Saint-Pourçain, dépendant d'Evaux. — Montche-

---

1. Cant. et arr. Sancerre, Cher.
2. Cant. Saint-Martin-d'Auxigny, arr. Bourges, Cher.
3. Cant. Ecueillé, arr. Châteauroux, Indre. — Archiprêtré de Levroux, par Lamy, III, 226, 312. — Hubert, 117.
4. Cant. Vatan, arr. Issoudun. — Histoire religieuse d'Issoudun, par Chevalier, 96.
5. Cant. Aubigny, arr. Sancerre, Cher.
6. Le Bas-Berry, Histoire et archéologie, par Hubert, 520.
7. Cant. Tournon, arr. La Châtre. — Ingrandes et les confins du Bas-Berry; Marquisat du Blanc, commanderie de Plaincourault, prieuré de Puychevrier, par Vaillant. *Châteauroux*, 1904, in-18. — Hubert, 147.
8. Cant. Neuvy, arr. Châteauroux, Indre. — Arch. départ. Cher, sér. D. — Archiprêtré de la Châtre, par Lamy, VI, 135.
9. Cant. Vierzon, arr. Bourges, Cher. — Histoire de Vierzon, 250. — De Kersers, VII, v.
10. Cant. et arr. Issoudun. — Archiprêtré d'Issoudun, V, 47, 51. — Recueil général..., par Hubert, 183-186.
11. Cant. Selles, arr. Romorantin, Loir-et-Cher.
12. Cant. Chantelle, arr. Gannat, Allier. — Paroisses bourbonnaises, I, 495.

vrier, *Monasterium Caprasii*[1]. Commanderie de *Montchezeau*. — Montgivrai[2]. Saint-Saturnin, commanderie de Templiers, donnée aux archevêques de Bourges. — Montlevic[3], dépendant de Plaimpied. *L'Igneraie*, donné à l'abbaye des Pierres par Palestel (1197). — Montluçon[4]. Notre-Dame, dépendant de Menat, en Auvergne. *L'Hermitage de Saint-Robert*, uni au monastère des Bernardines de la ville. *Saint-Pierre*, dépendant de la prévôté d'Evaux. — Montvicq, *Montis vicus*[5]. Saint-Priest, dépendant de Souvigny. — Moulac[6]. *Souage*, dépendant de Chezal-Benoît. — Mosnay[7]. Saint-Oustrille d'*Yvernault*, *de Ivernali*, dépendant de Déols, uni au collège des Jésuites de Bourges. Notre-Dame de *Vilmarin*, commanderie, unie au couvent des Augustins de Montmorillon. — Moulins[8]. Notre-Dame de *Jarzay*, *de Jarziaco*, donné à Fontevrault par Agnès, femme d'Alart de Châteaumeillant (vers 1110). Saint-Jean-l'Evangéliste de *la Chaise*, *de Casali*, dépendant de Déols et uni au chapitre de Châteauroux. — Murat, *Muratum*[9]. Saint-

---

1. Cant. Aigurande, arr. La Châtre, Indre. — Hubert, 124.
2. Cant. et arr. La Châtre, Indre. — Archiprêtré de la Châtre, par Lamy, VI, 137-158.
3. Ibid. — *Ibid.*, VI, 140. — Hubert, 126.
4. Chef.-l. arr. Allier. — 8 reg. et 17 lias. aux arch. départ. sér. II. — Histoire de Montluçon, par Janin, 85. — Le tableau à compartiments de la vie de la Sainte Vierge dans l'église de Notre-Dame de Montluçon, par Clément. Moulins, 1896, in-8. — Paroisses bourbonnaises, II, 446, 469.
5. Cant. Montmarault, arr. Montluçon, Allier.
6. Cant. Le Châtelet, arr. Saint-Amand, Cher. — Arch. départ. sér. II. — De Kersens, IV, 1.
7. Cant. Argenton, arr. Châteauroux, Indre. — Hubert, 127, 205. — Le Bas-Berry, Histoire et archéologie, par le même, II, 302-306.
8. Cant. Levroux, ibid. — Id. 131, 34, 97. — Archiprêtré de Levroux, par Lamy, III, 313, 314. — Inv. som. Arch. départ. Indre, sér. II, 832-857, p. 260-269. — Deux liasses aux Arch. départ. Maine-et-Loire, sér. II.
9. Cant. Montmarault, arr. Montluçon, Allier. — Paroisses bourbonnaises, I, 420.

Nicolas, dépendant du prieuré du Montet. — NAVES, *Navæ*[1]. Saint-Pourçain, dépendant de l'archevêché. — NÉRET, *Neretum*[2]. Saint-Martin, dépendant de Saint-Gildas. — NÉRIS[3], prieuré appartenant aux Chanoines réguliers d'Evaux avant 1267. — NEUVY-LE-PAILLOUX, *Novus vicus paludosus*[4]. Saint-Laurent, dépendant de Déols. — NEUVY-SUR-BARANJON, *Novus vicus*[5]. Notre-Dame, dépendant de Vierzon. — NIHERNE[6], *Surins, Subtrini,* dépendant de Déols. — NOCT[7]. Saint-Jean de *Chambéral,* dépendant d'Evaux. — NOHANT[8]. Saint-Martin, dépendant de la Chaise-Dieu. *Vicq-sur-Saint-Chartier,* Saint-Martin, donné à Déols par le Chapitre de Bourges (1095). — ORSENNES, *Orsenna*[9]. Saint-Martin, dépendant de Déols. Notre-Dame de *Grammont-le-Chateignier,* de *Castaneriis,* monastère Grandmontin, fondé par Hugues le Brun, comte de la Marche, vers 1205. — OULCHES, *Olchiæ*[10]. Saint-Nazaire, commanderie de Chevaliers de Malte. *Saint-Barnabé,* dépendant de Preuilly. — OUROUER-LES-BOURDELINS[11].

---

1. Cant. Ebreuil, arr. Gannat, Allier. — Paroisses bourbonnaises, I, 495-496.

2. Cant. et arr. La Châtre. — Les dîmes de Néret sous l'Ancien Régime, par CHÉNON, *Mém. Soc. Antiq. Centre,* XXIII, 20-35. — Archiprêtré de La Châtre, par LAMY, VI, 144. — HUBERT, 131.

3. Cant. et arr. Montluçon, Allier. — JANIN, *ouv. cit.,* 545-548. — Monographies bourbonnaises, Néris, par MORET. Moulins, 1897, in-8. — Néris au Moyen-Age, par GRASSOREILLE, dans *Rev. bourbon.,* I (1884), 250-255. — Paroisses bourbonnaises, I, 450-451.

4. Cant. et arr. Issoudun, Indre. — HUBERT, 132.

5. Cant. Vierzon, arr. Bourges, Cher. — Histoire de Vierzon, 250.

6. Cant. et arr. Châteauroux, Indre. — Archiprêtré de Levroux, par LAMY, III, 315. — HUBERT, 184.

7. Cant. Huriel, arr. Montluçon, Allier. — Paroisses bourbon., I, 470.

8. Cant. et arr. La Châtre, Indre. — Arch. départ. Cher, sér. H. — HUBERT, 134.

9. Cant. Aigurande, arr. La Châtre. — HUBERT, 87, 136. — Destruction de l'Ordre de Grandmont, par GUIBERT, 843.

10. Cant. Saint-Gaultier, arr. Le Blanc. — Inv. arch. départ. sér. H, 789, p. 246. — HUBERT, 137, 178.

11. Cant. Nérondes, arr. Saint-Amand, Cher. — Cinq art. aux Arch. départ. sér. H.

PALLUAU, *Paludellum*[1]. Saint-Laurent, dépendant de Saint-Genou.
— PARPEÇAY[2]. Saint-Pierre de *Crevant*, uni à la maison des Oratoriens de Tours. — PELLEVOISIN, *Pelivicinum*[3]. Saint-Paul, dépendant de Villeloin. Sainte-Catherine de *Beauchamp*, dépendant du monastère de Glatigny. — PÉROUILLE, *Perolia*[4]. Saint-Martin, dépendant de Varennes. — PIGNY, *Pigniacum*[5], dépendant de Saint-Ambroise. — POULAINES, *Polinæ*[6]. Saint-Saturnin, dépendant de Chezal-Benoît. Saint-Vincent, dépendant de Jarzay. Prieurés d'*Aubigny*, *Albiniacum*. Sainte-Madeleine de *Chambon*, Saint-Laurian de *Comps*. Saint-Nicolas d'*Epaillard*, dépendant de Chezal-Benoît. — POULIGNY-SAINT-PIERRE[7]. Saint-Pierre de *Benavent*, *de Benavento*, dépendant de Méobecq. Saint-Vincent de *Mont-la-Chapelle*. Saint-Nicolas de *Décenay*. Ces divers prieurés furent unis à Fontgombaud. — PRÉMILLAT[8]. Saint-Sulpice d'*Oulche*, *de Olchiis*, dépendant de Déols. — PRESLY-LE-CHÉTIF, *Prelliacum captivum*[9], dépendant de Vierzon. — PRISSAC[10]. Commanderie de Sainte-Madeleine de *Charpagne*. Le *Chatelier*, dépendant des Augustins de Montmorillon. Saint-Jean de *la Plagne*. — QUINCY[11], dépendant de Vierzon. — QUINSSAINES[12], dépendant des chanoines d'Evaux. — REIGNY,

---

1. Cant. Châtillon, arr. Châteauroux, Indre. — HUBERT, 139.
2. Cant. Saint-Christophe, arr. Issoudun. — Inv. som. Arch. départ., sér. H, 747-756, p. 235. — HUBERT, 143.
3. Cant. Ecueillé, arr. Châteauroux. — Archiprêtré de Levroux, par LAMY, III, 315-317.
4. Cant. et arr. Châteauroux. — HUBERT, 143.
5. Cant. Saint-Martin-d'Auxigny, arr. Bourges, Cher.
6. Cant. Saint-Christophe, arr. Issoudun, Indre. — ID., 151. — Arch. départ. Cher, sér. H.
7. Cant. et arr. Le Blanc. — ID., 13, 152. — Archiprêtré Le Blanc, par LAMY, VIII, 23-24.
8. Cant. et arr. Montluçon, Allier.
9. Cant. La Chapelle-d'Angilon, arr. Sancerre, Cher.
10. Cant. Belabre, arr. Le Blanc, Indre. — ID., 39, 154. — Inv. arch. départ. sér. H, 778, p. 243.
11. Cant. Lury, arr. Bourges, Cher. — Hist. de Vierzon, 250.
12. Cant. et arr. Montluçon, Allier. — JANIN, *ouv. cit.*, 493-495.

Reginyacum[1]. Saint-Martin, cédé par Saint-Martin de Tours à l'abbaye de Plaimpied (1092). — REUGNY, *Regniacum*[2]. Saint-Martin, dépendant de Saint-Cyran. — REUILLY, *Rulliacum*[3]. Saint-Denis, dépendant de l'abbaye de ce nom, où l'on attribuait faussement cette donation au roi Dagobert (638). Uni au séminaire de Saint-Sulpice en 1694. *Lormeleau*, commanderie de Chevaliers de Malte. — RIVARENNES, *Rivarenæ*[4]. Saint-Denis, dépendant de l'abbaye de Lesterp en Limousin. — ROGLES, *Roclæ*[5]. Notre-Dame, dépendant du Montet. — ROSNAY, *Rosnaium*[6]. Saint-André. — ROUVRES-LES-BOIS, *Rovra*[7]. Saint-Jérôme, dépendant de Déols. *Sainte-Miroflete*, dépendant de l'abbaye de la Vernusse. — RUFFEC, *Ruffiacum*[8]. Saint-Alpinien, fondé par le comte de Limoges, Raymond, qui y fit transporter des reliques du saint de ce nom (851 ou 852), donné à Saint-Martial (XII° s.). L'église a été transformée en grange.

SAINT-AIGNAN-DES-NOYERS[9], dépendant de Saint-Sulpice de

---

1. Cant. Châteaumeillant, arr. Saint-Amand, Cher. — Archiprêtré de la Châtre, VI, 188.
2. Cant. Hérisson, arr. Montluçon, Allier. — Paroisses bourbon., I, 422.
3. Cant. et arr. Issoudun, Indre. — Donation apocryphe du prieuré de Reuilly à Saint-Denys par Dagobert, dans *Recueil général des chartes...*, par HUBERT, 91-96; 186. — Histoire de l'abbaye de Saint-Denis, par FÉLIBIEN, 129, 363. — Arch. nat. fonds Saint-Denis. — Congrès archéol., XL, 449. — HUBERT, 160. — Inv. arch. départ., sér. H, 652-704, p. 211-226. — LA THAUMASSIÈRE, 676.
4. Cant. Saint-Gaultier, arr. Le Blanc. — HUBERT, 161.
5. Cant. Le Montet, arr. Moulins, Allier.
6. Cant. et arr. Le Blanc, Indre. — ID., 165.
7. Cant. Levroux, arr. Châteauroux. — ID., 166. — Archiprêtré de Levroux, par LAMY, III, 318-319. — Inv. arch. départ., sér. H, 783-787, p. 244.
8. Cant. et arr. Le Blanc. — ID., 166. — Archiprêtré Le Blanc, par LAMY, VIII, 69-71. — Inv. arch. départ. sér. H, 788, p. 245. — L'abbaye de Saint-Martial de Limoges, par DE LASTEYRIE, 393-394.
9. Cant. Sancoins, arr. Saint-Amand, Cher. — Arch. départ. sér. H. — DE KERSERS, VII, 11.

Bourges. — Saint-Aigny[1]. *Ruffec-le-Franc.* — Saint-Amand, *Sanctus Amandus*[2], dépendant du Montet. — Saint-Ambroise, *Sanctus Ambrosius*[3]. Saint-Martial de *Semur, de sicco murro,* dépendant de l'abbaye de Massay, uni à l'archevêché de Bourges (XVIII° .). — Saint-Aoustrille, *Sanctus Austregesilus*[4]. — Saint-Aubin[5]. *Bessac-le-Monial,* dépendant de Souvigny. — Saint-Bonnet-du-Désert, *Sanctus Bonitus de Deserto*[6], dépendant du Montet. — Saint-Brisson, *Sanctus Briccius*[7], dépendant de Saint-Benoit-sur-Loire. — Saint-Caprais[8]. *Champfraud,* donné à la Charité-sur-Loire par Barthélemy de Mur (1111). — Saint-Céols, *Sanctus Celsus*[9], dépendant de la Charité-sur-Loire. — Saint-Chartier, *Sanctus Chartarius*[10], dépendant de Déols. — Saint-Cyran-du-Jambot[11]. Saint-Pierre, dépendant de Déols. — Saint-Denis-de-Jouet[12], dépendant d'Aurillac, uni au collège des Jésuites de Limoges. — Saint-Désiré[13], fondé vers 1055 par les descendants d'Ebbes de Déols pour Saint-

---

1. Cant. et arr. Le Blanc, Indre. — Hubert, 167.
2. Chef-l. arr., Cher.
3. Cant. Charost, arr. Bourges, Cher. — Arch. départ. sér. H. — Archiprêtré Issoudun, par Lamy, IV, 205. — De Kersers, III, 111.
4. Cant. et arr. Issoudun, Indre. — Hubert, 168.
5. Cant. Bourbon-l'Archambault, arr. Moulins, Allier. — Inventaire archéologique et bibliographique des communes, cant. Bourbon-l'Archambault, par Clément, 99. — Paroisses bourbonnaises, 392.
6. Cant. Cérilly, arr. Montluçon, Allier.
7. Cant. et arr. Gien, Loiret.
8. Cant. Levet, arr. Bourges, Cher. — Le canton de Levet, par Bailly, 48.
9. Cant. Les Aix-d'Angillon, arr. Bourges, Cher.
10. Cant. et arr. La Châtre, Indre. — Hubert, 170.
11. Cant. Châtillon, arr. Châteauroux. — Id., 172. — Archiprêtré Le Blanc, par Lamy, VII, 31.
12. Cant. Aigurande, ibid. — Id., 172.
13. Cant. Huriel, arr. Montluçon, Allier. — Les origines de Saint-Désiré, par Richerolles. Moulins, 1887, in-8; ext. *Rev. Bourbonnaise.* Saint-Désiré, par Desrosiers, in-4; ext. *Art en province.* — Paroisses bourbonn., 472-477.

Michel de Cluse. — SAINTE-CÉCILE[1], dépendant de Déols. — SAINTE-GEMME, *Sancta Gemma de Arena*[2], dépendant de Notre-Dame d'Issoudun, ainsi que Saint-Jean de *Sablon*. Saint-Marc de *la Frenaie*, dépendant de Fontgombault. — SAINT-ELOY DE GY[3]. *Bourgneuf*, commanderie de Chevaliers de Malte. — SAINTE-SÉVÈRE[4], dépendant de Déols. Sainte-Madeleine de *Rongères*, dépendant de la Chaise-Dieu. — SAINTE-THÉRENCE, *Sancta Therentia*[5], dépendant de l'archevêché. — SAINTE-THORETTE[6], dépendant de Notre-Dame d'Issoudun. Saint-Martin le Noir ou de *Brétigny*, dépendant de Saint-Sulpice. — SAINT-GAULTIER[7], dépendant de l'Esterp (XII° s.), uni au petit séminaire de Bourges. — SAINT-GENOU[8]. Notre-Dame de *L'Estrée, de Strata*, appartenant à l'abbaye du lieu. — SAINT-GONDON, *Sanctus Gondulphus*[9], dépendant de Saint-Benoît-sur-Loire. — SAINT-HILAIRE[10]. *Boischassin*, membre de la commanderie de la Croix-au-Bost. — SAINT-HILAIRE[11], dépendant de Déols. — SAINT-

---

1. Cant. Saint-Christophe, arr. Issoudun, Indre. — HUBERT, 170.
2. Cant. Mézières, arr. Le Blanc. — Archiprêtré du Blanc, par LAMY, VII, 105-107.
3. Cant. Saint-Martin-d'Auxigny, arr. Bourges, Cher. — Les commanderies de Malte en Berry, par DE TOULGOËT, dans *Mém. soc. antiq. Centre*, XXXI, 162-163.
4. Chef-l. cant., arr. La Châtre, Indre. — Inv. arch. départ. sér. II, 811-814, p. 253-255. — Histoire de Sainte-Sévère en Berry, prr EM. CHÉNON, Paris, 1888-1889, in-8. — HUBERT, 179. — Archiprêtré de la Châtre, par LAMY, VI, 74.
5. Cant. Marcillat, arr. Montluçon, Allier.
6. Cant. Mehun, arr. Bourges, Cher. — Histoire religieuse d'Issoudun, par CHEVALIER, 98.
7. Chef-l. cant., arr. Le Blanc, Indre. — Inv. arch. départ. sér. II, 801, p. 249. — Arch. départ. Cher, sér. G. — HUBERT, 173.
8. Cant. Buzançais, arr. Châteauroux. — HUBERT, 72. — Archiprêtré du Blanc, par LAMY, VII, 69. — Estrée-Saint-Genou, par BOUYONNET, dans *Rev. du Berry*, 1906, 1907.
9. Cant. et arr. Gien, Loiret.
10. Cant. Bourbon, arr. Moulins, Allier. — CLÉMENT, *ouv. cit.*, 114-117. — Paroisses bourbonnaises, 390.
11. Cant. Belabre, arr. Le Blanc, Indre. — HUBERT, 175.

Hilaire de Gondilly[1], *de Gondeliaco*, dépendant de Saint-Laurent d'Auxerre. *Vieilleville*, membre dépendant de la commanderie des Bordes. — Saint-Hilaire-en-Lignères[2], fondé par Guillaume IV, seigneur de Lignères (1268), et donné à Déols. — Saint-Julien-sur-Cher, *Sanctus Julianus super Carum*[3], dépendant de Vierzon. — Saint-Loup, *Sanctus Lupus*[4], dépendant de Massay. — Saint-Marcel[5], dépendant de Saint-Gildas (XIIe s.), ainsi que le prieuré du *Pont-Chrétien*. — Saint-Martin d'Auxigny, *de Auxiniaco*[6], dépendant de Saint-Ambroise. — Saint-Martin de Lamps[7], Saint-Michel, dépendant de Villeloin, uni à l'Oratoire de Bourges. — Saint-Martin-des-Champs[8], dépendant de Marmoutier, uni au petit séminaire de Bourges (1742). — Saint-Maur[9], dépendant de Saint-Gildas, uni à l'hôpital de Buzançais (XVIIIe s.). Saint-Gervais de *Goutte-Noire*, *de gutta nigra*, donné à Puyferrand par Henri de Sully. — Saint-Michel-en-Brenne, *Sanctus Michael in Brena*[10]. Sainte-Madeleine de *Loup*, *de Luodo*, dépendant de Fontgombaud, qui reçut ce fief de Robert de Buzançais (1096). Commanderie de

---

1. Cant. Nérondes, arr. Saint-Amand, Cher. — Les commanderies de Malte en Berry, dans *Mém. soc. antiq. Centre*, XXXI, 118-123.
2. Cant. Lignères, Ibid. — Archiprêtré de Châteauneuf, par Lamy, IV, 134-136. — De Kersers, V, 111. — La Thaumassière, 660.
3. Cant. Mennetou, arr. Romorantin, Cher.
4. Cant. Châteauneuf, arr. Sancerre, Cher.
5. Cant. Argenton, arr. Châteauroux, Indre. — Inv. arch. dép. sér. II, 778-780, 802-810, p. 243, 250-253. — Hubert, 176. — Le Bas-Berry, Histoire et archéologie, par le même, II, 313-338.
6. Chef.-l. cant., arr. Bourges, Cher.
7. Cant. Levroux, Ibid. — Hubert, 177. — Archiprêtré de Levroux, par Lamy, III, 224.
8. Cant. Sancergues, arr. Sancerre, Cher. — De Kersers, VI, IV.
9. Cant. et arr. Châteauroux, Indre. — Hubert, 177. — Archiprêtré de la Châtre, VI, 134.
10. Cant. Mézières, arr. Le Blanc. — Inv. arch. départ. Indre, sér. II, 599-606, p. 199-202; 768-775, 240-242. — Archiprêtré du Blanc, par Lamy, VIII, 8-10. — Hubert, 17, 106, 178. — Recueil général des chartes en français, par Hubert, 14.

Blison, de l'ordre de Malte. — Saint-Palais, *Sanctus Palladius*[1], dépendant de Marmoutier. — Saint-Pierre-les-Bois, *Sanctus Petrus in bosco*[2], dépendant de Déols. — Saint-Pierre-les-Etieux, *Sanctus Petrus in Extallis*[3], uni par le cardinal d'Amboise, archevêque de Bourges, à l'abbaye de Charenton (1505). — Saint-Plaisir[4]. Saint-Jean de *Villedieu*, commanderie de chevaliers de Malte, membre de la Racherie. — Saint-Priest, *Sanctus Projectus*[5]. Notre-Dame de la *Ville-aux-Moines*, donné à Chezal-Benoît par Henri de Sully (1176). — Saint-Vic-le-Fleuriel, *Floriacum*[6]: Saint-Guy, dépendant de Déols. — Salbris, *Salebra*[7], dépendant de Saint-Sulpice. — Sancerre[8]. Notre-Dame, dépendant de Saint-Laurent de Bourges. *Saint-Martin*, appartenant au monastère orléanais de Bonne-Nouvelle. *Saint-Denys*, *Saint-Pierre*, uni à Saint-Satur, et *Saint-Romble*. — Sarzay, *Scrasium*[9]. Saint-Pierre. —

---

1. Cant. Saint-Martin-d'Auxigny, arr. Bourges, Cher. — Deux art. aux arch. départ. sér. H. — De Kersers, VI, III. — Archiprêtré de la Châtre, par Lamy, VI, 146.

2. Cant. Le Châtelet, arr. Saint-Amand. — Archiprêtré de la Châtre, VI, 178. — De Kersers, IV, I.

3. Cant. Charenton, ibid. — Archiprêtré de Charenton, IV, 36. — De Kersers, III, II.

4. Cant. Bourbon, arr. Moulins, Allier. — Paroisses bourbonnaises, 397. — Archives historiques du Bourbonnais, I, 153.

5. Cant. Châteaumeillant, ibid. — Archiprêtré de la Châtre, VI, 182. — De Kersers, III, IV.

6. Cant. Saulzais-le-Potier, arr. Sancerre, Cher.

7. Chef-l. cant., arr. Romorantin, Loir-et-Cher.

8. Chef-l. arr., Cher. — Arch. départ. sér. II, fonds Saint-Laurent. — Arch. départ. Loiret, sér. II, fonds Bonne-Nouvelle. — Étude sur les fouilles de l'église Saint-Romble, par Gauchery, dans *Mém. soc. Antiq. Centre*, XXIII, 37-47. — Note sur une ancienne vue de Sancerre, par Supplisson, *ibid.*, XXVIII, 225-240. — Histoire de la ville de Sancerre, par Poupard. *Paris*, 1777, in-12, et *Bourges*, 1838, in-8. — Observations historiques sur la ville de Sancerre, par Chavaudret. Bourges, 1859, in-8. — De Kersers, VII, I. — La Thaumassière, 403.

9. Cant. Neuvy, arr. La Châtre, Indre. — Hubert, 181.

SAULNAY, *Saunaisum*[1]. Saint-Martin, dépendant de Saint-Cyran. — SAUZELLES[2], *Thilloux*, appartenant à Fontgombaud. — SELLES-SAINT-DENIS, *Cella Sancti Dionisii*[3], dépendant de Saint-Satur. — SELLES-SUR-NAHON, *Cellæ*[4]. Notre-Dame dépendant de Saint-Genou. — SIDIAILLES[5]. Saint-Jean-Baptiste, appartenant aux Chevaliers de Malte. — SOUGÉ[6]. Saint-Léger de *Champillet*, dépendant de Saint-Genou. — SOULANGIS, *Solengiacum*[7], dépendant de Saint-Ambroise.

TARGET, *Targiacum*[8]. Saint-Martin, dépendant d'Evaux. — THÉNIOUX, *Thenolium*[9]. Saint-André, dépendant de Vierzon. — TOURNON-SAINT-MARTIN, *Turno*[10]. Saint-Martin, dépendant de Villeloin, puis de Saint-Croix d'Angles. Sainte-Colombe de *Condom-le-Monial, de Colonio*, dépendant de l'abbaye de La Règle. — TRANZAULT, *Transalia*[11]. Saint-Pierre, dépendant de Déols. — TREIGNAT, *Treigniacum*[12]. Saint-Julien, dépendant du Chambon. — USSEL, *Usellum*[13]. Saint-Isidore, dépendant d'Évaux. — VAILLY, *Valliacum*[14]. Saint-Martin, dépendant de Saint-Benoît-sur-Loire. — VALENÇAY,

---

1. Cant. Mézières, arr. Le Blanc. — ID., 181. — Archiprêtré du Blanc, par LAMY, VIII, 71.
2. Cant. Tournon, ibid. — ID., 182. — Ibid., 72-74.
3. Cant. Salbris, arr. Romorantin, Loir-et-Cher.
4. Cant. Ecueillé, arr. Châteauroux. — ID., 183. — Archiprêtré de Levroux, par LAMY, III, 319.
5. Cant. Châteaumeillant, arr. Saint-Amand, Cher. — Archiprêtré de La Châtre, par LAMY, VI, 211. — DE KERSERS, III, IV.
6. Cant. Ecueillé, arr. Châteauroux, Indre. — HUBERT, 184.
7. Cant. Les Aix-d'Angillon, arr. Bourges, Cher.
8. Cant. Chantelle, arr. Gannat, Allier.
9. Cant. Vierzon, arr. Bourges, Cher. — Histoire de Vierzon, 250.
10. Chef-l. cant., arr. Le Blanc, Indre. — HUBERT, 189. — Archiprêtré du Blanc, par LAMY, VIII, 89.
11. Cant. Neuvy, arr. La Châtre. — ID., 190.
12. Cant. Huriel, arr. Montluçon, Allier.
13. Cant. Chantelle, arr. Gannat, Allier. — Paroisses bourbonnaises, I, 497.
14. Chef-l. cant., arr. Sancerre, Cher. — DE KERSERS, VII, IV.

Valentiacum[1]. Notre-Dame, cédé par l'abbaye de Celles à Pontlevoy (1120), uni à l'archevêché de Blois. *Le Temple*, commanderie de Malte, dépendant de celle de Villefranche-sur-Cher. — VALIGNAT, *Valiniacum*[2]. Saint-André, dépendant d'Ebreuil. — VALIGNY-LE-MONIAL, *Valiniacum*[3]. Notre-Dame, dépendant de la Charité-sur-Loire. — VARENNES, *Varennæ*[4]. Saint-Loup. — VELLES, *Vella*[5]. Commanderie de *Lespinat*, dépendant de Villefranche. Saint-Etienne, dépendant de Saint-Gildas. — VENDŒUVRE-EN-BRENNE, *Vendopera*[6]. Saint-Etienne et Saint-Anastase, dépendant de Méobecq. Saint-Fiacre de *Bauché*, *de Baucheis*, dépendant de Saint-Genou. — VERNAIS, *Vernayum*[7]. Notre-Dame, dépendant de Charenton. — VERNEUIL, *Vernolium*[8], uni à Saint-Laurent de Bourges. — VERNUSSE, *Varnuciæ*[9]. Saint-Martin, dépendant de Chantelle. — VEUIL, *Violium*[10]. Saint-Pierre, dépendant de Villeloin. — VICQ-EXEMPLET, *Vicus exempletus*[11]. Saint-Martin, dépendant de Déols. — VICQ-SUR-

---

1. Chef-l. cant., arr. Châteauroux, Indre. — Inv. Arch. départ. sér. II, 818-819, p. 256. — Les commanderies de Malte en Berry, par DE TOULGOET, dans *Mém. soc. Antiq. Centre*, XXXI, 156-161. — HUBERT, 191-192. — Archiprêtré de Levroux, par LAMY, III, 321-324.

2. Cant. Ebreuil, arr. Gannat, Allier.

3. Cant. Cerilly, arr. Montluçon, Allier. — Archiprêtré de Charenton, IV, 37. — Paroisses bourbon., I, 502.

4. Cant. Saint-Christophe, arr. Issoudun. — HUBERT, 193. — Les commanderies de Malte en Berry, dans *Rec. cit.*, 153-156.

5. Cant. Ardentes, arr. Châteauroux. — ID., 195. — Le Bas-Berry, par HUBERT, I, 104 et s.

6. Cant. Buzançais, ibid. — ID., 196. — Notice sur la commune de Vendœuvres, par CHOMBEZ, 1867, in-8. — Archiprêtré du Blanc, par LAMY, VII, 15 ; VIII, 90-97. — Le Bas-Berry, par HUBERT, III, 563-578.

7. Cant. Charenton, arr. Saint-Amand, Cher. — Archiprêtré de Charenton, IV, 38.

8. Cant. Dun-sur-Auron, arr. Saint-Amand, Cher.

9. Cant. Montmaraud, arr. Montluçon, Allier.

10. Cant. Valençay, arr. Châteauroux, Indre. — ID., 197. — Archiprêtré de Levroux, III, 324.

11. Cant. et arr. La Châtre. — ID., 198. — Archiprêtré de la Châtre, VI, 215.

Nahon, *Vicus super Nahon*[1]. Sainte-Madeleine *de Bourgneuf, de Burgo novo*, commanderie de Malte, dépendant de Lureuil d'abord, puis de Villefranche. Saint-Bernard et Saint-Cloud du *Chambon*, dépendant de Preuilly. — Vierzon[2], *Saint-Optat de Décre*, dépendant de l'abbaye du lieu. Commanderie dépendant de Villefranche. — Vieure[3]. Notre-Dame, dépendant de Souvigny, uni à Bessay-le-Monial au milieu du XVe siècle. — Vigoulant[4]. Notre-Dame d'*Héral*, dépendant du prieuré d'Orsan. — Vigoux, *Vigus*[5]. Saint-Georges, dépendant de Déols. — Vijon[6]. Sainte-Madeleine du *Mas-Robert, de Manso-Roberti*. — Villegelin[7]. Saint-Léger des Bois, donné à Chezal-Benoît par dame Adelburge vers 1111. — Villedieu, *Villa Dei*[8]. Sainte-Trinité, donné à Saint-Gildas par Raoul I, seigneur de Châteauroux, vers 940. Saint-Bonnet et Saint-Claude de *Mehun, de Magduno*. Commanderie de Chevaliers de Malte dépendant de celle de Villefranche. — Villefranche-sur-Cher[9]. Com-

---

1. Cant. Valençay, arr. Châteauroux. — Hubert, 198. — Archiprêtré de Levroux, III, 73-83. — Les commanderies de Malte en Berry, par de Toulgoët, dans *Rec. cit.*, 162-163.

2. Histoire de Vierzon, 250. — Les commanderies de Malte en Berry, dans *Rec. cit.*, 148-153.

3. Cant. Bourbon-l'Archambault, arr. Moulins, Allier. — Inventaire archéologique et bibliographique..., par Clément, 131-153.

4. Cant. Sainte-Sévère, arr. La Châtre, Indre. — Hubert, 199. — Archiprêtré de La Châtre, par Lamy, VI, 218.

5. Cant. Saint-Benoît-du-Sault, arr. Le Blanc. — Id., 199.

6. Cant. Sainte-Sévère, arr. La Châtre. — Id., 199.

7. Cant. Lignères, arr. Saint-Amand, Cher. — Arch. départ. sér. H. — Archiprêtré de Châteauneuf, par Lamy, IV, 160. — De Kersers, V, 111.

8. Cant. Buzançais, arr. Châteauroux. — Inv. arch. départ. sér. H, 820-822, p. 256. — Hubert, 116, 201. — Archiprêtré de Levroux, par Lamy, III, 327-328. — Les commanderies de Malte en Berry, dans *Rec. cit.*, 161-162. — Congrès archéol. France, XL, 441. — Le Bas-Berry, par Hubert, III, 586-612. — Le prieuré et le château de Villedieu, par Fauconneau-Dufresne, dans *Rev. Bas-Berry* (1873), 125-130.

9. Cant. Mennetou, arr. Romorantin, Loir-et-Cher. — Inv. arch.

manderie de chevaliers de Malte. — Villegoin, *Viilagoen*[1]. Notre-Dame, dépendant de Saint-Genou. — Villentrois, *Villa in strata*[2]. Saint-Georges, dépendant de Villeloin, ainsi que Saint-Mandé. — Villers, *Villare*[3]. Saint-Laurent, dépendant de Déols. — Vitray, *Vitriacum*[4]. Saint-Eloi, dépendant de Déols. — Vouly[5]. Nesmond, dépendant de Chezal-Benoît. — Vouillon, *Vodolio*[6]. Saint-Saturnin, dépendant de Déols. — Voussac, *Vocacum*[7]. Saint-Martin, dépendant de l'archevêché. — Vouzeron, *Vozero*[8]. Saint-Martin, dépendant de Vierzon. — Yvoi-le-Pré, *Yvoium*[9], dépendant de Saint-Sulpice.

---

départ. Indre, sér. II, 705-724, p. 226-229. — Arch. dép. Cher, sér. H. — Les commanderies de Malte en Berry, dans *rec. cit.*, 140-166.

1. Cant. Ecueillé, arr. Châteauroux, Indre. — Hubert, 202. — Archiprêtré de Levroux, III, 329.

2. Cant. Valençay, arr. Châteauroux. — Hubert, 203. — Archiprêtré de Levroux, III, 330.

3. Cant. et arr. Châteauroux. — Id., 203.

4. Cant. Cérilly, arr. Montluçon, Allier. — Paroisses bourbonnaises. I, 430.

5. Cant. Levet, arr. Bourges, Cher. — Arch. départ. sér. H.

6. Cant. et arr. Issoudun, Indre. — Hubert, 205. — Bulle de Léon VII confirmant Déols dans la possession de Vouillon (938), dans *Recueil général des chartes...* par Hubert, 123-126. Fausse bulle de Léon IX, 159-163. — Inv. som. arch. départ. sér. II, 823, p. 257.

7. Cant. Chantelle, arr. Gannat, Allier.

8. Cant. Vierzon, arr. Bourges, Cher. — Histoire de Vierzon, 350.

9. Cant. La Chapelle-d'Angillon, arr. Sancerre, Cher. — Arch. départ. sér. II.

II

DIOCÈSE DE CLERMONT[1]

[CLERMONT, *Claromontensis*, évêché dans la ville du même nom,

---

1. Chef.-l. départ. Puy-de-Dôme. — Projet de l'histoire d'Auvergne, par AUDIGIER. S. l. n. d. in-4. *Clermont*, 1894, in-8 ; ext. *Mém. Acad. Clermont-Ferrand.* — Bib. nat. ms. fr. 11477-11484. — Recherches sur la population des généralités d'Auvergne, de Lyon, de Rouen..., par MESSANCE, *Paris*, 1766, in-4. — Voyage d'Auvergne, par LE GRAND D'AUSSY. *Paris*, 1788, in-8. — Discours sur l'origine des Arvernes, pour servir de préliminaire à l'histoire d'Auvergne, par DESISTRIÈRES-MURAT. *Paris*, 1766, in-12. — Préliminaire sur l'histoire d'Auvergne, par LE MÊME. *Paris*, 1782, in-12. — Notice sur l'ancien royaume des Auvergnats et sur la ville de Clermont, par DELARBRE. *Clermont*, 1805, in-8. — Résumé de l'histoire d'Auvergne, par TAILLANDIER. *Paris*, 1826, in-18. — Description historique et scientifique de la Haute-Auvergne, par BOUILLET. *Paris*, 1834, 2 vol. in-8. Tablettes historiques de l'Auvergne, par LE MÊME. *Clermont*, 1840-1847, 8 vol. in-8. — L'ancienne Auvergne et le Velay, par MICHEL, DONIOL, MANDET. *Moulins*, 1843-1847, 3 vol. in-fol. — Études sur l'histoire du haut pays d'Auvergne, par DELZONS. *Clermont*, 1843-1847, 4 vol. in-8. — L'Auvergne historique depuis l'ère gallique, par IMBERDIS. *Riom*, 1851, in-8. — L'Auvergne depuis l'ère gauloise jusqu'au XVIIIe siècle, par LE MÊME. *Paris*, 1863, in-8. — Histoire générale de l'Auvergne depuis l'ère catholique jusqu'au XVIIIe siècle, par LE MÊME. *Clermont*, 1867, in-8. — Les éphémérides d'Auvergne, par REYNARD. *Riom*, 1870, in-18. — L'Auvergne, histoire, monuments, par JALLIFIER. *Paris*, 1876, in-12. — Histoire de la comté d'Auvergne et de sa capitale, Vic-le-Comte, par BIELASKI. *Clermont*, 1868, in-8. — L'Auvergne au Moyen-Age, par BRANCHE. *Clermont*, 1842, in-8. — L'Auvergne au XIVe siècle. Tableau de cette province durant l'invasion anglaise (1356-1392), par MAZURE. *Clermont*, 1842, in-8. — Essai sur les guerres des Anglais dans le haut pays d'Auvergne, par DE LALAUBIE. *Clermont*, 1862, in-8 ; ext. *Mém. acad. Clermont*. — Mémoires de Jehan de Vernyes (1589-1593),

capitale de la Basse Auvergne et de toute la province. D'un côté elle

---

Clermont, 1838, *in-8*. — Histoire des guerres religieuses en Auvergne pendant les XVI et XVII° siècles, par IMBERDIS. *Moulins*, 1840-1842, 2 vol. *in-8* ; *Riom*, 1846, *in-8*. — Précis des guerres religieuses en Auvergne, suivi d'une notice biographique du chancelier de l'Hospital et de notices sur quelques autres personnages, par CHASTEAU DU BREUIL. *Clermont*, 1840, *in-8* ; ext. *Annuaire d'Auvergne*. — Histoire de la révolution en Auvergne, par SERRES. *Saint-Amand*, 1895, *in-16*. — Chroniques et récits de la révolution dans la Basse-Auvergne. L'assemblée provinciale, par MÈGE. *Clermont*, 1867, *in-8*. — La formation et l'organisation du département du Puy-de-Dôme, par LE MÊME, dans *Mém. acad.* (1873), 275. — Le Puy-de-Dôme en 1793, par LE MÊME. *Ibid.* (1876), 31, 457.

Histoire des institutions de l'Auvergne, contenant un essai historique sur le droit public et privé dans cette province, par RIVIÈRE. *Paris*, 1814, 2 vol. *in-8*. — Essai sur l'origine des fiefs de la noblesse de la Haute-Auvergne, par DE RANGOUSE DE LA BASTIDE. *Paris*, 1784, *in-12*. — Notices historiques sur les ban et arrière-ban de la province d'Auvergne, par DE SARTIGES, dans *Mém. acad. Clermont*, VI (1864), 489-577 ; VII, 49. — Les fiefs d'Auvergne et du Velay, par SORBIER, dans *Rev. hist. nobiliaire*, I (1876), 329-346, 428-533 ; II, 82-86, 129-168, 510-537 ; III, 54-86, 112-132. — Des limites, des divisions territoriales et civiles, des institutions judiciaires, administratives et financières de la Haute-Auvergne, pendant le Moyen-Age et les temps modernes jusqu'à la Révolution, par DELALO. *Aurillac*, 1859, *in-8*. — Mémoire historique sur les modes successifs de l'administration dans la province d'Auvergne et le département du Puy-de-Dôme depuis la féodalité jusqu'à la création des préfectures (1800) et monographie des offices de finances et juridictions qui comprenaient autrefois les différents services administratifs actuels, avec les noms des intendants, des administrateurs et les divisions successives du territoire, par COHENDY. *Clermont*, 1856, *in-4*. — Recherches historiques sur les États généraux et plus particulièrement sur l'origine, l'organisation et la durée des anciens États provinciaux d'Auvergne, par BERGIER et VERDIER-LATOUR. *Clermont*, 1788, *in-8*. — Histoire des communautés des arts et métiers de l'Auvergne, par BOUILLET. *Clermont*, 1857, *in-8*. — Histoire de la communauté de Clermont, par RENAULT. *Clermont*, 1874, *in-8*. — Histoire de la ville de Clermont, par TARDIEU. *Moulins*, 1872-1873, 2 vol. *in-4*. — Les anciennes écoles d'Auvergne, par JALOUSTRE, dans *Mém. acad. Clermont*, LIV (1881), 35-560. — Mémoire concernant la province d'Auvergne dressé par ordre de Mgr le duc de Bourgogne en 1697-1698, par LEFÈVRE D'ORMESSON. *Clermont*, 1845, *in-8*. — État de l'Auvergne en 1765, présenté à M. de Laverdy, par DE BAL-

a des montagnes et des coteaux de vignes qui l'environnent en

---

LAINVILLERS, publié par BOUILLET. *Clermont*, 1836, *in-8*. — Description de l'Auvergne chrétienne avant 1789, par DE LAVARÈNE, dans *Semaine religieuse de Clermont*, 1874-1875. — Histoire de l'administration civile dans la province d'Auvergne et le département du Puy-de-Dôme, par BONNEFOY. *Paris*, 1895-1902, 4 *vol. in-8*.
Mémoire de Fléchier sur les Grands Jours d'Auvergne en 1665 et 1666, publié par GONOD. *Clermont*, 1834, *in-8*. — Les États provinciaux du centre de la France, par THOMAS. *Paris*, 1879, *in-8*. — Les cahiers des paroisses d'Auvergne en 1789, par MÈGE. *Clermont*, 1899, *in-8*. — Les élections de 1789, par LE MÊME. *Clermont*, 1905, *in-8*. — Histoire de Monseigneur Bonal et du diocèse de Clermont pendant son épiscopat, par CHAIX DE LAVARÈNE, dans *Mém. acad. Clermont*, XXVIII (1885), 401-529; XXIX, 337-453.
Histoire des ducs de Bourbon et des comtes de Forez, en forme d'annales, sur preuves authentiques, servant d'augmentation à l'histoire du pays de Forez et d'illustration à celle des pays de Lyonnais, Beaujolais, Bourbonnais, Dauphiné et Auvergne, par LAMURE, publiée par CHANTELAUZE. *Paris*, 1860, 3 *vol. in-4*, avec *Table générale*, par DE PONCINS. *Paris*, 1897, *in-4*. — Titres de la maison ducale de Bourbon concernant le Bourbonnais, le Beaujolais, le Forez, l'Auvergne, la Marche, etc., par HUILLARD-BRÉHOLLES et LECOY DE LA MARCHE. *Paris*, 2 *vol. in-4. Table alphabétique*, par LECOY DE LA MARCHE. *Paris, in-8*. — L'ancien Bourbonnais. Histoire, monuments, mœurs, par ALLIER. *Moulins*, 1833-1838, 2 *vol. in-fol*. — Générale description du Bourbonnais, par DE NICOLAY. *Moulins*, 1889, 2 *vol. in-8*. — Mémoire de la Généralité de Moulins, par l'Intendant LE VAYER, par FLAMENT. *Moulins*, 1906, *in-8*. — Procès-verbal de la Généralité de Moulins, dressé en 1686 par FLORENT D'AGONGES, publié par VAYSSIÈRE. *Moulins*, 1892, *in-8*. — Notes pour servir à l'histoire des paroisses bourbonnaises depuis leur origine jusqu'à nos jours, par MORET. *Moulins*, 1902, 2 *vol. in-8*. — Histoire des sires et des ducs de Bourbon (1812-1831), par BÉRAUD. *Paris*, 1835-1836, 4 *vol. in-8*. — Histoire du Bourbonnais et des Bourbons qui l'ont possédé, par COIFFIER-DEMORET. *Paris*, 1816, 2 *vol. in-8*. — Les jurisconsultes de l'ancien Bourbonnais, sa législation et son administration judiciaire, par MÉPLAIN. *Moulins*, 1889, *in-8*. — Un département sous la révolution française, par BIERNAUSKI. *Moulins, in-8*. — Les écoles bourbonnaises avant 1789, par MORET. *Moulins*, 1894, *in-8*. — Les confréries de Notre-Dame et la dévotion à la très sainte Vierge dans le Bourbonnais avant 1789, par LE MÊME. *Moulins*, 1894, *in-8*.
Histoire parénétique des trois saints protecteurs du Haut-Auvergne

façon d'un fer à cheval ; et de l'autre une fort belle campagne et

avec quelques remarques sur l'histoire ecclésiastique de la province, par le P. DOMINIQUE DE JÉSUS. *Paris*, 1635, *in-8*. — Histoire de l'Église d'Auvergne, contenant les événements, la vie des saints de l'Auvergne, du Velay et du Bourbonnais, par DE RÉSIÉ. *Clermont*, 1855, *3 vol. in-8*. — Les évêques d'Auvergne. Jacques d'Amboise, par CHAIX. *Clermont*, 1874, *in-8*. — Chronologie des évêques de Clermont et des principaux événements de l'histoire ecclésiastique d'Auvergne, par GONOD. *Clermont*, 1833, *in-4* — L'Auvergne chrétienne du premier siècle à 1880, contenant : état primitif de cette province, preuves diverses de son évangélisation au premier siècle, biographie des 95 évêques de Clermont, par MORIN. *Roanne*, 1880, *in-18*. — Essai sur l'histoire religieuse de la Haute-Auvergne, formant de nos jours la totalité du diocèse de Saint-Flour, par CHAUMEIL. *Saint-Flour*, 1856, *in-8*. — L'Auvergne au Moyen-Age. Les monastères. Histoire des ordres monastiques, par BRANCHE. *Paris*, 1842, *in-8*. — Custoderie d'Auvergne. Narration historique et topographique des couvents de l'Ordre de Saint-François et monastères de Sainte-Claire, érigés en la province appelée anciennement de Bourgogne, à présent Saint-Bonaventure, par FODÉRÉ. *Lyon*, 1619, *in-4*, et *Clermont*, 1861, *in-8* ; ext. *Mém. acad.* — Pèlerinages et sanctuaires de la Sainte Vierge dans le diocèse de de Saint-Flour, par CHABAU. *Aurillac*, 1888, *in-8*. — Les saints d'Auvergne, par MOSNIER. *Paris*, 1899, *2 vol. in-8*. — La vie des saints et des saintes d'Auvergne, par BRANCHE. *Le Puy*, 1652, *in-12* ; *Clermont*, 1858, *2 vol. in-12*.

De sanctis ecclesiis et monasteriis Claromontanis libri II Auctoris anonymi, qui vixit circa annum DCCCCL, cum notis et observationibus JOHANNIS SAVARONIS, Præsidis et Præfecti Arverniæ, dans *Bib. nova manuscripl.* de LABBE, II, 707-727, et *Paris*, 1608, *in-8*. — Monumenta pontificia Arverniæ, decurrentibus IX, X, XI, XII sæculis. Correspondance diplomatique des Papes concernant l'Auvergne depuis le pontificat de Nicolas I, jusqu'à celui d'Innocent III, par CHAIX DE LAVARÈNE. *Clermont*, 1880, *in-4*. — Monumenta pontificia Arverniæ sub Innocentio III, par LE MÊME, dans *Mém. acad. Clermont*, XXIV (1882), 33 et *s.* ; sub Honorio III, *Ibid.* XXV, 389 et *s.* ; sub Gregorio IX et Innocentio IV, *Ibid.* 497-644. — Bullaire de l'Auvergne depuis les origines de la diplomatique pontificale dans cette province jusqu'à la fin du XVIIIe siècle, par LE MÊME. *Ibid.* XVIII (1875), 65, 621 ; XIX, 393 ; XX, 23, 275, 447. — Les évêques de Clermont ; les abbés des monastères et la collation des bénéfices d'après les *Schedæ* inédites des archives du Vatican, par DE SURREL DE SAINT-JULIEN, *Ibid.*, dans *Bul. hist. Auvergne* (1888), 223 et *s*. — Chroniques d'Auvergne, par COHENDY. *Clermont*, 1856-1858, *2 vol.*

d'agréables prairies. Cette ville est de la première Aquitaine dans

---

in-8. — Notes et documents inédits concernant l'histoire d'Auvergne ; État des dépôts et archives de la province d'Auvergne dressé par Dom FONTENEAU, dans *Bul. hist. Auvergne*, V (1885), 229 : — Accord pour assurer la pacification de la province fait par les députés des trois États de la province d'Auvergne à Clermont, le 27 nov. 1360, publié par BOYER. *Clermont*, 1879, *in-8* ; ext. *Mém. acad.* — Visites des monastères de l'Ordre de Cluny de la province d'Auvergne en 1286 et en 1310, par BRUEL, dans *Bib. éc. chartes*, XXXVIII (1891), 64-117. — Journal du voyage de Dom Jacques Boyer (1710-1714), publié par VERNIÈRE. *Clermont*, 1886, *in-8* ; ext. *Mém. acad.* — Documents pour servir à l'histoire d'Auvergne, dans *Cabinet historique*, X, II, 72-75.

Inventaire de toutes les chartes antérieures au XIII° siècle qui se trouvent dans les différents fonds d'archives du dépôt de la préfecture du Puy-de-Dôme, par COHENDY. *Clermont*, 1855, *in-8* ; ext. *Mém. acad.* — Inventaire sommaire des archives départementales, Puy-de-Dôme, sér. C, par COHENDY et ROUCHON. *Clermont*, 1893-1906, 4 vol. *in-4*. — Les Archives de l'histoire de France, par STEIN et LANGLOIS, 214-216. — État général par fonds des archives départ., 573-582. — Inventaire sommaire... Cantal, sér. E, par AUDÉPIN, GRAND et ESQUER. *Aurillac*, 1904, *in-4*. — STEIN et LANGLOIS, 107-108. — État général, 117-124. — Inventaire sommaire... Allier, sér. A et B, par CHAZAUD. *Moulins*, 1883, *in-4*. Sér. E, par CLAUDON. *Moulins*, 1906, *in-4*. — STEIN et LANGLOIS, 89-90. — État général, 17-28.

Dictionnaire iconographique de l'ancienne Auvergne, par TARDIEU. *Clermont*, 1904, *in-4*. — Statistique monumentale du département du Puy-de-Dôme, par BOUILLET. *Clermont*, 1846, *in-8*, et *atlas*, *in-4*. — Description archéologique des monuments celtiques, romains et du moyen-âge du département du Puy-de-Dôme, classés par communes, par BOUILLET. *Clermont*, 1874, *in-8* ; ext. *Mém. acad.* — École romane d'Auvergne, ses limites, les influences auvergnates sur les églises des autres provinces, par DU RANQUET, dans *Congrès archéol.*, LII, 177-204. — Cours d'art roman auvergnat, par DU RANQUET. *Clermont*, 1900, *in-8*. — Sur l'antériorité et l'influence de l'école romane auvergnate, par BRUTAILS, dans *Bul. archéol. com. trav. hist.* (1899), 414-421. — Essai sur les églises romanes ou romano-byzantines du département du Puy-de-Dôme, par MALLAY. *Moulins*, 1841, *in-fol.* — Mémoire sur les églises du XII et du XIII° siècle en Auvergne, par LE MÊME, dans *Congrès scientif.* *Clermont*, (1878), 522. — Classification des églises du diocèse de Clermont, par MALLAY, dans *Mém. acad. Clermont*, XLIII (1870), 593-781. — Mémoire sur l'architecture pendant le moyen-âge en Auvergne, par LE MÊME,

Ibid. (1867), 260-337. — Essai de classification des églises d'Auvergne, par Renouvier, dans *Bul. monum.* III (1837), 375-398. — Les églises romanes de la Haute-Auvergne, par de Rochemonteix. *Paris*, 1902, *in-4*. — L'Auvergne, par Ajalbert. *Paris*, 1897, *in-fol*. — Villes et châteaux de la vieille France. Duché d'Auvergne, par Casati de Casatis. *Paris*, 1902, *in-8*. — L'architecture religieuse en Bourbonnais, par Grassoreille, dans *Bul. soc. émulation Allier*, XVII (1884), 490-498. — Observations générales sur la statistique monumentale du Bourbonnais, par Batissier, dans *Bul. monum.*, IV (1838), 212-220. — Les cryptes des églises bourbonnaises, par Cément. *Moulins*, 1895, *in-8*. — Inventaire des découvertes archéologiques faites en Bourbonnais en 1896, par Pérot, *Moulins*, s. d., *in-8*; ext. *Bul. soc. émul.* — Sigillographie de l'ancienne Auvergne (XII-XVI° s.), par de Bosredon. *Brives*, 1895, 2 vol. *in-fol*. — Remarques sur la sigillographie, figurant au catalogue du musée départemental de Moulins, suivis d'un appendice concernant divers sceaux intéressant le Bourbonnais, par Tiersonnier. *Moulins*, 1903, *in-8*. — Le registre Auvergne de l'Armorial général, par du Roure de Paulin, dans *Bul. hist. Auvergne* (1908), 80-99. — Armorial de la province d'Auvergne, par de Ribier, *Clermont*, 1904, *in-8*. — Armorial du Bourbonnais du Cte de Soultrait, 2° édition sous la direction de R. de Quirielle. *Paris*, 1890, 2 vol. *in-4*. — Epitaphes et inscriptions des principales églises de Clermont d'après les manuscrits de Gaignères, par Roux. *Clermont*, 1904, *in-8*; ext. *Mém. acad.* — Congrès archéologique de France (1854), Moulins. *Paris*, 1855, *in-8*; LXII (1895), Clermont-Ferrand. *Paris*, 1897, *in-8*.

Dictionnaire des lieux habités du département du Puy-de-Dôme, par Bouillet. *Clermont*, 1854, *in-8*. — Dictionnaire historique et géographique des lieux habités du département du Puy-de-Dôme, contenant la description générale du département et particulièrement celle des villes, bourgs, villages, etc., par Faugère. *Clermont*, 1892, *in-8*. — Le grand dictionnaire historique du département du Puy-de-Dôme, par Tardieu. *Moulins*, 1877, *in-4*. — Grand dictionnaire biographique, par le même. *Moulins*, 1878, *in-4*. — Dictionnaire topographique du département du Cantal, par Emile Amé. *Paris*, 1897, *in-4*. — Dictionnaire statistique ou histoire, description et statistique du département du Cantal, par Deribier du Chatelet. *Aurillac*, 1856, 5 vol. *in-8*. — Dictionnaire des noms de lieux habités du département de l'Allier, par Chazaud. *Moulins*, 1881, *in-8*. — Biographie ou dictionnaire historique des personnages d'Auvergne illustres ou fameux..., par Aigueperse. *Clermont*, 1834, 2 vol. *in-8*.

De l'état des études historiques dans le département du Puy-de-Dôme,

l'exarchat des Gaules¹. Les évêques, qu'on y prétend dès l'an 250, ont longtemps affecté l'indépendance et prenaient le titre d'évêques d'Auvergne. Mais, vers l'an 1160, ils prirent celui d'évêques de Clermont et se soumirent à Bourges avec la prétention de *prototrones*. Le chapitre réclame et dispute encore l'exemption. L'évêché de Clermont est le seul que il y ait eu en Auvergne jusqu'en 1317, que le pape Jean XXII érigea celui de Saint-Flour.

Saint Austremoine fut envoyé à Clermont par le pape Fabien en 253. Et par des guérisons miraculeuses il convertit à la foi tous les lieux des environs. C'est le premier évêque de Clermont². L'on fait

---

par TEILHARD DE CHARDIN, dans *Congrès archéol.*, LXII, 129-160. — Catalogue des livres imprimés et manuscrits de la bibliothèque de Clermont, par VIMONT. Imprimés relatifs à l'Auvergne. *Clermont*, 1878, *in-8*. — Bio-bibliographie des écrivains anciens du Bourbonnais, par R. DE QUIRIELLE. *Moulins*, 1899, *in-8*. — Essai de Catalogue bibliographique des livres bourbonnais, par L. GRÉGOIRE. *Moulins*, 1908, *in-8*. — Catalogue général des manuscrits des bibliothèques publiques de France, Clermont-Ferrand, XIV, 1-213; XLI, 188-189. Moulins, III, 173-191. — Académie des sciences, belles-lettres et arts de Clermont-Ferrand. Annales de l'Auvergne (1828-1858). Mémoires de l'Académie (1859 et s.). Bulletin historique et scientifique de l'Auvergne (1881 et s.). *Clermont*, *in-8*. — Revue d'Auvergne. *Clermont*, 1884 et s., *in-8*. — Revue de la Haute-Auvergne, *Aurillac*, *in-8*. — Société d'émulation de l'Allier. Bulletin. *Moulins*, 1846 et s., *in-8*. — Revue bourbonnaise, historique, artistique, archéologique. *Moulins*, 1884-1887, *in-8*. — Annales bourbonnaises. *Moulins*, 1887-1892, *in-8*. — Archives historiques du Bourbonnais. *Moulins*, 1890 et s., *in-8*. — *Gallia christiana*, II, 222-316; *instr.*, 73-128. — Du TEMS, III, 121-206.

1. Les colonies romaines en Auvergne, par MATHIEU, dans *Annales scientif. de l'Auvergne*, XXVIII (1855), 71, 273, 429; XXIX, 281, 505; XXX, 83. — Géographie de la Gaule au VIᵉ siècle, par LONGNON, 477-518. — Les nationalités en Auvergne au VIᵉ siècle, par KURTH. *Clermont*, 1900, *in-8*; ext. *Revue d'Auvergne*. — Les comtes d'Auvergne au VIᵉ siècle, par LE MÊME, dans *Bul. acad. roy. Belgique* (1899), 769-790.

2. Sur saint Austremoine. Les Fastes épiscopaux de l'ancienne Gaule, par DUCHESNE, II, 31-39, 117-122. — *Acta Sanct. Nov.* I, 49 et s. — La plus ancienne vie de saint Austremoine, dans *Anal. bolland.* XIII, 33-46. — L'origine des Églises de France, prouvée par la succession de ses évêques, avec la vie de saint Austremoine, premier apôtre de l'Auvergne,

ordinairement saint Urbique ou *Urbicus* successeur de saint Austremoine. Saint Allyre ou *(Illidius)* quatrième évêque, successeur de saint Légon jusqu'en l'année 385[1]. Il eut saint Népotien pour successeur, à qui succéda saint Artème. Saint Vénérand succéda à saint Artème vers l'an 394. Saint Rustic, successeur de saint Vénérand. Saint Sidoine Apollinaire succéda à saint Eparque, l'an 470 ou 469 jusqu'en 479 et fut le dixième évêque[2]. Saint Apruncule, (*Abrunculus*), son successeur, mourut en 490. Saint Euphraise (*Eufrasius*), le douzième évêque, lui succéda l'an 490 et mourut vers 515. Saint Quintien (*Quintianus*), ci-devant évêque de Rodez, fut fait évêque de Clermont en 515. Il mourut l'an 525 ou 526. Saint Gal succéda à saint Quintien et mourut en 551[3]. Saint Genès fut élu évêque de Clermont l'an 656 et mourut l'an 662[4]. Saint Prix qui lui succéda mérita la palme du martyre en 676[5]. Saint Bonet ou saint

---

par DUFRAISSE. *Paris*, 1688, *in-8*. — Observations critiques à MM. Bourassé et Chevalier sur la légende de saint Austremoine et les origines chrétiennes de la Gaule, par ARBELLOT. *Paris*, 1870, *in-8*. — Saint Austremoine et les premières églises de la ville de Clermont, dans *Bul. hist.* (1898), 56 et s.

1. La vie de saint Allyre a été écrite par Grégoire de Tours, *Vitæ Patrum*, II. — *Acta Sanct. Junii*, I, 416-425.

2. Œuvres de saint Sidoine Apollinaire, publiées par BARET. *Paris*, 1879, *in-8*. *Monumenta Germaniæ historica. Auctor. antiq.*, VIII, 1-264. *Pat. lat.* LVIII, 443-640. — Saint Sidoine Apollinaire et son siècle, par CHAIX. *Clermont*, 1867-1868, 2 vol. *in-8*; ext. *Mém. acad.* — Études d'histoire du droit romain au cinquième siècle d'après les lettres de Sidoine Apollinaire, par DUVAL-ARNOUL. *Paris*, 1888, *in-8*. — Sur quelques lettres de Sidoine Apollinaire. Le droit dans la Gaule romaine au cinquième siècle, par ESMEIN. *Paris*, 1885, *in-8*. — Avitacum. Essai de critique sur l'emplacement de la villa de Sidoine Apollinaire, par CRÉGUT. *Clermont*, 1899, *in-8*; ext. *Mém. acad.*

3. Tous ces évêques nous sont connus par Grégoire de Tours.

4. Acta Sancti Genesii, dans *Acta Sanct. Junii*, I, 315. — Les dates assignées par Beaunier sont douteuses.

5. Il y eut entre Genesius et Præjectus trois évêques, Gigroindus, Félix et Garivaldus. — Acta sancti Præjecti, dans *Acta Sanct. Januarii*, II, 630-633. KRUSCH, dans *Nouv. archiv.* XVIII (1893), 640-649. — Vita alia, auctore incerto, dans *Acta Sanct. ibid.*, 633-636.

Bon, évêque de ce lieu, mourut en 710[1]. Il s'était démis de l'épiscopat vers l'an 700. On compte quatre-vingt-douze évêques depuis saint Austremoine jusqu'à Massillon. Entre ces évêques, il y en a vingt-six qui sont reconnus pour saints et plusieurs ont été distingués par leur naissance ou par leurs grands talents ou par les dignités dont ils ont été revêtus. Etienne Aubert ou Albert, né dans un village appelé le Mont, près de Pompadour en Limousin, d'avocat à Limoges fut fait évêque de Noyon, puis de Clermont en 1340, ensuite cardinal-évêque d'Ostie et enfin pape sous le nom d'Innocent VI, l'an 1352. Il mourut à Avignon le 12 septembre de l'année 1362[2]. Le soixante-dix-septième évêque de Clermont était de la plus auguste maison du monde, puisque c'était Charles de Bourbon, depuis cardinal et archevêque de Lyon[3]. Le cardinal de La Rochefoucauld[4], Thomas du Prat[5], frère du cardinal de ce nom, et Guillaume du Prat[6], fils de cette Eminence, se sont aussi fait honneur du siège épiscopal de Clermont. L'évêque de Clermont tient le premier rang parmi les suffragants de l'archevêché de Bourges.

Cet évêché est composé d'environ huit cents paroisses, dont une partie est de la Généralité de Moulins et l'autre de celle de Riom. Quoique l'évêque soit seigneur de Billon et de Croupières, qui sont deux petites villes, et de plus de dix-huit paroisses, il n'a cependant qu'environ quinze mille livres de revenu.

---

1. Saint Bonet ou *Bonitus* succéda à son propre frère Avitus II, en 691. — Acta Sancti Boniti, dans *Acta Sanct. Januar.*, I, 1070-1076.

2. Vitæ Paparum Avenionensium, de BALUZE, I, 918-974.

3. Ou soixante-dix-neuvième. Il fut évêque de Clermont de 1476 à 1488. Il eut pour lui succéder un homonyme, son petit-neveu (1489-1504).

4. François de la Rochefoucauld fut évêque de Clermont en 1585 et transféré à Senlis en 1609.

5. Thomas du Prat fut élu par le chapitre, dont il faisait partie, le 25 mars 1517. Il mourut à Modène le 19 novembre 1528.

6. Guillaume du Prat, neveu du précédent, lui succéda (1528-1560). Il assista au concile de Trente et se donna de tout cœur à la réforme ecclésiastique.

Philippe-Auguste ayant confisqué l'Auvergne sur le comte Guy et Clermont ayant été réuni à la couronne[1], le comte Guy mit cette ville entre les mains de l'évêque, de crainte qu'elle ne lui fût ôtée par le Roi, et les évêques de Clermont ont joui du comté d'Auvergne et de Clermont, depuis l'an 1202 jusqu'en 1552 que Catherine de Médicis obtint un arrêt contre Guillaume du Prat, pour lors évêque de Clermont, qui en adjugea la seigneurie à cette reine, nonobstant la prescription alléguée par l'évêque. Le motif de l'arrêt était qu'un dépositaire ne pouvait jamais prescrire, parce qu'il faut, pour que la prescription ait lieu, que la possession soit fondée sur un titre suffisant pour faire croire et persuader au possesseur qu'il est maître et propriétaire de la chose qu'il possède. Or le dépôt est un titre vicieux; car le dépositaire sait parfaitement bien qu'il n'est ni le

---

1. Table généalogique de l'ancienne et illustre maison d'Auvergne et des branches d'icelle, s. l. n. d., in-fol. — Stemma arvernicum sive genealogia supremorum principum, comitum Arverniæ, ducumque Aquitaniæ primæ et comitum Claromontensium, delphinorum Arverniæ ac dominorum de Turre-Arveniæ, etc., a Christophoro Justello, atque ab anno DCCCXLIV ad hæc usque tempora deducta. Paris, 1644, in-fol. — Histoire généalogique de la maison d'Auvergne, par Christophe Justel, Paris, 1645, in-fol. — Table généalogique de la maison d'Auvergne depuis le temps de Charles le Chauve jusques à présent, dressée par Baluze. Paris, 1704, in-fol. — Préface de M. Baluze sur l'« Histoire généalogique de la maison d'Auvergne ». Paris, 1708, in-4. — Histoire généalogique de la maison d'Auvergne, justifiée par chartes, titres, anciennes histoires et autres preuves authentiques, par Baluze. Paris, 1708, 2 vol. in-fol. — Lettre de M. Baluze pour servir de réponse à divers écrits qu'on a semés dans Paris et à la cour contre quelques anciens titres qui prouvent que MM. de Bouillon d'aujourd'hui descendent en ligne directe et masculine des anciens ducs de Guyenne et comtes d'Auvergne. Paris, 1698, in-fol. — Réponse aux remarques faites contre les titres nouvellement recouvrés sur l'origine de la maison de la Tour d'Auvergne, par Baluze. S. l. n. d., in-4. — Le cardinal de Bouillon, Baluze, Mabillon et Ruinart dans l'affaire de l'Histoire générale de la maison d'Auvergne, par Loriquet, dans Trav. acad. Reims, XLVII (1867), 265-308. — Une expertise de Mabillon. La filiation des La Tour d'Auvergne, par J. Depoin, dans Mélanges Mabillon, 127-143.

maître ni le dépositaire de la chose possédée. Outre cela, le titre des évêques de Clermont, ne leur en déplaise, paraît faux et supposé ; car, l'an 1202, le comte Guy n'appréhendait pas le roi Philippe, avec lequel il était fort bien alors ; il est sûr qu'il jouit encore paisiblement de la seigneurie de Clermont pendant dix ans et qu'il ne perdit cette ville qu'en 1212. Ce fut donc après cela que les rois, successeurs de Philippe-Auguste, laissèrent aux évêques la seigneurie de leur ville épiscopale, sans qu'ils en fussent les-maîtres absolus ; car les habitants avaient de grands privilèges et des libertés qu'ils maintinrent contre leurs évêques, dont le pouvoir en cette ville-là était médiocre [1].

Le chapitre de la cathédrale de Clermont est composé d'un prévôt, d'un doyen, d'un précenteur et de vingt-neuf chanoines avec douze autres demi-prébendés [2]. Les prébendes ne rapportent, années com-

---

1. Les Arch. départ. sér. G, possèdent 520 articles concernant l'Évêché et son secrétariat et 497 provenant de la Chambre ecclésiastique. — Ext. du cartulaire, Bib. nat., BALUZE, LXXII, f. 1-118. — L'entrée des évêques de Clermont, par COHENDY dans *An. scientif.* (1855), 378. — Lettre du pape Urbain II par laquelle il ratifie et confirme les privilèges de l'Église de Clermont, de l'évêque et de ses successeurs, par LE MÊME. *Ibid.* (1854), 47. — Les évêques auxiliaires en Auvergne et en Velay, par VERNIÈRE. Clermont, 1892, in-8 ; ext. *Bul. scientif.* — Authenticité de l'acte de dépôt du comté d'Auvergne par le comte Gui II (1202) entre les mains de l'évêque Robert, son frère, dans *Mém. acad.* (1876), 26. — Procès entre l'évêque de Clermont et le chapitre de la cathédrale en 1686, dans *L'Auvergne*, 27 déc. 1846. — Apologie des chanoines de la cathédrale et des citoyens de la ville de Clermont contre les nouveaux égarements de l'abbé Faydit, par GUIL. MAJOUR. Clermont, 1713, in-12. — Un litige canonique au XVIII° siècle, par MÈGE, dans *Rev. Auvergne* (1885), 233-251. — Recueil des actes du Clergé, VI, 1131 ; VII, 1041, 1490 ; XI, 318 et s., 890.

2. Il y a aux Arch. départ., sér. G, 752 art. concernant le chapitre cathédral. — Catalogue des manuscrits du chapitre, dans *Musée des Archives départementales* (Paris, 1878, in-4), p. 41. Catalogue général des manuscrits, XIV, XXIV. — Statuts capitulaires, bulles de notre Saint-Père le Pape, lettres patentes de Sa Majesté et arrêt de la Cour du Parlement, concernant la décision des six prébendes sacerdotales de l'église

munes, qu'environ cinq cents livres. Il y en a une appelée la Théologale, qui est affectée à un docteur en théologie et qui a été remplie sur la fin du treizième siècle par un docteur fameux, nommé Pierre de Croc, connu sous le nom de Pierre l'Auvergnat. Il était théologal de cette église, lorsqu'il en fut élu évêque.

Le diocèse de Clermont a cinquante lieues de circuit et renferme sept cent soixante paroisses[1], partagées en quinze archiprêtrés, qui sont Clermont, Limagne, Souvigny, Cusset, Billom, Livradois, Sauxillanges, Issoire, Merdogne, Ardes, Mauriac[2], Rochefort, Herment, Menat et Blot.

Entre les grands édifices qu'on voit dans la ville de Clermont, l'église cathédrale est très remarquable soit pour son architecture soit pour la grandeur de son bâtiment, qui est tout de grosses pierres de taille. Elle est ornée de quatre belles tours et il y a près du maître-autel deux tombeaux de ses évêques. Cette église ressemblerait fort à celle de Notre-Dame de Paris, si les deux tours qui sont au frontispice de celle-ci n'étaient à une des portes latérales de

---

cathédrale de Clermont en douze semi-prébendes (1627-1669), s. l. n. d., in-4. — Factum pour le chapitre de l'église cathédrale de Clermont, appelant contre M. Pierre de Masun, sieur du Poirier, intimé. S. l., 1691, in-fol. — Arrêts du Parlement de Paris des 19 juillet 1550 et 19 mai 1551, du 27 juillet 1571 sur la présence d'un chanoine, dans Rec. Actes du Clergé, II, 1018 : 1092 et s.; du 18 avril 1562, sur la collation des bénéfices, II, 1608, et XII, 1228 et s.; III, 1151, 1188; V, 1398 et s.; II, 1496 et s. — Histoire génér. de la maison d'Auvergne, par BALUZE, II, 38-39, 45-48, 58, 61, 65, 69, 73, 74, 109, 124, 179-184, 253, 260, 266, 292, 489, 490, 493, 495, 499, 502, 529, 537, 574, 780.

1. Pouillés des diocèses de Clermont et de Saint-Flour du XIVe et XVIIIe siècle par BRUEL. Paris, 1882, in-4; ext. Mélanges historiques, IV, 2-301. — Etrennes ecclésiastiques, curieuses, utiles et édifiantes, à l'usage de la province d'Auvergne. Clermont, 1764, 1766 et 1767, in-12.

2. Les archiprêtres de Mauriac, prieurs de Saint-Thyrse-d'Anglards, par R. DE RIBIER. Paris, 1902, in-8.

celle de Clermont. Autour du chœur sont des figures en relief, qui représentent l'histoire de l'ancien et du nouveau Testament. On sort de la cathédrale par trois différentes portes, où sont autant de belles places, qui sont le commencement de plusieurs grandes rues [1].

Les collégiales de la ville étaient : Notre-Dame du Port, avec un doyen, un chantre et quatorze chanoines, fondée par saint Avit

---

1. Inventaire du trésor de la cathédrale de Clermont, document de la fin du Xe siècle, par Douet d'Arcq, dans *Rev. archéol.*, X (1853), 160-174. — Inventaire du trésor, des ornements et de la bibliothèque de la cathédrale de Clermont, par Gonod, dans *An. scient. Auvergne*, XII (1839), 97-99. — Notice historique sur la cathédrale de Clermont, par Gonod. Clermont, 1839, in-8. — Recherches historiques sur la cathédrale de Clermont et ses vitraux, par Thévenot, dans *An. scientif. Auvergne*, IX (1836), 14 et s. — Description historique et archéologique de la cathédrale de Clermont, par de la Faye de l'Hospital. Clermont, 1865, in-12. — Visites artistiques et archéologiques ; Cathédrale de Clermont et Notre-Dame du Port, par le même. Clermont, 1878, in-18. — La cathédrale de Clermont, par Lestrade. Clermont, 1902, in-8. — La cathédrale de Clermont, par Gouillot, dans *Bul. hist. Auvergne* (1907), 253-269, 298-301 ; (1908), 49-64, 100-112, 151-165, 209-221, 247-264, 301-312, 340-344, 362-371. — Les fouilles du chevet de la cathédrale de Clermont, par du Ranquet, dans *Bul. monum.*, LXXIII (1909), 311-316. — Date de construction des cathédrales de Clermont et de Limoges, dans *Congrès scientif.* Limoges (1859), I, 288. — *Congrès archéol. France*, LXII, 50-52. — Le toit de la cathédrale de Clermont, par Jaloustre, dans *Carnet paroissial de la cathédrale* (1908), juin. — Itinéraire des processions dans la ville de Clermont à la fin du XVe siècle, par Vernière, dans *Bul. hist. Auvergne* (1886), 95. — Traité contre les masques, par Savaron. Paris, 1611, in-18. — Anciens usages liturgiques du diocèse de Clermont, par Raphanel, dans *Semaine relig.* (1901), 4, 11, 25 mai, 8 juin, 10 août, 21, 28 déc. ; (1902), 18 janv., 22 févr., 15, 22, 29 mars, 5 avril. — Quelques découvertes faites dans ces derniers temps à la cathédrale de Clermont, par Mallay, dans *Sem. relig.* (1869), 30 oct. — Note sur la découverte du tombeau de Jean Deschamps, dans *Bul. hist. Auvergne* (1883), 96. — Le tombeau de Jean Deschamps, par Dourif, dans *Mém. acad.*, XVI (1883), 96-112. — Tableaux et monuments connus dans Clermont avant les destructions dirigées par Couthon, extrait de l'Inventaire des archives de la cathédrale, dans *Auvergne historique*, XII (1905).

(571-594), incendiée par les Normands (840), rétablie par saint Ségon (863-868) et reconstruite au XIe siècle [1]; Saint-Geniès, avec un abbé et onze chanoines, fondée par le saint dont elle porte le nom depuis 1090, en l'honneur de saint Symphorien [2] Saint-Pierre, avec un doyen et douze chanoines [3]. Celles situées en dehors : Notre-Dame

---

1. Aux arch. départ. sér. G, 313 articles ou statuts, privilèges (1185-XVIIe s.) et inventaires. — Arrêt du Parlement de Paris touchant une prébende, dans *Recueil des actes du Clergé*, XII, 1550. — Histoire de de Notre-Dame du Port depuis ses origines jusqu'à nos jours, d'après des documents originaux et la plupart inédits, par CHAIX. *Clermont*, 1866, *in-8*. — Étude archéologique sur l'église de Notre-Dame du Port, par DE LA FAYE DE L'HOSPITAL. *Clermont*, 1883, *in-8*. — Saint-Avit et les origines de Notre-Dame du Port, dans *Bul. hist.* (1893), 10, 48, 86. — Date de la construction de Notre-Dame du Port, *Ibid.* (1885), 40, 96. — La procession de Notre-Dame du Port en 1614, *Ibid.* (1884), 94. — L'église du Port en 1790, *Ibid.* (1890), 77. — Extraits des registres capitulaires, *Ibid.* (1887), 148, 169. — Dévotion à Notre-Dame du Port, par HUBERT LEBON. *Clermont*, 1844, *in-18*. — Souvenir de Notre-Dame du Port, par DE THURET. *Clermont*, 1846, *in-18*. — Mémoire pour le Chapitre de Notre-Dame du Port contre André de Géronde. *Clermont*, 1742. — Mémoire pour le chapitre de Notre-Dame du Port contre M. Fabre. *Clermont*, 1779. — Extrait des registres des actes capitulaires du chapitre de Notre-Dame du Port, du 25 novembre 1795. *Clermont*, s. d., *in-4*. — BALUZE, II, 490.

2. Aux arch. départ. sér. G, 183 art. — *Gallia christiana*, II, 316-320. — Mémoire pour Jean Petit, curé de Saint-Genès, contre les abbé, chantres et chanoines de la même paroisse, 1785-1787. Mémoire pour le chapitre de Saint-Genès contre M. de Clary de Saint-Angel. — Arrêt du parlement de Paris concernant les canonicats de Saint-Genès, 1663. — Factum pour les abbé, chanoines et chapitre de Saint-Genès de Clermont, contre M. Jean Bourdet, vicaire perpétuel de la dite église. S. l., 1660, *in-4*. — Mémoire signifié pour les abbé, chanoines et chapitre de Saint-Genès de la ville de Clermont, contre M. Ant. Jos. Chacheri, curé de la dite paroisse. *Paris*, 1747, *in-fol*.

3. Aux arch. départ. sér. G, 70 art. — Discours et adresse de M. Pascal Grimaud, professeur de théologie, et de la majorité de ses collègues, membres du ci-devant chapitre de Saint-Pierre, portant adhésion à la constitution civile du clergé, imprimés par ordre de l'assemblée nationale du 16 décembre 1790. *Paris*, s. d., *in-8*.

d'Aigueperse, avec douze chanoines et quatre semi-prébendés[1]; la Sainte-Chapelle ou Saint-Louis, avec un trésorier, six chanoines et six semi-prébendés, située dans la même ville[2]; Saint-Martin d'Artonne, avec un abbé et douze chanoines[3]; Saint-Cerneuf de Billom, avec un abbé, un doyen, un chantre, vingt-quatre chanoines et quatre semi-prébendés[4]; Notre-Dame du Broc, avec un doyen et

---

1. Chef-l. cant., arr. Riom, Puy-de-Dôme. — Quelques pièces aux arch. départ. sér. G. — Arch. municipales d'Aigueperse. — Une halte en Auvergne. Aigueperse et ses environs. Notice historique et descriptive sur les principaux édifices. Aigueperse, 1900, in-16. — Description archéologique des monuments, par BOUILLET, 102.

2. La Sainte-Chapelle, fondée par Louis I de Bourbon, en 1475, était affectée au service du château des Dauphins d'Auvergne, comtes de Montpensier. — Quelques pièces aux arch. départ. sér. G. — Notice sur la Sainte-Chapelle d'Aigueperse. — Description des monuments, par BOUILLET, 103. — Classification des églises du diocèse, par MALLAY, dans Mém. acad. XII, 667.

3. Cant. Aigueperse, arr. Riom. — Fondée en 1048 par Guillaume, vicomte de Thiers. — Quelques pièces aux arch. départ. sér. G. — Fundatio capituli Sancti Martini Artonensis in Arvernia, dans Bib. nova de LABBE, II, 754-755. — Mémoire pour Médulphe Peyrol contre le chapitre d'Artonne, 1771. — Extinction du chapitre d'Artonne (1774), dans Bul. hist. (1885), 142. — Monumenta pontificia Arverniæ, Honorius III (1221), dans Mém. acad., XXV, 440. — Gallia christiana, II, 397-398. — BOUILLET, 106. — MALLAY, 670.

4. Chef-l. cant., arr. Clermont. — Sanctus Cirenneus de Billomo, prétendait remonter au temps de Charlemagne. Le chœur de l'église est du XIe siècle. — Quelques pièces aux arch. départ. sér. G. — Copie de la charte d'Aymeric, par laquelle il donne l'église de la Prade au chapitre de Billom. Avis des diplomatistes et consultation pour le chapitre de Billom. Paris, 1797, in-4. — Arrêt du Parlement de Paris du 14 mars 1614 réduisant à quatre chanoines l'exemption de résidence en faveur des études, dans Rec. actes clergé, II, 1117. — Mémoire pour Claude Morin, doyen et chanoine de Billom, contre les abbé et chanoines de ce chapitre. — Mémoire pour et contre Ph. Rudel et Guil. Goyon, prétendant à un canonicat de Saint-Cerneuf de Billom (1770-1773). — Officia propria Sanctorum insignis ecclesiæ regiæ et collegiatæ sancti Sirenci, urbis Billomi. Clermont, 1846, in-8. — Discours historique sur le sang précieux que l'on révère dans l'église royale de Saint-Cerneuf de la ville

quatre chanoines[1]; Saint-Etienne de Cébazat, avec un doyen et onze chanoines[2]; Notre-Dame de Chamalière, avec un doyen et douze chanoines[3]; Saint-Chamand, avec un doyen et six chanoines[4]; Saint-Martin de Cournon, avec un doyen et dix chanoines[5]; Notre-

---

de Billom. *Clermont*, 1755, in-8. — Neuvaine au Précieux sang de Jésus-Christ adoré dans l'église Saint-Cerneuf de Billom, par LADEN. *Clermont*, 1844, in-18. — Procès-verbal de l'analyse et de la destruction de cette relique, dans Extrait des registres de la société populaire de Clermont, relatif à la fête du 30 brumaire an II, en l'honneur de Chalier. — DENIFLE, I, 281.

1. Chef-l. cant., arr. Issoire, Puy-de-Dôme. — Fondée en 1540 par Jacques Perdinel, chantre de la cathédral de Rodez. — Pièces aux arch. départ. sér. G. — Registres des pièces relatives à la fondation et à la dotation par Jacques Perdinel du chapitre collégial de Notre-Dame du Broc. *Bib. Clermont* ms. 770. — Inventaire et extrait d'une partie de ce qui est contenu en septante et un articles que y a en fondation du collège de Notre-Dame du Broc. *Bib. Cheltenham* ms. 8682. — MALLAY, *ouv. cit.*, 721.

2. Chef-l. cant., arr. Clermont. — *Cebaziacum*, 168 art. aux arch. départ. sér. G.

3. Cant. et arr. Clermont. — *Calamariæ*. Il y eut en ce lieu plusieurs monastères, dès la période mérovingienne, fondés par le comte Genès : Saint-Sauveur et Saint-Pierre pour les hommes et Sainte-Cécile pour les femmes. — 70 art. aux arch. départ. sér. G. — Eglise de Chamalières, par DU RANQUET. *Caen*, 1896, in-8; ext. *Bul. monum.* — Histoire de Montferrand et de Chamalières, par TARDIEU. *Clermont*, 1876, in-4. — La formation des légendes provençales. Faits et aperçus nouveaux, par DOM G. MORIN, dans *Rev. Bénéd.*, XXVI (1909), 24-31.

4. Com. Saint-Julien-de-Coppel, cant. Billom, arr. Clermont.

5. Cant. Pont-du-Château, arr. Clermont. — *Cornonum*. Monastère qui remonte au VIe siècle, transformé en collégiale (1182) par l'évêque Ponce. — 319 art. aux arch. départ. sér. G. — Géographie de la Gaule au VIe s., par LONGNON, 498. — Semaine religieuse de Clermont, VII, 344. — Notes sur l'église de Cournon, par DOUHIT, dans *Mém. acad.* XXV (1883), 361-370. — *Gallia christiana*, II, 320. — Monumenta pontificia Arverniæ, Lucius III (1185), dans *Mém. acad.* XIX, 338. — Notice historiques sur le monastère de Cronon ou Cronosme, en Auvergne, au lieu dit la Nef ou Nau, commune de Cournon, par TRISCARD. *Clermont*, 1892, in-8. — Cournon et ses chartes de franchise, par BOUDET, dans *Revue de l'Auvergne* (1908), 289-332.

Dame du Crest, avec un doyen et douze chanoines[1]; Notre-Dame de Cusset, avec un chantre et douze chanoines[2]; Saint-Victor et Sainte-Couronne d'Ennezat, avec un doyen, onze chanoines et deux semi-prébendés[3]; Notre-Dame d'Herment, avec un doyen et six chanoines[4]; Saint-Germain-Lembron, avec onze chanoines[5]; Saint-Pierre de Lezoux, avec un prévôt, un chantre, onze chanoines et deux semi-prébendés[6]; Saint-Victor et Sainte-Couronne de Marcugheol, avec un curé et six chanoines[7]; Notre-Dame de Montferrand, avec un chantre et douze chanoines[8]; Notre-Dame d'Orcival, avec

---

1. Cant. Veyre-Monton, arr. Clermont. — *Crestum*, 26 art. aux arch. départ. sér. G. — Documents inédits concernant le village et le chapitre du Crest, par GUÉLON, dans *Mém. acad. Clermont*, XXIII (1881), 642 et s.; XXIV, 225 et s. — DENIFLE, I, 292.

2. Chef-l. cant., arr. La Palice, Allier. — *Cuciacum*. Fondée en 1236 par Hugues, évêque de Clermont. — 8 lias. aux arch. départ. Allier, sér. G. — Inv. titres maison Bourbon, 1233, 1574, 1586, 6013. — *Paroisses bourbonnaises*, I, 588-592. — NICOLAY, I, 132.

3. Chef-l. cant., arr. Riom, Puy-de-Dôme. — *Enneziacum*. Fondée en 1060 par Guillaume, comte de Poitiers. — 34 art. aux arch. départ. sér. G. — Origine des églises du canton d'Ennezat, dans *Bul. hist.* (1890), 165. — Les églises du canton d'Ennezat. *Ibid.* (1897), 145, 164, 220, 291; (1898), 24, 80, 135. — Statistique monumentale, par BOUILLET, 211. — *Mém. acad. Clermont*, XIX, 527. — *Gallia christ.* II, instr. 78.

4. Chef-l. cant., arr. Clermont. — *Hermencum*. 17 art. aux arch. départ. sér. G. — Histoire du pays, la ville et de la baronnie d'Herment, par TARDIEU, Clermont, 1866, in-fol. — Histoire abrégée de la ville d'Herment, par LE MÊME. Clermont, 1885, in-16.

5. Chef-l. cant. arr. Issoire. — *Sanctus Germanus Lambron*. 15 art. aux arch. départ. sér. G. — POTHAST, Alexandre IV (1266), 16284.

6. Chef-l. cant., arr. Thiers. — *Laudosa*. Quelques pièces aux archives départementales sér. G. — *Monumenta pontificia Arverniae*, Innocent IV (1253, dans *Mém. acad.* XXIX, 627.

7. Cant. Saint-Germain-Lembron, arr. Issoire. — *Marologium*. Quelques pièces aux arch. départ. sér. G.

8. Cant. et arr. Clermont. — *Monsferrandus*. Érigée en 1501. 108 art. aux arch. départ. sér. G. — Histoire de la ville de Montferrand et du faubourg de Chamalières, par TARDIEU, Clermont, 1875, in-4. — Rapport spécial sur l'église de Montferrand, par THÉVENOT. Clermont, 1843,

un doyen et douze chanoines[1]; Sainte-Marie de Pont-du-Château, avec un doyen et six chanoines[2]; Sainte-Madeleine de La Queuille, avec un curé et six chanoines[3]; Saint-Amable de Riom, avec un doyen, quatorze chanoines et six semi-prébendés[4]; La Sainte-

---

in-8; extr. *Ann. scientif.* — Description de l'église de Montferrand, par LE MÊME, dans *Tablettes historiques*, III, 434. — Statistique monumental, 230-238.

1. Cant. Rochefort, arr. Clermont. — *Urcivalis*, ancien monastère, érigé en collégiale vers 1250. — 25 art. aux arch. départ. sér. G. — Histoire d'un sanctuaire d'Auvergne. Notre-Dame d'Orcival. *Lille*, 1894, in-16. — DENIFLE, I, 292. — Monumenta pontificia Arverniæ, par MALLET, Innocent IV (1245), XXIX, 589. — BALUZE, II, 254, 267, 273.

2. Chef-l. cant., Ibid. — *Pons castri*. — 1 art. aux arch. départ. sér. G.

3. Cant. Rochefort, arr. Clermont. Arch. départ. sér. G. — Sommaire du procès pour les doyen, chanoines et chapitre de Sainte-Madeleine de la Queuille, intimés, M. Jacques Timoléon de Beaufort, marquis de Canillac, de la Queuille et Chambon, et fondateur des églises des dits lieux, demandeur en intervention contre M. Pierre Brugier, appelant d'une sentence rendue par le lieutenant général de Riom, le 17 oct. 1675. S. l. n. d. in-4.

4. Chef-l. arr., Puy-de-Dôme. — *Riomum*. Fondée en 1077. — 68 art. aux arch. dép. sér. G. — Inv. titres Bourbon., 295 A. — Histoire de Rhion, chef d'Auvergne, par CL. BART. BERNARD. *Lyon*, 1559, in-16. — L'église de Saint-Amable de Riom, par DE VISSAC. *Riom*, 1888, in-18. — Saint-Amable, par BERNET-ROLLANDE. *Clermont*, 1891, in-8. — Les confréries de Riom du XIIe au XXe siècle, par ED. EVERAT. *Clermont*, 1907, in-8. — La procession de Saint-Amable, par LE MÊME. *Paris*, 1900, in-12. — Factum pour M. Jos. Fouet, docteur en Sorbonne, curé et chanoine de Saint-Amable de Riom, appelant, contre M. Amable Azan, prétendant droit au même bénéfice. S. l. n. d., in-4. — A Messieurs les députés du clergé et chambre ecclésiastique de Clermont. Requête de Pierre Faydet, l'un des deux demi-vicaires perpétuels de Saint-Amable de Riom, demandeur en modération de taxe, conformément à la déclaration royale du 30 juin 1690. S. l. n. d., in-4. — Factum pour M. Fr. Jos. Fouet, curé de Saint-Amable de Riom, intimé et défendeur, contre les marguilliers de la même église, appelants d'une sentence rendue en forme de règlement par Mgr l'évêque de Clermont, le 24 septembre 1694. S. l., 1697, in-4. — Mémoire pour les doyen, chanoines et chapitre de Saint-Amable de Riom, intimés et défendeurs, contre M. Claude

Chapelle de Riom, avec un trésorier, huit chanoines et semi-prébendés[1]; Notre-Dame du Marthuret à Riom, avec un prévôt et huit chanoines[2]; Saint-Genès de Thiers, avec un prévôt, quinze chanoines et deux semi-prébendés[3]; Saint-Pierre de Verneuil, avec un doyen et huit chanoines[4]; Notre-Dame de Vertaizon, avec un pré-

---

Soualhat, prêtre chanoine de la dite église et prévôt de l'église du Marturet de la même ville, son annexe, appelant et demandeur. S. l. n. d., in-fol. — Arrêt du Parlement de Paris du 4 septembre 1713, rendu en la quatrième chambre des enquêtes, portant règlement pour les doyen, chanoines ou chapitre de Saint-Amable de Riom et même de l'église de Notre-Dame du Marturet, contre les prévôt, chanoines et chapitre de la dite église du Marthuret. Paris, s. d., in-fol. — Supplique de messieurs les habitants et consuls de la ville de Riom au pape Benoît XIII du 19 janvier 1706. S. l. n. d. in-fol. (Relative à une question de préséance entre les deux chapitres). — Mémoire concernant les droits de l'église de Saint-Amable de Riom sur celle dite du Marthuret, dans Bul. hist. (1885), 133-140. — Statistique monumentale, par BOUILLET, 214. — Bullaire d'Auvergne. Célestin III (1196), XIX, 441. — Rec. actes du Clergé, III, 493. — Gallia christ., II, 388-394. — DENIFLE, I, 283, 289. — BALUZE, II, 76.

1. Sept art. aux arch. départ. sér. G. — Bâtie en 1382 sur l'ordre de Jean de France, duc de Berry et premier duc d'Auvergne. — Description des monuments, par BOUILLET, 90-93. — Classification des églises, par MALLAY, 635-638. — Placard au sujet de la construction du clocher de la Sainte-Chapelle de Riom, dans Congrès archéol. LXII, 358.

2. Marthuretum. — 29 art. aux arch. départ. sér. G. — État du chapitre de Notre-Dame du Marthuret. Extinction des chapitres du Marthuret et d'Artonne (1774), dans Bul. hist. (1885), 133-143. — Statistique monumentale, 245. — Rec. actes du Clergé, XII, 571 et s. — Inv. titres maison Bourbon, 7638.

3. Chef-l. arr., Puy-de-Dôme. — Thiernum. — Bul. hist. (1882), 40; (1883), 291; (1884), 74. — Inv. titres maison Bourbon, 193, 740, 2076, 2471. — Bullaire d'Auvergne, Benoît VIII (1016), 42. — Église de Saint-Geniès à Thiers, par DARCEL, dans Bul. archéol. com. trav. hist. (1888), 14. — Etudes sur la ville de Thiers, par JACQUETON, Paris, 1894, in-8. — Nouveaux documents inédits sur la ville de Thiers, par GUILLEMOT, dans Mém. acad., XXV, 297. — Rec. actes Clergé, XII, 629 et s. — Gallia christiana, II, instr. 75-77. — BALUZE, II, 30-33.

4. Com. Saulcet, cant. Saint-Pourçain, arr. Gannat, Allier. — Vernolium. — 1 reg. et 3 lias. aux arch. départ. sér. G. — Inv. titres maison Bour-

vôt, dix chanoines et deux semi-prébendés[1]; Sainte-Couronne de Vic-le-Comte, avec un doyen et dix chanoines[2].

La ville épiscopale possédait des couvents de Dominicains, fondé en 1219 par Robert de la Tour, évêque de Clermont[3]; de Cordeliers, en 1241 par Hugues de la Tour[4]; de Grands-Carmes, en 1316 par l'évêque Aubert-Aycelin[5]; de Carmes Déchaussés, qui prirent pos-

---

bon, 261, 1660, 8018. — Verneuil, sa châtellenie, sa collégiale, par BOUCHARD, dans *Annales Bourbonnaises*, III (1889), 169, 201, 233, 265, 301. — Paroisses bourbonnaises, I, 579-581.

1. Chef.-l. de cant., arr. Clermont, Puy-de-Dôme. — *Vertasio*. — DENIFLE, I, 292.

2. Chef.-l. de cant., ibid. — *Castrum Vici*. — Fondée au commencement du XVe siècle pour le service du château des ducs de Bourbon. Monographie d'une paroisse. Vic-le-Comte, par FOUILHOUX. *Clermont*, 1898, in-8. — Notice sur Vic-le-Comte et sur la Sainte-Chapelle, dans *Tablettes historiques*, I, 161; III, 413. — Documents historiques sur Vic-le-Comte, par MATHIEU, dans *Ann. scientif. Auvergne*, XIII, 407 et s. — BALUZE, II, 201.

3. Leur ancienne église est devenue celle du couvent de la Visitation. — 49 art. aux Arch. départ. sér. H. (1243-1786). — Monumenta pontificia Arverniæ, Innocent IV (1245-1247), dans *Mém. acad.* XXIX, 592, 604. — Catalogue des manuscrits, XIV, XXIII-XXIV. — *Bibliotheca bibliothecarum* de MONTFAUCON, II, 1353-1356. — Statistique monumentale, par BOUILLET, 215.

4. 15 reg., 7 lias., 189 chartes (145-1784), aux Arch. départ. sér. H. — Narration historique et topographique des couvents de l'Ordre de Saint-François, custoderie d'Auvergne, par FODERÉ, dans *Mém. acad.*, I (1859) 316 et s. — L'église et le couvent des Cordeliers de Clermont, par AUDIGIER, dans *Rev. Auvergne*, V (1888), 360-364). — Obituaire, dans BALUZE, II, 189, 537, 574, 592, 600, 601, 605, 627, 650, 710, 715, 717, 719, 727, 779.

5. Leur église est devenue l'église paroissiale Saint-Geniès. — 4 reg., 7 lias., 343 chartes (1301-1791) aux Arch. départ. sér. H. — Peintures murales découvertes dans l'église de Saint-Geniès des Carmes, dans *Ann. scient. Auvergne* (1853), 353. — Catalogue des manuscrits des Carmes de Clermont, dans *Bibliotheca nova manuscriptorum* de LABBE, 206-210, et *Bibliotheca bibliothecarum* de MONTFAUCON, II, 1278-1281. — Catalogue des manuscrits, XIV, x-xxiii. — Le Cabinet des manuscrits, par L. DELISLE, II, 482.

session de l'abbaye de Chantoin en 1633[1]; de Capucins, arrivés en 1610, appelés par Jacqueline de la Fayette[2]; d'Augustins Déchaussés, en 1656 sous l'épiscopat de Louis d'Estaing[3]; de Minimes, fondé en 1626[4]. Les Prêtres de l'Oratoire s'installèrent (1617) sous l'épiscopat de Joachim d'Estaing[5]; Les Jésuites reçurent la direction du collège en 1663[6]; Louis d'Estaing confia la direction de son séminaire aux Sulpiciens (1659)[7]. Il y eut aussi des Frères de Saint-Jean de Dieu (1696). Les communautés de femmes étaient celles des Clarisses[8], fondée en 1280; des Ursulines, en 1615[9]; des

---

1. Les Carmes déchaussés furent installés sur l'emplacement de l'ancienne abbaye de Chantoin. — Etudes archéologiques. Le sarcophage des Carmes déchaux. Les anciens inventaires de la cathédrale. La Bible historiée de Clermont, par BRÉHIER. Clermont, 1910, in-8. — 35 reg., 12 lias. et 150 chartes (769-1797) aux Arch. départ. sér. H. — Notice sur le monastère des Carmes déchaussés. Bib. Clermont, ms. 672 f. 14. — BALUZE, II, 601.

2. On ne conserve rien aux Archives sur ce couvent. — Catalogue des religieux morts dans le couvent des Capucins depuis son installation. Bib. Clermont, ms. 672 f. 16.

3. 1 lias., 3 reg. et 39 chartes (1656-1787) aux Arch. départ. sér. H.

4. Leur église est devenue l'église paroissiale Saint-Pierre des Minimes. — 22 reg. 7 lias. 57 chartes (1608-1790) aux Arch. départ. sér. H.

5. 10 reg. 5 lias. 38 chartes (1340-1789), Ibid. — Arch. nat. M. 222.

6. Leur collège est devenu le lycée Blaise-Pascal. — 47 reg. 10 lias. 89 chartes (1441-1789) sér. D. — Recueil de pièces relatives au collège de de Clermont, Bib. Clermont, ms. 606. — Arch. nat. M. 246. — Factum pour le syndic du collège royal de Clermont, contre les Pères Carmes mitigés. S. l. 1685, in-fol. — Mémoire pour le recteur et collège des Jésuites de Clermont en Auvergne, appelants d'une sentence rendue en la sénéchaussée d'Auvergne à Riom, le 2 mai 1710, et demandeurs en requête du 11 mars 1712, contre Jean de Jean, sieur de Hauteterre, et Madeleine Moreau, son épouse. Paris, s. d., in-fol. — Les anciennes écoles d'Auvergne, par JALOUSTRE, dans Mém. acad. (1881), 209-215, 237-258, 337-384, 404-419.

7. 41 reg., 9 lias. et 81 chartes (1194-1790), ibid. sér. G. — JALOUSTRE, ouv. cit., 272-288.

8. 34 reg., 7 lias., 127 reg. (1251-1781), ibid. sér. H. — FODÉRÉ, ouv. cit. — Gallia christiana, II, 416-418. — DU TEMS, III, 203-204.

9. 32 reg., 9 lias., 21 chartes (1258-1797), ibid. sér. H. — JALOUSTRE, ouv. cit. 165.

Visitandines, en 1649[1]; des Hospitalières, en 1642[2]; des Religieuses du Bon-Pasteur (1666), des Filles de la Charité (1696) et des Sœurs de la Charité chrétienne (1702)[3].

Les Cordeliers avaient des maisons à Chateldon[4], La Cellette[5], Montferrand (1210)[6], Riom[7], Saint-Pourçain[8], Souvigny et Vic-le-Comte (1473)[9]. Les Récollets, dont la réforme commença en 1530, en avaient à Ardes[10], Ambert (1619)[11], Maringues[12], Montferrand (1619)[13], Saint-Amant-Tallende (1613)[14]. Les Capucins, à Billom

---

1. 2 reg. et 2 lias. (1634-1784), ibid. — JALOUSTRE, 198.
2. 32 reg., 8 lias. (1618-1793), ibid. — JALOUSTRE, 198.
3. 18 reg., 4 lias. (1666-1793), ibid. — JALOUSTRE, 202.
4. Chef-l. cant., arr. Thiers. — 1 lias. ibid. — FODÉRÉ, ouv. cit.
5. Com. Messeix, cant. Bourg-Lastic, arr. Clermont. — 2 lias., 34 chartes (1268-1781), ibid. — FODÉRÉ, ouv. cit. — On a transformé ce couvent en asile d'aliénés. — Notice sur l'asile d'aliénés de la Cellette, par LONGY. Tulle, 1873, in-12. — Histoire du diocèse de Tulle, par POULBRIÈRE, 223-226.
6. Cant. et arr. Clermont. — 3 reg., 5 lias., 124 chartes (1299-1787), ibid. FODÉRÉ, ouv. cit.
7. 1 reg., 2 lias., 22 chartes (1366-1789), ibid. — Factum pour les religieux cordeliers de la ville de Riom, intimés et défendeurs, contre M. G. Fr. Fouet, vicaire perpétuel de la cure de Saint-Amable de Riom, appelant et demandeur. Paris, s. d., in-fol. — Factum pour M. G. Fouet, demandeur en requête du 25 juin 1696, contre les religieux cordeliers de la ville de Riom, intimés et défendeurs. S. l., 1697, in-4. — Recueil des actes du clergé de France, IV, 499 et s. — FODÉRÉ, ouv. cit. — DENIFLE, I, 289.
8. Chef-l. cant., arr. Gannat, Allier. — Les Cordeliers du Bourbonnais d'après FODÉRÉ, par CLAUDON, Moulins, 1901, in-8. — Inv. titres maison de Bourbon, 1732, 1935, 1980. — Paroisses bourbonnaises, I, 560-562.
9. BALUZE, II, 663, 684.
10. Chef-l. cant., arr. Issoire, Puy-de-Dôme.
11. Chef-l. arr., Puy-de-Dôme.
12. Chef-l. cant., arr. Thiers.
13. 4 reg., 1 lias., 7 chartes (1617-1789), arch. départ. sér. H.
14. Chef-l. cant., arr. Clermont. — 1 lias. (1612-1776), ibid.

(1568)[1], Cusset, Gannat, Issoire[2], Riom, Thiers, Montaigut-en-Combrailles[3] et Vichy. Les Augustins, à Ennezat (1352), Lezoux (1752)[4], Gannat[5]. Les Grands Carmes, à Pleaux. Les Carmes Déchaussés, à Riom[6]. Les Minimes, qui avaient une province d'Auvergne, à Chaumont[7], Beauregard[8], Courpière (1644)[9], et Usson (1663)[10], transférés depuis à Bort[11]. Les Jésuites avaient des collèges à Billom[12] et Mauriac[13]. Les Oratoriens, à Riom[14] et à

---

1. Sur ces diverses maisons : Études franciscaines sur la révolution dans le département du Puy-de-Dôme, par le P. APOLLINAIRE DE VALENCE, dans *Bul. hist.* (1899), 22, 46, 78.
2. 1 reg., 1 lias. (1753-1755), arch. départ. sér. H.
3. Chef-l. cant., arr. Riom.
4. 1 lias. (1650-1755), ibid. — Plaise à Monsieur... conseiller avoir pour recommandé le bon droit en l'instance pour les prieur et religieux augustins réformés de Lezoux, contre les chantre, chanoines et chapitre de Saint-Pierre de Lezoux, et le sieur Brousse, défendeurs. *Paris*, 1748, in-4.
5. Chef-l. arr., Allier. — 4 lias. aux Arch. départ. Allier, sér. H. (1615-1788).
6. 1 lias. aux Arch. départ. Puy-de-Dôme, sér. H. (1357-1789).
7. Cant. Arlanc, arr. Ambert. — 1 lias. ibid. (1630-1676).
8. Cant. Vertaizon, arr. Clermont.
9. Chef-l. cant., arr. Thiers. — 1 lias. ibid. (1445-1787).
10. Cant. Sauxillanges, arr. Issoire.
11. Chef-l. cant., arr. Ussel, Corrèze. — POULBRIÈRE, *ouv. cit.* 283.
12. 2 art. aux Arch. Puy-de-Dôme, sér. D. — Arch. nat. M. 246. — Catalogus scholasticorum Billiomensium (1590-1710). *Bib. Clermont ms.* 646. — JALOUSTRE, *ouv. cit.* 115-125, 149-153, 173-178, 385-403.
13. Chef-l. arr., Cantal. — Monographie du collège des Jésuites de Mauriac, par CHABAU, dans *Moniteur du Cantal* (1880-1881). — Histoire du Collège de Mauriac, par DEJOUX, dans *Rev. Haute-Auvergne* (1899), 114-136, 203-215. — Factum pour dame Jeanne de La Croix de Liginhac, femme de M. Louis-Charles de Loupiac, seigneur de la Devèze, héritière instituée de défunte dame Jeanne de La Croix, veuve de M. Gibert de Dobet, seigneur d'Auzers, sa tante, contre les Pères Jésuites du collège de Mauriac. *S. l.*, 1678, in-fol. Deux autres factums pour ce procès. — Placet présenté au roi par les pères Jésuites de la province de Toulouse pour obtenir permission de réduire les cinq classes d'humanité de leur collège de Mauriac. Factum pour messieurs les consuls et habitants de Mauriac servant de réponse au placet... *S. l.*, 1694, in-fol.
14. 1 lias. et 2 chartes aux Arch. départ. Puy-de-Dôme, sér. D (1307-1789). — Arch. nat. M. 227. — JALOUSTRE, *ouv. cit.* 169-172.

mands et rétabli en 958 avec des religieux envoyés de Cluny. L'église fut consacrée par le Pape Paschal II, l'an 1106. Cette abbaye est de la congrégation de Saint-Maur, en règle et élective par le Chapitre général depuis la résignation qu'en fit Jacques d'Amboise entre les mains des religieux, lorsque, d'abbé de Cluny et de Saint-Allyre, il fut élu évêque de Clermont, le 15 mars 1505 ; cette résignation ayant été confirmée par le Concordat passé entre Léon X et François Ier, elle est demeurée en règle. Il n'y en a que six de l'Ordre de Saint-Benoît dans le royaume, qui aient ce privilège, Chezal-Benoît, Saint-Sulpice de Bourges, Saint-Vincent du Mans, Saint-Martin de Séez, Saint-Allyre et Saint-Augustin de Limoges. Le roi Louis XIII accorda ce privilège à cette dernière. L'église de l'abbaye de Saint-Allyre paraît plutôt une citadelle qu'un temple du Seigneur. C'est une fort grosse masse de pierres et les dedans sont fort sombres. A l'entrée du couvent, on voit une porte de fer, meurtrières, mâchicoulis et autres choses de cette nature. On trouve dans le cloître quantité de petites colonnes de marbre de différentes couleurs. On remarque, dans une chapelle qui est à côté de la porte de ce cloître, un mausolée assez beau ; c'est le tombeau d'Etienne Aldebrand, archevêque de Toulouse et camérier du pape Clément VI, lequel mourut le 15 mars 1360. Dans l'enclos de l'abbaye, il y a une fontaine qui pétrifie tout ce qu'on y jette et qu'on y laisse pendant quelque temps ; elle coule au travers d'un jardin, dans lequel elle a formé insensiblement une muraille de plus

---

(1262), 8648. — Ex-libris à rechercher, dans *Intermédiaire des chercheurs*, LVII (1908), 56, 198. — Saint-Allyre au cours des âges. *Clermont*, 1910, in-4.

Recherches historiques sur Saint-Allyre, par COHADON, dans *Tablettes hist.* III, 529. — Le faubourg de Saint-Allyre, par PIERRE HOSPITAL, dans *Rev. d'Auvergne*, XXIII (1906), 167-190 ; XXIV, 27-28. — Un bénédictin de Saint-Allyre, Dom Verdier-La-Tour, pendant la période révolutionnaire, par F. MÈGE, *ibid.* X (1893), 1-42, 99-130. — *Gallia christiana*, II, 323-327 ; instr., 85. — DU TEMS, III, 153-155. — *Monasticon gallicanum*, pl. 28. — La désolation des Églises, par DENIFLE, I, 284. — BALUZE, II, 414.

de cent quarante pas de long, haute de quinze à vingt pieds en certains endroits et large de dix ou douze. Depuis quelque temps, on fait couler l'eau de cette fontaine, tantôt dans un endroit de ce jardin et tantôt dans un autre, afin d'éviter à l'avenir de pareilles pétrifications. Comme, près de l'endroit où l'eau se jetait dans une fosse, il y avait une planche pour en faciliter le passage, l'eau coula enfin sur cette planche, la pétrifia et, faisant peu à peu des appositions pierreuses, a fait un pont très curieux, qu'on appelle le pont de la pierre. On dit que Charles IX fut curieux de voir cette merveille, en faisant son voyage de Bayonne.] On a construit un couvent d'Ursulines sur l'emplacement de cette abbaye.

EBREUIL, *Ebrolium*[1], fondée sous le vocable de Saint-Léger en 971. Massillon essaya vainement de supprimer le monastère et d'unir à l'évêché de Clermont la mense conventuelle (1725). La suppression se fit en 1765. On le transforma en hôpital desservi par les

---

1. Chef-l. cant., arr. Gannat, Allier. — 11 lias. aux arch. départ. sér. H. — Recueil de titres concernant l'abbaye d'Ebreuil. Bib. Clermont, ms. 570 f. 132, 688. — Bullaire d'Auvergne, *Grégoire VII* (1080), dans *Mém. académ.*, 631 ; *Paschal II* (1115), XVIII, 422 ; *Adrien IV* (1155), XIX, 84. — Actes du Parlement de Paris, 5814. — Inv. titres maison Bourbon, 219, 220, 420, 470, 5699, 5700, 5710, 6007, 6477, 7478, 7539. — Arrêt contradictoire du Grand Conseil qui maintient le sieur abbé de Saint-Léger d'Ebreuil en Auvergne en la juridiction spirituelle sur les religieux de la dite abbaye, 3 septembre 1671. S. l. n. d., in-4. — Histoire de la ville, du château et de l'abbaye d'Ebreuil, par BOUDANT. *Moulins*, 1865, in-4. — Histoire générale des communes de France. Ebreuil, par VIPLE. *Paris*, 1908, in-8. — Notes sur Louis de Pestivien, abbé d'Ebreuil (1687-1716), et sur sa famille (1487-1776), par TIERSONNIER. *Moulins*, 1904, in-8 ; extr. *Bul. soc. émulation*, XII, 228-236. — Ebreuil pendant les premières années de la Ligue, par MAX SEQUANUS, dans *Archives historiques du Bourbonnais*, II, 298. — Fondation de l'hôpital d'Ebreuil, par VIPLE, dans *Bul. soc. émulation*, XVI (1908), 112-120 et s. — Excursion à Ebreuil, par GRÉGOIRE. *Moulins*, 1902, in-8 ; ext. même recueil. — Une page de l'histoire d'Ebreuil, par DOINOT. *Ibid.*, 1911, 74. — *Gallia christiana*, II, 369-372 ; inst. 121-122. — Du TEMS, III, 179-180. — DENIFLE, I, 285-286. — Paroisses bourbonnaises, I, 648-651.

mands et rétabli en 958 avec des religieux envoyés de Cluny. L'église fut consacrée par le Pape Paschal II, l'an 1106. Cette abbaye est de la congrégation de Saint-Maur, en règle et élective par le Chapitre général depuis la résignation qu'en fit Jacques d'Amboise entre les mains des religieux, lorsque, d'abbé de Cluny et de Saint-Allyre, il fut élu évêque de Clermont, le 15 mars 1505 ; cette résignation ayant été confirmée par le Concordat passé entre Léon X et François Ier, elle est demeurée en règle. Il n'y en a que six de l'Ordre de Saint-Benoît dans le royaume, qui aient ce privilège, Chezal-Benoît, Saint-Sulpice de Bourges, Saint-Vincent du Mans, Saint-Martin de Séez, Saint-Allyre et Saint-Augustin de Limoges. Le roi Louis XIII accorda ce privilège à cette dernière. L'église de l'abbaye de Saint-Allyre paraît plutôt une citadelle qu'un temple du Seigneur. C'est une fort grosse masse de pierres et les dedans sont fort sombres. A l'entrée du couvent, on voit une porte de fer, meurtrières, mâchicoulis et autres choses de cette nature. On trouve dans le cloître quantité de petites colonnes de marbre de différentes couleurs. On remarque, dans une chapelle qui est à côté de la porte de ce cloître, un mausolée assez beau ; c'est le tombeau d'Etienne Aldebrand, archevêque de Toulouse et camérier du pape Clément VI, lequel mourut le 15 mars 1360. Dans l'enclos de l'abbaye, il y a une fontaine qui pétrifie tout ce qu'on y jette et qu'on y laisse pendant quelque temps ; elle coule au travers d'un jardin, dans lequel elle a formé insensiblement une muraille de plus

---

(1262), 8648. — Ex-libris à rechercher, dans *Intermédiaire des chercheurs*, LVII (1908), 56, 198. — Saint-Allyre au cours des âges. Clermont, 1910, in-4.

Recherches historiques sur Saint-Allyre, par Couadon, dans *Tablettes hist.* III, 529. — Le faubourg de Saint-Allyre, par Pierre Hospital, dans *Rev. d'Auvergne*, XXIII (1906), 167-190 ; XXIV, 27-28. — Un bénédictin de Saint-Allyre, Dom Verdier-La-Tour, pendant la période révolutionnaire, par F. Mège, *ibid.* X (1893), 1-42, 99-130. — Gallia christiana, II, 323-327 ; instr., 85. — Du Tems, III, 153-155. — Monasticon gallicanum, pl. 28. — La désolation des Églises, par Denifle, I, 284. — Baluze, II, 414.

de cent quarante pas de long, haute de quinze à vingt pieds en certains endroits et large de dix ou douze. Depuis quelque temps, on fait couler l'eau de cette fontaine, tantôt dans un endroit de ce jardin et tantôt dans un autre, afin d'éviter à l'avenir de pareilles pétrifications. Comme, près de l'endroit où l'eau se jetait dans une fosse, il y avait une planche pour en faciliter le passage, l'eau coula enfin sur cette planche, la pétrifia et, faisant peu à peu des appositions pierreuses, a fait un pont très curieux, qu'on appelle le pont de la pierre. On dit que Charles IX fut curieux de voir cette merveille, en faisant son voyage de Bayonne.] On a construit un couvent d'Ursulines sur l'emplacement de cette abbaye.

Ebreuil, *Ebrolium*[1], fondée sous le vocable de Saint-Léger en 971. Massillon essaya vainement de supprimer le monastère et d'unir à l'évêché de Clermont la mense conventuelle (1725). La suppression se fit en 1765. On le transforma en hôpital desservi par les

---

1. Chef-l. cant., arr. Gannat, Allier. — 11 lias. aux arch. départ. sér. H. — Recueil de titres concernant l'abbaye d'Ebreuil, Bib. Clermont, ms. 570 f. 132, 688. — Bullaire d'Auvergne, *Grégoire VII* (1080), dans *Mém. académ.*, 631 ; *Paschal II* (1115), XVIII, 422 ; *Adrien IV* (1155), XIX, 84. — Actes du Parlement de Paris, 5814. — Inv. titres maison Bourbon, 219, 220, 420, 470, 5699, 5700, 5710, 6007, 6477, 7478, 7539. — Arrêt contradictoire du Grand Conseil qui maintient le sieur abbé de Saint-Léger d'Ebreuil en Auvergne en la juridiction spirituelle sur les religieux de la dite abbaye, 3 septembre 1671. S. l. n. d., in-4. — Histoire de la ville, du château et de l'abbaye d'Ebreuil, par Boudant. *Moulins*, 1865, in-4. — Histoire générale des communes de France. Ebreuil, par Viple. *Paris*, 1908, in-8. — Notes sur Louis de Pestivien, abbé d'Ebreuil (1687-1716), et sur sa famille (1487-1776), par Tiersonnier. *Moulins*, 1904, in-8 ; extr. *Bul. soc. émulation*, XII, 228-236. — Ebreuil pendant les premières années de la Ligue, par Max Sequanus, dans *Archives historiques du Bourbonnais*, II, 298. — Fondation de l'hôpital d'Ebreuil, par Viple, dans *Bul. soc. émulation*, XVI (1908), 112-120 et s. — Excursion à Ebreuil, par Grégoire. *Moulins*, 1902, in-8 ; ext. même recueil. — Une page de l'histoire d'Ebreuil, par Doinot. *Ibid.*, 1911, 74. — Gallia christiana, II, 369-372 ; inst. 121-122. — Du Tems, III, 179-180. — Denifle, I, 285-286. — Paroisses bourbonnaises, I, 648-651.

Frères de la Charité. L'église est conservée ainsi que les bâtiments claustraux.

Issoire, *Iciodorum*[1], sous le vocable de saint Austremoine, dont on y conserve le tombeau, fut fondée à une époque inconnue, antérieurement au septième siècle. Elle fut restaurée au dixième par des moines venus de Charroux (938). L'abbé était seigneur de la ville. Les moines entrèrent au dix-septième siècle dans la congrégation de Saint-Maur. L'église est devenue paroissiale.

La Chaise-Dieu, *Casa Dei*[2], fondée en un lieu désert par saint

---

1. Chef-l. arr. Puy-de-Dôme. — 11 art. Arch. départ. sér. II. — Bib. Clermont, ms. 572 f. 115, 125. — Bib. nat. ms. lat. 12703, f. 310. — Inv. titres maison Bourbon, 1372, 1425. — Actes du Parlement de Paris, 3989, 5092, 5782, 7222. — Mémoire pour les prieur et religieux de l'abbaye royale de Saint-Austremoine d'Issoire, ordre de Saint-Benoît, contre la dame Gilberte-Antoinette Dagonneau de Marcilly, veuve du donataire feu sieur de Flory, épouse en secondes noces du sieur Chrétien de Machecaux. Paris, 1780, in-4. — Sancti Austremoni translatio (764), dans *Bibliotheca nova*, de Labbe, II, 505, et *Acta Sanct. Novembris*, t. I, 77-82. — Inventaire des sceaux, par Douet d'Arcq, III, 8243 ; abbé Guillaume (1296), 8761. — Annales de la ville d'Issoire, manuscrit inédit sur l'histoire des guerres religieuses en Auvergne aux XVI° et XVII° siècles, publié par Bouillet. Clermont, 1848, in-8. — Rerum in Arvernia gestarum, præcipue in Amberti et Yssoduri urbium obsidionibus anno 1577. luctuosa narratio, auct. Ludovico Villebois. Neoburgi, 1577, in-8. — Histoire de la ville d'Issoire, par Albert Longy. Clermont, 1890, in-8. — De la valeur des manuscrits au Moyen-Age et de la coutume d'enchaîner les livres sur place, à propos d'un manuscrit légué au monastère d'Issoire par Robert du Boys, évêque de Mende (1405), par Cohendy, dans *Mém. acad. Clermont* (1865), 429 et s. — Mémoire sur l'église Saint-Paul d'Issoire (1754), dans *Bul. hist. Auvergne*, IV (1884), 27. — Une énigme archéologique, par de Longuemare, dans *Bul. soc. antiq. Ouest* (1880), 138-148. — *Gallia christiana*, II, 357-360. — Du Tems, III, 168-171. — *Monasticon gallicanum*, pl. 29.

2. Chef-l. cant., arr. Brioude, Haute-Loire. — 26 reg. et 180 liasses aux Arch. départ. sér. II. Voir : État général par fonds des Archives, 384. — Notes de Dom Chantelou, Bib. nat. ms. lat. 13845 f. 42. Mémoires divers, ms. lat. 12690, 12664 ; Dom Estiennot, 12745, où extraits du Nécrologe, 417-425. Pouillé, 17050. Histoire de l'abbaye de la Chaise-

Robert, auquel s'adjoignirent plusieurs compagnons, vers 1046. Sa première église fut consacrée en l'honneur de saint Vital et de saint Agricole. Elle devint par l'importance de ses domaines

---

Dieu, 12818. Histoire générale de la congrégation de saint Robert de la Chaise-Dieu, en Auvergne, sous la règle de saint Benoît, divisée en six livres, par Dom Tiolier (1652), *ms. fr.* 18681. — Arch. nat. L. 989, 990 ; Q¹ 510. S. 3297-3302. Deux bulles de Clément VI, L. 307 ; une de Grégoire XI, L. 313. — Bib. Clermont ms. 602 f. 45 ; 673 f. 73. Histoire de la Chaise-Dieu par Dom Candon (1643), ms. 747. — Bib. Grenoble, ms. 1432, 1 et 2. — Documents très nombreux dans le *Bullaire d'Auvergne* et les *Monumenta pontificia Arverniæ*. — Pothast, Léon IX (1052), 4270 ; Alexandre II (1061-1073), 4720 ; Grégoire VII (1080, 1083), 5159, 5246 ; Urbain II (1088-1090, 1095), 5425, 5426, 5575 ; Paschal II (1107, 1116, 1099, 1118), 6114, 6123, 6176, 6388, 6409, 6410, 6600 ; Callixte II (1119), 6690 ; 6712-6714 ; Honorius II (1127), 7290, 7291 ; Innocent II (1132, 1135), 7583, 7706, 7712 ; Lucius II (1144), 8623, 8633 ; Eugène III (1145, 1150), 8762, 9372-9374 ; Adrien IV (1157), 10715 ; Alexandre III (1162, 1165, 1173-1176, 1178, 1179, 1171-1181), 10730, 11233, 12659, 13119, 13273, 13275, 14264 ; Lucius III (1184), 15004, 15008, 15011, 15012, 15016 ; Célestin III (1193), 17041, 17046, 17047 ; Adrien IV (1157), 10315 ; Innocent III (1198), 523 ; Honorius III (1221), 6581 ; Alexandre IV (1259), 17754 ; Clément IV (1265), 19420. — Layettes du trésor des chartes, II, 226 ; III, 73 ; IV, 332. — Ordonnances des rois de France (mars 1247, juin 1366), IV, 646 (juillet 1366), VII, 100. — Inv. titres maison de Bourbon, 165-167, 358, 1127, 2479, 2509, 2511, 2513, 2781, 5140, 5724, 5730, 6111. — Actes du Parlement de Paris, 1015, 2356, 2852, 4279, 4672, 5697. — Recueil des chartes de Cluny, par Bruel, V, 43. — Spicilegium Brivatense ou recueil de documents historiques relatifs au Brivadois et à l'Auvergne, par Chassaing. *Paris*, 1886, in-4. Voir Table. — Documents inédits sur la Chaise-Dieu, par Faucon, dans *Bul. archéol. comité trav. hist.* (1884), 383-443. — Mémoire pour les religieux bénédictins de la Chaise-Dieu présenté à messieurs les commissaires du Parlement de Toulouse, au sujet du collège de Tournon, fondé par cette abbaye. *Paris, in-12.* — Réponse aux écritures signifiées le 19 juillet 1743 pour le sieur Pierre Nicolau, trésorier de la ville de Lion, contre les prieur, syndic et religieux bénédictins de la Chaise-Dieu et noble Joseph Etienne de Montanier. *S. l. n. d., in-fol.* — Réponse aux observations pour M. Vidal, curé de Verlac, contre le syndic des religieux bénédictins de la Chaise-Dieu. *S. l. n. d., in-fol.* — Précis et observations concernant la terre et seigneurie de Coussan pour les bénédictins de la

et le nombre de ses moines la plus importante de ces contrées. L'autorité de son abbé s'étendait sur plusieurs abbayes et de nombreux prieurés. Le pape Clément VI, qui en avait été moine, y choi-

---

Chaise-Dieu, contre noble Jean-Louis de Juges. *Nimes*, 1774, *in-fol.* — Instruction sommaire par le M. le cardinal de Rohan, abbé de la Chaise-Dieu, le supérieur général de la Congrégation de Saint-Maur, le grand prieur et les obédienciers de la dite abbaye, faisant le service monastique au prieuré de Savinieux, membre en dépendant, contre quelques particuliers de la ville de Montbrison. *Paris, s. d., in-fol.* — Addition de Mémoire pour les prieurs et couvent de l'abbaye de la Chaise-Dieu et leurs pourvus, contre le sieur abbé de Conflans et M. l'évêque de Viviers (1716). *Paris, s. d., in-fol.* — Pouillé des bénéfices étant à la collation de l'abbaye de la Chaise-Dieu, dans *Pouillé général. Paris*, 1684, II, Clermont, 48-54. — Inventaire des sceaux par Douët d'Arcq. 8178, 8179; Gérard (1231), 8604; Bertrand (1256), 8605; Hugues II (1307, 1317), 8606, 8607; Hugues III (1438), 8608; prieur (1256), 9299.

Catalogus abbatum Casæ Dei, dans *Bibliotheca nova* de Labbe, II, 659-661. — Sancti Roberti abbatis Casæ Dei in Alvernia vita † 1067, dans *Acta Sanctorum* de Mabillon, VI, II, 183-222, et *Acta Sanct. Aprilis*, III, 317-333. — Saint Robert de Turlande, fondateur de la Chaise-Dieu, ses origines et sa famille d'après les cartulaires, par Marcellin Boudet, dans *Bul. hist. Auvergne* (1906), *janvier et mars.* — Incliti Cenobii Casæ Dei in Arvernia Claromontensis diœcesis apostolicæ sedi absque medio subjecti ordinis divi Benedicti Missale, nunc antea impressum, hic suum sumi exordium, ad laudem Dei Optimi Maximi, etc. *Lyon*, 1527, *in-4.* — Description des livres de liturgie faisant partie de la bibliothèque de Mgr Charles-Louis de Bourbon, par An. Alès, 437-438. — Breviarium monasterii Casæ Dei. *Lyon*, 1553, *in-8.* — Proprium ad usum pontificii et regalis monasterii Sancti Roberti de Caza Dei, ordinis sancti Benedicti, congregationis sancti Mauri. *Clermont*, 1765, *in-8.* — Seguin d'Escotay, chanoine de l'église de Lyon et le troisième abbé de la Chaise-Dieu, par Beyssac. *Lyon*, 1898, *in-8*; ext. *Mém. soc. lit. Lyon* (1896-1897), 105-124. — Note sur un ouvrage de Bringerius, prieur-image de la Chaise-Dieu (XVI° s.), par Lascombe, dans *Annal. soc. agric. Le Puy*, XXVIII (1866-1867), 231. — Note sur Guinamandus, moine de la Chaise-Dieu, artiste émailleur du XI° siècle, par le même. *Ibid.*, 254. — Mandrin à la Chaise-Dieu, par H. Mosnier, dans *Tablettes historiques du Velay*, sept. 1876. — Testament spirituel de Mgr Jean Soanuen, évêque de Senez, en date du 28 mars 1735, confirmé et lu le 10 décembre 1740 en présence de toute la communauté de la Chaise-Dieu, avant qu'il reçût le saint Viatique. *S. l. n. d., in-fol.* — Tableau historique des principaux traits de la vie

sit le lieu de sa sépulture. Le cardinal de Richelieu y introduisit la Congrégation de Saint-Maur (1640). L'église est devenue paroissiale ; les édifices claustraux sont conservés.

---

du B. Jean Soanen, mort réappelant à la Chaise-Dieu, le 25 décembre 1740, enterré le 28 dans la 94° année de son âge et la 13° de son exil. S. l. n. d., in-8. — Jean Soanen, évêque de Senez, à l'abbaye de la Chaise-Dieu, par JALOUSTRE, dans *Bul. hist. Auvergne* (1902), 192-224, 228-271.

Notice sur la construction de l'église de la Chaise-Dieu, son fondateur, son architecte, ses décorateurs (1344-1352), d'après les documents conservés aux Archives du Vatican, par MAURICE FAUCON. Paris, 1885, in-8 ; ext. *Bul. archéol.* Nouvelle édition, revue. Paris, 1908, in-8. — Procès-verbal de l'incendie de l'abbaye de la Chaise-Dieu en 1754, par JACOTIN DE ROSIÈRES. Le Puy, 1904, in-8. — Incendie de la Chaise-Dieu en 1786, par MOSNIER, dans *Tablettes hist. Velay*, 1874, nov. — Le Tombeau du pape Clément VI dans l'église de la Chaise-Dieu, par MAUR. FAUCON, dans *Bul. archéol. com.* (1884), 383, et *Bul. soc. Corrèze*, VII (1885), 117. — Les tombeaux des Papes en France et en Allemagne, par EUG. MUNTZ, dans *Rev. art. chrét.* (1896), 347-356. — Explication de la danse des morts de la Chaise-Dieu, fresque inédite du XV° siècle, précédée de quelques détails sur les autres monuments de ce genre, par ACH. JUBINAL. Paris, 1841, in-4 ; 3° éd., 1862, in-4. — Album photographique des tapisseries de l'église de la Chaise-Dieu, par H. MALIGUE. Paris, 1860, in-4. — Les tapisseries de la Chaise-Dieu, par GUIFFREY, dans *Congrès archéol. France*, LXXI, 397-401. — Les originaux des tapisseries de la Chaise-Dieu, par MALE. *Ibid.*, 402-405. — Lettres archéologiques sur l'Auvergne, par DOM BRANCHE, dans *Rev. art. chrét.* I, 385-395. — Les tapisseries de l'abbaye de Saint-Robert de la Chaise-Dieu. Brioude, 1879, in-8. — Les tapisseries de la Chaise-Dieu, par THÉBAULT-SISSOU, dans *Le Temps*, 6 sept. 1897. — Le buffet d'orgues de la Chaise-Dieu, par BONNEFOY. Caen, 1905, in-8 ; ext. *Congrès archéol. Le Puy* (1904). — Lettre archéologique sur l'église de la Chaise-Dieu, par BRANCHE. Le Puy, 1840, in-4. — L'abbaye de Saint-Robert de la Chaise-Dieu. Guide du touriste. Le Puy, 1881, in-8. — La Chaise-Dieu. Livret-Guide, par UL. ROUCHON. Le Puy, s. d., in-8. — La Chaise-Dieu, par EDMOND DARAND. Paris, 1903, in-12. — Une visite à La Chaise-Dieu, par EDOUARD PEYRON. Le Puy, 1885, in-16. — La Chaise-Dieu, dans *Journal des Débats*, 8 août 1902. — Le monastère de la Chaise-Dieu, par DU BOYS, dans *Université catholique*, XIX (1845), 196-205. — Une sculpture de l'église de la Chaise-Dieu, par COURAJOD, dans *Gazette archéol.* XIII (1888), 164.

Histoire des ordres monastiques en Auvergne, par BRANCHE, 97-335.

MANGLIEU, *Magnus Locus*[1], fondée par saint Genès, évêque de Clermont, et un prêtre nommé Magnus, qui, d'après un récit légendaire, avait rapporté de Rome les reliques de saint Sébastien, vers le milieu du septième siècle. Les religieux entrèrent dans l'ordre de Cluny au dix-septième siècle. L'église (XIe-XIIe s.) est devenue paroissiale.

MENAT, *Menatum*[2], d'une origine inconnue, gouvernée au sixième siècle par saint Bracchio, mort en 576, et saint Ménelé, prospère sous les Carolingiens. Saint Benoît d'Aniane la réforma. Ses moines

---

Gallia christiana, II, 327-351 ; instr. 103-107. — Du TEMS, III, 155-165. — Le Cabinet des manuscrits, par L. DELISLE, II, 350-351. — DENIFLE, I, 288. — Monasticon Gallicanum, pl. 25. — Histoire générale du Languedoc, par Dom VAISSETTE, V, 746, 763.

1. Cant. Vic-le-Comte, arr. Clermont, Puy-de-Dôme. — On ne signale rien aux Arch. départ. — Mémoire sur l'état de la mense conventuelle de l'abbaye de Manglieu (XVIIIe s.), *Bib. Clermont* ms. 570, f. 122. — Bib. nat. ms. lat. 12679, f. 19. Fonds Doat, CXVII. — Bib. Carpentras ms. 513, f. 20. — Die Urkunden der Karolinger, de SICKEL. II, 121, 373. — Ordonnances des Rois de France, mai 1362, III, 571. — Gallia christiana, II, 360-361. — Du TEMS, II, 171-173. — DOUET D'ARCQ, 8272 ; abbé Hugues (1264), 8817 ; Guillaume (1276), 8818. — Inv. titres maison Bourbon, 323, 2569, 2640, 2651, 3274, 4866. — DOM VAISSETTE, ouv. cit., II, pr. 120, 181, 272, 395.

2. Chef-l. cant., arr. Riom. — Une liasse aux Arch. départ. sér. II (1787-1793). — Bib. nat. nat. ms. lat. 12684, f. 307. — Recueil de pièces, Bib. Clermont, ms. 696. — Inv. titres maison Bourbon, 47, 265, 7539, 7613. — Actes du Parlement de Paris, 3221. — Bullaire d'Auvergne, *Paschal II* (1107), dans *Mém. Acad.* XVIII, 412. Monumenta pontificia Arverniæ. *Innocent III* (1205), p. 105. — Bullarium Cluniacense, 103. — Recueil des chartes de Cluny, par BRUEL, V, 734 ; 812-819. — Vitæ Patrum, par GRÉGOIRE DE TOURS, c. 12. — Vita Sancti Menelei abbatis Menatensis, dans *Acta Sanctorum* de MABILLON, sec. III, 1, 404-423. — Histoire et légendes de l'abbaye de Menat en Auvergne depuis sa fondation jusqu'à nos jours, par ROUGEYRON. Clermont. 1858, in-8. — Géographie de la Gaule au VIe siècle, par LONGNON, 503. — Vie de saint Ménelé, avec un abrégé de la vie de saint Savinien, ses reliques, son culte, par PERSIGNAN. *Le Mans*, 1877, in-18. — Gallia christiana, II, 366-369. — Du TEMS, III, 176-178.

adoptèrent dans la suite les observances de Cluny. L'église est devenue paroissiale ; on voit encore une partie du monastère.

Mozac, *Mauziacum*[1], fondée par saint Calmine vers 570, très

---

[1]. Cant. et arr. Riom. — 10 reg., 10 lias. et 127 chartes aux Arch. départ. sér. H (1325-1789). — Recueil de titres, *Bib. nat. nouv. acquis. fr. ms.*, 7455, f. 319-322 ; *ms. lat.* 12684, f. 95-107 ; 12687. Chartes originales de l'abbaye de Cluny relatives au monastère de Mauzac, *ms. lat. nouv. acquis.* 2278. Fonds de Cluny, par L. Delisle, 301-303. — Inv. titres maison Bourbon, 7539. — Bib. Clermont ms. 147. Copies de pièces, 680, 771 ; Terrier, 685, 686. — Sickel, ouv. cit. 420. — Sur la translation de saint Austremoine, par Duchesne, dans *Analecta Bollandiana*, XXIV (1905), 105-114. — La translation des reliques de saint Austremoine à Mozac et le diplôme de Pépin II d'Aquitaine (863), par L. Levillain, dans *Le Moyen-Age* (1904), 281-337. — Bullaire d'Auvergne, Urbain II (1095), dans *Mém. acad.*, XVII, 641, 642 ; *Paschal II* (1109), XVIII, 417 ; *Gélase II* (1119), 429 ; *Callixte II* (1127), 463 ; *Eugène III* (1146), XIX, 65 ; *Adrien IV* (1154-1159), 101 ; *Alexandre III* (1165), 119-125 ; *Urbain III* (1186-1188), 447, 448 ; *Alexandre II* (1061-1073), 115. Appendice XIX, 524-527, 530-532, 593, 600-604. Monumenta pontificia Arverniæ, *Innocent III* (1198-1206), 86-89 ; *Innocent IV* (1245), XXIX, 595. — Actes de Philippe I, par Maurice Prou, cxxxv, 342. — Bullarium Cluniacense, 68. — Recueil des chartes de Cluny, par Bruel, V, 45, 46 ; VI, 166, 366-376, 395-396, 401, 437, 447, 451-454, 463, 464, 538-543, 552, 567, 573, 577-581, 588-596, 741, 742, 761, 817, 821, 824-828, 830, 834, 839, 845, 850, 855, 882. — Visites des monastères de l'ordre de Cluny, par Bruel, dans *Bib. éc. chartes*, LII (1891), 72. — Catalogue des actes de Philippe-Auguste, par Delisle, 1403, 1776. — Actes du Parlement de Paris, 208, 2541, 3578, 4056, 4673, 4701, 5784, 6588, 6806, 6887. — Archives du Cogner, sér. II, 145-150. — Recueil des actes du Clergé, Tables II, 138. — Inventaire des sceaux, par Douet d'Arcq, 8282 ; abbé Gui (1317), 8830 ; (1357), 8831.

L'abbaye de Mozat et ses prieurés, par Gomot, dans *Rev. soc. sav.* (1870), I, 423. — Histoire de l'abbaye royale de Mozat, par le même. Paris, 1872, in-8. — L'église de Mozat, par L. Gondelou. Riom, 1886, in-8. — Recherches historiques sur Mozat, son abbaye, son église, par Cohadon, dans *Tablettes histor.*, III, 4. — La châsse de saint Calmine, conservée dans l'église de Mozat, par Thoriel, dans *Les Arts*, novembre 1906. — Congrès archéologique France, XVII (1850), 170-181 ; LXII (1895), 62-65. — Gallia christiana, II, 351-357 ; instr., 108-117. — Du Tems, III, 165-168. — Baluze, II, 63, 72.

éprouvée pendant les invasions sarrazines ou normandes et les guerres d'Aquitaine, restaurée par Pépin II d'Aquitaine, qui y fit transférer les reliques de saint Austremoine, enrichie par Robert III, comte d'Auvergne, et son fils Guillaume, soumise par l'évêque de Clermont, Durand, à saint Hugues, abbé de Cluny (1095). Le cardinal de Richelieu l'agrégea de nouveau à l'ordre de Cluny en 1630. L'église (X° et XV° siècle) est devenue paroissiale.

THIERS, *Tiernum*[1], fondée au VI° siècle par saint Avit, évêque de Clermont, en l'honneur de saint Genès, martyr, détruite par les Sarrazins, restaurée par Pépin II d'Aquitaine, rétablie après de nouvelles ruines par Gui, seigneur de Thiers, et soumise à saint Odilon, abbé de Cluny (1010). Elle était alors sous le vocable de saint Symhorien. L'église (XI° s.) est devenue paroissiale.

Ordre de Citeaux

BELLAIGUE, *Bella aqua*[2], sous le vocable de Notre-Dame, fondée au milieu du dixième siècle par Ademard et Odon de Bourbon, soumise aux observances cisterciennes par l'abbé et les moines de Montpeyroux (1137).

---

1. Chef-l. arr. Puy-de-Dôme. — Constatation des ravages commis par les Huguenots les 2, 3 et 4 janvier 1568, Bib. Clermont, ms. 624, f. 47. — Bullaire d'Auvergne, *Sergius IV*, p. 91. Monumenta pontificia Arverniæ. *Grégoire IX* (1231), dans *Mém. Acad.*, XXIX, 522. — Recueil des chartes de Cluny, par BRUEL, VI, 227, 645, 648. — Actes du Parlement de Paris, 2847, 3081, 6279. — DOUET D'ARCQ, abbé Bertrand (1251), 9126. — Gallia christiana, II, 363-366; instr. 120. — DU TEMS, III, 174-176. — DENIFLE, I, 187. — Description archéologique des monuments, par BOUILLET, 218-220. — Inv. titres maison Bourbon, 199, 316, 617, 1989, 3684, 4191, 4916, 7539.

2. Com. Virlet, cant. Montaigut, arr. Riom. — Quelques pièces aux arch. départ. sér. H. — Comptes de 1772, *Bib. Clermont, ms.* 673. — DOUET D'ARCQ, abbé Guillaume, 8529. — Gallia christiana, III 406-407. — DU TEMS, III, 195-196. — Origines Cistercienses, par JANAUSCHEK, 47.

Feniers, *Vallis honesta*, *Fenerium*[1], fondée en l'honneur de la Vierge avec des religieux venus d'Aiguebelle par Béraud VII, seigneur de Mercœur (1173). On voit encore de beaux vestiges de ce monastère.

Le Bouschet, *Boschetum*, ou Vauluisant, *Vallis lucida*[2], fondée par Robert IV, comte d'Auvergne (1147), et richement dotée par sa famille, qui y fixa le lieu de sa sépulture. On en voit encore des vestiges.

Mégemont, *Medius locus*[3], sous le vocable de Notre-Dame, fondée par les comtes d'Auvergne pour des religieuses. En 1617, celles-ci échangèrent cette maison pour celle de la Bénissons-Dieu, au diocèse de Lyon ; elles furent remplacées par des religieux du même ordre.

---

1. Com. Condat-en-Feniers, cant. Marcenat, arr. Murat, Cantal. — 30 reg. et 10 portef. aux Arch. départ. sér. H. — Arch. nat. S. 3224. — Douet d'Arcq, abbé (1317), 8708. — Histoire de l'abbaye de Feniers ou du Val-Honnête en Auvergne, par de Rochemonteix. Clermont, 1882, in-8. — Une excursion à Condat, par X. Charmes. Paris, 1881, in-8. — Dictionnaire statistique, historique... du Cantal, par Deribier, III, 224-231. — Gallia christiana, II, 401-403. — Du Tems, III, 192-193. — Janauschek, 169. — Audigier, V, Feniers. — Pèlerinages et sanctuaires de la Sainte Vierge, par Chabau, 471-476.

2. Com. Yronde-et-Buron, cant. de Vic-le-Comte, arr. Clermont, Puy-de-Dôme. — 2 reg. et 2 lias. aux Arch. départ. sér. H (1746-1779). — Copie de pièces relatives à la fondation, Bib. Clermont ms. 570, f. 133. Autres pièces, ms. 672-673. — Bullaire d'Auvergne, *Célestin III* (1192), dans *Mém. acad. Clermont*, XIX, 475. — Histoire de la maison d'Auvergne, par Baluze, I, 70, 83, 90, 135, 162, 169, 171, 184, 200, 259, 266, 497 ; II, 567, 582, 663, 675. — Gallia christiana, II, 404-406 ; instr. 124-125. — Du Tems, III, 193-195. — Janauschek, 201. — Denifle, I, 290. — Audigier, V, art. Le Bouschet.

3. Com. Chassagne, cant. Ardes, arr. Issoire. — Bib. nat. nouv. acq. ms. lat. 1380 ; ms. fr. 1220. — *Monumenta pontificia Arverniæ*, *Honorius III* (1219), rec. cit. XXV, 428. — Gallia christiana, II, 409-410. — Du Tems, III, 196-197. — L'abbaye de la Bénissons-Dieu. Lyon, 1880, in-8. — Baluze, II, 249, 256.

Montpeyroux, *Mons petrosus*[1], fondée sous le même vocable par Foulques de Jaligny avec des religieux venus de Bonneval, diocèse de Vienne (1155). Les seigneurs de Thiers et de Montboissier furent ses principaux bienfaiteurs. On voit encore les ruines de l'église.

Chanoines réguliers

Chantoin, *Cantabennum*, *Cantonium*[2], mentionnée par Grégoire de Tours, remontant à une époque antérieure, disparut pendant les invasions sarrazines. Elle fut restaurée à la fin du douzième siècle et donnée aux Chanoines réguliers, qui la gardèrent jusqu'en 1633. La mense abbatiale fut unie à Notre-Dame du Port et les Carmes déchaux, installés dans le monastère. L'église a été occupée au dix-neuvième siècle par les Missionnaires diocésains.

Riom, *Ricomum*[3]. Saint-Amable, donnée par Durand, évêque de Clermont, à Pierre de Chavanon, fondateur des Chanoines réguliers de Pébrac, pour y introduire ses religieux (1077). L'abbaye fut sécularisée en 1548. La mense abbatiale fut unie au collège de la ville.

Chantelle, *Cantella*[4], fondée en l'honneur de saint Vincent (936),

---

1. Com. Puy-Guillaume, cant. Chateldon, arr. Thiers. — 1 lias. et 10 chartes aux Arch. départ. sér. H (1306-1770). — Bib. Clermont ms. 672 f. 28. — Inv. titres maison Bourbon, 73, 395 B, 473, 474, 506, 2841, 6540, 6547, 7390, 7457. — Douet d'Arcq, abbé (1317), 8862. — Notice sur l'abbaye de Montpeyroux, par Matussières. Clermont, 1850, in-8; ext. *Ann. scientif. Auvergne*, XXIII, 266-279. — Gallia christiana, II, 399-401. — Du Tems, III, 189-191. — Janauschek, 13. — Audigier, art Montpeyroux.

2. Com. Clermont. — Géographie de la Gaule, au VIe siècle, par Longnon, 497. — Pouillé, par Bruel, 178. — Bib. Clermont ms. 602 f. 126; 672 f. 1. — Monumenta pontificia Arverniæ, *Honorius III*, dans *Mém. acad.* XXV, 417. — Douet d'Arcq, abbé Mauziac (1303), 8613. — Gallia christiana, II, 394-396; inst. 124. — Du Tems, III, 189. — Recherches historiques sur Chantoin, par Cohadon, dans *Tablettes histor.* III, 529.

3. Voir p. 90, n. 4.

4. Chef-l. cant., arr. Gannat, Allier. — 95 art. aux Arch. départ. sér.

occupée d'abord par des Bénédictins, cédée ensuite aux Chanoines réguliers, incorporée à la Congrégation de France (XVIIᵉ s.), unie au collège des Jésuites de Moulins (1786). L'église (XIIIᵉ s.) et une partie du cloître (XIᵉ-XVᵉ s.), sont conservées.

Ordre de Prémontré

SAINT-ANDRÉ-LÈS-CLERMONT, *Sanctus Andreas in suburbio Claromontensi*[1], fondée par Guillaume VII, comte de Clermont (1149), qui y fixa le lieu de sa sépulture. Ce fut la nécropole des Dauphins d'Auvergne. Il n'en reste plus trace.

D. — Bib. Sainte-Geneviève, ms. 608 f. 91, 880 ; 710, f. 1 ; 720, f. 205 ; 2572, f. 86. — Inv. titres maison Bourbon, 435. — Note sur Chantelle, par BOUDANT, dans *Congrès archéol. Bourges*, XVI, 64-69. — Histoire de Chantelle, par LE MÊME. Moulins, 1862, in-8. — Chantelle et son monastère, par BENNETOT. Roanne, 1892, in-8. — Abbaye de Saint-Vincent de Chantelle au point de vue archéologique, par DU RANQUET. Moulins, 1896, in-8. — Notice sur Chantelle, par DARDANT. Montluçon, 1891, in-12. — Gallia christiana, II, instr. 6. — Inv. titres maison de Bourbon, 435. — Paroisses bourbonnaises, I, 483-487. — NICOLAY, II, 130-131.

1. 267 reg., 43 lias., 2093 chartes aux Arch. dép. sér. H (1140-1792), où se trouvent deux cartulaires importants. Bibliographie générale des cartulaires, par STEIN, nᵒˢ 981-982. — Authenticité de la charte de l'abbaye de Saint-André contre l'assertion de Justel, Baluze et Lancelot, Bib. Clermont, ms. 575 f. 50. Titre de la fondation, ms. 672 f. 22. Copie de titres, 673 f. 43. — Bullaire d'Auvergne, *Alexandre III* (1174), *Clément III* (1188), rec. cit. XIX, 285, 453, 604-606. — Recueil des actes du Clergé, IV, 265, 1139 et s., 1180 et s. — DOUET D'ARCQ, abbé Pierre III (1263), 8649. — Monnaies féodales de France, par POEY D'AVANT, I, 347. — Excerpta quædam ex kalendariis ecclesiæ Lemovicensis et monasterii Sancti Andreæ Claromontensis, dans *Bibliotheca nova* de LABBE, II, 759-763. — Obituaire du monastère de Saint-André, par COHENDY, dans *Bul. hist. Auvergne*, III (1883), 24. — Même recueil, II, 13.

Gallia christiana, II, 410-414 ; inst. 123. — DU TEMS, III, 199-201. — Annales Præmonstratenses de HUGO, I, 157. — AUDIGIER, art. Saint-André de Clermont. — BALUZE, II, 61, 62, 259, 264, 272, 291, 298, 309, 318, 327, 341, 366, 374, 414, 422, 430, 496, 601, 777, 779.

NEUFONTAINES, *Novem Fontes*[1], fondée vers 1150 par u pieux croisé, nommé Gilbert, qui en fut le premier abbé. Il mourut saintement en 1152. Les miracles, qui se multiplièrent à son tombeau dans l'église, firent donner son nom à l'abbaye. Sa femme Pétronille gouvernait un monastère de femmes fondé par lui à Aubepierre.

Abbayes de femmes

Ordre de saint-Benoît

BEAUMONT, *Bellus Mons*[2], sous le vocable de saint Pierre, fondée

---

1. Com. Saint-Didier, cant. Saint-Pourçain, arr. Gannat, Allier. — Bib. Clermont, ms. 673, f. 59. — Bullaire d'Auvergne, *Lucius III* (1181-1185), *Clément III* (1188), *Rec. cit.* XIX, 336, 459. — Inv. titres maison Bourbon, 368, 2768 A, 6140. — Bulla Clementis papæ III. data in confirmationem jurium et privilegiorum abbatiæ Sancti Gilberti de Novem Fontibus, dans *Bibliotheca nova*, de LABBE, II, 751. — Vita Sancti Gilberti, dans *Acta Sanctorum*, Junii, I, 761-766. Bibliotheca Præmonstratensis de LE PAIGE, 482. — De sancto Gilberto, Præmonstratensis ordinis apud Arvernos abbate, auct. SAVANON. Paris, 1620, in-4. — Vie de saint Gilbert, fondateur de l'abbaye de Neufontaines en Auvergne, par J. V. S. *Namur*, 1890, in-24. — L'abbaye de Neufontaines en Bourbonnais, par BOUDANT. *Moulins*, 1858, in-8; ext. *Bul. soc. émulation Allier*, VI. — Gallia christiana, II, 414-416. — DU TEMS, III, 202-204. — Paroisses bourbonnaises, I, 652-656.

2. Cant. et arr. Clermont. — 191 art. aux Arch. départ. sér. II. — Bib. nat. ms. lat. 12765, 297-302. — Bullaire d'Auvergne, *Calixte II* (1123), *Alexandre III* (1165), XIX, 24, 130. — Requête présentée à M. l'official et à M. le lieutenant général criminel de la sénéchaussée d'Auvergne à Clermont par les religieuses de l'abbaye royale de Beaumont-lez-Clermont, contre leur abbesse. *Clermont*, 1764, in-4. — Mémoire pour Marie-Thérèse de Lantillac, abbesse de l'abbaye royale de Saint-Pierre de Beaumont, contre M. Béraut, conseiller en la cour des aides, et les sœurs Maçon, Ardillon, Albanel, Brunel, Gaschier, etc. *Clermont*, 1764, in-4. Arrêt de la cour du Parlement entre la dame de Lantillac et les religieuses de Beaumont. *Paris*, 1764, in-4. — Mémoire sur délibéré pour les sieurs de Grandpré et Béraud, contre la dame de Lantillac. *Paris*, 1767, in-4. — Gallia christiana, II, 280-282. — DU TEMS, III, 182-184. — AUDIGIER, VI, art. Beaumont.

au septième siècle par saint Genès. Il s'y fit au dix-septième siècle une réforme intéressante grâce à l'abbesse, qui était Apollonie Legroing de la Pouvrière, morte en 1685. L'église (XIe s.) est devenue paroissiale.

Brageac, *Brajacum*[1], fondée au septième siècle par saint Til et des moines venus de Solignac, ruinée pendant les invasions sarrazines (837), fut restaurée en 1100 par Guy et Raoul, seigneur d'Escorville, qui y plaça des religieuses. Ce fut le lieu de sépulture de cette famille. L'église est conservée.

Cusset, *Cuciacum*[2], sous le vocable de Saint-Sauveur et de Notre-

---

1. Cant. Pleaux, arr. Mauriac, Cantal. — 4 reg. et une lias. aux Arch. départ. sér. H. — Vita sancti Tillonis, dans *Acta Sanctorum* de Mabillon, II, 994-1001. — *Acta Sanct. Januarii*, I, 376-380. — Poignée de documents sur la Haute-Auvergne, par Pouldmière, dans *Bul. hist. Haute-Auvergne* (1888), 67-100. — Brageac, Le monastère des Bénédictines (1100-1792), par Basset. Aurillac, 1904, in-8. — Croix-reliquaire conservée à Brageac, par Rupin, dans *Bul. soc. hist. Corrèze*, IX (1887), 617-619. — L'église de Brageac, par Chabau. *Ibid.*, XIX (1897), 23-85. — Saint Til, solitaire, abbé de Solignac, par le même. Brive, 1887, in-8 ; ext. même recueil. — *Gallia christiana*, II, 382-384. — Du Tems, III, 184-185. — Deribier, ouv. cit., I, 279-284. — Les églises romanes de la Haute-Auvergne, par de Rochemonteix, 42-67.

2. Chef-l. cant., arr. La Palisse, Allier. — 5 lias. aux Arch. départ. sér. H. — Bib. nat. ms. lat. 12667, f. 309. — Inv. titres maison Bourbon, 1233, 1574, 1586, 6013. — Catalogue des actes de Philippe-Auguste, nos 106, 840. — Ordonnances des rois de France (1171, 1184, mars 1247, avril 1317, mars 1360, janvier 1412), IV, 205, 206 ; X, 53. — Obituaire, dans *Histoire de la maison d'Auvergne*, par Baluze, II, 659. — Bullaire d'Auvergne, *Lucius III* (1181-1184), dans *Mém. acad. Clermont*, XIX, 333 ; 611-615. — Information secrète contre une abbesse de Cusset en 1539, par de Quirielle. Moulins, 1897, in-8. — Cusset au XVIIe siècle, par Vayssière, dans *Archives historiques du Bourbonnais*, I, 63. — Factum pour dame de la Guiche, abbesse de l'abbaye de Cusset, et les dames religieuses dudit lieu, contre les chantre, chanoines et chapitre de l'église collégiale Notre-Dame dudit Cusset. S. l., 1624, in-4. — Mémoire signifié pour les abbesse et religieuses de l'abbaye royale de Cusset contre les maire et échevins de la ville. Paris, 1773, in-4. — Histoire de la ville et de la commune de Cusset, par Fournenis. Moulins, in-8. — *Gallia chris-*

Dame, fondée avant 886 par Eunémius, évêque de Nevers, eut une grande importance au Moyen-Age. La collégiale, établie en ce lieu, était pour le service religieux de l'abbaye et placée sous l'autorité de l'abbesse.

Ordre de Citeaux

La Vassin, *Vallis sana*[1], ou *Entraigues*, fondée dans les dernières années du XIIe siècle. On voit encore les ruines.

L'Esclache, *Eschalaria*[2], sous le vocable de Notre-Dame, fondée au douzième siècle, transférée à Clermont (1664), où elle fut unie à un monastère de Bernardines, établi en 1660 en l'honneur de Notre-Dame de la Paix.

Prieurés conventuels

Maisons d'hommes

Mauriac, *Mauriacum*[3], sous le vocable de Notre-Dame, prieuré

---

tiana, II, 384-387 ; instr. 122. — Du Tems, III, 186-187. — Audigier, art. Cusset. — Paroisses bourbonnaises, I, 588-593.

1. Com. Saint-Donat, cant. Latour, arr. Issoire, Puy-de-Dôme. — Douet d'Arcq, abbesse (1332), 9265. — Etudes historique sur l'abbaye royale de la Vassin, près de la Tour d'Auvergne, par Jaloustre. *Clermont*, 1879, in-8 ; ext. *Mém. acad.*, XX, 151-162. — Gallia christiana, II, 408-409. — Du Tems, III, 198-199. — Baluze, II, 487, 499.

2. Com. Prondines, cant. Herment, arr. Clermont. — 77 art. aux Arch. départ. sér. H. — Bib. Clermont, ms. 570, 623, 671. — Construction du monastère de L'Eclache à Clermont, par Chégut, dans *Bul. hist. Auvergne* (1909), 67-71. — Gallia christiana, II, 407-408. — Du Tems, III, 197-198.

3. Chef-l. arr. Cantal. — 4 reg. et 26 portef. aux Arch. départ. sér. H. — Bib. nat. ms. lat. 12683, f. 159 ; 13818, f. 253. Coll. Moreau, 347, f. 232-251. — Bib. Arsenal ms. 6770. — Extraits du chartrier, Bib. Clermont, ms. 570, 656, 732. — Vita sanctæ Theodochildis, dans *Acta Sanctorum Junii*, V, 362-374. — Sainte Théodechilde, vierge, fille de Clovis,

de Saint-Pierre-le-Vif de Sens, où l'on attribuait son origine au comte Basolus et à sainte Théodechilde, fille de Clovis, ruiné par les Sarrazins, restauré en 814 par Jérémie, archevêque de Sens. Les supérieurs de la communauté portaient le titre de doyens. Ce monastère entra dans la Congrégation de Saint-Maur. Son église est devenue paroissiale.

SAUXILLANGES, *Celsiniacum* [1], donné à Cluny par le comte d'Au-

---

fondateur du monastère de Saint-Pierre-le-Vif à Sens et du pèlerinage de Notre-Dame des Miracles à Mauriac, par CHABAU. *Aurillac*, 1883, in-8. — Les diplômes de Saint-Pierre-le-Vif, par MAURICE PROU, dans *Bull. archéol. Sens*, XVII, 40. — Bullaire d'Auvergne, *Paschal II* (1104), dans *Mém. Acad.*, XVIII, 397; *Honorius II* (1124-1130), XIX, 30; *Innocent II* (1130-1143), 50; *Lucius II* (1144), 55; *Alexandre III* (1169-1170), 282; *Lucius III* (1181-1185), 336, 536, 539. — Hommage par Georges d'Ussel, seigneur de Charlus et d'Anglars et seigneur d'Ussel, au prieur commendataire de Mauriac (1476), par le B^{on} D'USSEL, dans *Bul. soc. Corrèze. Tulle*, XIV (1896), 109. — Actes du Parlement de Paris, 6739. — DOUET D'ARCQ, 8281, 9280. — Mauriacensis historiæ fragmentum ex chronico Sancti Petri Vivi Senonensis, dans *Recueil des historiens des Gaules*, par BRIAL, XIV, 153-157. — La chronique de Mauriac par MONTFORT, suivie de documents inédits sur la ville et le monastère, par L. DE RIBIER. *Paris*, 1905, in-8. — Introduction de la réforme de Saint-Maur au monastère de Mauriac (1627-1666), par ROUFFY, dans *Mém. acad. Clermont*, XXXV (1862), 407 et s. — L'église et le portail de Notre-Dame des Miracles à Mauriac, par CHABAU, dans *Bul. soc. scient. Corrèze* (Brive, 1895), 39-71. — Notice sur l'église de Notre-Dame des Miracles à Mauriac, par DELALO, dans *Bul. monum.*, VIII (1842), 574-584. — Les églises romanes de l'arrondissement de Mauriac, par DE ROCHEMONTEIX, *Paris*, 1899, in-8; ext. *Bul. archéol. com. trav. hist.* (1898). — Le trésor de Notre-Dame des Miracles à Mauriac, par CHABAU. *Evreux*, 1892, in-16. — Histoire de Notre-Dame des Miracles de Mauriac, par SERRES. *Aurillac*, 1876, in-8. — Pèlerinages et sanctuaires de la Sainte Vierge dans le diocèse de Saint-Flour, par CHABAU, 1-92. — Les monastères d'Auvergne, par BRANCHE, 344-348. — Dictionnaire..., par DERIBIER, IV. — Auvergne historique, V (1897-1898), 1-96. — Les églises romanes de la Haute-Auvergne, par DE ROCHEMONTEIX, 218-237. — BALUZE, II, 266.

1. Chef-l. cant., arr. Issoire, Puy-de-Dôme. — Quelques pièces aux Arch. départ. sér. H. — Arch. nat. LL. 1014; M. 323. — Bib. Clermont, ms. 590, 591. — Bib. nat. ms. lat. 5454. DOM ESTIENNOT, ms. lat. 12745,

vergne, Guillaume (912). Son successeur, Acfred, renouvela cette donation en 928. Il était sous le vocable des saints apôtres Pierre et

f. 516, 532-534, 567, 605, 612-614, 631; 12750 f. 174. Baluze, LXXXVI, Stein, 3627. — Cartulaire de Sauxillanges, par H. Doniol. Clermont, 1864, in-8. Rapport sur le cartulaire de Sauxillanges, par L. Delisle, dans *Rev. soc. savantes* (1865), II, 289-291. — Note relative à la publication des cartulaires de Brioude et de Sauxillanges, par Doniol, dans *Mém. Acad. Clermont*, XXXV (1862), 21. — Note sur la culture de la vigne au dixième siècle d'après le cartulaire de Sauxillanges, par Lachèse, dans *Bul. soc. ind. Angers*, XXXV (1864), 42. — Bullaire d'Auvergne, *Jean XIII* (965-970), 86; *Grégoire V* (999), 88; *Benoît VIII* (1013), 91; *Urbain II* (1094-1095), 639, 660, 661; *Callixte II* (1122), XIX, 23; *Eugène III* (1145-1153), 81; *Adrien IV* (1154-1158), 495, 500, 502, 506, 508-510, 534. — Recueil des chartes de Cluny, par Bruel, III, 315; V, 249, 457. — Actes du Parlement de Paris, 1725, 1789, 3665, 7371, 7581. — A Nosseigneurs du Grand Conseil. Requête des prieur et religieux du prieuré de Sauxillanges, demandeurs en restitution de 80 septerées de bois usurpées par le sieur de Varennes. S. l., 1696, in-fol. — Mémoire pour les religieux, prieur claustral et convent du prieuré de Sauxillanges, ordre de Cluny, intimés, contre dame Julie-Elisabeth de Boisseret, et dame Catherine-Marie de Boisseret, appelantes. *Paris, s. d., in-fol.* Deux autres mémoires sur ce procès. — Mémoire pour Dom Jean-Chrysostome Valleton, prêtre et religieux bénédictin de l'étroite observance de l'ordre de Cluny, mansionnaire et procureur-syndic de la communauté et monastère du prieuré de Sauxillanges, appelant comme d'abus et demandeur contre Dom Mathieu Mailly, prieur claustral dudit monastère et Dom Gaspard Piozel de la Houssaye, mansionnaire dudit prieuré, intimés et défenseurs. *Paris*, 1754, in-4. — Mémoire pour les prieur claustral et religieux de Saint-Pierre et Saint-Paul de Sauxillanges, et les abbesse, prieure et religieuses de l'abbaye de Blesle, dudit ordre de Cluny, contre les curé et marguilliers de la paroisse de Sauxillanges et les soi-disant syndic, habitants, corps et communauté dudit lieu. S. l., 1786, in-4. — Brevet du roi qui permet à M. l'évêque de Clermont de procéder à l'extinction de la mense priorale de Sauxillanges, 1782, in-4. — Mémoire pour les prieur claustral et religieux de Sauxillanges, contre les habitants, corps et communauté de Brenat. *Paris*, 1788, in-4. — Douet d'Arcq. Prieur Pierre (1281), 9342; prieur Gérard (1301), 9343. — Une perquisition au couvent de Sauxillanges en 1791, dans *Bul. hist. Auvergne* (1887), 1. — L'hospice de Sauxillanges (1664-1904), par A. Achard, dans *Rev. Auvergne*, XXI, 285-292. — Histoire de la maison d'Auvergne, par Baluze, II, 12, 14, 21, 28, 38-40, 48, 49, 53, 57, 60, 476, 481, 485, 502. — *Gallia christiana*, II, instr. 75, 79-82.

Paul. Ce fut l'un des quatre prieurés les plus importants de l'ordre de Cluny. Le monastère, supprimé en 1782, fut uni à l'abbaye de Blesle. L'église (XVᵉ s.) est paroissiale. Quelques bâtiments claustraux sont encore debout.

SOUVIGNY, *Silviniacum* [1], sous le vocable de Saint-Pierre, donné

---

1. Chef-l. cant., arr. Moulins, Allier. — 11 reg. et 43 lias. aux Arch. départ. sér. H (918-1790). Thesaurus Sylviniacensis (916-1647), recueil formé par les soins de DOM DE MESGRIGNY. Mémoire pour servir à l'histoire du prieuré de Souvigny, par DOM TRIPPENET. — Antiquités du prieuré de Souvigny, *Bib. Moulins*, ms. 15. Obituaire, ms. 13. — Bib. nat. ms. lat. 13819 f. 303-307. — Nouv. acq. lat. ms. 2378, 2585. Fonds Cluny, par L. DELISLE, n. 125, p. 215. — Mémoire de TRIPPENET, ms. fr. 11503. — Bullaire de l'Auvergne, *Urbain II* (1092-1095), 638, 648 ; *Paschal II* (1100), 679 ; *Callixte II* (1126), XIX, 28 ; *Eugène III* (1152), 72-79 ; *Anastase IV* (1153), 82 ; *Alexandre III* (1173), 282 ; *Lucius III* (1184), 328, 333. — Monumenta pontificia Arverniæ, *Grégoire IX* (1234), XXIX, 330. — *Rec. hist. Gaules*, XIV, 522-524. — Mémoire pour les prieur claustral et religieux du prieuré de Souvigny de l'étroite observance de l'ordre de Cluny, contre le sieur Bardonnet, prieur commendataire de ce prieuré, et les sieurs Angenoult de Villefontaine et Pequet, ci-devant pourvus en commende et possesseurs du même bénéfice, demandeurs. *Paris, 1767, in-4*. — Mémoire pour M. Gaspard Bardonnet, seigneur de Sermaise et de Souvigny, gouverneur pour le roi et grand bailli ou châtelain de la même ville de Souvigny, accusateur, contre J. Bonaud de Montaret, lieutenant général en la châtellenie de Souvigny, accusé. *Paris, 1768, in-4*. — Mémoire pour les prieur claustral et religieux du prieuré de Souvigny, demandeurs, contre M. Gaspard Bardonnet, prêtre, prieur commendataire dudit prieuré, défendeur. *Paris, 1770, in-4*. — Mémoire sur délibéré pour les mêmes contre le même. *Paris, 1778, in-4*. — Réplique à la réponse imprimée du sieur abbé Bardonnet pour les prieur claustral et religieux de Souvigny. *Paris, 1783, in-4*. — Pouillé de la plupart des bénéfices étant à la collation du prieur de Souvigny, dans *Pouillé général* (1648), II, *Clermont*, 59-62. — Sceau du prieuré de Souvigny, par FÉLIX BERTRAND, dans *Soc. sphragistique de Paris*, I, 41-46. — Dessin d'un sceau de l'abbaye de Souvigny, par J. GAUTHIER, dans *Rev. soc. savantes* (1887), II, 403, 520. — Inventaire de la bibliothèque de la maison conventuelle de Souvigny en 1790, par ALPH. CHAZAUD, dans *Bul. soc. émul. Allier*, XII, 197-236.

Essai sur l'histoire monétaire du prieuré de Souvigny, par AN. DE BARTHÉLEMY. *Clermont, 1845, in-8* ; ext. *Tablettes histor. Auvergne*. — La

à Cluny par Almar de Bourbon (920), fut au premier rang des dépendances de la célèbre abbaye. Saint Odilon (1049) et saint

---

monnaie de Souvigny au X⁰ siècle. Examen du prétendu diplôme de Hugues Capet (995), par AN. DE BARTHÉLEMY et CHAZAUD, dans *Bul. soc. émul. Allier*, XIII (1875), 526-537. — Examen de documents apocryphes relatifs aux monnaies, Souvigny, par A. DE BARTHÉLEMY, dans *Rev. française de numismatique* (1868), 357-364. — Association monétaire entre Yves, prieur de Souvigny, et Agnès, dame de Bourbon (16 janvier 1272), par LE MÊME. *Ibid.* (1884), 446-451. — Monnaie inédite du Bourbonnais et de Souvigny, par DUCHALAIS. *Ibid.* (1832), 135-144. — Essai sur la numismatique bourbonnaise, par J. SOULTRANT. *Moulins*, 1858, in-8 ; ext. *Bul. soc. émulat. Allier*, VI, 130 et s., 222 et s., 315 et s. — Monnaies de Hugues IV, duc de Bourgogne, frappées à Auxonne, et du prieuré de Souvigny, par ET. CARTIER, dans *Revue française* (1839), 217. — Lettre à M. Duchalas, par POEY D'AVANT. *Ibid.* (1854), 145-148. — Découvertes de deniers d'Orléans et de Souvigny, par FRANC. PÉROT, dans *Bul. soc. archéol. Orléanais*, VI, 123. — Les monnaies de Souvigny à Huriel, par CLÉMENT, dans *Revue bourbonnaise*, 1886, juin. — Notice sur une découverte de petites pièces de monnaie à Hottot en Auge, par J. CHAUTARD, dans *Bul. soc. archéol. Vendômois*, I (1862), 105. — Une monnaie inédite des prieurs de Souvigny, par SERRURE, dans *Bul. de numismatique*, I, (1892). — Essai sur le monnayage des prieurs de Souvigny et des sires de Bourbon, par VANNAIRE, dans *Arch. hist. Bourbonnais*, II (1891), 1-15, 33-46, 65-74. — Monnaie féodale de France, par POEY D'AVANT, I, 320-323.

Antiquités du prieuré de Souvigny en Bourbonnais où est montré le pouvoir des saints et plusieurs choses notables de la royale maison de Bourbon, qui en est fondatrice, par FR. SÉBASTIEN MARCAILLE (12 juillet 1610). *Moulins*, s. d., in-8. — Notice sur le prieuré de Souvigny, par OCHIER. Paris, 1855, in-8 ; ext. *Congrès archéol.* XXI (1854), 272-297. — Souvigny. Son histoire, son abbaye, son église, par LIMAGNE. Paris, 1905, in-8 ; ext. *Mois littéraire*. — Souvigny. Notes préliminaires à une histoire de la ville et du prieuré, par FLAMENT, dans *Bul. soc. émulat.* (1909), 333-349. — Remarques sur l'étymologie de Souvigny, par LE MÊME. *Ibid.*, XII (1904), 237. — Histoire de saint Mayol, par OGERDIAS. *Moulins*, 1877, in-8. — Documents pour servir à l'histoire du prieuré de Souvigny, par GRÉGOIRE. *Moulins*, 1898, in-8. — Le prieuré de Souvigny. Extrait des visites (1294-1353), par VAYSSIÈRE, dans *Arch. hist. Bourbonnais*, I (1890), 252-254. — Souvigny et les ducs de Bourbon, par BERTHE DE CLINCHAMP, dans le *Correspondant*, janvier 1908, 294-301.

Excursion à Moulins, Saint-Menou, Bourbon-l'Archambault, Souvigny (4 et 5 juillet 1882), par TESTENOIRE-LAFAYETTE. *Montbrison*, 1882,

Mayol (994) y furent ensevelis. Ce fut la nécropole de la maison de Bourbon, dont les chefs aimèrent à l'enrichir. Les moines de Souvigny adoptèrent l'Étroite Observance (1634). L'existence de cette communauté, comme celle de toutes les maisons cluniste, ne peut

---

in-8. Compte-rendu de la XI° excursion, dans la région de Souvigny, par ROGER DE QUIRIELLE, dans *Bul. soc. émulat. Allier* (1909), 245-266. — Excursion à Souvigny et à Saint-Menou, par DE DION, dans *Congrès scientif. France*, LXI. Moulins (1870), 359 et s. — Excursion à Bourbon, à Saint-Menou et à Souvigny, par CROSNIER, dans *Congrès archéol. France*, XXXI (1854), 222-246. — Album des vues de Souvigny avec notices, par DE QUIRIELLE. Moulins, 1900, *in-18*. — L'église de l'ancien prieuré de Souvigny, par MALLET. Moulins, 1841, *in-8*. — L'église de Souvigny, par BELIN-DOLLET, dans *Annales Bourbonnaises* (1887), 387. — L'église de Souvigny, par GOULMON. *Ibid.*, V (1891), 13-23. — Document inédit relatif aux tombeaux des princes de Bourbon à Souvigny, par TAMIZEY DE LARROQUE. *Ibid.*, VI, 161. — Mémoire sur les sépultures des seigneurs et ducs de Bourbon à Souvigny, Bessay et Champaigne, par BERTRAND. Moulins, s. d., *in-8*; ext. *Bul. soc. émulat.* — Souvigny, Le tombeau du duc Charles, et le sculpteur Jacques Morel, par MONERY, dans *Arch. hist. Bourbonnais*, I (1890), 20, 88. — Jacques Morel, sculpteur de Montpellier. Marché passé entre lui et le duc Charles de Bourbon pour l'exécution du tombeau de celui-ci dans l'église du prieuré de Souvigny, le 24 juin 1448, publié par GUIGUE, dans *Archives art français*, IV (1856), 313. — Les chapiteaux de Souvigny, par GELÈS-DIDOT, dans *An. Bourbonnaises*, I (1887), 386. — Notice historique et archéologique sur l'ancienne cloche de Souvigny et sur le prieur sous l'administration duquel elle a été fondue, par DE CONNY, dans *Bul. monum.*, XXII (1856), 552-558. — Le portail du prieuré de Souvigny, par BOUTRY, dans *La Quinzaine bourbonnaise*, VII (1898), 58-61. — Le trésor de Souvigny et les réparations de l'église au XV° siècle, par GRASSOREILLE, dans *Bul. soc. émulat.* XVIII, 113-120. — Essai paléographique et archéologique sur la bible de Souvigny, par FANJOUX, dans *Bul. soc. émulat.*, I, 353. — Le manuscrit de la Bible de Souvigny, par LE MÊME. *Ibid.*, I, 196. — A propos de la Bible de Souvigny, par BRÉHIER. *Ibid.* (1910), 240-255, et *Mémoires de la Soc. de l'Université de Clermont*, 1910, 49 et s. — Le vieux Souvigny d'après les chartes publiées par M. Bernard et Bruel, dans *Bul. soc. émulat.*, XIV (1877), 535. — L'ancien canton de Souvigny, par DENIER. Moulins, 1907, *in-16*. — DENIFLE, I, 288. — Générale description du Bourbonnais, par DE NICOLAY, I, 71-84; II, 107-111. — Paroisses bourbonnaises, par MORET, I, 510-550. — Inv. titres maison de Bourbon, table 86-87. — LA MURE, table, 330.

Paul. Ce fut l'un des quatre prieurés les plus importants de l'ordre de Cluny. Le monastère, supprimé en 1782, fut uni à l'abbaye de Blesle. L'église (XVᵉ s.) est paroissiale. Quelques bâtiments claustraux sont encore debout.

SOUVIGNY, *Silviniacum* [1], sous le vocable de Saint-Pierre, donné

---

[1]. Chef-l. cant., arr. Moulins, Allier. — 11 reg. et 43 lias. aux Arch. départ. sér. H (918-1790). Thesaurus Sylviniacensis (916-1647), recueil formé par les soins de DOM DE MESGHIGNY. Mémoire pour servir à l'histoire du prieuré de Souvigny, par DOM TRIPPERET. — Antiquités du prieuré de Souvigny, *Bib. Moulins*, ms. 15. Obituaire, ms. 13. — Bib. nat. ms. lat. 13819 f. 303-307. — Nouv. acq. lat. ms. 2378, 2585. Fonds Cluny, par L. DELISLE, n. 125, p. 215. — Mémoire de TRIPPERET, ms. fr. 11503. — Bullaire de l'Auvergne, *Urbain II* (1092-1095), 638, 648 ; *Paschal II* (1100), 679 ; *Callixte II* (1126), XIX, 28 ; *Eugène III* (1152), 72-79 ; *Anastase IV* (1153), 82 ; *Alexandre III* (1173), 282 ; *Lucius III* (1184), 328, 333. — Monumenta pontificia Arverniæ, *Grégoire IX* (1234), XXIX, 330. — *Rec. hist. Gaules*, XIV, 522-524. — Mémoire pour les prieur claustral et religieux du prieuré de Souvigny de l'étroite observance de l'ordre de Cluny, contre le sieur Bardonnet, prieur commendataire de ce prieuré, et les sieurs Angenoult de Villefontaine et Pequet, ci-devant pourvus en commende et possesseurs du même bénéfice, demandeurs. Paris, 1767, *in-4*. — Mémoire pour M. Gaspard Bardonnet, seigneur de Sermaise et de Souvigny, gouverneur pour le roi et grand bailli ou châtelain de la même ville de Souvigny, accusateur, contre J. Bonaud de Montaret, lieutenant général en la châtellenie de Souvigny, accusé. Paris, 1768, *in-4*. — Mémoire pour les prieur claustral et religieux du prieuré de Souvigny, demandeurs, contre M. Gaspard Bardonnet, prêtre, prieur commendataire dudit prieuré, défendeur. Paris, 1770, *in-4*. — Mémoire sur délibéré pour les mêmes contre le même. Paris, 1778, *in-4*. — Réplique à la réponse imprimée du sieur abbé Bardonnet pour les prieur claustral et religieux de Souvigny. Paris, 1783, *in-4*. — Pouillé de la plupart des bénéfices étant à la collation du prieur de Souvigny, dans *Pouillé général* (1648), II, Clermont, 59-62. — Sceau du prieuré de Souvigny, par FÉLIX BERTRAND, dans *Soc. sphragistique de Paris*, I, 41-46. — Dessin d'un sceau de l'abbaye de Souvigny, par J. GAUTHIER, dans *Rev. soc. savantes* (1887), II, 403, 520. — Inventaire de la bibliothèque de la maison conventuelle de Souvigny en 1790, par ALPH. CHAZAUD, dans *Bul. soc. émul. Allier*, XII, 197-236.

Essai sur l'histoire monétaire du prieuré de Souvigny, par AN. DE BARTHÉLEMY. Clermont, 1845, *in-8* ; ext. *Tablettes histor. Auvergne*. — La

vocable de Saint-Joseph, fondé en 1650 avec des religieuses venues de Billom ; à Billom *Sainte-Scholastique*, dont la fondation fut approuvée par bulle de Grégoire XV (1621) [1], Charroux (1642) [2] ; Courpière, qui était sous le vocable de Saint-Martin et dépendait de l'abbé du Moutier de Thiers [3] ; à Issoire [4] ; à Marsat [5], dont l'origine se confond avec celle de Mozat, sous la dépendance duquel les religieuses vivaient, elles furent réformées en 1546 ; Saint-Genès-

---

1. Les anciennes écoles d'Auvergne, par JALOUSTRE, *loc. cit.*, 166. — Directoire pour les religieuses de Saint-Benoît du monastère de Billom *Bib. nat.* nouv. acq. fr. ms. 10399.

2. Cant. Chantelle, arr. Gannat, Allier. — Quelques pièces aux arch. départ. sér. H. — Charroux. Etablissement d'un monastère de bénédictines dans les bâtiments de la commanderie de Saint-Antoine, par VAYSSIÈRE, dans *Arch. hist. Bourbonnais*, I (1890), 124-129. — JALOUSTRE, 195.

3. Chef-l. cant., arr. Thiers, Puy-de-Dôme. — Coup de main du sieur de Canillac contre les Bénédictines de Courpière (1466), dans *Bul. hist. Auvergne*, IV (1884), 163. — Les prérogatives de la prieure de Courpière, dans *Rev. héraldique*, XXIII (1906), 330. — Factum pour les religieuses de Saint-Martin de Courpière, appelantes d'une sentence donnée par le sénéchal d'Auvergne ou son lieutenant, le 29 mai 1632, contre M° Guillaume Leclerc, vicaire perpétuel et les prêtres du dit lieu de Courpière. *S. l. n. d. in-4.* — Factum pour Guillaume Leclerc, curé de l'église paroissiale de Courpière, Vincent Bourrel et les autres prêtres et filleus de la communauté de ladite église, contre dame Gabrielle de Forsat, prieure du prieuré de Saint-Martin dudit Courpière et les religieuses et convent dudit lieu. *S. l. n. d. in-4.* — Factum pour les habitants de la ville de Courpière contre dame Françoise de la Beaume, prieure du couvent des religieuses de ladite ville, intimée, et le sieur de Mongon, intervenant. *S. l. n. d. in-fol.* — Addition de factum pour les mêmes. *S. l.*, 1640, *in-4*.

4. Quelques pièces aux arch. départ. sér. H. — Etude sur les religieuses bénédictines de la ville d'Issoire, par SAUBET, dans *Bul. hist Auvergne* (1889), 7-24.

5. Cant. et arr. Riom. — Pièces aux arch. départ. sér. H (1504-1788). — Histoire de l'abbaye royale de Mozat, par GOMOT. — Les monastères d'Auvergne, par BRANCHE, 74.

les-Monges [1], Saint-Julien-la-Genest [2] et à Souvigny [3], qui était une fondation d'Izeure (1632). Les Bernardines fondèrent une maison à Clermont (1646) [4], une autre à Lezoux (1656) [5], et à Saint-Martin-Valmeroux [6]. Les Fontevristes avaient des monastères à Esteil [7], sous le vocable de Saint-Léger, remontant au XIIe siècle, ainsi que Pontratier [8], *Pons Raterii,* et Vic-le-Comte [9].

Prieurés simples

CLERMONT [10], *Saint-Ferréol* ou *Saint-Bonnet* [11], dépendant de l'ab-

---

1. Com. Saint-Hilaire-les-Monges, cant. Pontaumur, arr. Riom. — 9 art. aux arch. départ. sér. H. — Bullaire d'Auvergne, *Lucius III* (1184), dans *Mém. acad. Clermont*, XIX, 335. — Mémoire pour les prieures et religieuses du prieuré royal de Saint-Genès-les-Monges, appelantes comme d'abus contre dame Marie de l'Etrange et autres religieuses professes du monastère de Saint-Julien-la-Geneste, M. l'évêque de Clermont et son promoteur, intimés. *Paris,* 1761, *in-4.* — Précis pour la communauté des religieuses de Saint-Julien, intimées, contre les religieuses de Saint-Genest, appelantes comme d'abus, en présence de M. l'évêque de Clermont. *Paris, s. d., in-4.*

2. Cant. Saint-Gervais, ibid. — Documents aux arch. départ. sér. II. — *Mém. acad. Clermont,* XIX, 335.

3. Documents aux arch. départ. Allier, sér. II. — Histoire de Saint-Menou, par MONET, 169.

4. Documents aux arch. départ. Puy-de-Dôme, sér. II. — JALOUSTRE, 195.

5. Ibid. — JALOUSTRE, 199.

6. JALOUSTRE, 194.

7. Com. Auzat-sur-l'Allier, cant. Jumeaux, arr. Issoire. — Documents aux arch. départ. Puy-de-Dôme, sér. II (1542-1787). Maine-et-Loire, sér. II.

8. Com. Charmes, cant. et arr. Gannat, Allier. — Documents aux arch. départ. sér. II et Maine-et-Loire. — Monumenta pontificia Arverniæ. Honorius III (1217), dans *Mém. acad. Clermont,* XXV, 410. — Le prieuré de Pontratier, par VAYSSIÈRE, dans *Arch. histor. Bourbonnais,* II (1891), 321-327. — Prieuré de Pontratier, par DU BROC DE SEGANGE, dans *Bul. soc. émul. Allier* (1908), 573-590.

9. Arch. départ. Maine-et-Loire, sér. II.

10. Pouillé des diocèses de Clermont et de Saint-Flour, par BRUEL, 74, 179-185.

11. JALOUSTRE, *loc. cit.,* 272-275.

baye de Saint-Allyre, uni au séminaire de Clermont. *Saint-Cassi*, dépendant du même monastère. *Saint-André*, dépendant de l'abbaye de ce nom. *Saint-Pierre de Chantoin*, Saint-Barnabé de *Dôme*, donné à Orcival en 1166 et uni à Saint-Robert de Montferrand.

Aubest, *Albretum* [1]. Saint-Pierre, dépendant de l'abbaye de Cusset. — Allanche, *Allantia* [2], qui appartenait à la Chaise-Dieu avant 1020. — Ambert [3]. Saint-Jean de *Ligonne*, commanderie dépendant de Courteserre. — Anglards [4]. Saint-Thyrse et Saint-Jean, donné au monastère de Mauriac, puis uni à l'archiprêtré. — Antignac [5]. Saint-Robert de *Vignonet*, de *Vignoneto*, dépendant de la Chaise-Dieu. — Antoingt, *Anthoenium* [6]. Saint-Gal, appartenant à l'abbaye de Chantoin, ainsi que le prieuré de *Bergonne*. — Apchat, *Apchiacum* [7]. Saint-Médard, dépendant du prieuré cluniste de la Voûte. — Ardes-sur-Couze, *Ardili* [8], dépendant de l'abbaye de Manlieu. — Arlanc-le-Bourg, *Burgus Arlenci* [9], Saint-Pierre, dépendant de l'abbaye piémontaise de Saint-Michel de Cluse. —

---

1. Cant. Cusset, arr. Lapalisse, Allier. — Bruel, 96. — Paroisses bourbonnaises, I, 594.

2. Chef-l. cant., arr. Murat, Cantal. — Dictionnaire historique et statistique du département du Cantal, par Deribier, I, 13-16. — Les églises romanes de la Haute-Auvergne, par de Rochemonteix, 1-7.

3. Chef-l. arr. Puy-de-Dôme. — Bruel, 200.

4. Cant. Salers, arr. Mauriac, Cantal. — L'église d'Anglards et les archiprêtres de Mauriac, prieurs d'Anglards, par Chabau. Saint-Flour, 1896, in-8. — Le projet de restauration de l'église d'Anglards-de-Salers, communication d'un curé à ses paroissiens. Aurillac, s. d. (1897), in-8. — Deribier, *ouv. cit.*, I, 55-64. — De Rochemonteix, 25-33.

5. Cant. Saignes, ibid. — Deribier, I, 70-72. — De Rochemonteix, 340-346.

6. Cant. Saint-Germain-Lembron, arr. Issoire, Puy-de-Dôme. — Bruel, 132.

7. Cant. Ardes, ibid. — Id., 140.

8. Chef-l. cant., ibid. — Id., 140.

9. Chef-l. cant., arr. Ambert. — Id., 118. — Monumenta pontificia Arverniae sub Innocentio III (1216), dans *Mém. acad. Clermont*, XXIV, 117. — Paroisses bourbonnaises, I, 594-595.

Arronnes [1]. Saint-Léger, doyenné dépendant de Cluny, uni à la mense abbatiale. — Aubiat, *Albiacum* [2]. Notre-Dame, uni à la mense capitulaire de Saint-Amable de Riom. — Augerolles, *Augerolix* [4]. Saint-Georges, dépendant de Cluny. — Auriac, *Auriacum* [3], Saint-Nicolas, dépendant de la Voûte. — Authezat [5]. *La Sauvetat-Bastille*, commanderie de Chevaliers de Malte. Sainte-Madeleine de *Lieu-Dieu, de Loco Dei*, uni au monastère de Saint-Genès-les-Monges (1194), dont il dépendait déjà. — Autrac [6]. Saint-Julien, dépendant de l'abbaye de Blesle. — Avèze [7]. Notre-Dame, uni à l'office d'infirmier du prieuré cluniste de Port-Dieu.

Bagnols, *Bagnoli* [8]. Saint-Pierre, dépendant du prieuré de Port-Dieu. — Barrais-Bussoles [9]. Saint-Julien, dépendant de l'abbaye de Saint-Rigaud, au diocèse de Mâcon. — Barriac, *Berriacum* [10]. Saint-Martin, uni à l'archiprêté de Mauriac. — Bassignac, *Bassignacum* [11]. Sainte-Radegonde, dépendant du monastère de Mauriac. *Vendes*, donné à Mauriac par Artaud de Charlus (Xe s.), uni au pré-

---

1. Cant. Le Mayet, arr. La Palisse, Allier. — Quelques pièces aux arch. départ. sér. H. — Le prieuré d'Arronnes ; extrait des visites des maisons de l'ordre de Cluny, par Vayssière, dans *Arch. hist. Bourbonnais* (1890), 94-95.
2. Cant. Aigueperse, arr. Riom, Puy-de-Dôme. — Bruel, 82.
3. Cant. Courpière, arr. Thiers. — Id., 108.
4. Cant. Massiac, arr. Saint-Flour, Cantal.
5. Cant. Veyre-Monton, arr. Clermont. — 5 reg. et 1 lias. aux arch. départ. sér. H. — Histoire de la Sauvetat-Bastille, chef-lieu d'une commanderie de Saint-Jean de Jérusalem en Auvergne, par Guélon. *Clermont*, 1882, in-8. — Bruel, 205. — Histoire de la maison d'Auvergne, par Baluze, II, pr. 269, 303, 306.
6. Cant. Blesle, arr. Brioude, Haute-Loire. — Bruel, 141. — Dictionnaire topographique de la Haute-Loire, par Jacotin, 13.
7. Cant. Tauves, arr. Issoire, Puy-de-Dôme. — Id., 150.
8. Cant. La Tour, ibid. — Id., 152.
9. Cant. et arr. La Palisse, Allier. — Id., 96.
10. Cant. Pleaux, arr. Mauriac, Cantal. — Amé, 32.
11. Cant. Salers, arr. Mauriac, Cantal. — Dictionnaire topographique du Cantal, par Amé, 33, 515. — Deribier, I, 247. — De Rochemonteix, 56-62.

cédent. — BASVILLE[1], Saint-Hilaire, dépendant de Saint-Allyre de Clermont. — BEAULIEU, *Bellus locus*[2]. Sainte-Madeleine, dépendant de Port-Dieu. — BEAULIEU, *Bellus locus*[3]. Saint-Blaise de *Taveyrat*, dépendant de Saint-Genès-les-Monges. — BESSAY-SUR-ALLIER, *Beciacum*[4]. Saint-Martin, dépendant de Saint-Pourçain. — BESSON, *Bessonium*[5]. Saint-Martin, dépendant du même monastère. Saint-Jean de *Moladier*, de *Molendario*, dépendant de Saint-Gilbert de Neuffonts. — BILLOM[6], commanderie de Chevaliers de Malte. *Marcillat*, uni à la mense abbatiale de Manlieu. Saint-Robert de *Pauliat*, uni à la mense conventuelle de la Chaise-Dieu. — BILLY, *Billiacum*[7]. Saint-Nicolas, uni au prieuré de Jaligny. — BONGHEAT, *Bonghacum*[8]. Saint-Julien, dépendant de Manlieu. — BONNEVAL, *Bona Vallis*[9]. Sainte-Eugénie, uni à la messe conventuelle de la Vaudieu. — BOUDES[10]. Saint-Loup, dépendant de la Chaise-Dieu. — BOURG-LASTIC, *Burgus*[11]. Saint-Frejoux, uni à l'office de chambrier du Port-Dieu. — BRIFFONS, *Aprifons*[12]. Notre-Dame, dépendant du Port-Dieu. — BROMONT[13]. Saint-Martin, uni au prieuré de Saint-

---

1. Cant. Crocq, arr. Aubusson, Creuse. — Dictionnaire topographique de la Creuse, par LECLER, 42. — BRUEL, 156.
2. Cant. Champs, arr. Mauriac, Cantal. — BRUEL, 152.
3. Cant. Saint-Germain-Lembron, arr. Issoire, Puy-de-Dôme. — ID., 129, 202.
4. Cant. Neuilly-le-Réal, arr. Moulins, Allier. — ID., 96.
5. Cant. Souvigny, ibid. — ID., 90. — Paroisses bourbonnaises, I, 569, 576, 596-598. — Inv. titres maison Bourbon, 613.
6. Chef-l. cant., arr. Clermont, Puy-de-Dôme. — ID., 106.
7. Cant. Varennes, arr. La Palisse, Allier. — ID., 96. — Paroisses bourbonnaises, I, 598.
8. Cant. Billom, arr. Clermont, Puy-de-Dôme. — ID., 106.
9. Cant. La Chaise-Dieu, arr. Brioude, Haute-Loire. — ID., 118. — JACOTIN, 34.
10. Cant. Saint-Germain-Lembron, arr. Issoire, Puy-de-Dôme. — ID., 126.
11. Chef.-l. cant., arr. Clermont. — ID., 150.
12. Cant. Bourg-Lastic, ibid. — ID., 150.
13. Cant. Pontgibaud, arr. Riom. — ID., 156.

Robert de Montferrand. — BROUT-VERNET, *Brocum-Vernetum* [1]. Sainte-Pétronille d'*Aubeterre*, dépendant de l'abbaye de Neuffonts. Saint-Mageran de *Brout*, dépendant de Souvigny. — BULION [2]. Saint-Agricol et Saint-Vital, dépendant de la Chaise-Dieu. — BUSSÉOL [3]. Saint-André, uni à la mense abbatiale du même monastère.

CELLULE, *Cellula* [4]. Sainte-Anne et Saint-Saturnin, uni à la mense conventuelle de Menat. — CHADELEUF *Cadalenum* [5]. Saint-Amant, uni à la mense abbatiale de Saint-Allyre. Commanderie de *La Ronzière*. — CHALUS [6], uni à la cellérerie de Sauxillanges. — CHAMBON [7]. Saint-Jean, dépendant de la Chaise-Dieu. — CHAMÉANE [8], uni à la mense conventuelle de la Chaise-Dieu. — CHAMPAGNAC, *Campaniacum* [9]. Saint-Martin, dépendant de l'abbaye de Bonnesaigne, au diocèse de Limoges. Saint-Pierre de *Prodelles*, dépendant de Mauriac. — CHAMPAGNAT-LE-JEUNE, *Campaniacum* [10], uni à l'hôtellerie de la Chaise-Dieu. — CHAMPEIX, *Campelli* [11], dépendant de l'abbaye d'Issoire. — CHANET, *Chanerium* [12]. Saint-Julien, dépendant de l'abbaye de Blesle. — CHANONAT, *Canoniacum* [13], uni au prieuré du Port-

---

1. Cant. Escurolles, arr. Gannat, Allier. — ID., 82. — Paroisses bourbonnaises, I, 657-660.
2. Cant. Lezoux, arr. Thiers, Puy-de-Dôme. — ID., 108.
3. Cant. Vic-le-Comte, arr. Clermont. — ID., 106.
4. Cant. et arr. Riom. — ID., 164.
5. Cant. Champeix, arr. Issoire. — ID., 130. — 5 reg. et 2 lias. aux Arch. départ. Rhône, sér. II, et Puy-de-Dôme.
6. Cant. Saint-Germain-Lembron, ibid. — ID., 132.
7. Cant. Besse, ibid. — ID., 136.
8. Cant. Sauxillanges, ibid. — ID., 126.
9. Cant. Saignes, arr. Mauriac, Cantal. — ID., 144. — AMÉ, 114. — DERIBIER, III, 114-117.
10. Cant. Jumeaux, arr. Issoire, Puy-de-Dôme. — ID., 126.
11. Chef-l. cant., ibid. — ID., 130.
12. Cant. Allanche, arr. Murat, Cantal. — ID., 141. — DERIBIER, III, 129.
13. Cant. Saint-Amant-Tallende, arr. Clermont, Puy-de-Dôme. — ID., 136. — Archives départ. Cantal, du Puy-de-Dôme et du Rhône, sér. II.

Dieu. Commanderie appartenant à l'ordre de Malte, qui avait des membres à Aulnat, Bourdeille et Sainte-Anne. — Chapeau [1]. Saint-Barthélemy, dépendant de Saint-Pourçain. — Charbonnier [2]. Commanderie de Chevaliers de Malte. *Le Claix*, uni à la cellérerie de Sauxillanges. — Chard [3]. Saint-Pardoux, dépendant de l'abbaye d'Ebreuil. — Chareil-Cintrat [4], Saint-Marc de *Boschatel*, de *Castro Castellano*, dépendant du prieuré de Lartige en Limousin. — Charroux [5]. *La Marche*, commanderie de Chevaliers de Malte. — Chas [6]. Saint-Martin, dépendant de l'abbaye du Monastier, au diocèse du Puy. — Chastel-Marlhac. *Castrum Marlhaci* [7]. Sainte-Madeleine, dépendant de l'abbaye de Blesle. — Chateauneuf, *Castrum novum* [8]. Saint-Jean de *La Monzie*, uni à Menat. — Chateau-sur-Cher [9], dépendant d'Ebreuil. — Chatelguyon [10]. Saint-Maurice, uni à la mense abbatiale de Mozat. — Chatel-Montagne, *Castrum in montanis* [11]. Notre-Dame, de l'ordre de Cluny, dont la fondation

---

Commanderie de Chanonat : l'hôpital de la Vault-Saint-Jean, par Vayssière, dans *Arch. hist. Bourbonnais*, I, 152.

1. Cant. Neuilly-le-Réal, arr. Moulins, Allier. — Bruel, 126.
2. Cant. Saint-Germain-Lombron, arr. Issoire, Puy-de-Dôme. — Id., 126. — 8 reg. et 2 lias. aux Arch. départ. Rhône, sér. H et Puy-de-Dôme.
3. Cant. Auzances, arr. Aubusson, Creuse. — Id., 156. — Lecler, 139.
4. Cant. Chantelle, arr. Gannat, Allier. — Paroisses bourbonnaises, I, 569.
5. Ibid. — Bruel, 90. — Arch. départ. Allier, sér. H. — Commanderie de Marche et Mayet, par Vayssière, dans *Arch. hist. Bourbonnais*, I, 221 et s. — Paroisses bourbonnaises, I, 490-492, 572.
6. Cant. Vertaizon, arr. Clermont, Puy-de-Dôme. — Id. 108.
7. Cant. Saignes, arr. Mauriac, Cantal. — Id., 144. — Amé, 122. — Deribier, III, 154.
8. Cant. Mozat, arr. Riom, Puy-de-Dôme. — Id., 164.
9. Cant. Pionsat, ibid. — Id., 162.
10. Cant. et arr. Riom, ibid. — Id., 164.
11. Cant. Le Mayet, arr. La Palisse, Allier. — Id., 94. — Quelques lias. aux Arch. départ. sér. H. — Le prieuré de Chatel-Montagne, par Vayssière, dans *Arch. hist. Bourbonnais*, II, 45. — L'église de Chatel-Montagne, par Lefèvre-Pontalis, dans *Bul. soc. émul. Allier* (1906), 104-112, et *Bul. monum.* (1906), 505-517. — Paroisses bourbonnaises, I, 600.

est antérieure à 1131, uni au monastère de La Veine en 1501. — CHAUMONT [1]. Saint-Pierre, dépendant de Sauxillanges, acquis par les Minimes en 1604. — CHAURIAT. *Choriacum* [2]. Saint-Julien, dépendant de Sauxillanges. — CHAUSSENAC, *Caussenacum* [3]. Saint-Etienne, dépendant de Brageac. — CHAVAROUX [4], doyenné de l'ordre de Cluny, uni à la mense abbatiale. — CHEYLADE [5]. Saint-Léger, dépendant de la Voûte. *Graule*, grange appartenant à l'abbaye d'Obazine, diocèse de Limoges. — CISTERNES-LA-FORET [6]. Saint-Blaise de *Montléon*, dépendant de Saint-André de Clermont. — COMBRAILLES [7]. Saint-Martial du *Val*, à la présentation du seigneur de Chalus. — COMBRONDE, *Combronium* [8]. Saint-Georges, dépendant de l'abbaye de Massay, au diocèse de Bourges. — COMPAINS [9]. Saint-Georges, dépendant du prieuré cluniste de Bort. — CONTIGNY [10]. *La Racherie*, commanderie de Chevaliers de Malte. — COURPIÈRES [11]. *Courteserre*,

---

1. Cant. Arlanc, arr. Ambert, Puy-de-Dôme. — BRUEL, 118.
2. Cant. Vertaizon, arr. Clermont. — ID., 108.
3. Cant. Pleaux, arr. Mauriac, Cantal. — AMÉ, 126. — Paroisse de Chaussenac. Notice historique, par BASSET. *Saint-Flour*, 1898, *in-8*.
4. Cant. Ennezat, arr. Riom. — ID., 74.
5. Cant. et arr. Murat, Cantal. — La maison de Graule. Étude sur la vie et les œuvres des convers de Cîteaux en Auvergne, au Moyen-Age, par DE ROCHEMONTEIX. *Paris*, 1888, *in-8*. — Les églises romanes de la Haute-Auvergne, par LE MÊME, 104-111.
6. Cant. Pontgibaud, arr. Riom, Puy-de-Dôme. — BRUEL, 960.
7. Cant. Pontaumur, ibid. — ID., 156.
8. Chef-l. cant., ibid. — ID., 164.
9. Cant. Besse, arr. Issoire. — ID., 130.
10. Cant. Le Montet, arr. Moulins, Allier. — Arch. départ. sér. H. — Inv. titres maison de Bourbon, 427, 602, 1336. — L'ordre de Saint-Jean. Commanderie de la Racherie, par VAYSSIÈRE, dans *Arch. hist. Bourbonnais*, I, 110. — Deux lettres inédites de Massillon, par VANEL, dans *Bul. hist. diocèse de Lyon*, XI (1910), 112. — Monographies communales. Contigny, son histoire depuis les temps anciens jusqu'à nos jours, par FRANCIS PÉROT. *Moulins*, 1902, *in-8*. — Paroisses bourbonnaises, I, 574.
11. Chef-l. cant., arr. Thiers, Puy-de-Dôme. — BRUEL, 109. — Arch. départ., sér. H. — Un arrondissement de la Basse-Auvergne en 1788 et 1789. L'arrondissement de Courpières, par FRANCISQUE MÈGE. *Clermont*, 1892, *in-8*.

commanderie du même ordre. — CREUZIER-LE-NEUF [1]. *Prémont* ou *Grandmont*, dépendant de Saint-Allyre. — CUNLHAT, *Cunlhacum* [2]. Saint-Martin, donné par Hugues le Décousu à l'abbaye de Saint-Michel de Cluse, fondé par lui et uni à l'évêché de Grenoble. Notre-Dame de *Médagues*, dépendant de la Chaise-Dieu. — CUSSET [3]. *Chassignol*, dépendant de l'abbaye. Commanderie de Saint-Antoine.

DALLET [4]. Saint-Blaise de *Sarlhat*, dépendant de la Chaise-Dieu. — DAUZAT-SUR-VODABLE, *Dozacum* [5]. Saint-Géraud, dépendant de l'abbaye d'Aurillac. — DONTREIX, *Dontrigium* [6]. Saint-Julien et Notre-Dame du *Montel*, dépendant de Saint-Genou, au diocèse de Bourges. — DORE-L'ÉGLISE [7]. Saint-Blaise, uni à l'aumônerie de la Chaise-Dieu. — DROITURIER, *Dreturiacum* [8]. Saint-Nicolas, uni à l'office de chambrier de Mozat. — DRUGEAC, *Drughacum* [9]. Saint-Géraud, dépendant de l'abbaye d'Aurillac. — EBREUIL [10]. Sainte-Madeleine du *Chatelard*. — ECHANDELYS, *Chandeli* [11]. Notre-Dame,

---

1. Cant. Cusset, arr. La Palisse. Allier. — BRUEL, 96.
2. Chef-l. cant., arr. Ambert, Puy-de-Dôme. — ID., 108. — *Monumenta pontificia Arverniae*, Innocent III (1216), dans *Mém. acad. Clermont*, XXIV, 117. — Chartes de fondation du prieuré de Médagues (1094-1113), par MATHIEU, ibid. (1877), 411. — Mémoire historique sur la fondation des prieurés de Cunlhat et de Saint-Just-sous-Maymont, *Bib. Clermont*, ms. 672. — Les rapports de Saint-Michel de Cluse avec la ville du Puy, par DE DIENNE, dans *Congrès archéol. France*, LXXI, 290.
3. Chef-l. cant., arr. La Palisse, Allier. — BRUEL, 98.
4. Cant. Pont-du-Château.
5. Cant. Ardes, arr. Issoire, Puy-de-Dôme. — ID., 132.
6. Cant. Auzances, arr. Aubusson, Creuse. — ID., 156. — LECLER, 232.
7. Cant. Arlanc, arr. Ambert, Puy-de-Dôme. — BRUEL, 118.
8. Cant. et arr. La Palisse, Allier. — ID., 96. — *Paroisses bourbonnaises*, I, 604.
9. Cant. et arr. Mauriac, Cantal. — ID., 144. — AMÉ, 178. — DÉRIBIER, III, 268.
10. Chef-l. cant., arr. Gannat, Allier. — ID., 162.
11. Cant. Saint-Germain-l'Herm, arr. Ambert, Puy-de-Dôme. — ID., 126.

uni à l'office d'ouvrier de la Chaise-Dieu. — EGLISE-NEUVE-D'EN-
TRAIGUES, *Ecclesia nova*[1]. Saint-Austremoine, dépendant de l'abbaye d'Issoire. — EGLISE-NEUVE-PRÈS-BILLOM[2]. Notre-Dame, uni à
la mense abbatiale de Manlieu. — ESCUROLLES, *Escuroliæ*[3]. Saint-
Cyr, doyenné de l'ordre de Cluny, donné à Saint-Mayol par Ermengarde, femme d'Archambaud I de Bourbon. — FLAT, *Flacum*[4],
uni à la cellérerie de Manlieu. — FOURNOLS[5]. Notre-Dame, uni à
l'office d'ouvrier de la Chaise-Dieu. — GANNAT, *Ganniacum*[6]. Saint-
Etienne, dépendant de l'abbaye d'Issoire, ainsi que Saint-Jacques.
— GELLES[7]. Saint-Georges, dépendant de Saint-Allyre. *Banson*. —
GERZAT, *Gersiacum*[8]. Saint-Bonnet, donné à Saint-Allyre par Pons,
évêque de Clermont (1174). — GIAT, *Giacum*[9]. Saint-Barthélemy,
uni au monastère de Marsat. — GLAINE-MONTAIGUT, *Glenæ*[10]. Saint-
Jean, uni au prieuré de Sauviat. — GRANDVAL, *Grandis Vallis*[11].
Saint-Pierre, uni à la chambrerie de la Chaise-Dieu.

HAUTERIVE[12]. *Fontsaline*, dépendant du prieuré cluniste du Port-
Dieu. — ISSOIRE[13]. *Saint-Avit*, *Saint-Aignan*, *Saint-Priest de La*

---

1. Cant. Besse, arr. Issoire. — ID., 140.
2. Cant. Billom, arr. Clermont. — ID., 106.
3. Chef-l. cant., arr. Gannat, Allier. — ID., 83. — Doyenné d'Escurolles, par PEYNOT, dans *Bul. soc. émul. Bourbonnais* (1908), 387-406. —
Paroisses bourbonnaises, I, 661-662.
4. Cant. et arr. Issoire, Puy-de-Dôme. — ID., 107.
5. Cant. Saint-Germain-l'Herm, arr. Ambert. — ID., 118.
6. Chef-l. arr. Allier. — ID., 82. — Paroisses bourbonnaises, I, 637-647.
7. Cant. Rochefort, arr. Clermont, Puy-de-Dôme. — ID., 157.
8. Cant. et arr. Clermont. — ID., 74. — Histoire d'un village de la
Limagne, Gerzat, par JALOUSTRE, dans *Mém. acad. Clermont*, XXVII, 31-
296. — *Bul. hist. Auvergne*, XIX, 200.
9. Cant. Pontaumur, arr. Riom. — ID., 156.
10. Cant. Billom, arr. Clermont. — ID., 108. — L'église de Glaine-
Montaigut, par DU RANQUET, dans *Bul. monum.* LXVI (1902), 161-175.
11. Cant. Saint-Amant-Roche-Savine, arr. Ambert. — ID., 118.
12. Cant. Escurolles, arr. Gannat, Allier. — ID., 82. — Paroisses bourbonnaises, I, 662.
13. Chef-l. arr. Puy-de-Dôme. — ID., 130.

Paix, dépendant de l'abbaye Saint-Austremoine. — JALIGNY, *Jaliniacum*[1]. Saint-Sépulcre du *Moutier*, dépendant de la Chaise-Dieu. Notre-Dame de *Marseignes*, dépendant de Saint-Martin de Nevers. — JENZAT, *Gerziacum*[2]. Saint-Martin, donné à Cluny par le prêtre Richard (984) et mis sous la dépendance de Souvigny. — JOB[3]. Saint-Loup, dépendant de Saint-Symphorien de Thiers, ainsi que Saint-Bonnet de *La Tour-Goyon*. — JOZE[4]. Notre-Dame de la *Tessonnière*, prieuré de femmes, dépendant du même monastère que les précédents. *Notre-Dame* et Saint-Géraud d'*Urial*, de *Uriaco*. — JULLIANGES, *Julhaniæ*[5]. Saint-Pierre, uni à la sacristie de la Chaise-Dieu. — LA CHAPELLE-AGNON[6]. Saint-Blaise, uni au même office. — LA CHAPELLE-GENESTE[7]. Notre-Dame, uni à l'office de chambrier du même monastère. — LA CHAULME, *Calma*[8]. Saint-Jean, uni à la mense conventuelle de la Chaise-Dieu. — LA CROUZILLE[9]. Saint-Ménelé, uni à l'office de chambrier de Menat. — LA FÉLINE[10]. Notre-Dame de *Reugni*, monastère de Chanoines Réguliers fondé par

---

1. Chef-l. cant., arr. La Palisse, Allier. — BRUEL, 94. — 8 reg. et 14 liass. aux Arch. départ. sér. H. — Le prieuré du Saint-Sépulcre du Moutier-les-Jaligny, par VAYSSIÈRE, dans *Arch. hist. Bourbonnais*, I (1890), 173-182, 211-219. — Sceau du prieur Etienne de Montaigut (1303), dans DOUET D'ARCQ, III, 9531. — Paroisses bourbonnaises, I, 607-609, 611.

2. Cant. et arr. Gannat. — ID., 82. — Excursion à Jenzat, dans *Bul. soc. émulat. Bourbonnais* (1908), 300-305. — Paroisses bourbonnaises, I, 663-664.

3. Cant. et arr. Ambert, Puy-de-Dôme. — ID., 118, 201.

4. Cant. Maringues, arr. Thiers. — ID., 74.

5. Cant. La Chaise-Dieu, arr. Brioude, Haute-Loire. — ID., 118. — JACOTIN, 150.

6. Cant. Cunlhat, arr. Ambert, Puy-de-Dôme. — ID., 118.

7. Cant. La Chaise-Dieu, arr. Brioude, Haute-Loire. — ID., 118.

8. Cant. Saint-Anthème, arr. Ambert, Puy-de-Dôme. — ID., 118.

9. Cant. Montaigut, arr. Riom. — ID., 162.

10. Cant. Saint-Pourçain, arr. Gannat, Allier. — ID., 90. — Paroisses bourbonnaises, I, 577. — Inv. titres maison de Bourbon, 48 A. — Excursion dans le canton de Saint-Pourçain, par GRÉGOIRE, 84-87.

les ducs de Bourbon. — LAMONTGIE [1]. Notre-Dame de *Mailhat*, de *Malliaco*, uni à la mense conventuelle de Sauxillanges. — LANGY. *Langiacum* [2]. Saint-Sulpice, uni à la mense abbatiale de Cluny. — LA PRUGNE, *Prunhia* [3]. Saint-Jean-Baptiste, dépendant de Cusset. — LA ROCHE-BLANCHE [4]. Saint-Jean de *Merdogne*, de *Merdonia*, dépendant de Saint-André de Clermont. — LA ROCHE-NOIRE [5]. Saint-Symphorien de *Dreuil*, de *Diolio*, dépendant de l'abbaye de Beaumont. — LARRODE, *Rota* [6]. Saint-Martin, dépendant du prieuré cluniste du Port-Dieu. — LA TOUR, *Turris* [7]. Saint-Pierre, donné à Cluny par Guillaume de Chamalières, évêque de Clermont (1096-1104), puis soumis à Sauxillanges. — LE BREUIL, *Brolium* [8]. Saint-André, dépendant de Saint-André de Clermont. *Saint-Barthélemy*, dépendant du prieuré de la Bajasse. — LE BROC [9]. Saint-Aignan, uni avec Saint-Etienne de *Grézin* à la mense conventuelle de la Chaise-Dieu. — LE CENDRE [10]. *Gondole*, dépendant du prieuré de Sauviat. — LE CREST [11], uni à la mense conventuelle de Saint-Austremoine d'Issoire. — LE FALGOUX [12]. Saint-Germain, dépendant du monastère de Mauriac. — LE MAYET-D'ECOLE, *Mayetum* [13]. Saint-

---

1. Cant. Jumeaux, arr. Issoire, Puy-de-Dôme. — BRUEL, 126.
2. Cant. Varennes, arr. La Palisse, Allier. — ID., 96. — Paroisses bourbonnaises, I, 609.
3. Cant. Le Mayet, ibid. — Paroisses..., 615.
4. Cant. Veyre-Monton, arr. Clermont, Puy-de-Dôme. — ID., 136.
5. Cant. Vic-le-Comte, ibid. — ID., 106.
6. Cant. Tauves, arr. Issoire. — ID., 152.
7. Chef-l. cant., ibid. — ID., 212. — Recueil des chartes de Cluny, par BRUEL, V, 65. — La baronie de La Tour d'Auvergne, par BURIN DES ROZIERS. Clermont, 1887, in-8.
8. Cant. Saint-Germain-Lembron, ibid. — ID., 126.
9. Cant. et arr. Issoire. — ID., 126.
10. Cant. Veyre-Monton, arr. Clermont. — ID., 74.
11. Ibid. — ID., 74.
12. Cant. Salers, arr. Mauriac, Cantal. — ID., 146. — AMÉ, 196. — DERIBIER, III, 291.
13. Cant. et arr. Gannat, Allier. — ID., 84. — Arch. départ. sér. H. — Le Mayet-d'Ecole, par VAYSSIÈRE, dans *Arch. hist. Bourbonnais*, I, 245-

Jean, commanderie de Chevaliers de Malte. — LEMPDES [1]. *Marmillat, Marmilhacum,* uni à la mense abbatiale de la Chaise-Dieu. — LE PUY-GUILLAUME [2]. *Saint-Allyre-ès-Montagne, Sanctus Illidius in montanis,* dépendant de Saint-Michel de Cluse. — LE QUARTIER [3]. Saint-Saturnin, uni à l'aumônerie de Menat. — LES MARTRES-D'ARTIÈRES [4]. Saint-Martin d'*Alloches,* uni à la mense abbatiale de Mauzat. — LES MARTRES-DE-VEYRE, *Martræ* [5]. Saint-Martial, uni au prieuré de Sauxillanges. — LE VIGEAN, *Viganum* [6]. Saint-Laurent, dépendant du monastère de Mauriac, uni au collège (1752). — LEYVAUX, *Valles* [7]. Saint-Saturnin et Saint-Blaise, dépendant de Blesle. — LEZOUX, *Lezona* [8]. Notre-Dame, dépendant de l'abbaye de Thiers. — LIERNOLLES [9]. Saint-Jean d'*Huvert,* de *Octovernis,* commanderie de Chevaliers de Malte. — LUZILLAT, *Luzilhacum* [10]. Saint-Etienne, dépendant de la Chaise-Dieu.

MALINTRAT [11]. Saint-Léonard de *Lortige.* — MALVIÈRES, *Malveriæ* [12]. Saint-Pierre, uni à l'infirmerie de la Chaise-Dieu. — MARCILLAT, *Marcilhacum* [13]. Notre-Dame, dépendant de Menat. — MAREUGHEOL,

---

249. — *Bul. soc. émulation Bourbonnais* (1898), 361-366. — *Paroisses bourbonnaises,* I, 665.

1. Cant. Pont-du-Château, arr. Clermont, Puy-de-Dôme. — BRUEL, 117.
2. Cant. Chateldon, arr. Thiers. — ID., 142.
3. Cant. Pionsat, arr. Riom. — ID., 162.
4. Cant. Pont-du-Château, arr. Clermont.
5. Cant. Veyre, arr. Clermont. — ID., 136.
6. Cant. et arr. Mauriac, Cantal. — ID., 144. — AMÉ, 532. — DERIBIER, V, 588-591. — DE ROCHEMONTEIX, 441-444.
7. Cant. Massiac, arr. Saint-Flour. — ID., 140. — AMÉ, 276. — DERIBIER, IV, 22.
8. Chef-l. cant., arr. Thiers, Puy-de-Dôme. — ID., 108.
9. Cant. Jaligny, arr. La Palisse, Allier. — ID., 96. — Huvert, par VAYSSIÈRE, dans *Arch. hist. Bourbonnais,* I, 340. — *Paroisses bourbonnaises,* I, 606.
10. Cant. Maringues, arr. Thiers, Puy-de-Dôme. — ID., 82.
11. Cant. et arr. Clermont. — ID., 72.
12. Cant. La Chaise-Dieu, arr. Brioude, Haute-Loire. — ID., 118. — JACOTIN, 166.
13. Cant. Menat, arr. Riom, Puy-de-Dôme. — ID., 162.

Marelogium[1], uni à la sacristie de l'abbaye d'Issoire. — Maringues, *Manergii*[2]. Notre-Dame, dépendant de la Chaise-Dieu. — Marsat, *Marsiacum*[3], uni à la mense conventuelle du prieuré de moniales situé dans ce lieu (1545). — Mauriac[4]. Saint-Pierre, dépendant du monastère. — Mautes, *Maultæ*[5]. Saint-Pierre, dépendant du prieuré de Sainte-Valérie. — Mazoires, *Mazeriæ*[6]. Saint-Saturnin, dépendant du prieuré cluniste de la Voute. — Médeyrolles[7]. Saint-Bonnet, donné à l'abbaye de Pébrac par Durand, évêque de Clermont (1062-1095). — Menat, prieuré uni à l'abbaye. — Menet, *Menetum*[8]. Saint-Pierre, uni un prieuré cluniste de Bort. *Broc*, grange dépendant de l'abbaye de la Valette. — Ménétrol, *Ministrolium*[9]. Saint-Martin, uni à la mense abbatiale de Mauzat. — Mérinchal[10]. Sainte-Agnès de *Leyraut*, dépendant du monastère du Chambon. — Miremont[11]. *Saint-Gervais d'Auvergne* et *Pont-du-Bouchet*, dépendant de l'abbaye de Massay. — Moissat, *Magenciacum*[12]. Saint-Lomer et Sainte-Croix, fondé par

---

1. Cant. Saint-Germain-Lembron, arr. Issoire. — Bruel, 130.
2. Chef-l. cant., arr. Thiers. — Id., 84.
3. Cant. et arr. Riom. — Id., 76.
4. Bruel, 144.
5. Cant. Bellegarde, arr. Aubusson, Creuse. — Bruel, 156. — Lecler, 417.
6. Cant. Ardes, arr. Issoire, Puy-de-Dôme. — Id., 140.
7. Cant. Viverols, arr. Ambert, Puy-de-Dôme. — Id., 122. — Le prieuré conventuel de Chamalières, par Pontvianne. Le Puy, 1904, in-8, 438-447.
8. Cant. Riom-ès-Montagne, arr. Mauriac, Cantal. — Id., 144. — Amé, 309, 76. — Deribier, IV, 341-343. — De Rochemonteix, 258-263.
9. Cant. et arr. Riom, Puy-de-Dôme. — Id., 74.
10. Cant. Crocq, arr. Aubusson, Creuse. — Id., 156. — Lecler, 431.
11. Cant. Pontaumur, arr. Riom, Puy-de-Dôme. — Id., 162. — Notes et documents concernant l'histoire d'Auvergne. Saint Emilien et Saint Brachion (480-578), par Mioche, dans *Bul. hist. Auvergne* (1907), 183-191.
12. Cant. Vertaizon, arr. Clermont, Puy-de-Dôme. — Chronicon prioratus Sancti Launomari de Magenciaco, dans *Acta Sanctorum* de Mabil-

Guillaume le Pieux, comte d'Auvergne (912) et donné à Saint-Lomer de Blois, uni au collège de Billom en 1605. — MOLÈDES, *Moledæ*[1]. Saint-Léger, dépendant de l'abbaye de Blesle. — MONS, *Montes*[2]. Notre-Dame, uni à la mense abbatiale de Cluny. — MONTAIGUT-LE-BLANC, *Mons Aculus*[3]. Saint-Blaise, dépendant de Sauxillanges. — MONTFERMY, *Mons Firmini*[4]. Saint-Léger, uni à la mense abbatiale d'Ebreuil. — MONTFERRAND, *Mons Ferrandus*[5]. Saint-Robert, donné à l'abbaye de la Chaise-Dieu par Guillaume VI, comte d'Auvergne. *Saint-Jean*, commanderie de Chevaliers de Malte, siège du Grand Prieuré d'Auvergne jusqu'à son transfert à Lyon (entre 1578 et 1581). *Saint-Antoine*, commanderie d'Hospitaliers de Saint-Antoine de Viennois. — MONTOLDRE[6]. *La Gayelle*. — MONTPENSIER, *Mons Panserii*[7]. Saint-Bonnet, dépendant de l'abbaye de Mauzat. — NÉBOUZAT, *Neboziacum*[8]. Saint-Georges, dépendant de Saint-Allyre. Commanderie de Saint-Antoine. — NEUVILLE,

---

LON, sec. IV, II, 254-257. — Bullaire d'Auvergne. *Jean VIII* (914), 78. *Mém. acad. Clermont*, XIX, 499. — Les privilèges de Moissat, par JALOUSTRE, *même rec.*, XX, 102-123. — Histoire du monastère de Saint-Lomer, par DOM NOËL MARS. *Blois*, 1869, in-8, 346-350.

1. Cant. Massiac, arr. Saint-Flour, Cantal. — BRUEL, 140. — AMÉ, 317. — DE ROCHEMONTEIX, 273-276.
2. Cant. Randan, arr. Riom, Puy-de-Dôme. — ID., 82.
3. Cant. Champeix, arr. Issoire. — ID., 130.
4. Cant. Pontgibaud, arr. Riom. — ID., 166.
5. Cant. et arr. Clermont. — ID., 74. — Bullaire d'Auvergne, *Innocent II* (1130-1143), dans *Mém. acad. Clermont*, XIX, 50 ; *Lucius II* (1144), 54 ; *Célestin III* (1193-1194), 479, 489, Monumenta pontificia Arverniæ. *Innocent IV* (1212), XXIX, 622. — BALUZE, II, 62-63. — Montferrand avant sa charte de commune, par TEILHARD, même recueil, XXIV, 321-340. — Le grand prieuré d'Auvergne, par NIEPCE. *Lyon*, 1883, in-8. — Inventaire sommaire des Archives départementales, Rhône, série H, par GUIGUES. *Lyon*, in-4. — Arch. départ. Puy-de-Dôme, série H. — Cartulaire général de l'Ordre des Hospitaliers de Saint-Jean, par DELAVILLE-LEROULX, I, XLV-LX.
6. Cant. Varennes, arr. La Palisse, Allier. — ID., 193.

Nova villa[1]. Saint-Symphorien, dépendant de Saint-Allyre. — Noalhat, *Noalhacum*[2]. Notre-Dame, dépendant de l'abbaye d'Issoire. — Noirétable, *Nigrum Stabulum*[3], uni au prieuré de La Veine. Notre-Dame de *Pérotine*. — Nonette[4]. Saint-Nicolas, uni à la mense conventuelle de la Chaise-Dieu. — Olliergues[5]. Saint-Just de *Meymont*, dépendant du prieuré de Cunlhat. — Olloix[6]. Commanderie de Chevaliers de Malte. — Orbeil, *Orbellum*[7]. Notre-Dame, dépendant de l'abbaye d'Issoire. — Orcival[8]. Saint-Julien, qui appartenait à Saint-Robert de Montferrand et à la Chaise-Dieu. — Orsonnette[9]. Sainte-Madeleine, uni à la mense conventuelle de la Chaise-Dieu. — Parentignat, *Parentiniacum*[10]. Saint-Pierre, dépendant de l'abbaye d'Issoire. — Pessat-Villeneuve, *Pessacum*[11]. Saint-Martin, uni à la mense capitulaire de Saint-Amable de Riom. — Peyrusse, *Perucha*[12]. Saint-Barthélemy, dépendant de la Voûte. — Pionsat[13]. Saint-Bravi, uni à la mense conventuelle d'Ebreuil (1477). — Plauzat, *Ploziacum*[14]. Saint-Pierre de Plauzat-le-Noir, dépendant de Sauxillanges, et Saint-Pierre de Plauzat-le-Blanc,

---

1. Cant. Billom, ibid. — Bruel, 106.
2. Cant. Chateldon, arr. Thiers. — Id., 108.
3. Chef-l. cant., arr. Montbrison, Loire. — Id., 108, 197.
4. Cant. Saint-Germain-Lembron, arr. Issoire, Puy-de-Dôme. — Id., 126.
5. Chef-l. cant., arr. Ambert. — Id., 108.
6. Cant. Saint-Amant-Tallende, arr. Clermont. — Id., 141. — Arch. départ. Puy-de-Dôme et Rhône, sér. H.
7. Cant. et arr. Issoire. — Id., 126.
8. Cant. Rochefort, arr. Clermont. — Le petit cartulaire de Saint-Julien d'Orcival, dépendant de la Chaise-Dieu, dans *Documents inédits relatifs à l'histoire du Velay*, par Peyrand. Le Puy, 1876, in-8.
9. Cant. Saint-Germain-Lembron, arr. Issoire. — Id., 126.
10. Cant. Sauxillanges, ibid. — Id., 126.
11. Cant. et arr. Riom. — Id., 164.
12. Cant. Allanche, arr. Murat, Cantal. — Amé, 371.
13. Chef-l. cant., arr. Riom, Puy-de-Dôme. — Id., 164, 214.
14. Cant. Veyre-Monton, arr. Clermont. — Id., 136.

dépendant de Chantoin. — PLEAUX, *Plodium*[1]. Saint-Sauveur, dépendant de l'abbaye de Charroux, au diocèse de Poitiers. — PONT-DU-CHATEAU[2]. Sainte-Martine, uni au prieuré de La Veine. Notre-Dame de *Paulhac*, uni à l'abbaye de Chantoin (1327). Saint-Pierre de *Chazal*, fondé par Robert, évêque de Clermont, et sa mère, Mathilde de Bourgogne (XIIIᵉ s.), et donné au même monastère. — PONTGIBAUD, *Pons Gibaldi*[3], prieuré de Bénédictines, uni au monastère des Clarisses de Clermont (1750). — PROMPSAT, *Prompsiacum*[4]. Saint-Martin, uni à la mense conventuelle d'Ebreuil. — PRONDINES[5]. Saint-Martin de *Perol*, dépendant de l'évêché. — RENTIÈRES, *Resentariæ*[6]. Notre-Dame, dépendant de l'abbaye de Blesle. — RIOM[7]. Saint-Jean, uni à la mense capitulaire de Saint-Amable. — RIOM-ÈS-MONTAGNES[8]. Saint-Georges, dépendant de l'abbaye de La Vassin. — RIS, *Rivi*[9]. Notre-Dame, fondé par Amblard de Thiers, archevêque de Lyon (952), donné à Cluny. — ROCHE-D'A-GOUX[10]. Saint-Genou, dépendant de l'abbaye de ce nom. — ROMA-

---

1. Chef-l. cant., arr. Mauriac, Cantal. — BRUEL, 144. — AMÉ, 379. — DERIBIER, V, 31-41.
2. Chef-l. cant., arr. Clermont. — ID., 178, 188. — Notes sur l'église Sainte-Martine de Pont-du-Château, par CHAMBON, dans *Congrès archéol. France*, LXII, 280-291.
3. Chef-l. cant., arr. Riom. — Id., 188. — Pontgibaud en Auvergne, la ville, le château, le comté, les mines, par AMBROISE TARDIEU. Moulins, 1882, in-8.
4. Cant. Combronde, ibid. — ID., 164, 214.
5. Cant. Herment, arr. Clermont. — ID., 156.
6. Cant. Ardes, arr. Issoire. — ID., 140.
7. BRUEL, 188.
8. Chef-l. cant., arr. Mauriac, Cantal. — BRUEL, 146. — AMÉ, 420. — DERIBIER, V, 160. — DE ROCHEMONTEIX, 330-338.
9. Cant. Chateldon, arr. Thiers, Puy-de-Dôme. — ID., 173. — Recueil des actes du Clergé de France, X, 1682. — Mémoire pour Dom Martin de la Vigne, religieux de Cluny, pourvu du prieuré conventuel de Notre-Dame de Ris, diocèse de Clermont, contre M. Charles Maurice Colbert de Villacerf, abbé commendataire des abbayes de Saint-Pierre-le-Neuf

gnat[1]. *Prat*, uni à l'abbaye de l'Eclache. — Royat[2]. Saint-Léger, uni à la mense abbatiale de Mauzat. *Saint-Mart*, uni à la mense abbatiale de Saint-Allyre.

Saint-Allyre, *Sanctus Illidius*[3], uni à l'infirmerie de la Chaise-Dieu. — Saint-Anthème, *Sanctus Anthemius*[4], dépendant de l'abbaye de Manlieu. — Saint-Bard, *Sanctus Spartius*[5], dépendant du monastère de Sainte-Valérie du Chambon. — Saint-Bonnet-le-Bourg[6], uni à la mense conventuelle de la Chaise-Dieu. — Saint-Christophe[7], donné à Sauxillanges en 1206, et plus tard à Saint-Géraud d'Aurillac. — Saint-Clément[8] de Valorgues, dépendant de l'abbaye de Savigny, au diocèse de Lyon. — Saint-Clément-de-Régnat[9]. Saint-Austremoine de *Fermignat*, dépendant de l'abbé d'Issoire. — Saint-Denis-Combarnezat[10], uni à la mense conventuelle de la Chaise-Dieu. — Saint-Diér, *Sanctus Desiderius*[11], dans les mêmes conditions que le précédent. — Saint-Diéry-Haut, *Sanctus Desiderius*[12], dépendant de la Chaise-Dieu. — Saint-Eloy, *Sanctus Eligius*[13], uni à la chambrerie de Menat. — Saint-Étienne-sur-Usson[14], uni à l'infirmerie de Sauxillanges. — Saint-Ferréol-

---

1. Cant. et arr. Clermont. — Bruel, 188.
2. Ibid. — Id., 188, 189. — Histoire illustrée du bourg de Royat en Auvergne, par Amb. Tardieu, *Clermont*, 1902 et 1908, in-8. — Bibliographie de Royat, par Paul Eudel. *Paris*, 1906, in-12.
3. Cant. Arlanc, arr. Ambert. — Id., 118.
4. Chef-l. cant., ibid. — Id., 118, 200.
5. Cant. Crocq, arr. Aubusson, Creuse. — Id., 156. — Lecler, 594.
6. Cant. Saint-Germain-l'Herm, arr. Ambert, Puy-de-Dôme. — Id., 118.
7. Cant. Pleaux, arr. Mauriac, Cantal. — Amé, 445.
8. Cant. Saint-Anthème, arr. Ambert, Puy-de-Dôme. — Bruel, 118.
9. Cant. Randan, arr. Riom. — Id., 86.
10. Ibid. — Id., 84.
11. Chef.-l. cant., arr. Clermont. — Id., 106.
12. Cant. Besse, arr. Issoire. — Id., 136.
13. Cant. Montaigut, arr. Riom. — Bruel, 160.
14. Cant. Sauxillanges, arr. Issoire. — Id., 126. — Saint-Etienne-sur-

des-Cotes[1], uni à la mense conventuelle de ce monastère. — Saint-Floret, *Sanctus Florus de castro*[2], dépendant de Chantoin. — Saint-Genès-du-Retz[3], uni à la chambrerie d'Ebreuil. Saint-Denis *Ducret* ou du *Retz*, dépendant de la même abbaye. — Saint-Georges-de-Mons[4], dépendant de Mauzat. — Saint-Germain-des-Fossés[5], de la même dépendance. — Saint-Germain-l'Herm[6], dépendant de la Chaise-Dieu. — Saint-Germain-près-d'Herment[7], uni au prieuré cluniste du Port-Dieu. — Saint-Germain-de-Salles[8], dépendant de l'abbaye de Vézelay. — Saint-Gervais-d'Auvergne[9], dépendant de l'abbaye de Massay, au diocèse de Bourges. — Saint-

---

Usson. Notes historiques d'après le cartulaire de Sauxillanges, par Lesmarie. *Paris*, 1904, *in-8*.

1. Cant. et arr. Ambert. — Bruel, 118.
2. Cant. Champeix, arr. Issoire. — Id., 132.
3. Cant. Aigueperse, arr. Riom. — Id., 86.
4. Cant. Mozat, ibid. — Id., 164. — Bib. nat. nov. acq. lat. ms. 2319 n° 29.
5. Cant. Varennes, arr. La Palisse, Allier. — Id., 96. — Quelques pièces aux arch. départ. sér. H. — Accord entre l'abbé de Mauzat, le prieur de Saint-Germain-des-Fossés et le seigneur du dit lieu relativement à leurs droits respectifs dans les villes franches du Bourbonnais, par Chazaud et Vayssière, dans *Arch. hist. Bourbonnais*, I, 299. — Mémoire concernant le prieuré de Saint-Germain-des-Fossés, *S. l. n. d., in-fol.* — Notice sur l'église prieurale de Saint-Germain-des-Fossés, par Curzon, *Paris*, 1885, *in-8*; ext. *Bul. archéol. com. trav. hist.* (1884), 379. — Le pèlerinage de Notre-Dame de Saint-Germain des-Fossés, par Brillaud. *Moulins*, 1867, *in-8*. — Notre-Dame de Saint-Germain-des-Fossés, par Clément. *Moulins*, 1896, *in-8*. — Paroisses bourbonnaises, I, 618.
6. Chef-l. cant., arr. Ambert, Puy-de-Dôme. — Id., 124. — Notice historique sur la ville de Saint-Germain-l'Herm, par Coste. *Paris*, 1894, *in-8*.
7. Cant. Herment, arr. Clermont. — Id., 150.
8. Cant. Chantelle, arr. Gannat, Allier. — Id., 90. — *Bul. soc. émulation Bourbonnais* (1908), 341-344. — Paroisses bourbonnaises, I, 577-578. — Inv. titres maison Bourbon, 7615, 7936, 7938, 7944.
9. Chef-l. cant., arr. Riom, Puy-de-Dôme. — Id., 162. — Histoire illustrée de la ville et du canton de Saint-Gervais d'Auvergne, par Amb. Tardieu et Augustin Madebène. *Herment*, 1892, *in-16*.

Gervais-sous-Meymont[1], uni à la sacristie de la Chaise-Dieu. — Saint-Hérent, *Sanctus Heremus*[2], dépendant de l'abbaye d'Issoire. — Saint-Hilaire-la-Croix[3]. Sainte-Madeleine de *Lacrouay, de lacu Rubei*, monastère de Chanoines Réguliers, uni à l'hôpital de Montpensier. — Saint-Hippolyte[4], uni à la mense capitulaire de Saint-Amable de Riom. — Saint-Hippolyte[5], donné à Cluny et uni au monastère de Saint-Flour. — Saint-Julien-de-Copel[6]. Saint-Cirgues, uni à la mense conventuelle de la Chaise-Dieu. — Saint-Léon[7]. Le *Puy-Saint-Ambroise, Podium Sancti Ambrosii*, dépendant de Mauzat, ainsi que Saint-Georges de *Montpeyroux*. — Saint-Marcel-en-Marcillat[8], dépendant d'Evau en Limousin. — Saint-Martin-Cantalès, *de Monte Chantalesio*[9], dépendant de la Chaise-Dieu. — Saint-Martin-Valmeroux, *de Valle Marone*[10], dépendant du monastère de Mauriac et uni au collège. *Ambials*, dépendant de Saint-Géraud d'Aurillac. — Saint-Mary-le-Plain[11], dépendant de Moissac et uni au prieuré de Bredon en 1219. —

---

1. Cant. Olliergues, arr. Ambert. — Bruel, 108.
2. Cant. Ardes, arr. Issoire. — Id., 130.
3. Cant. Combronde, arr. Riom. — Id., 82. — Terrier (1446-1449), Bib. nat. ms. lat., 9857. — Monumenta pontificia Arverniæ, *Honorius III* (1221), dans *Mém. acad. Clermont*, XXV, 443.
4. Cant. et arr. Riom. — Id., 164.
5. Cant. Riom-ès-Montagne, arr. Mauriac, Cantal. — Amé, 450.
6. Cant. Billom, arr. Clermont.
7. Cant. Jaligny, arr. La Palisse, Allier. — Bruel, 90. — Arch. départ. sér. II. — Puy-Saint-Ambroise, par Joseph Clément et Pierre Flamment, dans *Bul. soc. émulat. Bourbonnais* (1906), 327-332. — Paroisses bourbonnaises, I, 577.
8. Cant. Marcillat, arr. Montluçon. — Id., 162. — Paroisses bourbonnaises, I, 671.
9. Cant. Pleaux, arr. Mauriac, Cantal. — Id., 144. — Amé, 453. — Deribier, IV, 156. — De Rochemonteix, 209-213.
10. Cant. Salers, ibid. — Id., 146. — Amé, 454. — Deribier, IV, 160.
11. Cant. Massiac, arr. Saint-Flour, Cantal. — Amé, 454. — Monumenta pontificia Arverniæ, *Honorius III* (1219), dans *Mém. acad. Clermont*, XXV, 428.

Saint-Maurice[1]. Saint-Romain, dépendant de Montsalvi. — Saint-Nectaire[2], dépendant de la Chaise-Dieu. *Sailhant*, uni à la mense conventuelle de cette abbaye. — Saint-Nicolas-des-Biefs, *ad tres fontes*[3], dépendant du prieuré cluniste de Marcigny. — Saint-Ours[4], uni à la mense abbatiale de Mauzat. — Saint-Pierre-Colamine[5], dépendant de Chantoin. — Saint-Pierre-le-Chastel[6], dépendant de Mauzat. — Saint-Pont[7]. Saint-Bonnet de *Chamaraude*, uni à la mense abbatiale de Menat. Commanderie de *Sallial*, membre du Mayet. — Saint-Pourçain, *Sanctus Portianus*[8], fondé au

---

1. Cant. Vic-le-Comte, arr. Clermont, Puy-de-Dôme. — Id., 106.
2. Cant. Champeix, arr. Issoire. — Id., 136. — Saint-Nectaire. Notes historiques, par Roux. *Montluçon*, 1902, in-8. — L'église de Saint-Nectaire, par Du Ranquet. *Caen*, 1898, in-8; ext. Congrès archéol. France, LXII, 292-306.
3. Cant. Le Mayet, arr. La Palisse, Allier. — Id., 94. — Paroisses bourbonnaises, I, 620.
4. Cant. Pontgibaud, arr. Riom, Puy-de-Dôme. — Id., 164.
5. Cant. Besse, arr. Issoire. — Id., 130.
6. Cant. Pontgibaud, arr. Riom. — Id., 154, 215.
7. Cant. Escurolles, arr. Gannat, Allier. — Id., 82. — Paroisses bourbonnaises, I, 667.
8. Chef-l., cant., ibid. — Id., 90. — Arch. départ. sér. H. — Copie de pièces, par Dom Boyer, *Bib. nat. ms. lat.*, 12700, f. 124. Mémoire (1674), par Dom Laurent; 12691, f. 284. — Géographie de la Gaule au sixième siècle, par Longnon, 511. — Légende de saint Pourçain mise en image. Notice, par de Chavigny. *Moulins*, 1855, in-8. — Bullaire d'Auvergne, *Jean VIII* (876), 73; *Pascal II* (1105), XVIII, 400; *Callixte II* (1119), 433; *Innocent II* (1140), XIX, 43; *Alexandre III* (1162), XIX, 111, 308, 309, 497, 583-586. Monumenta pontificia Arverniæ. *Innocent III* (1200-1202, 1206), XXIV, 81-86; *Innocent IV* (1246, 1248), XXIX, 594, 606. — Mémoire pour les prêtres de la congrégation de la Mission de la maison de Saint-Lazare de Paris, prieurs commendataires de Saint-Pourçain, les religieux bénédictins dudit Saint-Pourçain..., intimés et défendeurs, contre Me Léon de Dreuille, chevalier de l'ordre de Saint-Jean de Jérusalem, commandeur de la Racherie, appelant et demandeur. *S. l. n. d.* in-fol. — Abrégé de l'histoire du monastère de Saint-Pourçain, composé vers la fin du XVIIe siècle, par Dom Mège, par Dom Pierre Laurent. *Moulins*, 1893, in-8. — Excursion dans le canton de Saint-Pourçain, par Grégoire. *Moulins*, 1900, in-8. — Saint-Pour-

sixième siècle par le Saint qui porte ce nom, ruiné par les Sarrazins et les Normands, restauré de bonne heure par les princes carolingiens et donné par Charles le Chauve (871) aux moines de Tournus, qui s'y réfugièrent jusqu'en 875. Ce fut un prieuré de leur abbaye, qui le céda aux prêtres de la Mission (1666). — Saint-Priest-d'Andelot[1]. *Bézillac*, dépendant du prieuré de Saint-Hilaire-La-Croix. *La Chapelle d'Andelot*, dépendant de la Chaise-Dieu. —Saint-Priest-des-Champs[2], dépendant de Menat. — Saint-Projet[3], à la nomination de l'évêque. — Saint-Remy de Salers[4], dépendant de Saint-Géraud d'Aurillac. — Saint-Sandoux, *Sanctus Syndulphus*[5], dépendant de la Chaise-Dieu. — Saint-Saturnin[6], uni à la mense conventuelle d'Issoire. — Saint-Sauves, *Sanctus Silvanus*[7], dépendant du Port-Dieu. — Saint-Sauveur[8], dépendant de Saint-Michel de Cluse. — Saint-Silvestre[9]. *Beauvoir, Bellus Visus*, dépendant de Saint-Allyre. *Le Priorat.* — Saint-Victor[10], dépendant de la Chaise-Dieu. — Saint-Vincent[11], dépendant du monastère de Mau-

---

çain, par Tiersonnier, dans *Bul. soc. émul. Bourbonnais* (1907), 386-410. — Les Grands Jours d'Auvergne en 1556. Un prieur de Saint-Pourçain au XVIe siècle, Jacques Collin, abbé de Saint-Ambroise, par Rouffy, dans *Mém. acad. Clermont* (1868), 173. — Paroisses bourbonnaises, I, 551-568. — Nicolay, II, 111-112. — Inv. titres maison de Bourbon, 212 B, 218 A, 526 A-B, 590 A, 718 A, 718 A, 730, 768, 2696, 5994, 6135, 7505, 7679.

1. Cant. et arr. Gannat. — Bruel, 82, 84. — Paroisses bourbonnaises, I, 664.
2. Cant. et arr. Saint-Gervais, arr. Riom, Puy-de-Dôme. — Bruel, 156.
3. Cant. Salers, arr. Mauriac, Cantal. — Amé, 456.
4. Cant. Salers, arr. Mauriac, Cantal. — Amé, 456.
5. Cant. Saint-Amant-Tallende, arr. Clermont. — Bruel, 136.
6. Ibid. — Id., 131.
7. Cant. Tauves, arr. Issoire. — Id., 150.
8. Cant. Arlanc, arr. Ambert. — Id., 118.
9. Cant. Randan, arr. Riom. — Id., 82, 191.
10. Cant. Besse, arr. Issoire. — Id., 136.
11. Cant. Salers, arr. Mauriac, Cantal. — Id., 146. — Amé, 459. — Deribier, V, 606. — De Rochemonteix, 453-454.

riac. — SAINT-YORRE, *Sanctus Aborreus*[1], dépendant de l'abbaye de Cusset.

SANSSAT. Saint-Allyre de *Valenche*, dépendant de l'abbaye de Saint-Allyre. — SAULZET, *Saulzetum*[2]. Saint-Julien, dépendant du monastère de Saint-Pourçain. — SAURET-BESSERVE[3]. Saint-Martin de *Chambonnel*, dépendant de l'abbaye de Massay. — SAURIER[4]. Saint-Pierre, dépendant de l'abbaye d'Issoire. — SAUVAGNAT[5]. Saint-Protais de la *Fressinelle*. — SAUVIAT, *Salviacum*[6]. Saint-Michel, donné par Hugues le Décousu, seigneur de Montboissier, à l'abbaye piémontaise de Cluse, fondée par lui. — SAUXILLANGES[7]. Sainte-Madeleine de *Randon*, dépendant d'Issoire. — SAVENNES[8]. Saint-Jean, dépendant de Saint-Allyre. — SÉGUR, *Securum*[9]. Saint-Martial, dépendant de la Chaise-Dieu, et sous sa dépendance, Notre-Dame de *Valentines*. — SINGLES, *Singuli*[10]. Saint-Nazaire, dépendant de Sauxillanges. — SOUVIGNY[11]. *Saint-Patrocle*, dépendant de Souvigny. — SUSSAT, *Succiacum*[12]. Saint-Bonnet, dépendant de Menat. — TAUVES, *Talvæ*[13]. Notre-Dame, dépendant de Sauxillanges. *Pontvieux*, commanderie de Chevaliers de Malte. — TEILHÈDE, *Telle-*

---

1. Cant. Cusset, arr. La Palisse, Allier. — BRUEL, 96.
1. Cant. Varennes, ibid. — Id., 96.
3. Cant. et arr. Gannat. — ID., 82. — *Bul. soc. émulat. Bourbonnais* (1898). 365-372.
4. Cant. Saint-Gervais, arr. Riom, Puy-de-Dôme. — ID., 161.
5. Cant. Champeix, arr. Issoire. — ID., 130.
6. Cant. Herment, arr. Clermont. — ID., 213.
7. Cant. Courpières, arr. Thiers. — ID., 108. — L'abbaye de Saint-Michel de Cluse et ses rapports avec la ville du Puy, par DE DIENNE, dans *Congrès archéol. France*, LXXI, 289.
8. Chef-l. cant., arr. Issoire. — ID., 106.
9. Cant. Bourglastic, arr. Clermont. — BRUEL, 150.
10. Cant. Allanche, arr. Murat, Cantal. — ID., 140. — AMÉ, 469, 505. — DERIBIER, V, 314-317. — Pèlerinages et sanctuaires de la Sainte Vierge dans le diocèse de Saint-Flour, par CHABAU, 446-457.
11. Cant. Tauves, arr. Issoire, Puy-de-Dôme. — ID., 152.
12. Cant. Ebreuil, arr. Gannat, Allier. — ID., 82.
13. Chef-l. cant., arr. Issoire, Puy-de-Dôme. — Id., 150.

tum[1]. Saint-Pierre, ancien monastère, restauré après les invasions normandes, soumis à la Chaise-Dieu en 1146. — TEILHET[2], prieuré dépendant de Menat. — THURET, *Turiacum*[3], uni à la mense abbatiale de Saint-Allyre. — TORTEBESSE[4], commanderie de Chevaliers de Malte. — TRÉMOUILLE, *Tremolia*[5]. Saint-Martin, dépendant de la seigneurie de la Tour. — TRÉZELLE[6]. Sainte-Croix de *Floré*, de *Floriaco*, dépendant de Tournus. — USSON[7], Saint-Maurice, appartenant à l'ordre de Saint-Ruf. — VARENNES-SUR-ALLIER[8]. Les Chanoines de Sainte-Croix de la Bretonnerie, à Paris, y eurent une maison. *La Ronde*, dépendant de Saint-Michel de Cluse. — VEAUCE, *Velchix*[9]. Sainte-Croix, dépendant d'Ebreuil. — VENDAT, *Vendacum*[10]. Saint-Léger, uni à l'abbaye de Vézelay. — VERGHEAS[11]. Notre-Dame, dépendant d'Ebreuil. — VERNEUGHEOL[12]. Saint-Martial, dépendant de Saint-Martial de Limoges. — VERTAIZON[13]. Sainte-Marcelle, dépendant de Sauxillanges. — VERTOLAYE[14]. Saint-Julien, uni à la mense abbatiale de Manlieu. — VEYRE-MONTON[15]. Saint-Allyre, uni au

---

1. Cant. Combronde, arr. Riom. — BRUEL, 164.
2. Cant. Menat, ibid. — ID., 214.
3. Cant. Aigueperse, arr. Riom. — ID., 84.
4. Cant. Herment, arr. Clermont. — ID., 154.
5. Cant. La Tour, arr. Issoire. — ID., 152.
6. Cant. Jaligny, arr. La Palisse, Allier. — Paroisses bourbonnaises, I, 605-606.
7. Cant. Sauxillanges, arr. Issoire. — BRUEL, 126.
8. Chef-l. cant., arr. La Palisse, Allier. — ID., 173. — Notes pour l'histoire de Varennes, par SAINT-GNIS, dans *Arch. hist. Bourbonnais*, II, 129, 161, 193, 225, 257, 353. — Paroisses bourbonnaises, I, 624-627.
9. Cant. Ebreuil, arr. Gannat. — ID., 80. — Paroisses bourbonnaises, I, 668-669.
10. Cant. Escurolles, ibid. — ID., 82.
11. Cant. Pionsat, arr. Riom, Puy-de-Dôme. — ID., 156.
12. Cant. Herment, arr. Clermont. — ID., 150.
13. Chef-l. cant., ibid. — ID., 198.
14. Cant. Olliergues, arr. Ambert. — ID., 118.
15. Chef-l. cant., arr. Clermont. — ID., 118, 205. — Bullaire d'Auvergne. *Lucius III* (1184), dans *Mém. acad. Clermont*, XIX, 335.

prieuré cluniste de Sauxillanges. — Vèze-Fortunier[1]. Saint-Caprais, dépendant du prieuré cluniste de la Voute. — Vichel[2]. Saint-Cyr de *Montcelet, de Montcilliis*, dépendant de Chantoin. — Vichy, *Viciacum*[3]. Sainte-Croix du Moutier, dépendant de Saint-Allyre. — Vic-le-Comte[4]. Saint-Pierre, dépendant de Manlieu. — Vitrac, *Vitriacum*[5]. Saint-Georges, uni à la mense capitulaire de Saint-Amable. Viverols[6]. Sainte-Madeleine, dépendant de Sauxillanges. — Vodables[7]. Saint-Georges. — Voingt, *Vohencum*[8]. Sainte-Madeleine, uni au prieuré de Marsat. — Vollore, *Volubrum*[9]. Saint-Maurice, uni au prieuré de Sauviat. — Volvic, *Volvicum*[10]. Saint-Projet, monastère fondé par saint Avit II, évêque de Clermont, au septième siècle, restauré après les invasions sarrazines et normandes, soumis à l'abbaye de Mauzat et plus tard uni à la mense abbatiale. — Ydes[11]. Saint-Georges, commanderie de Chevaliers de Malte. — Yronde[12]. Saint-Pierre du *Fayet-le-Vieux*, dépendant du monastère grand-montain de Chavanon. — Yssac-la-Tourette[13]. Saint-Saturnin, uni à la mense capitulaire de Saint-Amable; Saint-Jean, commanderie de Chevaliers de Malte.

---

1. Cant. Allanche, arr. Murat, Cantal. — Bruel, 140. — Amé, 526. — De Rochemonteix, 427-430.
2. Cant. Saint-Germain-Lembron, arr. Issoire, Puy-de-Dôme. — Id., 126.
3. Cant. Cusset, arr. La Palisse, Allier. — Paroisses bourbonnaises, I, 627-629.
4. Chef-l. cant., arr. Clermont. — Bruel, 106.
5. Cant. Mauzat, arr. Riom. — Id., 164.
6. Chef-l. cant., arr. Ambert. — Id., 118.
7. Cant. et arr. Issoire. — Id., 132.
8. Cant. Pontaumur, arr. Riom. — Id., 156.
9. Cant. Courpière, arr. Thiers. — Id., 108. — Vollore et ses environs. Vollore-ville, Vollore-montagne, Sainte-Agathe, Histoire, archéologie, religion, par Guélon, *Clermont*, 1890, in-8.
10. Chef-l. cant., arr. Riom. — Id., 190. — Gallia christiana, II, 320-321.
11. Cant. Saignes, arr. Mauriac, Cantal. — Id., 128. — L'église d'Ydes et son symbolisme, par Chabau. *Saint-Flour*, 1884, in-16. — Amé, 541. — Deribier, V, 617-621. — De Rochemonteix, 459-470.
12. Cant. Vic-le-Comte, arr. Clermont, Puy-de-Dôme. — Id., 106.
13. Cant. Combronde, arr. Riom. — Id., 164.

III

DIOCÈSE DU PUY[1]

[Le Puy, en latin *Aniciensis seu Podiensis*, ville épiscopale et capitale du Velay en Auvergne ; elle est de la première Aquitaine et de l'exarchat des Gaules... On dit que c'était une paroisse du diocèse

---

1. Chef-l. départ., Haute-Loire. — Description géographique et historique du Velay (1759-1760), par les curés du pays, dans *Tablettes du Velay*, VI (1875-1876), 197-237, 245-284 ; VII, 134-168. — Almanach historique du diocèse du Puy, par LAURENT, Le Puy, 1787, 1788, in-16. — Précis historique et statistique de la Haute-Loire, par DULAC DE LA TOUR D'AURE. Le Puy, 1807, in-8. — Statistique de la Haute-Loire, par DERIBIER DE CHEYSSAC. Paris, 1816 et 1824, in-8. — Documents relatifs à l'histoire du Velay, recueillis, mis en ordre ou rédigés par FRANCISQUE MANDET. Le Puy, 1843, in-8. — Histoire politique et littéraire du Velay, par le MÊME. Paris, 1844, in-4. — Histoire du Velay, par le MÊME. Le Puy, 1860-1862, 7 vol. in-12. — Chartes inédites concernant l'histoire du Velay, par PAYRARD, dans *Tablettes hist. du Velay*, VII (1876), 347-392, 511-538 ; VIII, 1-32. Voir : V, 217-223. — Notes et documents sur le Velay, par CH. ROCHES, dans *Soc. Sciences Haute-Loire*, I (1878), 46-85 ; 153-218. — La royauté en Velay, par le MÊME, dans *Tablettes du Velay*, III (1872), 153-199 ; IV, 149-176. — Zigzags vellaviens. Documents historiques sur le Velay, par VELLAVIUS. Yssingeaux, 1873, in-8 ; ext. *Journal d'Yssingeaux*. — Les châteaux du Velay et autres questions d'histoire locale, par THEILLIÈRE. Saint-Étienne, 1873, in-8 ; Le Puy, 1876, in-12. Histoire du Velay jusqu'à la fin du règne de Louis XV, par ARNAUD. Le Puy, 1816, 2 vol. in-8. — Essai sur l'histoire du diocèse du Puy-en-Velay (1789-1802), par GONNET. Paris, 1907, in-8. — Essais historiques sur les antiquités de la Haute-Loire, par MANGON DE LA LANDE. Saint-Quentin, 1826, in-8. — Essai historique et politique sur le pays de Velay. Paris, 1850, in-8. — Sur la géographie historique du Velay, au moyen âge, par CORNUT, dans *Congrès scientif. France*, XXXIII. Le Puy, 1855, p. 604. — Le Velay au Moyen-Age : le Bailli, le Gouverneur, par

de Clermont et que, ayant voulu avoir un évêque, parce qu'elle était dans les notices romaines, elle s'adressa au Pape, qui lui en donna un, et qu'il était d'abord à Saint-Paulien, ville ruinée des Cévennes

---

Vinols. *Le Puy*, s. d., in-8. — Histoires des guerres de religion dans le Velay pendant les règnes de Charles IX, Henri III et Henri IV, par le même. *Le Puy*, 1862, in-8. — Histoire des Protestants du Vivarais et du Velay, de la réforme à la révolution, par Arnaud. *Paris*, 1888, 2 vol. in-8. — La Ligue en Velay, par de Rochen, dans *Mém. soc. Haute-Loire*, I, (1878), 1-25. — Essai sur l'histoire économique du département de la Haute-Loire de 1790 à 1800. Les populations des villes et des campagnes, par Em. Gonnet. *Paris*, 1907, in-8. — L'industrie et le commerce du Velay aux XVIIe et XVIIIe siècles, par Germain Martin. *Le Puy*, 1900, in-8. — La Sénéchaussée présidiale du Puy, par Boudon-Lashermes. *Valence*, 1908, in-8. — Chronologie des baillis et juges royaux du Velay et de leurs lieutenants, de leur origine à leur extinction (1273-1689), par Jacotin, dans *Mém. soc. Haute-Loire*, XIV (1905), 53-107. — Statuts et ordonnances de la maison consulaire du Puy, par le même, *Ibid.* I (1878), 109-117. — Histoire du département de la Haute-Loire, canton du Puy, par Du lac de La Tour: *Le Puy*, 1813, in-8. — Les Fastes du Velay, par Calemard de la Fayette, dans *Congrès scientif.* (1856). Le Puy, I, 99-118. — Mémoire relatif à l'Assiette ou États provinciaux du diocèse du Puy et pays de Velay, tenu en la dite ville le 30 avril 1782 par Portail, dans *Chronique du Languedoc*. — Procès-verbal de l'assemblée des États particuliers du diocèse du Puy et pays de Velay, pour l'année 1787. *Le Puy*, 1787, in-fol. — Mémoire à consulter et consultations sur les États du Velay, du Languedoc et du Royaume, par Garrau de Coulon, S. l. n. d. in-8. — Causeries historiques sur le Velay. Quelques scènes de la révolution, par Cornut. *Le Puy*, 1865, 2 vol. in-12. — La révolution de 1789 dans le Velay, par Rioufol. *Le Puy*, 1904, in-8.

Preuves de la maison de Polignac, recueil de documents pour servir à l'histoire des anciennes provinces de Velay, Auvergne, Gévaudan, Vivarais, par Jacotin. *Paris*, 5 vol. in-4. — Le livre de Podio ou chronique d'Etienne Médicis, bourgeois du Puy (1473-1565), publié par Chassaing. *Le Puy*, 1869, 2 vol. in-4. — Mémoires de Jean Burel, bourgeois du Puy (1628-1650), publié par le même. *Le Puy*, 1875, in-4. — Mémoires anecdotiques d'Antoine Jacmon, bourgeois du Puy (1620-1650), par le même, *Le Puy*, 1880, in-4. — Le journal d'un bourgeois du Puy au XVIIIe siècle (1722-1742), publié par Vissagnet, dans *Tablettes hist. du Velay*, I, 32-36, 126-133; II, 49-57, 123-128, etc.; VIII, 137-194. — Trois documents

sur les confins de l'Auvergne et du Velay, et fut transférée au Puy. Voilà sur quoi les évêques prétendent leur exemption.

Il y a plusieurs actes dans le pays qui font voir que le siège épiscopal a été transféré *Anis e Civitate Vetula*. Le Père Mabillon, dans une dissertation qui est à la fin de la première partie du quatrième siècle bénédictin, a bien prouvé que *Civitas Vetula* est la même que la bourgade de Saint-Paulien en Auvergne. Il rapporte les inscriptions romaines qu'on y trouve, lesquelles marquent l'antiquité de ce lieu, qui a pris son nom du Saint qui y a été enterré et qui est honoré comme l'apôtre du pays[1].

---

historiques relatifs à la Haute-Loire (1789-1793), par Chassaing. Le Puy, 1884, in-8.

L'architecture religieuse à l'époque romane dans l'ancien diocèse du Puy, par N. et F. Thiollier. Le Puy, 1900, in-fol. — Congrès archéologique de France, LXXI (1904), Le Puy, Paris, 1905, in-4. — Les études archéologiques dans la Haute-Loire au XIX° siècle, par Jacotin. *Congrès archéol.*, LXXI, 169-180. — Mémoire sur les peintures murales du département de la Haute-Loire, du XII° au XV° siècle, par L. Giron. Le Puy, 1884, in-8. — Etude sur la sigillographie du département de la Haute-Loire, par Jacotin de Rosières. Caen, 1904, in-8 ; ext. *Congrès archéol.* — Inventaire sommaire des archives départementales. Haute-Loire, sér. G., par Jacotin. Le Puy, 1903, in-4. — Dictionnaire topographique du département de la Haute-Loire, par Chassaing et Jacotin. Paris, 1907, in-4. — Bibliographie du Velay et de la Haute-Loire, par L. Pascal, tom. I. Le Puy, 1903, in-8. — Bibliographie régionale. Le Velay, par Villat, dans *Rev. Synthèse historique*, XVI (1908), 303-377. — Tablettes historiques du Velay. Le Puy, 1870-1878. — Mémoires de la société agricole et scientifique de la Haute-Loire. Le Puy, 1878 et s., in-8.

1. Il y avait au Puy une église dès le cinquième siècle. L'évêque des Vellaves y avait fixé son séjour en 590. — Duchesne, *ouv. cit.*, III, 55. — Longnon, *ouv. cit.*, 532-534. — Hist. gén. Languedoc. II, 171-181. — Lettre de M. de Bains à Dom Vaissette (5 avril 1743), dans *Tablettes hist. Haute-Loire*, 382-384. — Les premiers évêques du Puy. Étude sur leur ordre de succession et sur la date de la translation de leur siège épiscopal de Saint-Paulien au Puy, par Aymard, dans *An. Soc. Le Puy*, XXIX (1868), 531-585. — Aperçus sur les évêques de Vélannes et du Puy, par Bouveron. *Ibid.* (1835), 58-82. — Sur saint Marcel, *Acta Sanct. Jun.* I, 5. — Sur saint Marcellin, *Ibid. Sept.* III, 777. — Saint Paulien,

Le Puy a pris son origine de la montagne sur laquelle il est situé. La ville est considérable et aussi peuplée qu'aucune autre du Languedoc, excepté Toulouse. Le Velay ayant été attribué à la Première Aquitaine, les évêques ont toujours reconnu celui de Bourges pour leur

---

Ibid. Februar., II, 749. — Sur l'ouverture de la châsse de saint Vosy (1711-1712), par JACOTIN, dans Mém. soc. Haute-Loire, I. (1878), 268-283. — Saint Agrippan, Acta Sanct. Februar. I, 195-206. — Norbert de Poitiers, dans Tablettes hist. Velay, IV, 363-382. — Adalard et Hector, par FRAISSE. Ibid., IV, 411-422. — Gotescalec, par LE MÊME. Ibid., V, 1-16. — Gui II, dans Acta Sanct. de MABILLON, VII, 835, et Hist. litt. France; par RIVET, VI, 507-511. — Bulle de Silvestre II, en faveur de Théotard, évêque du Puy, du 23 nov. 999, par DELISLE, dans Bib. éc. Charles, XXXVII, 108-111. — Adémar de Monteil, par ROCHER, dans Tablet. hist. Haute-Loire, 395-408. Hist. lit. France, VI, 468. — Note sur le tombeau d'Odilon de Mercœur, par BRUEL, dans An. soc. Puy, XXXII (1872), 137-148. — Bertrand de Chalamon, évêque du Puy (1202-1213), par JACOTIN, dans Mém. soc. Haute-Loire, I, 219-235. — Inventaire du mobilier de Pierre, évêque du Puy (1327), par CHASSAING, dans An. soc. Le Puy, XXVII (1866), 565-592. — Note sur un prétendu évêque du Puy, Jean de Cardaillac, par MESNIER. Ibid., XXX (1869), 34-39. — Geoffroy de Ponpadour, par ROCHER, dans Tablettes Haute-Loire, 37-48, 87-96, 166-187, 215-237, 272-288. — Vie de Mgr Henri de Maupas, évêque du Puy, et fondateur de la Congrégation religieuse des Dames de Saint-Joseph, par CHAUMEIL. Saint-Flour, 1837, in-12. — Extraits de mémoires historiques sur la vie, les travaux et la mort d'Armand de Béthune, 88ᵉ évêque du Puy, par SAUZET, dans An. Soc. Le Puy (1842-1846), 123-159. — Deux autographes d'évêques du Puy, dans Tablettes du Velay, VI, 161-175. — Première entrée de Le Franc de Pompignan au Puy (1743). Ibid., IV, 140-147. — Lettre de Le Franc de Pompignan aux consuls. Ibid., III, 461. — Eloge de M. de Galard, ancien évêque du Puy, par DE BASTARD, dans An. soc. Le Puy (1828), 219-231. — Une visite pastorale au XVIIᵉ siècle, par ROCHER, dans Tablettes hist. Velay, I, 40, 74, 144, 169, 193, 250, 281, 329; III, 46-55.

Gallia christiana, II, 685-752; instr., 221-262. — Hist. gén. Languedoc, IV, 145-148, 397-411. — DU TEMS, III, 352-412. — Nouvel épiscopologe du Velay, par PAYRARD. Le Puy, 1891, in-12. — Les évêques du Puy et la collation des bénéfices de ce diocèse, d'après les Schedæ inédites des archives du Vatican, par DE SURREL DE SAINT-JULIEN. Rome, 1897, in-8; ext. An. Saint-Louis-des-Français. — Bibliographie du Velay, I, 598 et s. — DOM ESTIENNOT, Bib. nat. ms. lat. 12749.

métropolitain jusqu'au milieu du onzième siècle. Ce fut pour lors que le Pape Léon IX, voulant favoriser Étienne de Mercœur, évêque d'*Anis* et neveu de saint Odilon, abbé de Cluny, exempta l'Église du Puy de la soumission au métropolitain de Bourges et l'assujettit immédiatement au Saint-Siège. A cause de cela, Jean de Bourbon, qui vivait en 1443, avait accoutumé de se qualifier *Ecclesiæ Aniciensis, nullius provinciæ, Sacro-Sanctæ Romanæ Ecclesiæ et nulli alteri in quoquam subjectæ, episcopus*. Le Pape donna aussi à l'évêque le *pallium*, dont les évêques du Puy jouissent. Le Roi a la seigneurie du Puy et du Velay avec l'évêque, par une transaction entre le roi Philippe le Bel et l'évêque Jean, passée l'an 1304, laquelle fut confirmée par le Chapitre cathédral l'an 1307 et contient les conditions de cette association par moitié entre eux dans la ville et les droits qu'ils y prétendaient respectivement. C'est en vertu de cette association que les évêques du Puy ont eu part autrefois à la justice d'Anduze, qui est à l'entrée des Cévennes.

L'évêché de Puy, si on en veut croire la tradition, reconnaît saint Georges pour son premier évêque[1], dont le corps fut transporté

---

[1] Les origines de l'Église du Velay sont très obscures. Rien n'est plus embrouillé que la légende de son apôtre saint Georges. — Fastes épiscopaux de l'ancienne Gaule, par DUCHESNE, II, 55, 134. — VAN ECKE, dans *Acta Sanct. Octob.* XI, 392 et s. — Origine du Christianisme dans les Gaules ; dissertation sur l'épiscopat de saint Georges, premier évêque du Velay, par FAGES DE CHAULNES. *Le Puy*, 1861, in-12. — Apostolicité de l'Église du Velay, dissertation sur la date de l'évangélisation, par FRUGÈRES. *Le Puy*, 1869, in-8. — Les traditions chrétiennes sur saint Georges, premier évêque du Velay, ou recueil de documents authentiques sur l'apostolat de ce saint évêque, suivi d'un mémoire sur les reliques de saint Georges et de saint Hilaire, par MATHARAN. *Le Puy*, 1877, in-12. — Apostolicité des Églises de France en général et de l'Église du Velay en particulier, par MONTROUSIER, dans *Rev. sciences ecclésiastiques*, nov. 1869 et janvier 1870. — L'apostolat de saint Georges, par LE MÊME, dans *Tablettes hist.*, III, 56-62. — Un mot sur l'apostolat de saint Georges, par ROCHER, *Ibid.*, I, 353. — Procès des reliques de saint Georges (1428), *Ibid.*, IV, 220-232, 403-410.

vers l'an 900 de la ville de Saint-Paulien à celle du Puy, où il a aujourd'hui une église de son nom. On dit qu'il fut envoyé par saint Pierre avec saint Front, premier évêque de Périgueux. On prétend que Raoul, roi de France, donna à Adélard, évêque du Puy, la seigneurie de cette ville l'an 923, d'autres disent que ce fut Louis le Gros qui la donna à l'évêque Humbert en 1134, sans qu'aucun comte du Velay y pût rien prétendre. Quoique l'évêque du Puy soit exempt de la juridiction de l'archevêque de Bourges, cela n'empêche pas que, pour la police extérieure, il ne soit de la province ecclésiastique de Bourges[1].

Le pape Clément IV avait été évêque du Puy, aussi bien qu'archevêque de Narbonne. Cette ville peut encore se glorifier d'avoir eu au nombre de ses prélats Durand de Saint-Pourçain et Pierre d'Ailly, qui ont été les plus savants hommes de leur temps. Le dernier a été cardinal et évêque de Cambrai.

La cathédrale de Notre-Dame du Puy est très digne de l'attention des curieux, soit qu'on en veuille examiner le dessin, soit qu'on

---

1. Inv. som. arch. départ. sér. G., où Terrier de Bernard de Castanet (1313). — Bib. nat. ms. lat. 17025, f. 46. — Coll. Languedoc, XXXIX, 282-298. Dom Estiennot, ms. 12776. — Extraits d'un inventaire des titres de l'évêché du Puy, par Paynard, dans Tablettes hist. Velay, VII, 281-296. — Note sur le répertoire des hommages rendus à l'évêque du Puy de 1154 à 1740, par Lascombe, dans An. Soc. Le Puy, XXXII (1872), 29-53, 143-145. — Répertoire général des hommages de l'évêché du Puy (1154-1741), par le même. Le Puy, 1882, in-8. — Documents inédits concernant les différends des évêques du Puy avec les vicomtes de Polignac (1229, 1273, 1306), par Paynard, dans Tablettes hist. Velay, VI (1875-1876), 501-531. — Jugement notable et contradictoire, par lequel Mgr de Béthune, évêque du Puy, est maintenu dans sa juridiction épiscopale. Le Puy, 1684, in-fol. — Recueil des actes du Clergé de France, I, 995; VI, 307; VII, 231; VIII, 103, 173; XI, 311-313, 400.

Lettre de Charles VII sur le pariage du Puy (1455-1456), dans Tablettes hist. Velay, IV (1873-1874), 361. — Extinction de la coseigneurie du roi sur la ville du Puy par la vente de la seigneurie d'Arzon en 1645, par Paynard. Ibid., V, 378-386.

s'attache à la beauté de l'architecture [1]. La grande voûte du milieu est couverte de plusieurs dômes, dont celui de dessus le chœur est

---

[1]. Les vieilles histoires de Notre-Dame du Puy, réimprimées d'après les manuscrits ou les éditions originales (Pierre Oin, Mathurin des Roys, Théodore de Bergame et Dom Claude Estiennot), par ROCHER, dans *Mém. soc. Haute-Loire*, V (1890). — Discours historique de la très ancienne dévotion à Notre-Dame du Puy, par ODO DE GISSEY. Lyon, 1620, in-8; Toulouse, 1627, in-12; Le Puy, 1646, in-8. — Histoire de l'église angélique de Notre-Dame du Puy, par DE PRADIAC. Toulouse, 1677, in-4. — Histoire de l'église angélique de Notre-Dame du Puy, par BOUCHARD DE SARON. Le Puy, 1693, in-8. — Histoire de l'église angélique et cathédrale de Notre-Dame du Puy, immédiatement soumise à l'église de Rome, par POUDEROUX. Le Puy, 1785, in-12. — Histoire de l'église angélique et admirable de Notre-Dame du Puy, par PHARISIER. Le Puy, 1838, in-18. — Les gloires de Notre-Dame du Puy, par CAILLAU. Paris, 1846, in-12. — L'église angélique ou histoire de Notre-Dame du Puy et des établissements religieux qui l'environnent, par MONLEZUN. Clermont, 1854, in-8; Le Puy, 1875, in-18. — Mois de Marie historique de Notre-Dame du Puy, par PEYRON. Le Puy, 1884, in-8. — Histoire instructive et religieuse du Puy, par MAZOYER. Lyon, 1857, in-12.

Légende relative à l'église Notre-Dame du Puy, par LEGEAY, dans *Rev. soc. sav.* (1864), I, 424. — Notice sur une des légendes de Notre-Dame du Puy, par LE MÊME, dans *Mém. lus à la Sorbonne* (1864), 207-218. — Histoire de Notre-Dame de France, sur des documents la plupart inédits, par NAMPON. Le Puy, 1868, in-18. — Documents inédits relatifs à Notre-Dame du Puy et du Velay. Première layette de l'inventaire de *sancta Aniciensi ecclesia*, par PAYRARD. Le Puy, 1869, in-8. — Transport à Saint-Etienne de la Sainte-Epine donnée à l'église du Puy par saint Louis en 1239, par CHAMBEYRON, dans *Ann. soc. Le Puy*, XXXII (1874), 242-244.

Relation du jubilé de Notre-Dame du Puy en 1701, publiée par LASCOMBE, dans *Tablettes hist. Velay*, VI, 567-605. — Mémoire sur le jubilé de Notre-Dame du Puy, publié par PAYRARD. *Ibid.*, III, 203-229, 405-450; IV, 106-137, 206-219, 323-334. — Manuel sur le jubilé accordé à Notre-Dame du Puy, avec une note historique. Le Puy, 1842, in-16. — Notice sur l'ancienne confrérie de Notre-Dame du Puy, par AYMARD, dans *Congrès scientif.* Le Puy (1855), II, 611-620. — Une confrérie de Notre-Dame du Puy établie à Londres au XIIIe siècle, dans *An. soc. Le Puy*, XXIV (1861), 245-251. — Les rapports entre les confréries de Notre-Dame du Puy établies en France et la cathédrale du Puy, par SAUZET. *Ibid.*, XXVII, 199-201. — Fondation en 1274 d'une confrérie de Notre-Dame

peint à la mosaïque, et il n'y a aucune fenêtre dont il puisse avoir du jour. Le maître-autel de cette église, à laquelle on monte par escalier de plus de cinquante degrés, est distingué du chœur par une haute grille de barres de fer, pour mettre en sûreté le trésor que l'on y voit. Outre les lampes et chandeliers d'argent qui l'environnent, la figure de la Sainte Vierge, tenant le petit Jésus, est sur cet autel avec des habits tout couverts de perles. Il y a plusieurs croix d'or et d'argent, de grands vases, des figures de saints et de saintes et autres dons de haut prix, que font ceux qui viennent de toutes parts en dévotion en ce saint lieu. On passe de là à la chapelle des saintes reliques, où entre autres choses on conserve la chair coupée à Notre-Seigneur en sa circoncision. La chapelle de Sainte-Anne, où l'on chante en musique les litanies de cette sainte tous les mardis de l'année, est remarquable par ses peintures. Il y a un second chœur dans cette cathédrale, qui est appelée par ceux du pays église angélique, parce qu'ils prétendent qu'elle a été bâtie par les anges. Ce chœur est sur les voûtes, par-dessous lesquelles on arrive à

---

du Puy à Limoges, par CHASSAING, *Ibid.*, XXVIII, 187-190. — Notre-Dame du Puy et la roue de Limoges, par LECLER, dans *Tablettes hist. Velay*, IV, 177-185. — Calendrier de l'église du Puy-en-Velay au Moyen-Age, par CHASSAING. Paris, 1882, in-8.

Découverte d'antiquités effectuée à la cathédrale du Puy en 1865-1866, par AYMARD, dans *An. soc. Le Puy*, XXVIII, 599-655. — Rapport de Jean de Clapier sur les réparations à faire à la cathédrale du Puy en 1737, publié par LASCOMBE, dans *Mém. soc. Haute-Loire*, VI. — Description de la cathédrale du Puy, par MALLAY, dans *Annales scientif. et littér. d'Auvergne*, XVI (1843), 381-401. — Notes d'un voyage en Auvergne et en Limousin, par MÉRIMÉE. Paris, 1838, in-8, 213-242. — Les plus belles cathédrales de France, par BOURASSÉ. Tours, 1896, in-8, 326-333. — Les grands sanctuaires de la sainte Vierge en France, par BOUVIER. Tours, 1899, in-4, 163 et s. — L'architecture religieuse à l'époque romane dans l'ancien diocèse du Puy, par THIOLLIER, 26-57, 78-82. — Congrès archéol., LXXI, 1-26. — Monographie de la cathédrale du Puy, manuscrit de l'architecte MALLAY, publié avec introduction et notes, par THIOLLIER. Le Puy, 1904, in-8. — La cathédrale du Puy. Histoire et archéologie. Le Puy, 1897, in-16.

l'église par plusieurs degrés et n'a rien qui mérite d'être remarqué qu'une horloge de plusieurs rouages, que les connaisseurs admirent. On voit sous le jubé de l'autre chœur une cruche dans laquelle on dit que Notre-Seigneur changea l'eau en vin aux noces de Cana. Elle ressemble à du marbre blanc et son diamètre est à peu près d'un pied et demi. Sa panse, dont l'entrée a un demi-pied presque sans goulot, est faite en forme de globe. Il y a une grille de fer, à travers laquelle on la voit, qui en soutient quelques morceaux, qui sont cassés.

Les évêques du Puy, qui s'en disent comtes, et à qui les comtes de Bigorre rendaient hommage, avaient autrefois droit de faire battre monnaie. L'évêché du Puy est fort noble, à cause du grand nombre de fiefs importants qui dépendent des archiprêtrés de Monistrol, de Solignac et de Saint-Paulien. Le Chapitre cathédral est composé d'un doyen, d'un prévôt, d'un chantre, d'un trésorier, d'un sacristain, de l'abbé de Saint-Pierre et de quarante-trois chanoines[1].

---

1. Le chapitre cathédral se composait de quatre dignitaires, le doyen, le prévôt, les abbés de Saint-Pierre-Latour et de Saint-Vosy, de deux For-doyens et de quarante chanoines. Il y avait, en outre, un hebdomadier moindre, un sescal, un cellerier, un pannetier et un nombre indéterminé de choriers, parmi lesquels dix portaient le titre de *pauperies* ou chanoines pauvres. La maîtrise et le chapitre formait l'*Université de Saint-Mayol*, qui avait l'évêque pour chef. — Inv. som. arch. départ. sér. G. — Bib. nat. Dom Estiennot, ms. lat., 12766, 105-111. — Liste de chanoines de l'église du Puy en 1375, par Lascombe, dans *Tablettes hist. Velay*, VII, 214-216. — Lettre du chapitre du Puy concernant une clôture de muraille pour protéger le cloître (1237), *ibid.*, IV, 359-360. — Transaction entre le prieuré de Saint-Pierre-le-Monastier et le chapitre Notre-Dame du Puy, par Lascombe. *Ibid.*, I, 129. — Transaction entre le chapitre de Notre-Dame de Brives et celui de Notre-Dame du Puy (1677), *Tablet. hist. Haute-Loire*, 140-144. — Un disciple de l'église du Puy au onzième siècle, *ibid.*, 351-352. — Hommage de noble Bernard de Mazengon aux chanoines du Puy (1392), dans *Tablettes Velay*, IV, 249-251. — Statuta pro ecclesia Aniciensi condita a Clemente papa IV (1267), dans *Thes. nov.* de Martène, II, 476-488. — Ancien cérémonial coutumier de l'église du Puy, par Payrard, dans *Tablettes hist. Velay*, V, 585-594 ; VI, 77-82, 176-184, 461-474 ; VII, 60-68 ; VIII, 377-

Monistrol est un gros bourg, où est la maison de campagne de l'évêque]. Il y a dans le diocèse 137 paroisses [1].

Le diocèse du Puy possédait les collégiales de Saint-Vosy [2], située

---

439. — La catedral del Puy y la de Gerona, par VICENTE DE LA FUENTE, dans *Boletin Real academia de la historia*, Madrid, III (1883), 87-97. — Les rapports de l'église du Puy avec la ville de Girone en Espagne et le comté de Bigorre, par ROCHER. *Le Puy*, 1873, in-8. — Des rapports de l'abbaye de Saint-Michel de Cluse en Piémont avec la ville du Puy, au point de vue de la légende, de l'histoire et de l'archéologie, par DE DIENNE. *Caen*, 1904, in-8; ext. *Congrès archéol.*, LXXI. — Cession par le chapitre du Puy au monastère de Saint-Ruf de plusieurs églises dans le diocèse de Die, par PASCAL, dans *Mém. soc. Haute-Loire*, VII, 251-254. — Singulier usage du chapitre du Puy, par LE MÊME, dans *Mém. soc. Haute-Loire*, I, 78-85. — Administration capitulaire du diocèse du Puy du 4 juin 1720 au 28 septembre 1721, par PAYRARD, dans *Nouv. série de mélanges historiques*, I, 200-218. — Les dignitaires du chapitre du Puy pendant le XVIII° siècle, par LE MÊME. *Ibid.*, I, 111-132. — Les municipalités du Puy pendant la période révolutionnaire, par BOUDON, t. I, *passim*.

Titre d'établissement des chanoines de paupérie ou copie et vérification d'un diplôme original de Charlemagne portant création de dix chanoines pauvres dans l'église de Notre-Dame du Puy en Velay. *Paris*, 1766, in-4. — AYMARD, dans *An. soc. Le Puy*, XXIII (1860), 110-112. — Les chanoines pauvres de Notre-Dame du Puy d'après les chartes, par PAYRARD, dans *Tablet. Haute-Loire*, 14-22, 70-75, 97-102, 247-259, 385-394. — Bibliographie du Velay, I, 72-76.

Bibliothèque de la cathédrale du Puy au XI° siècle, dans *Cabinet des manuscrits*, par DELISLE, II, 443-445; *An. soc. Le Puy*, XXVIII, 439-459. Note sur la bible de Théodulphe conservée dans le trésor de la cathédrale du Puy, par BOURQUELOT, dans *Bul. soc. Antiq. France* (1859). 109-110.

1. Pouillé du diocèse du Puy, par ROCHER, dans *Tablet. hist. Velay*, IV, 260, 339, 444, 508; V, 82, 359, 468, 601; VI, 49, 285, 605; VIII, 249, 303, 481, 549. — Pouillé général de France, province de Bourges. — *Diction. topogr.*, XXVII. — *Inv. som. arch. départ. sér. G*. — Notes historiques sur quelques paroisses du diocèse du Puy, par PONTVIANNE. *Le Puy*, 1899, in-16.

2. *Inv. som. arch. départ. sér. G*. — Transactions, bulles et rôles des dignités, prébendes et bénéfices de l'église Saint-Vosy du Puy. *Le Puy*, 1620, in-4. — Obituaire de la collégiale de Saint-Vosy au Puy, par CHEVALIER, dans *Bul. dioc. Valence*, I (1881), 108. — *Gallia christiana*, II, 757-761. — DU TEMS, III, 383, 396. — THIOLLIER, 77.

dans la ville épiscopale, avec onze chanoines ; de Saint-Georges et de Saint-Agrève du Puy [1], unies l'une et l'autre au séminaire diocésain, dont les directeurs remplacent les chanoines ; de Saint-Georges à Saint-Paulien [2], qui passe pour avoir été la première église épiscopale, avec douze chanoines, un curé, un hebdomadier moindre ; de Monistrol [3], fondée par l'évêque Bernard de Castanet (1309) sous le vocable de Saint-Marcellin, avec douze chanoines et un curé; de Saint-Jean-Baptiste de Retournac [4], fondée par l'évêque Jean de Bourbon (1446), avec un curé, cinq chanoines et un sacristain. Le séminaire diocésain fut confié par l'évêque de Maupas (1645) aux Prêtres de Saint-Sulpice [5]. Il y avait dans la ville épiscopale des couvents de Dominicains [6], fondé en 1221, dans l'église duquel les de Polignac avaient leur sépulture, Duguesclin y fut

---

1. Inv. som. arch. départ. sér. G. — La collégiale de Saint-Agrève et le mandement d'Aiguilles, par DE CHAULNES, dans *An. soc. Le Puy*, XXIII, 132-138. — DU TEMS, III, 396. — THIOLLIER, 77.

2. *Civitas Vellavorum, Sanctus Paulianus*. Chef-l. cant., arr. Le Puy. — Inv. som. arch. départ. sér. G. — Foires et marchés à Saint-Paulien, par LASCOMBES, dans *Tablettes Velay*, I, 247. — DU TEMPS, III, 396-397. — Congrès archéol. LXXI, 47-51. — THIOLLIER, 159-162. — Les églises de Saint-Paulien et de Chamalières, par DE FAYOLLE, dans *Bul. monum.* LXX, 106-112.

3. *Monastrolium*. Chef-l. cant., arr. Yssingeaux. — DU TEMS, III, 397. — THIOLLIER, 124-126.

4. *Retornacum*. Cant. et arr. Yssingeaux. — DU TEMS, III, 397. — THIOLLIER, 133-135.

5. Inv. som. arch. dép. sér. G. — Correspondance de M. Tronson, par BERTRAND, II, 1-61. — Vie de M. de Lantages, premier supérieur du séminaire du Puy, par FAILLON. Paris, 1830, in-8.

6. 3 reg. et 6 lias. aux Arch. départ. sér. H. — Preuves de la Maison de Polignac, I, 156; *tables*, V, 268. — Congrès archéol. LXXI, 26-28. — Monument élevé à Bertrand du Guesclin dans l'église Saint-Laurent du Puy, par AYMARD, dans *An. soc. Le Puy*, VIII, 119 et s.

enterré ; de Cordeliers ¹, établis en 1222 ; de Carmes ² (1318) et de Capucins ³ (1609) ; de religieuses dominicaines sous le vocable de Sainte-Catherine ⁴, établies en 1605 ; de religieuses de Notre-Dame (en 1611) ⁵ ; de Visitandines (1630) ⁶ ; de Notre-Dame du Refuge (1644) ⁷ ; de Sœurs de Saint-Joseph (1651) ⁸ ; de Demoiselles de l'Instruction (1668) ⁹ ; et un monastère de Clarisses ¹⁰. Le collège,

---

1. 1 reg. et 4 liasses ibid., sér. H. — Ibid., I, 80 ; tables V, 266. — Extraits du nécrologe dans Dom Estiennot. Bib. nat. ms. lat. 12766, f. 134-139. — Arrêt du Parlement de Toulouse en faveur du syndic du chapitre cathédral du Puy, contre le syndic des RR. PP. Cordeliers de la dite ville du 3 juillet 1709. S. l. n. d. in-4. — Les Dominicains et les Cordeliers furent appelés au Puy, par l'évêque Etienne de Chalençon, après 1220.

2. 1 reg. et 1 lias. ibid., sér. H. — Preuves de la Maison de Polignac, I, 80 ; II, 210 ; V, 262. — Congrès archéol., LXXI, 28.

3. Appelés par l'évêque Jacques de Serres en 1607. — 3 lias. Arch. départ. sér. H.

4. 2 reg. et 8 lias. aux Arch. départ. sér. H.

5. 1 lias. ibid.

6. Quelques pièces, ibid. — Relation des cérémonies qui se sont faites, tant dans l'église cathédrale et angélique de Notre-Dame du Puy, que dans celle des religieuses de la Visitation Sainte-Marie de la même ville, au sujet de la canonisation de saint François de Sales, depuis le 15 octobre 1669 jusqu'au 24. Le Puy, 1670, in-8. — Henri de Maupas, évêque du Puy ; canonisation de saint François de Sales, dans Cabinet historique, III, 1, 129-134, 207-212.

7. Du Tems, III, 398. — Notice sur le couvent du Refuge ou Saint-Maurice au Puy, par Lascombe. Le Puy, 1882, in-8.

8. Quelques pièces aux arch. départ. sér. H. — Du Tems, III, 398.

9. Du Tems, III, 399.

10. Ce monastère fut bâti en 1432 ; sainte Colette en fut la première abbesse. — 1 lias. aux arch. départ. sér. H. — Document sur le monastère de Sainte-Claire du Puy (1540), dans Tablettes hist. Velay, V (1874), 595-598. — Arrêt contradictoire du conseil privé du 26 août 1653, par lequel l'évêque du Puy est maintenu au droit d'entrer dans le monastère des religieuses de Sainte-Claire de la réforme de sainte Colette, dans le même ville, pour y visiter la clôture, nonobstant leurs privilèges et exemptions, dans An. soc. Le Puy, XXIII, 115. — Recueil des actes du Clergé, IV, 1739 et s., 1774. — Gallia christiana, II, 781-782. — Histoire

fondé en 1588, fut confié aux Jésuites [1]. Les Frères des Écoles chrétiennes furent appelés par l'évêque de Beringhen [2]. Les Chartreux possédaient un monastère près du village de Brive [3] (1628).

Les Capucins avaient un couvent à Monistrol [4] (1627), où les Ursulines étaient installées. Les Augustines [5], établies à Vals en 1312, fondèrent des maisons à Saint-Didier (1633) et à Craponne (1645) [6]. Les Religieuses de Notre-Dame avaient un établissement à Yssingeaux (1656) [7].

---

abrégée de l'ordre de Sainte-Claire d'Assise (Lyon, 1906, in-8), I, 259-261.

1. 179 reg. et 29 cart. aux arch. départ. sér. D. — Recherches historiques sur le collège du Puy (XVI-XVIIIe s.) par J. Denais, dans *Tablettes Velay*, VI, 1-48, 113-160, 348-460. — Concours pour une place de professeur au collège royal du Puy (1767), *Ibid.*, IV, 138. — Articles et règlements arrêtés par le bureau d'administration du collège royal du Puy. *Le Puy*, 1770, in-4. — État des revenus du collège du Puy en 1792, par Lascombe, dans *Mém. soc. agr. Le Puy*, III, 237. — *Congrès archéol.* LXXI, 36.

2. Du Tems, III, 400.

3. Cant. et arr. Le Puy. — 1 reg. et 19 lias. aux arch. départ. sér. H. — Statuts donnés par Gui Fulcodi, évêque du Puy, aux lépreux de la maladrerie de Brives (1259), par Vinay, dans *Rev. soc. sav.* IV (1875), 435-440. — La léproserie de Brives, par le même, dans *Ann. soc. Le Puy*, XXII (1859), 79-93. — Du Mézenc aux sources de la Loire, par Fontanille. *Grenoble*, 1904, in-8.

4. 1 art. aux arch. départ. sér. H. — Ermitage et couvent des Capucins de Monistrol-sur-Loire, par Theillère, dans *Tablettes hist. Velay*, I, 385 ; II, 181, 223, 245.

5. Cant. et arr. Le Puy. — Les Augustines furent établies à Vals par l'évêque Bernard de Castanet (1312). — 2 reg. et 5 lias. aux arch. départ. sér. H. — Le monastère de Vals près le Puy, par Fita, dans *Tablettes hist. Haute-Loire* (1870), 1-8, 49-62, 193-207, 241-246, 289-299, 460-470.

6. Exquisse historique sur Craponne, par Maitrias, dans *An. soc. Le Puy*, XVII (1852), 369-550. — La ville et le canton de Craponne, par Fontvianne. *Le Puy*, 1908, 2 vol. in-8.

7. Ysisngeaux, ses couvents, chapelles, confréries et dévotions dans le passé et le présent, par Colly. *Le Puy*, 1893, in-16.

Abbayes d'hommes du diocèse
Ordre de Saint-Benoît

LE PUY. *Saint-Pierre de La Tour*, *Sanctus Petrus de Turre* [1], fondée par l'évêque Gui II d'Anjou (993), placée plus tard sous la dépendance de l'abbaye de Saint-Chaffre, dont elle devint un prieuré. On lui conserva le titre abbatial ; celui qui le portait était l'un des dignitaires du Chapitre cathédral.

SAINT-CHAFFRE. *Sanctus Theofredus Calmiliacensis* [2], fondée par

---

1. 2 reg. et 4 lias. aux arch. départ. sér. II. — Sceau d'un abbé (1303), dans DOUET D'ARCQ. III, 8983. — Chronicon monasterii Sancti Petri Aniciensis, dans *Hist. gén. Languedoc*, V, 14-27. *Acta Sanct.* de MABILLON, V, 835-839. — Transaction entre le prieuré de Saint-Pierre-le-Monastier et le chapitre de Notre-Dame du Puy (20 juillet 1255), par LASCOMBE, dans *Tablet. hist. Velay*, II (1871), 129-134. — Recueil des actes du Clergé de France, VI, 251-331. — Gallia christiana, II, 751; instr., 223-225. — DU TEMS, III, 382.

2. Le Monastier, chef-l. cant. arr., Le Puy. — 14 reg. et 16 lias. aux arch. départ. sér. II. — Bib. nat. ms. lat. 5456; 12749 f. 33-209; notes de DOM CHANTELOU, 13845 f. 148; DOM ESTIENNOT. 12765, 18-89; 162-164; 12766, f. 51-65; 12664, f. 24; 12702, f. 209; 12704, f. 90. Coll. BALUZE LXXV, 207-210. — De l'antiquité, nom et origine du monastère de Saint-Chaffre, *Bib. Bruxelles* ms. 17907. — De l'ancienne abbaye de Saint-Chaffre, avec la vie des saints Calminus, Eudo et Theotfredus, par DOM FAVIER, camérier de Saint-Chaffre, *Bib. Grenoble* ms. 1421 *f.* 136 ; voir *f.* 13. — Cartulaire de l'abbaye de Saint-Chaffre du Monastier, ordre de Saint-Benoît, suivi de la chronique de Saint-Pierre du Puy et d'un appendice de chartes, par M. CHEVALIER. Paris, 1884, in-8 ; ext. *Tablet. hist. Velay.* — Cartulaire dauphinois de l'abbaye de Saint-Chaffre, par LE MÊME, dans *Documents inédits relatifs au Dauphiné*, II. Grenoble, 1868, *in-8*, IX-60. — Une charte relative à l'abbaye de Saint-Chaffre, par Z..., dans *Revue Vivarais*, I (1893), 40-46. — Annexion de l'abbaye du Monastier à l'archevêché de Vienne (1776), par CHARREYRE, dans *Tablet. hist. Velay*, VI, 225-241. — POTHAST, *Urbain II* (1090), 5432 ; *Paschal II* (1105-1107), 6015, 6160 ; *Callixte II* (1119), 6692 ; *Lucius II* (1144), 8551-8556 ; *Alexandre III* (1179), 13355 ; *Innocent IV* (1250), 14055 ; *Clément IV*

saint Carmery ou Calmin vers 570, reçut son nom de son deuxième abbé; ruinée par les Sarrazins, restaurée par Louis le Débonnaire, devint le foyer de l'influence clunisienne au Moyen Age dans la région des Cévennes; elle eut sous sa dépendance des monastères

---

(1266), 19816; *Grégoire X* (1272-1273), 20536, 20669, 20697, 20698. — Preuves de la Maison de Polignac, V, 208.

Chronique de l'abbaye de Saint-Chaffre, dans *Bibliotheca nova manuscrip.* de Labbe, II, 688-690. — Vie de saint Calmine, dans *Acta Sanct. August.* III, 756-762. — Vita Sancti Theofredis, abbatis Calmeliacensis et martyris circa 732, dans *Acta Sanct.* de Mabillon, sec. III, 1, 477-485. — Il monasterio di San Teofredo di Cervere ed il culto di Santo Teofredo in Piemonte, par Savio. *Torino*, 1896, *in-4.* — Druetan, abbé de Saint-Chaffre et évêque du Puy, par Arsac. *Le Puy*, s. d., *in-12.* — Notes chronologiques sur les abbés de Saint-Chaffre, par le même. *Le Puy*, 1881, *in-12.* — Notes historiques sur l'abbaye, la ville et les châteaux de Monastier, par le même. *Le Puy*, 1875, *in-12.* — De l'ancienne abbaye du Monastier Saint-Chaffre et de Messieurs les abbés d'icelle, manuscrit du P. Odo de Gissey, publié par Arsac. *Le Puy*, 1878, *in-18.* — Le Monastier Saint-Chaffre, notes et documents, par le même. *Le Puy*, 1907, *in-8.* — L'abbaye de Saint-Chaffre et ses dépendances, par le même, dans *Echo du Velay*, 20 janvier 1877. — Les dix derniers abbés de Saint-Chaffre, par le même. *Saint-Quentin*, s. d. *in-8.* — Histoire d'un autel, par le même, dans *Sem. relig. du Puy*, XXVII, 424-444. — Neuvaine à saint Théofrède, martyr, second abbé du Monastier, par le même. *Le Puy*, 1893, *in-8.*

François d'Estaing, abbé du Monastier, dans *Tablet. hist. Velay*, I, 257. — Histoire du monastère, de la ville et des châteaux du Monastier, par Cénat de l'Herm. *Le Puy*, 1855, *in-12.* — L'église du Monastier et le château de Polignac, par Mallay. Avec introduction par Thiollier. *Le Puy*, 1902, *in-8*; ext. *Mém. soc. Haute-Loire* (1899, 1900, 1901). — Le Monastier, par Thiollier, dans *Mémorial de la Loire*, 7, 14, 21 juillet 1901. — Foires et marchés au Monastier (1495 et 1602), par Lascombe, dans *Mém. soc. Haute-Loire*, III (1881), 181. — Histoire du Velay, par Mandet, VI, 317-331. — Notes d'un voyage en Auvergne, par Mérimée, 273-283. — Architecture religieuse, par Thiollier, 119-124. — *Congrès archéol.* LXXI, 84.

Gallia christiana, II, 761-769. — *Hist. gén. Languedoc*, II, pr. 269, 393; IV, 570-573; V, 139, 223, 230, 239, 655, 750, 994. — Du Tems, III, 384-387.

importants. L'église (XI⁰-XVI⁰ s.) est devenue paroissiale ; les bâtiments claustraux sont affectés à des services publics.

Ordre de Prémontré

Doue, *Doa* [1], fondée sous le vocable de Saint-Jacques vers 1138 par les seigneurs de Saint-Quentin. Les seigneurs de Canillac y avaient leur sépulture. L'abbé était le conservateur des privilèges de la cathédrale du Puy et l'arbitre-né entre l'évêque et son chapitre. Les menses abbatiale et conventuelle furent réunies en 1772, et attribuées à l'évêché du Puy.

Abbayes de femmes

Ordre de Cîteaux

Bellecombe, *Bella Cumba* [2], fondée sous le vocable de Notre-Dame et de Saint-Clair par les seigneurs de Chalançon (1148). On voit encore des ruines.

La Seauve-Bénite, *Silva Benedicta* [3], en l'honneur de Notre-

---

1. Com. Saint-Germain-Laprade, cant. et arr. Le Puy. — Gallia christiana, II, 769-773. — Du Tems, III, 388-389. — Annales Præmonstratenses de Hugo, I, 613. — Factum pour les religieux, abbé, prieur et convent de l'abbaye de Doue, contre l'abbé et les religieux du monastère du Monastier Saint-Chaffre. S. l. n. d. in-fol. — Essai historique sur l'abbaye de Doue et sur les prieurés qui en dépendent, par Pontvianne. Le Puy, 1900, in-12. — Thiollier, 109-111.

2. Com., cant. et arr. Yssingeaux. — Quelques pièces aux arch. départ. sér. H. — Notes historiques sur les monastères de la Seauve, Bellecombe, Clavas et Montfaucon, par Theillère. Le Puy, 1880, in-8. — Gallia christiana, II, 773-777. — Du Tems, III, 389-391. — Thiollier, 91. — Pouillé, par Rocher, dans *Tablettes*, IV, 529.

3. Cant. Saint-Didier-la-Seauve, arr. Yssingeaux. — Documents pour servir à la biographie de la bienheureuse Marguerite de la Seauve, par Theillère. Le Puy, 1871, in-12. — Mémoires judiciaires pour les religieuses de l'abbaye de Seauve-Clavas contre D. Souvignet et le sieur

Dame, fondée au commencement du XIIe siècle, eut pour principaux bienfaiteurs les comtes du Forez. On lui unit, en 1762, l'abbaye cistercienne de Notre-Dame de *Clavas*, de *Clavasio* [1], qui fut restaurée, en 1698, par Anne de Montmorin de Saint-Hérem.

Maisons conventuelles

CHAMALIÈRES, *Camalariæ* [2]. Saint-Pierre, monastère fondé en 937 et donné à l'abbaye de Saint-Chaffre du Monastier entre 939 et 949, affranchi peu à peu de cette sujétion ; il garda son autonomie et sa vie conventuelle jusqu'au moment de sa suppression en 1740. L'église, qui est encore conservée, est un beau monument de l'architecture romane. Il y eut dans la ville un monastère de femmes dès 1031, qui disparut d'assez bonne heure.

Jourda de Folletier. *Paris*, 1765-1766, 2 *pièces in-4*. — Gallia christiana, II, 777-780. — DU TEMS, III, 391-394.

1. Com. Riotord, cant. Montfaucon, arr. Yssingeaux. — Gallia christiana, II, 780-781. — DU TEMS, III, 394.

2. Cant. Vorey, ibid. — Arch. départ. sér. II. — Cartulaire de Chamalières, dans *Tablettes hist.* 1870-1872. — Cartulaire de Chamalières-sur-Loire, en Velay, prieuré conventuel dépendant de l'abbaye de Saint-Chaffre, publié par AUG. CHASSAING, avec introduction et tables, par JACOTIN. *Paris*, 1895, *in-8*. — Le prieuré conventuel de Chamalières-sur-Loire, ordre de Saint-Benoît, observance de Cluny, dépendant de l'abbaye du Monastier-Saint-Chaffre (937-1790), par PONTVIANNE. *Le Puy*, 1904, *in-8*. — Donation au monastère de Saint-Pierre de Chamillac en Velay par Humbert-aux-Blanches-Mains des terres qu'il a conquises aux Echelles (1042), par le P. CAMILLE DE THONON, dans *Mém. publiés par la soc. savoisienne d'histoire*, IV (1860), 321. — Etude sur le cartulaire de Chamalières, par THEILLÈRE. *Le Puy*, 1876, *in-12*. — Histoire du Velay, par MANDET, VI, 331-343. — Rapport sur l'église de Chamalières, par NORMAND, dans *An. soc. agr. Puy*, XVIII (1863), 106 et s. — Les églises de Saint-Paulien et de Chamalières-sur-Loire, par DE FAYOLLE, dans *Bul. monum.*, LXX (1906), 106-112. — L'église de Chamalières, par THIOLLIER. *Le Puy*, 1901, *in-4*. — L'architecture religieuse, par LE MÊME, 92-103. — Porte en bois sculpté à l'église de Chamalières-sur-Loire, par LE MÊME, dans *l'Illustration moderne*, II (1896), 161 et s.

Saint-Saturnin de Vorey, *de Valle regia* [1], prieuré sous la dépendance de l'abbaye des Chazes, remontant au XI° siècle, se recruta dans les meilleures familles du pays et dura jusqu'à la Révolution.

Notre-Dame de Montfaucon [2], monastère de Bernardines, fondé, en 1638, par sœur Lucrèce de Fay de Gerlande, du monastère de Saint-Just de Romans, et sœur Geneviève du Bronac, venue de Clavas.

Prieurés

Le Puy [3], *Saint-Jean de la Chevalerie*, commanderie de Chevaliers de Malte, dépendant du Grand-Prieuré d'Auvergne, à laquelle furent attribués les biens de la commanderie de Saint-Barthélemy du Temple.

Alleyras, *Alayracum* [4]. Saint-Martin, de l'ordre de Cluny, dépendant du prieuré de la Voûte. Commanderie de *Gourlong*, *de Gurgite longo*, dépendant de celle de Saint-Jean de la Chevalerie. — Araules, *Aradulæ* [5]. Saint-Marcellin, dépendant de la Chaise-Dieu. — Aurec, *Auriacum* [6]. Saint-Pierre, donné à l'abbaye de Cluse par

---

1. Chef-l. cant., arr. Le Puy. — Vorey et son couvent de Bénédictines, par Balme, dans *Tablet. Velay*, III, 103-116. — Du Tems, III, 394-395. — Diction. topograph., 304.

2. Chef-l. cant., arr. Yssingeaux. — Hist. gén. Languedoc, IV, 410. — Theillère, *ouv. cit.*

3. Cartulaire des Hospitaliers du Velay, par Chassaing. Paris, 1888, in-8. — Cartulaire des Templiers du Puy en Velay, par Chassaing. Paris, 1882, in-8 ; ext. *An. soc. Le Puy*, XXXIII. — Les Chevaliers de Saint-Jean de Jérusalem au Puy, par de Lagrevol, dans *Tablettes hist. Velay* (1874-1875), 575 et s. — Eglise Saint-Barthélemy, dans *Congrès archéol.*, LXXI, 37.

4. Cant. Cayres, arr. Le Puy. — Ordonnance concernant Alleyras, par A. Lascombe, dans *Mém. soc. Le Puy*, XI (1899-1901), 160-162. — Pouillé, par Rocher, VI, 306 et s. — Dict. topogr., 4, 137. — Thiollier, 83.

5. Cant. et arr. Yssingeaux. — Diction. topogr., par Jacotin, 7.

6. Cant. Saint-Didier-la-Séauve, ibid. — Id., 12. — Histoire des ducs

Gérard II, comte du Forez, vers l'année 1108. — BAINS [1]. Sainte-Foy, donné à l'abbaye de Conques en 1105 et uni au collège des Jésuites de Lyon en 1613. Saint-Jean de *Chantoin*, commanderie de Templiers, attribuée aux Chevaliers de Saint-Jean (1313). — BAS [2]. *Saint-Pierre des Sables*, uni au prieuré de Saint-Romain-le-Puy-en-Forez. — BAUZAC [3]. *Confolent, Confolentum*, fondé par les moines de Chamalières en un lieu reçu de Gibon et de Anne, son épouse. — BEAULIEU, *Bellus locus* [4]. Notre-Dame, qui appartenait à l'abbaye de Tournus dès 1120. — BELLEVUE-LA-MONTAGNE [5]. *Montredon, Mons rotundus*, commanderie de Templiers, attribuée aux Chevaliers de Malte en 1313. — BESSAMOREL, *Bessa Maurelli* [6]. Saint-Jean, commanderie de Templiers, puis de Chevaliers de Malte, détruite par les protestants (1574). — BORNE, *Borna* [7]. Notre-Dame, dépendant de l'abbaye de la Doue.

CHASPIGNAC, *Caspiniacum* [8]. Saint-Julien, que l'abbaye de Tour-

---

de Bourbon et des comtes de Forez, par LA MURE, *Paris*, 1860, I, 88-89. — THIOLLIER, 85.

1. Cant. Solignac-sur-Loire, arr. Le Puy. — Cartulaire de Conques, par DESJARDINS, ch. 475. — Pouillé, par ROCHER, IV, 263 et s. — Dict. topogr., 15, 64. — THIOLLIER, 85.

2. Cant. et arr. Yssingeaux. — Dict. topogr., 263. — Etude historique sur le canton de Bas, par THEILLÈRE. *Saint-Etienne*, 1883, in-18.

3. Cant. Monistrol-sur-Loire, arr. Yssingeaux. — Le prieuré conventuel de Chamalières-sur-Loire, par PONTVIANNE, 270-272.

4. Cant. Vorey, arr. Le Puy. — ID., 22. — Pouillé du diocèse du Puy, par ROCHER, dans *Tablettes hist.*, IV, 517-518. — THIOLLIER, 87-88.

5. Cant. Allègre, arr. Le Puy. — Dict. topogr., 190. — THIOLLIER, 127-129.

6. Cant. et arr. Yssingeaux. — ID., 26. — Cartulaire des Templiers du Puy, par CHASSAING, XIV. — Cartulaire des Hospitaliers du Velay, par LE MÊME, LX. — THIOLLIER, 91-92.

7. Cant. Saint-Paulien, arr. Le Puy. — ID., 36. — THIOLLIER, 92. — Correspondance des curés avec Dom Vaissette, dans *Tablettes*, VI, 213.

8. Com. Saint-Quintin-Chaspignac, cant. et arr. Le Puy. — Dict. topogr., 68. — THIOLLIER, 105. — Pouillé du diocèse du Puy, par ROCHER, dans *Rec. cit.*, IV, 519.

nus possédait au commencement du XII° siècle. — CHASPUZAC, *Chaspusacum* [1]. Saint-Martin. — CHOMELIX, *Calmiliacum* [2]. Saint-Pierre, dépendant de l'abbaye de la Chaise-Dieu, uni à l'office de réfectorier. — CUSSAC [3]. Saint-Blaise de *Gensac, de Gensaco*, de l'ordre de Cluny. — DUNIÈRES, *Duneriæ* [4]. Saint-Martin, mentionné par le pape Lucius III comme dépendance de la Chaise-Dieu (1184), uni au collège des Jésuites de Lyon (XVI° s.). — FIX-SAINT-GENEYS, *Sanctus Genesius de Fys* [5].

GOUDET, *Godetum* [6]. Notre-Dame, dépendant de l'abbaye de Tournus. — GRAZAC, *Graciacum* [7]. Saint-Pierre, de l'ordre de Cluny. — LA CHAPELLE-BERTIN, *Capella Bertini* [8]. Saint-Marcellin, dépendant de la Chaise-Dieu. — LANDOS, *Landocium* [9]. Saint-Félix, dépendant du prieuré de Goudet, uni au séminaire du Puy (1622). — LA SAUVETAT, *Salvitas* [10]. Commanderie de Templiers, attribuée aux Chevaliers de Malte (1313). — LA VOUTE-SUR-LOIRE, *Vallis Amblivina* [11]. Saint-Maurice, soumis à l'abbaye de Tournus avant l'année 1120.

---

1. Cant. Loudes, arr. Le Puy. — Dict. topogr., 68. — THIOLLIER, 106. — Pouillé, V,111.
2. Cant. Craponne, ibid. — ID., 81. — La ville et le canton de Craponne, par PONTVIANNE, II, 127-132.
3. Cant. Solignac, arr. Le Puy. — Dict. topogr., 247. — THIOLLIER, 142.
4. Cant. Montfaucon, arr. Yssingeaux. — Arch. départ. Rhône, sér. D, 182-196. — DOM ESTIENNOT, Bib. nat. ms. lat. 12749, c. XIII, et *Mém. soc. agr. Le Puy* (1890), 295. — Pouillé, dans *Tablettes hist.*, IV, 473. — Dict. topogr. 109. — THIOLLIER, 111-113.
5. Cant. Allègre, arr. Le Puy. — THIOLLIER, 116.
6. Cant. Le Monastier, ibid. — Dict. topog., 137.
7. Cant. et arr. Yssingeaux. — Ibid., 141.
8. Cant. Paulhaguet, arr. Brioude. — Ibid., 65. — Pouillé, par ROCHER, V, 84 ; VI, 292 et s. — THIOLLIER, 104.
9. Cant. Pradelles, arr. Le Puy. — Ibid., 151. — Pouillé, par ROCHER, IV, 107. — THIOLLIER, 116-117.
10. Cant. Pradelles, arr. Le Puy. — Dict. topogr., 266.
11. Cant. Saint-Paulien, arr. Le Puy. — Dict. topogr., 302. — THIOLLIER, 174.

— Le Bouchet-Saint-Nicolas, *Boschetum Sancti Nicolai*[1]. Saint-Nicolas, dépendant de la Chaise-Dieu, uni à l'office d'aumônier. — Le Chambon, *Chambo*[2]. Notre-Dame. — Montregard, *Pallegiagum*[3]. Saint-Jean-Baptiste, donné à l'abbaye de Chazeaux par sa fondatrice, Luce de Beaudisner (1337), placé ensuite sous la dépendance de l'Ile-Barbe, puis uni au collège des Jésuites du Puy (1619).

Roche-en-Régnier, *Rupis in Regnerio*[4]. Saint-Maurice, donné au Monastier par l'évêque Adémard de Monteil (1082). — Saint-Etienne-Lardeyrol, *Sanctus Stephanus de Lardayrolio*[5], dépendant de la Chaise-Dieu, qui l'avait reçu de l'évêque Pierre de Solignac (1167). — Saint-Front, *Sanctus Fronto*[6], cédé à Saint-Chaffre du Monastier par les quatre frères Pierre, Guillaume, Pons et Guigues au moment de leur départ pour la croisade (1096). — Saint-Germain-Laprade, *Sanctus Germanus Pratensis*[7], dépendant de l'abbaye de la Douc. — Saint-Haon[8]. *Saint-Médard d'Allier, Sanctus Medardus prope Aligerim*, dépendant de Chamalières. — Saint-Hostien, *Sanctus Sostianus*[9], dépendant de la Chaise-Dieu. — Saint-Jean-de-Nay[10]. Saint-Romain, dépendant du Monastier. Saint-Gérard de *Cereix*, de *Ceresio*. Commanderie de *Freyssenet*, de *Freysseneto*, appartenant aux Chevaliers de Malte, qui l'avaient obtenue après la

---

1. Cant. Cayres, ibid. — Dict. topogr., 38.
2. Cant. Tence, arr. Yssingeaux. — Ibid., 58.
3. Cant. Montfaucon, ibid. — Ibid., 190. — Pouillé, par Rocher, IV, 493. — Thiollier, 129.
4. Cant. Vorey, arr. Le Puy. — Ibid., 357. — Thiollier, 158. — Le prieuré conventuel de Chamalières, par Pontvianne, 276-283.
5. Cant. Saint-Julien-Chapteuil, ibid. — Ibid., 250. — Thiollier, 144-145.
6. Cant. Fay-le-Froid, ibid. — Ibid., 251. — Cartulaire du Monastier, ch. 241, p. 88. — Pouillé, par Rocher, IV, 475. — Thiollier, 146-147.
7. Cant. et arr. Le Puy. — Ibid., 252. — Thiollier, 148.
8. Cant. Pradelles, arr. Le Puy. — Ibid., 257.
9. Cant. Saint-Julien-Chapteuil, ibid. — Ibid., 253.
10. Cant. Loudes, ibid. — Ibid., 50, 130.

suppression des Templiers (1313). — SAINT-JEAN-LACHALM, *Sanctus Johannes de Mirnanda, de Calma*[1], de l'ordre de Cluny, relevant du prieuré de La Voute. — SAINT-JULIEN-CHAPTEUIL, *Sanctus Julianus de Captolio*[2], dépendant de la Chaise-Dieu. — SAINT-JULIEN D'ANCE, *Sanctus Julianus de Ansa*[3], dépendant de l'abbaye de la Doue. — SAINT-JULIEN-DE-PINET, *Sanctus Julianus de Pineto*[4], d'une dépendance inconnue. — SAINT-MARTIN DE FUGÈRES, *Sanctus Martinus de Fugeriis*[5], dépendant de l'abbaye de la Doue. — SAINT-MAURICE DE LIGNON, *Sanctus Mauritius de Podenciago*[6], dépendant de la Chaise-Dieu. — SAINT-PAL-DE-CHALENÇON, *Sanctus Paulus de Chalanconio*[7], dépendant de la Chaise-Dieu, ainsi que *Saint-Julien-la-Tourrette, Sanctus Julianus de Turreta*. — SAINT-PAL-DE-MONS, *Sanctus Paulus juxta montes*[8], dépendant de la même abbaye. — SAINT-PIERRE-EYNAC, *Sanctus Petrus de Aynaco*[9], dépendant de la Chaise-Dieu et uni à la mense abbatiale. — SAINT-PRIVAT-D'ALLIER, *Sanctus Privatus prope Allerium*[10], dépendant de la Chaise-Dieu et

---

1. Cant. Cayres, ibid. — Dict. topograph., 254.
2. Chef-l. cant., arr. Le Puy. — Ibid., 255. — THIOLLIER, 153-156. — Pouillé, par ROCHER, IV, 509 et s.
3. Cant. Craponne, ibid. — Ibid., 255. — THIOLLIER, 156. — Série de Mélanges historiques, par PAYRARD, *Le Puy*, 1887, in-12, 266-267. — La ville et le canton de Craponne, par PONTVIANNE, II, 525-636.
4. Cant. et arr. Yssingeaux. — Ibid., 255. — THIOLLIER, 156. — Pouillé, par ROCHER, IV, 519-520.
5. Cant. Le Monastier, arr. Le Puy. — Ibid., 257.
6. Cant. Monistrol, arr. Yssingeaux. — Ibid., 257. — THIOLLIER, 157. — Pouillé, par ROCHER, IV, 487, 524.
7. Cant. Bas, ibid. — Ibid., 257, 255. — THIOLLIER, 159, 157. — Étude historique sur le canton de Bas-en-Basset, par THIOLLIER, *Saint-Etienne*, 1883, in-18.
8. Cant. Saint-Didier-la-Séauve, arr. Yssingeaux. — Dict. topog., 258.
9. Cant. Saint-Julien-Chapteuil, arr. Le Puy. — Ibid., 259. — THIOLLIER, 163. — Charte de fondation du prieuré de Saint-Pierre-Eynac, par DUCHAPRE, dans *Tablettes hist.*, II, 89. — Pouillé, par ROCHER, IV, 511.
10. Cant. Loudes, arr. Le Puy. — Ibid., 259. — THIOLLIER, 164-165. — Pouillé, par ROCHER, VI, 285 et s.

uni à la mense conventuelle. — SAINT-VINCENT, *Sanctus Vincentius in Vallavia*[1], de l'ordre de Cluny, sous la dépendance du prieuré de la Voute. *Viaye-les-Moines, Viaiæ*, monastère de Grandmontains, fondé par Héracle II, vicomte de Polignac, vers 1162, et supprimé en 1772. — SOLIGNAC-SOUS-ROCHE, *Solemniacum*[2]. Saint-Julien, dépendant de Saint-Michel de Charais en Vivarais. — TENCE, *Tencianum*[3]. Saint-Martin, dépendant de l'abbaye d'Ainay, uni au collège des Jésuites de Lyon. — VAZEILLES-LIMANDRES, *Vazelhæ*[4]. Saint-Pierre, dépendant de la Chaise-Dieu, uni à l'office d'aumônier. — VERGEZAC[5]. Saint-Remy, dépendant de la Chaise-Dieu. — YSSINGEAUX[6]. *Versilhac, Versiliacum*, dépendant de la Chaise-Dieu.

---

1. Cant. Saint-Paulien, ibid. — Dict. topogr., 261. — THIOLLIER, 168. — 1 lias. aux arch. départ. sér. H. — Le monastère de Sainte-Marie de Viaye, par ROCHER, *Le Puy*, 1868, in-12. — Destruction de l'ordre de Grandmont, par GUIBERT, 781-784.

2. Cant. Bas, ibid. — Ibid., 271.

3. Chef-l. cant., arr. Yssingeaux. — Ibid., 277. — Sceau du prieur Barthélemy (1303), dans *Inventaire des sceaux*, par DOUET D'ARCQ, III, 9612. — Recherches historiques sur une partie de Velay, principalement la ville et la paroisse de Tence. Le Puy, 1900, in-8.

4. Cant. Loudes, arr. Le Puy. — Ibid., 289.

5. Ibid. — Ibid., 260. — THIOLLIER, 165.

6. Chef-l. arr. — Ibid., 294.

IV

DIOCÈSE DE LIMOGES[1]

[Limoges, *Lemovicensis*, ville épiscopale, capitale du Limousin...

---

1. Chef-l. départ. Haute-Vienne. — Table chronologique et historique, contenant un abrégé fidèle de tout ce qui s'est passé de plus remarquable dans la province de Limosin depuis les conquêtes des Romains jusques en l'année courante 1666, par Collin. *Limoges, s. d., in-fol.* — Remarques sur les fautes et faussetés de la table intitulée : table chronologique : ou mémoires pour l'histoire du Limousin, par Maldamnat. *Lyon, 1668, in-4.* — Histoire de Limoges et du haut et du bas Limousin, mise en harmonie avec les points les plus curieux de l'histoire de France, par Barny du Romanet. *Limoges, 1821, in-8.* — Histoire du Limousin, par Leymarie. *Limoges, 1845, 2 vol. in-8.* — Introduction à l'histoire générale de l'ancienne province de Limousin, par de Douhet. *Limoges, s. d., in-8.*

Étude sur la géographie historique de la Gaule et spécialement sur les divisions territoriales du Limousin au Moyen-Age, par Deloche. *Paris, 1864, in-4.* — Le Massif-Central, Histoire d'une région de la France, par Alf. Leroux. *Paris, 1898, 3 vol. in-8.* — Géographie et histoire du Limousin (Creuse, Haute-Vienne, Corrèze) depuis les origines jusqu'à nos jours, par le même. *Limoges, 1890, in-12.* — Géographie historique du Limousin depuis les origines jusqu'à nos jours, par le même. *Limoges, 1909, in-8*; ext. *Bul. soc. archéol. Limousin*, LVIII. — Pagi et vicairies du Limousin aux IX, X et XI° s., par Deloche. *Paris, 1899, in-4*; ext. *Mém. acad. Inscript.* XXXVI, ii.

Le Limousin historique. Recueil de toutes les pièces historiques pouvant servir à l'histoire de l'ancienne province du Limousin, par Leymarie. *Limoges, 1837, 2 vol. in-8.* — Documents historiques bas-latins, provençaux et français concernant principalement la Marche et le Limousin, par Leroux, Em. Molinier et Ant. Thomas. *Limoges, 1883-1885, 2 vol. in-8.* — Chartes, chroniques et mémoriaux pour servir à l'histoire de la Marche et du Limousin, par Leroux et Bosvieux. *Limoges, 1886,*

est partagée en ville et cité. Les Limousins prétendent que leur

---

in-8. — Chroniqueurs et historiens de la Marche et du Limousin, par LE MÊME. *Limoges*, 1887, *in-8*; ext. *Bul. soc. archéol.* XXXIV. — Nouveaux documents historiques sur la Marche et le Limousin, par LE MÊME, *Limoges*, 1887, *in-8*. — Chroniques ecclésiastiques du Limousin, par le chan. LECLER, *Limoges*, 1890, *in-8*. — Choix de documents historiques sur le Limousin, par LEROUX. *Limoges*, 1891, *in-8*. — Documents divers sur le Limousin, par FAGE, LECLER et GRANET. *Limoges*, 1892-1893, 2 vol. *in-8*. — Nouveau choix de documents historiques sur le Limousin, par LEROUX. *Limoges*, 1895, *in-8*. — Documents, analyses de pièces, extraits et notes relatifs à l'histoire municipale des deux villes de Limoges, par GUIBERT. *Limoges*, 1897, *in-8*. — Le Comté de la Marche et le Parlement de Poitiers, par ANT. THOMAS. *Paris*, 1910, *in-8*. — Chartes des archives départementales et hospitalières de Limoges, par LEROUX, dans *Bul. soc. lit. Corrèze*, V (1883), 638; VI, 237, 350, 499, 622; VII, 82, 248, 467. — L'idiome limousin dans les chartes, les inscriptions et les chroniques, par LE MÊME, dans *Mélanges Chabaneau*, *Erlangen*, 1906, *in-8*. — Extraits des archives du Vatican relatifs au diocèse de Limoges (bulles pontificales, 1289-1418), par ANT. THOMAS, dans *Bul. soc. archéol. Limousin*, XXX (1882), 43. — Extraits d'un spicilège limousin (XII-XIIIe s.), par ARBELLOT, *Ibid.*, IV (1852), 207. — Dépouillement des volumes 184 et 185 du fonds Gaignières concernant le Limousin, dans *Cabinet historique*, VIII, 11, 258-262. — Recueil des archives de la province de Limousin, par DOM COL. *Bib. nat. ms. lat.* 9193-9199. — Le bénédictin Dom Col en Limousin, par L. GUIBERT, dans *Bul. soc. Corrèze*, *Tulle*, 1884, 280 et s. — Doléances paroissiales de 1789, par LEROUX. *Limoges*, 1889, *in-8*. — Cahier de doléances, par FRAY-FOURNIER. *Limoges*, 1893, *in-8*. — Le département de la Haute-Vienne, par LE MÊME, *Limoges*, 1909, 2 vol. *in-8*. — Les sources de l'histoire du Limousin, par LEROUX. *Limoges*, 1895, *in-8*. — Bibliographie de l'histoire de la révolution dans le département de la Haute-Vienne, par FRAY-FOURNIER. *Limoges*, 1894, *in-8*. — Tables générales du Bulletin de la société archéologique du Limousin, par DUCOURTIEUX. *Limoges*, 1901, *in-8*; table des documents par ordre chronologique, 323-340.

Récits de l'histoire du Limousin, publiés par la Société historique et archéologique de Limoges. *Limoges*, 1885, *in-8*. — Limoges au XVIIe siècle, par LAFOREST. *Limoges*, 1862, *in-8*. — Un siècle de vie ecclésiastique en province. La réforme catholique au XVIIe s. dans le diocèse de Limoges, par AULAGNE. *Paris*, 1906, *in-8*. — État du clergé ou du diocèse de Limoges, dressé par GILLES LE DUC (1702), publié par LECLER, dans *Bul.*

apôtre et premier évêque est saint Martial, un des disciples de Jésus-

---

soc. archéol. Limousin, XLVI, 301-394. — Tableau ecclésiastique et religieux de la ville de Limoges dressé par BULLAT, à la veille de la révolution, publié par LECLER, dans Arch. hist. Marche et Limousin, II, 399-448. — État par paroisses de la vicomté de Rochechouart en 1785, ibid., IV, 138-167; V, 238-294. — Martyrs et confesseurs de la foi du diocèse de Limoges pendant la révolution, par LECLER. Limoges, 1892-1908, 4 vol. in-8. — Table générale du Bul. soc. archéol. 124-136.

Études sur les comtes et vicomtes de Limoges antérieurs à l'an 1000, par DE LASTEYRIE. Paris, 1874, in-8. — Histoire des vicomtes et de la vicomté de Limoges, par MARVAUD. Paris, 1873, 2 vol. in-8. — La vicomté de Limoges. Géographie et statistique féodale, par CLÉMENT-SIMON. Paris, 1879, in-8. — Table chronologique des vicomtes de Limoges, des dignitaires et administrateurs de la province de Limousin (975-1800), par GAY DE VERNON, dans Bul. soc. archéol. Limousin, I (1846), 178-192. — Mémoire sur la Généralité de Limoges, dressé par L. DE BERNAGE (1698), publié par LEROUX. Ibid., XXXII, 149. — Histoire de la Généralité de Limoges, par LE MÊME, dans Inv. som. arch. départ. sér. C. — Table du Bulletin soc. archéol., 34-45. — Chronologie des comtes de la Marche issus de la maison de Lusignan, par L. DELISLE, dans Bib. éc. chartes (1856), 537-545. — Les archives du comté de la Marche, par ANT. THOMAS. Ibid. (1881), 36-51.

Les lépreux et les léproseries de Limoges par L. GUIBERT, dans Bul. soc. archéol. Limousin, LV (1905), 1-146. — La famille limousine d'après les testaments et la coutume, par LE MÊME. Limoges, 1883, in-16. — Les anciennes corporations de métier en Limousin, par LE MÊME, dans Bul. soc. archéol. Limousin, XXXII, 338; XXXIV, 275; XXXV, 631. — Les anciennes confréries limousines, par LE MÊME. Ibid., XXXII, 324. — Les confréries des pénitents en France et notamment dans le diocèse de Limoges, par LE MÊME. Ibid., XXVII, 5, 358; XXVIII, 291. — Les ermites et les recluses du Limousin, par ARBELLOT, XXXII, 345; XXXIII, 21, 40, 331. — Les ostensions en Limousin. Études historiques sur ces solennités locales, Limoges, Saint-Junien, Le Dorat, Saint-Léonard, par MAUBLANC. Limoges, 1890, in-16.

Historique monumental de l'ancienne province du Limousin. Limoges, 1837, 3 vol. in-4. — Description des monuments des différents âges observés dans le département de la Haute-Vienne, avec un précis des annales de ce pays, par ALLOU. Limoges, 1821, in-4. — Manuel d'épigraphie suivi du recueil des inscriptions du Limousin, par TEXIER, dans Mém. soc. Antiq. Ouest, XVII (1850), 1-380. — Inscriptions limousines en langue romane, par LECLER, dans Bul. soc. archéol. Limousin, XXIX

Christ; et, en cette qualité, on a pour lui en cette province une

---

(1881), 332. — Recueil des inscriptions du Limousin, par TEXIER. Limoges, 1851, in-8. — Supplément au recueil des inscriptions limousines, dans *Documents historiques*, par LEROUX, MOLINIER, THOMAS, I, 90-120. — Notes pour servir à la sigillographie du département de la Haute-Vienne, par DE BOSREDON. Limoges, 1892, in-8; ext. *Bul. soc. arch.* XXXVII, 116; XXXVIII, 67; XXXIX, 305; XLII, 458. — Sceaux et armes des deux villes de Limoges et des villes, églises, cours de justice, chancelleries, corporations des trois départements, par L. GUIBERT. Limoges, 1885, in-8; même recueil, XXVI, 62; XXXIII, 1. — Dictionnaire de l'orfèvrerie, par TEXIER. Paris, in-8. — Les émaux de Limoges, par RUPIN. Paris, 2 vol. in-8. — Catalogue des artistes limousins, par L. GUIBERT, dans *Bul. soc. archéol. Limousin*, LVIII (1908), 119-209. — Tables du Bul. soc. archéol., 114-123. — Étude sur les cloches de l'ancien diocèse de Limoges, par LECLER. Limoges, 1902, in-8; ext. même recueil.

Bibliographie limousine, par POYET, dans *Bul. soc. archéol. Limousin*, XI (1861), 201-259; XIII, 115. — Les manuscrits et imprimés à l'exposition de Limoges (1886), par DUCOURTIEUX, 1888, in-8. — L'exposition du livre limousin. Catalogue, par DUCOURTIEUX, dans *Bul. soc. archéol. Limousin*, XLIV (1895), CLXXXVII-CCLVII. — Bibliothèque de la Creuse. Essai bibliographique, par BOSVIEUX, dans *Assises de l'Inst. Prov. France.* Guéret, 1866, II, 193. — Catalogue méthodique de la bibliothèque de Limoges, par RUBEN. Limoges, 1858-1863, 3 vol. in-8. — Catalogue général des manuscrits des bibliothèques publiques de France. Départements, IX. Limoges, par L. GUIBERT, 445-465. — Sur les manuscrits conservés au séminaire et à l'hôtel de ville relatifs à l'histoire du Limousin, par ALLOU, dans *Annuaire historique de la Société d'histoire de France pour 1837*. Paris, 1836, in-16, p. 221. — Les manuscrits du séminaire de Limoges. Notice et catalogue, par L. GUIBERT. Limoges, 1892, in-8; ext. *Bul. soc. archéol. Limousin*, XXXIX, 456; XLI, 634, 641. — Catalogue de la bibliothèque de la Société archéologique du Limousin, par LEROUX, ibid. XXXVI (1889), 331-338. — La bibliothèque d'Aug. Bosvieux, par DUCOURTIEUX. Ibid., XXXVI, 303-316. — Répertoire du fonds Codet de Boisse, par G. TONYÉRAS, ibid., LV (1905), 452-511. — Catalogue d'une collection de gravures et de lithographies sur la Creuse, par MAZET. Guéret, 1886, in-8. — Inventaire sommaire des archives départementales. Haute-Vienne, sér. B, par LEROUX. Limoges, 1899, in-4; sér. C, par RIVAIN et LEROUX, Limoges, 1891, in-4; sér. D, par LEROUX. Limoges, 1882, in-4; sér. E, supplément, par LE MÊME. Ibid., 1889, in-4; sér. H, suppl., par LE MÊME. Ibid., 1884-1887, in-4; sér. G, par RIVAIN et LEROUX. Ibid., 1908, in-8. — Creuse, sér. C et E, par BOSVIEUX, RICHARD, DUVAL

dévotion de préférence, qui fait presque oublier les autres saints[1]. Ce qui regarde saint Martial est très douteux et on ne connaît certainement aucun évêque de Limoges avant Ruricius, dont

---

et Autorde. *Ibid.*, 1898, *in-4*. — Limoges, par Ant. Thomas. *Limoges, in-8*. — Les sources de l'histoire du Limousin, par Leroux, 1-23. — Dictionnaire historique et géographique de la Creuse, par Langlade. *Aubusson*, 1882, *in-8*. — Grand dictionnaire historique, généalogique et biographique de la Haute-Marche, par Amb. Tardieu. *Herment*, 1894, *in-8*. — Dictionnaire topographique, archéologique et historique de la Creuse, par Lecler. *Limoges*, 1902, *in-12*. — Bulletin de la société archéologique et historique du Limousin, *Limoges*, 1850 *et s. in-8*. — Bulletin de la Société des amis des sciences, à Rochechouart, 1889 *et s., in-8*. — Mémoires de la société des sciences naturelles et archéologiques de la Creuse. *Guéret*, 1847 *et s., in-8*. — Le Bibliophile Limousin, *Limoges, in-8*.

Origines des monastères de la Marche et du Limousin, par le Fr. Chalemot, publié par Leroux, dans *Bul. soc. Corrèze, Tulle*, 1893, 291-297. — Essais historiques sur les monastères de la Marche et du Limousin, par Roy-Pierrefitte. *Guéret*, 1857-1863, *in-8*. — La Haute-Marche au XIIe siècle. Les moines cisterciens et l'agriculture, par G. Martin, dans *Mém. soc. Creuse*, 1893, 47-127. — Gallia christiana, II, 408-548; inst., 101-201. — Du Tems, III, 241-334. — Corrections au Gallia christiana, par Lecler, dans *Bul. soc. archéol.*, XXIX, 411 et s. — Notes additionnelles au Gallia christiana, par De Fleury. *Angoulême, s. d., in-4*.

Les Fastes épiscopaux de l'ancienne Gaule, par Duchesne, II, 47-54, 103-117. — Acta Sanctorum Junii, VII, 490-525. — Les sources de l'histoire du Limousin, par Leroux, 42-46. — Histoire de saint Martial, apôtre des Gaules et principalement de l'Aquitaine et du Limousin, ou la défense de son apostolat, par le P. Bonaventure de Saint-Amable, *Clermont*, 1676-1685, *3 vol. in-fol*. — Dissertation contre l'apostolat de saint Martial, par Descordes. — Traité de la dévotion des anciens chrétiens à Saint-Martial de Limoges, par Bandel. *Limoges*, 1638, *in-12*. — Réponse à la lettre que le sieur Maldamnat a écrite à un de ses amis de Limoges, avec une apologie pour la mission du glorieux saint Martial, par De Bonnefoy. *Paris*, 1668, *in-4*. — Vida y milagros del glorioso san Marcial, con tres disertaciones historicas pertenecientes á la vida y predicacion del Santo, par Miguel Garcia y Vera. *Zaragoza*, 1727, *in-4*. — Dissertatio de tempore quo sanctus Martialis in Aquitaniam missus est. *S. l.*, 1836, *in-4*. — Recherches sur l'épiscopat des saints Martial, Sévérien et Privat, par Baldit. *Mende*, 1854, *in-8*. — Dissertation sur l'apos-

Sidoine Apollinaire fait mention et auquel il a écrit une lettre l'an 470 [1]. Parmi les successeurs de saint Martial, il y en a eu plusieurs d'illustres par leur naissance, leur piété et leur fidélité. Ce fut un évêque de Limoges qui contribua le plus à faire remettre cette ville au connétable Duguesclin, qui l'assiégeait pour le roi Charles V [2].

---

tolat de saint Martial et sur l'antiquité des Églises de France, par Arbellot. *Limoges*, 1855, in-8. — Pierre le Scolastique ou fragment d'un poème sur saint Martial, par le même. *Limoges*, 1857, in-8. — Documents inédits sur l'apostolat de saint Martial et sur l'antiquité des Églises de France, par le même. *Limoges*, 1860, in-8. — L'apostolat de saint Martial et de sainte Véronique, par de Lodone, dans *Rev. Gascogne* (1865). — L'apôtre saint Martial et les fondateurs apostoliques des Églises des Gaules, par Dom Aurélien. *Florence*, 1880, in-8. — Livre des miracles de saint Martial, par Arbellot. *Limoges*, 1889, in-8. — Etude historique sur l'ancienne vie de saint Martial et les origines chrétiennes de la Gaule, par le même. *Limoges*, 1892, in-8. — Saint Martial de Limoges, par Duchesne, dans *Annales du Midi* (1892), 289 et s. — L'apôtre saint Martial, par Deschamps. *Limoges*, 1893, in-8. — Le plus ancien manuscrit de la vie de saint Martial, par Arbellot, *Semaine religieuse de Limoges*, 3, 16, 17 mai 1894. — Saint Martial de Limoges, par le même, dans *La Vérité*, 25 juin, 9 et 23 juillet 1894. — Tables générales du *Bulletin soc. archéol.* 208-209.

1. Ruricius fut évêque vers 485. Il mourut après le concile d'Agde. (506). On conserve 82 lettres de lui. La dernière édition est due à Engelbrecht, qui les a publiées à la suite des œuvres de Fauste de Riez, *Fausti Reiensis prœter sermones pseudo Eusebianos opera; accedunt Ruricii epistolæ*, dans *Corpus Scriptorum Ecclesiæ latinæ*, XXI. Vienne, 1891, in-8. — Pat. lat. LVIII, 67 et s. — Acta Sanct. Octobris, VIII, 59-73. — Gesta episcoporum Lemovicensium, par Bernard Gui, dans *Bibliotheca nova manuscriptorum* de Labbe, II, 265 et s. — Bernardi Guidonis catalogus episcoporum Lemovicensium continuatus auctoribus incertis (1348-1519), dans *Arch. hist. Marche et Limousin*, par Leroux, I, 267-274. — Les sources de l'histoire du Limousin, par Leroux, 37-49, 175. — Histoire sacrée de la vie des principaux saints du diocèse de Limoges, par Jean Collin. *Limoges*, 1672. — Florilegium sacrum Lemovicense, par le même. *Limoges*, 1673. — Les évêques de Limoges et la paix sociale, par L. Guibert, dans *Bul. soc. archéol. Limousin*, XLVII, 36, 496.

2. Il s'agit de Jean de Cros, parent du pape Grégoire XI et cardinal (1348-1383). — Du Gueslin en Limousin, par Arbellot, dans *Bul. soc. archéol. Limousin*, par le même. Ibid. XLVII, 471.

L'évêque de Limoges est seigneur des chatellenies d'Allassac, sur lesquelles le vicomte de Comborn a un beau droit; car, pendant la vacance du siège épiscopal, il jouit des revenus des dites chatellenies et en fait exercer la justice jusqu'à la prise de possession de l'évêque. Ce droit a été confirmé par plusieurs arrêts et subsiste encore aujourd'hui [1].

Le diocèse de Limoges était autrefois d'une si grande étendue qu'un de ses évêques, nommé Hélie [2], obtint qu'il aurait un suffragant pour partager avec lui les soins épiscopaux. Le pape Jean XXII se servit de cette même raison pour démembrer une partie de ce diocèse, dont il composa celui de Tulle. Malgré ce démembrement, il reste un des plus étendus du royaume, puisqu'il comprend tout le Haut Limousin, la partie du Bas, où est Brive, toute la Marche et même une partie de l'Angoumois. Il a trente lieues de long et vingt de large et comprend neuf cents paroisses divisées en seize archiprêtrés, qui sont Limoges, Anzême, Aubusson, Bénévent, Brive, Brivezac, Chirouze, Combraille, Gimel, La Meize, La Porcherie, Lubersac, Nontron, Rancon, Saint-Exupéry, Saint Junien, Saint-Paul, Vigeois [3].

L'on compte treize chapitres dans le diocèse de Limoges. Celui

---

1. Introduction par Leroux, à l'*Inventaire sommaire des archives départementales*, sér. G, I. — Tables générales du Bulletin archéologique du Limousin, 61-62. — Sources de l'histoire du Limousin, 118-124.

2. Hélie de Talleyrand, promu à l'évêché de Limoges en 1324.

3. Le nombre des paroisses s'élevait à 868, dont 711 étaient desservies par des prêtres séculiers, 96 appartenaient à des réguliers et 61 aux Chevaliers de Malte. Géographie historique du Limousin, par Leroux, dans *Bul. soc. archéol. Limousin*. LVIII, 341-349. — Sources de l'histoire du Limousin, par LE MÊME, 203. — Pouillé historique du diocèse de Limoges, manuscrit de l'abbé Joseph Nadaud (1775), publié par Leclern, dans *Bul. soc. archéol. Limousin*, LIII (1903). — Les archidiacres du diocèse de Limoges, par Leclern, *ibid.*, XLVI, 449 et s., XLVII, 138 et s., 518 et s. — Les archiprêtrés de l'ancien diocèse de Limoges, depuis le XIIIe siècle jusqu'en 1790, par Deloche, dans *Bul. soc. lettres Tulle*, XX, 397 et s., XXI, 237 et s.

de la cathédrale est composé de vingt-huit canonicats et de dix-huit semiprébendes ou vicairies, outre le doyen, le chantre et le sous-chantre qui sont personnats[1]. La cathédrale est dans la Cité et, si l'on en croit les habitants, elle a été bâtie par les Anglais[2]. Le séminaire est une belle maison de pierre, bâti sur le modèle de

---

1. 655 reg. ou lias. aux arch. départ. sér. G. — Sources de l'histoire du Limousin, par Leroux, Obituaires, 170 ; cartulaires, 192. — Bibliographie générale des cartulaires, par Stein, 2180, 2181, p. 299. — Donation faite aux chanoines de Limoges par Fulbert, dans *Bul. soc. archéol.* XXX, 241. — Donation par Gausbert du lieu de Mont Jean, *ibid.*, XLIX, 610. — Lettre de François I au chapitre de Limoges, *ibid.*, X, 95, 254. — Compte de la trésorerie (1661-1662). *Ibid.*, II, 147. — Nouveaux documents sur la Marche et le Limousin, par Leroux, 255-261. — Extraits des registres capitulaires de Saint-Etienne de Limoges (1527-1608), par le même, dans *Arch. hist. Limousin*, III, 38-60. — Bulle de Paul III (1543), 311. — Extraits historiques par Dom J.-B. Pradillon de Sainte-Anne (XI-XVIIe s.), par Leroux, IV, 252-269. — Nouveaux extraits des registres capitulaires (1621-1771). Supplément (1544-1550), par le même, VI, 6-99. — Extraits du Journal de M. Pierre de Teysseulh, chanoine de l'Église de Limoges (1533-1568), dans *Chartes, chroniques*, par Leroux et Bosvieux, 253-260. — Obituaires. Leroux, dans *Bul. soc. Limousin, sources*, 170. — La chronique de Saint-Etienne de Limoges, *ibid.* XXXII, 140 et s. — Factum pour les chantres, chanoines et chapitre de l'église de Limoges, demandeurs en règlement de juges contre Etienne de Chevaille, prêtre doyen de la dite église, s. l. 1674, in-4. — Précis signifié pour les doyen, chanoines et chapitre de l'église cathédrale de Limoges, défendeurs, contre MM. de Montboissier-Beaufort-Canillac, demandeurs. Paris, 1760, in-4. — Recueil des actes du Clergé,II, 1445 ; III, 597 ; XI, 1356, 1362,1424 ; XII, 1235. — Pouillé historique, 82-106. — État du clergé, dans *Bul. soc. archéol.*, XLVI, 310-315. — La réforme catholique au XVIIe s. dans le diocèse de Limoges, par Aulagne, 82, 217-222, 385-389, 578-587. — La cité de Limoges, son évêque, son chapitre et son consulat, par Grenier. Limoges, 1907, in-8 ; ext. *Bul. soc. archéol.* — Les manuscrits du séminaire de Limoges, par Guibert, 59.

2. Commencée en 1273, restée inachevée, jusqu'à la reprise des travaux en 1875. — Histoire de la cathédrale de Limoges, par Arbellot. Paris, 1852 et 1883, in-8. — Tables générales du Bul. soc. archéolog. Limousin, 108-109, 191-193. — L'évêché a été construit de 1766 à 1787. L'ancien évêché de Limoges, par Leroux, dans *Bul. soc. archéol.*, XLV, 564.

celui de Saint-Sulpice de Paris; mais la cour est plus grande[1].

La nomination à cet évêché appartenait jadis au doyen et au chapitre; à présent, il est à la nomination du Roi. A la dignité d'évêque de Limoges est annexée une prébende, à sa réception. Il doit fonder son anniversaire comme chanoine, de la somme de cinquante livres, et donner des ornements de soie à une chapelle, selon sa dignité épiscopale, de la valeur de trente livres.]

Les Chapitres collégiaux du diocèse étaient : Notre-Dame du Mont à *Aubusson*, où on le transféra de Moutier-Rauzeille en 1673, avec un prévôt, douze chanoines et un vicaire de chœur[2]; Saint-Martin de *Brives*, qui fut d'abord desservi par des chanoines régu-

---

1. Le Séminaire de Limoges fut l'œuvre de l'évêque François de La Fayette, qui en confia la direction aux prêtres de Saint-Sulpice (1667). L'église fut construite par Louis d'Urfé. Les bâtiments ont été affectés, depuis la révolution, à une caserne de cavalerie. — 74 reg. et 18 lias. aux *arch. départ.* sér. G. — Relation de ce qui s'est passé à l'établissement de l'Hôpital général de Limoges, de la mission et du séminaire des Ordinands, dans *Chroniques ecclésiastiques*, par LECLER. Limoges, 1890, in-8. — Conférences du séminaire des Ordinands de Limoges (1751-1762), dans *Arch. hist. Limousin*, V, 342-346. — Avis aux ordinands (1753), 346-347. — Chronique factice de la fondation des séminaires de la Mission et des Ordinands à Limoges (1657-1675); dans *Charles, chroniques...*, par LEROUX et BOSVIEUX, 316-324. — Brève chronique anonyme du séminaire des Ordinands de Limoges (1696), 325-331. — Actes testamentaires de Maleden de Savignac, dans *Documents historiques*, par LEROUX, II, 133-148. — Catalogue des manuscrits déposés dans la malle de la bibliothèque du séminaire et qui ont été achetés pour cette maison après la mort de l'abbé Legros, par RUBEN, dans *Bul. soc. archéol. Limousin*, XIII, 1863, 260 et s... — Les manuscrits du séminaire de Limoges, par GUIBERT, 69-77. — AULAGNE, ouv. cit., 250-273, 368-375. — Correspondance de Louis Tronson, par BERTRAND. Paris, 1909, t. I, 276-362.

2. Chef-l. arr., Creuse. Moutier-Roseille, cant. Felletin, arr. Aubusson. — 28 liasses aux *arch. départ.* sér. G. — Mémoire pour servir à l'histoire des chapitres du Limousin. Bib. sém. Limoges ms. 40. — Église collégiale de Moutier-Rauzeille, par DE CESSAC, dans *Mém. soc. scientif. Creuse* (1882), 422-442. — Le chapitre de Saint-Martin d'Aubusson, par PÉRATHON, *Ibid.* XVII, 64-68. — Histoire d'Aubusson, par LE MÊME.

liers, sécularisés en 1610, avec un prieur, un chantre, dix chanoines et six vicaires[1] ; Saint-Etienne d'*Eymoutiers*, monastère fondé par l'évêque Haldegaire et sécularisé par son successeur Hilduin (1011), avec un prévôt, treize chanoines et six semiprébendes[2] ; Notre-Dame de *Guéret*, transféré (1762) de La Chapelle-Taillefer, où il avait été fondé par le cardinal Pierre de La Chapelle (1303),

---

Limoges, 1886, in-8. — Gallia christiana, II, 548. — Du Tems, III, 330. — Pouillé, par Lecler, 449, 451. — État du clergé du diocèse de Limoges, dans *Bul. soc. archéol.* XLVI, 345. — Moutier-Rauzeille, par Roy-Pierrefitte. *Guéret*, 1859, in-8. — Notre-Dame du château d'Aubusson, par Pérathon, dans *Mém. soc. Creuse*, IV, 444-460.

[1]. Chef-l. arr. Corrèze. — Quelques articles aux *arch. départ.* sér. G. — Vita sancti Martini, dans *Acta Sanct. augusti*, II, 412. — Translatio corporis sancti Martini, dans *Historia Tutelensis* de Baluze, 753. — Officium sancti Martini Brivæ martyris, ecclesiæ collegiatæ et urbis patroni. *Brive*, 1762, in-8. — Extrait du pouillé de Nadaud relatif au prieuré de Brive, dans *Bul. soc. Corrèze*, III (1871), 468. Pouillé, éd. Lecler, 701-703. — Histoire de Brive-la-Gaillarde et de ses environs. *Brive*, 1810 et 1876, in-8. — Histoire de Brive ancienne, par Senne. *Brive*, 1886, in-8. — Description des découvertes archéologiques faites à l'église Saint-Martin de Brive, par L. Bonnay. *Brive*, 1879, in-8. — Les épitaphes du cloître de Saint-Martin de Brive, par R. Fage. *Tulle*, 1881, in-8 ; ext. *Bul. soc. Corrèze*. — Lutrin en fer forgé de l'église Saint-Martin de Brive, par Rupin, dans *Bul. soc. Brive*, I (1879), 61. — Reliquaire en cuivre de la même église, par le même. *Ibid.*, V, 420-424. — Congrès archéologique de France, LVII (1891), 32. — État du clergé, 348. — Dictionnaire historique des paroisses, par Poulbrière, I, 227-233. — L'église Saint-Martin de Brive, par le même. *Paris*, 1891, in-8.

[2]. Chef-l. cant., arr. Limoges, Haute-Vienne. — Quelques pièces aux arch. départ. sér. G. — Documents historiques sur Eymoutiers, par J. Dubois, dans *Bul. soc. archéol. Limousin*, XXXVI (1889), 377-446. — Pièces diverses relatives à Eymoutiers (1569-1789), dans *Archives historiques du Limousin*, IV, 311-346. — La ville d'Eymoutiers, par J. Dubois. *Limoges*, 1889, in-8 ; ext. *Bul. soc. archéol.* — Le canton d'Eymoutiers, géographie, histoire, par le même. *Limoges*, 1900, in-8 ; ext. même recueil. — Retable de l'église d'Eymoutiers, par Pinot de Moira, dans *Bul. soc. archéol. Limousin*, XXVIII (1880), 281. — Tables générales du Bul. 172-173. — Gallia christ., II, 548. — Du Tems, III, 328. — Pouillé, 428-432. — État du diocèse, 343.

avec un doyen et treize chanoines[1] ; *Le Dorat*, sous le vocable de Saint-Pierre, fondé par Boson II, comte de la Marche, à la fin du dixième siècle, avec un abbé, un chantre et seize chanoines[2] ; Notre-Dame de *Noailles*, fondé par Antoine de Noailles (1557), avec un doyen et quatre chanoines[3] ; *Saint-Germain-les-Belles*, fondé par le cardinal Hugues Roger, frère de Clément VI (1384), avec un doyen et douze chanoines[4] ; *Saint-Junien*[5], ancien monastère sous le

---

1. Chef-l. départ. Creuse. — 5 lias. aux *arch. départ. sér.* G. — Terrier, *Bib. nat. ms. fr.* 3289. — Le Comté de la Marche et le Parlement de Poitiers, par Thomas, p. 27, 86, 97, 111, 212. — Le cardinal de la Chapelle-Taillefer et son tombeau, par Roy Pierrefitte, dans *Mém. soc. Creuse*, III, 63. — Leclerc, 322 et s. — Du Tems, III, 327. — Pouillé, 329-332. — État du diocèse, 347. — Statuts de l'église de Guéret, dans *Documents historiques*, par Leroux, Molinier, I, 210, 286-293.

2. Chef-l. cant., arr. Bellac, Haute-Vienne. — Arch. départ. sér. G. — Ext. du nécrologe, dans Dom Estiennot. *Bib. nat. ms. lat.* 12763 f. 261. — Bib. Sainte Geneviève, ms. 165, 715, 885, 1309, 1945, 2525, 2541. Vita Sancti Israelis, dans *Bibliotheca nova*, de Labbe, II, 566 ; Sancti Theobaldi, *ibid.*, 683. — Vies de saint Israël et de saint Théobald, chanoines du Dorat, par Rougerie, Limoges, 1872, in-8. — Chronique de la fondation du Dorat, dans *Alliance chronologique*, par Labbe, II, 545. Regesta Romanorum Pontificum, de Potthast, *Lucius III* (1185), 15419. — Documents historiques relatifs au Dorat, par Leroux, dans *Bul. soc. archéol. Limousin*, XXIX, 133, 155, 197. — Statuts du chapitre du Dorat, au diocèse de Limoges (1291-1477), par Delage, dans *Bul. philol. comité trav. histor.* (1908), 45-73. — Le Comté de la Marche..., par Thomas, p. 14-16, 22, 39, 53, 62, 78, 80, 90, 102, 106, 166, 172, 176. — Sceau de l'abbé Jourdain (1316), dans Douet d'Arcq, 8699. Notice historique sur l'église paroissiale du Dorat, par Rougerie, Limoges, 1861, in-8. — Histoire du Dorat, par de la Ville du Bost. Poitiers, 1882, in-8. — Coupole de la collégiale du Dorat, par Anthyme Saint-Paul, dans *Annales archéologiques*, XVII, 172. — Pouillé, 362-371. — État du diocèse, 340.

3. Cant. et arr. Brives.

4. Chef-l. cant., arr. Saint-Yrieix, Haute-Vienne. — Le tombeau du cardinal de Tulle à Saint-Germain-les-Belles, par R. Fage, dans *Bul. soc. archéol. Limousin*, XXXIII, 51 et s. — La tombe en cuivre émaillé du cardinal de Tulle, par de Linas, dans *Bul. soc. Tulle*, VIII, 150-153. — Pouillé, 665. — État du diocèse, 347.

5. Chef-l. cant., arr. Rochechouart. — Arch. départ. sér. G. — Obituaire, *Bib. nat. nouv. acq. lat.* 12747. — Vita Sancti Juniani, dans

vocable de Saint-André, sécularisé dès le dixième siècle, avec un prévôt et seize chanoines ; *Saint-Léonard*, qui fut d'abord un monastère, avec un prieur, dix chanoines et six vicaires de chœur[1] ;

Acta Sanctorum, octobris VII, 848 et s. — POTHAST, *Eugène III* (1151), 9483 ; *Alexandre III* (1162), 10733 ; *Honorius III* (1216-1227), 7715 ; *Grégoire IX* (1240), 10922 ; *Innocent IV* (1243, 1245, 1247, 1254), 11111, 11667, 12638, 15502 ; *Alexandre IV* (1259), 17519, 17687 ; *Honorius IV* (1289), 23047. — Factum pour François de La Fayette, évêque de Limoges, défendeur et intimé, contre les doyen, chanoines et chapitre de l'église collégiale de la ville de Saint-Junien, demandeurs en lettre, en forme de requête civile, contre l'arrêt du 5 sept. 1662. S. l. n. d., in-4. — Factum pour les prévôt, chanoines et chapitre de Saint-Junien, au diocèse de Limoges, intimés, contre M. Paul Dubois, archiprêtre de Nontron, curé d'Oradour, et de Saint-Georges de Vaires, son annexe, appelant, demandeur en requête du 29 août 1693. S. l. n. d., in-fol. — Pour les prévôt, chanoines et chapitre de l'église séculière et collégiale de Saint-Junien, curé primitif de la cure de Notre-Dame du Moutiers de la dite ville, demandeurs, contre M. Léonard Simon, vicaire perpétuel de la dite paroisse, défendeur. *Paris,* 1730, *in-fol.* — Recueil des actes du clergé, XII, 1323 *et s.* — Chronique de Brigueil l'aîné, dans *Arch. histor. Limousin,* IV, 46-83. — Extraits d'une chronique remaniée du Chapitre de Saint-Junien (1318-1564), dans *Charles, chroniques...,* par LEROUX et BOSVIEUX, 239-253. — Chronique de Maleu, chanoine de Saint-Junien (1322), sur Saint-Junien, par ARBELLOT. *Saint-Junien,* 1848, *in-12.* — Notice sur le tombeau de Saint-Junien, par LE MÊME, dans *Bul. soc. archéol. Limousin,* II (1847), 30. — Église de Saint-Junien, par LE MÊME, *Ibid.,* XVII, 9, 75. — Tables générales, 233. — Église de Saint-Junien, par ARBELLOT, dans *Bul. monum.* (1867), 809-817. — Rapport sur l'abbatiale de Saint-Junien, par DES MOULINS, dans *Congrès archéol. France,* XIV (1847), 384-399. — Ancienne inscription commémorative, collégiale de Saint-Junien, par J. TIXIER. *Limoges,* 1907, *in-8* ; ext. *Abeille de Saint-Junien,* 30 mars 1907. — Gallia christiana, I, 552-553. — DU TEMS, III, 328. — Pouillé, 222-225. — État du diocèse, 342-343. — AULAGNE, 227-238.

1. Chef-l. cant., arr. Limoges. — Arch. départ. sér. G. — Obituaire, dans DOM ESTIENNOT. *Bib. nat. ms. lat.* 12763, f. 213. — Vie de S. Léonard, par ARBELLOT. *Paris,* 1863, *in-8.* — Sources de l'histoire du Limousin, par LEROUX, 41-42. — Document concernant le prieuré de Saint-Léonard de Noblat, dans *Bul. soc. archéol. Limousin,* I (1853), 121-258. — Notes écrites par le moine épistolier du prieuré-chapitre de Saint-Léonard, par

Saint-Yrieix-la-Perche, ancien monastère sous la dépendance de Saint-Martin de Tours, sécularisé de bonne heure, avec un doyen, un théologal, un chantre, un sacristain, neuf chanoines, six vicaires de chœur et un diacre[1]; Notre-Dame de *Turenne,* avec un

---

LE MÊME. *Ibid.,* VIII (1858), 144 et s. — Don par Charles VIII d'un reliquaire au prieuré de Saint-Léonard de Noblat, par A. LEROUX, dans *Bul. archéol. com. trav. hist.* (1906), 107-112. — Petite chronique du chapitre de Saint-Léonard, dans *Chroniques ecclésiastiques du Limousin,* par LECLER. — Chronique de ce qui s'est passé en Limousin, Marche et pays circonvoisins, par un homme curieux, dit l'Anonyme de Saint-Léonard (1548-1604), dans *Charles, chroniques...,* par LEROUX et BOSVIEUX, 262-276. — Saint-Léonard et l'Artige, par C. JOUHANNEAUD. Limoges, 1902, in-8; ext. *Bul. soc. archéol. Limousin.* — La commune de Saint-Léonard de Noblat au XIII s., par L. GUIBERT. Limoges, 1890, in-8; ext. *même rec.* — Notice historique et archéologique sur l'église de Saint-Léonard de Noblat, par ARBELLOT. Limoges, 1897, in-8; ext. *même rec.* — L' « Agnus Dei » du clocher de Saint-Léonard, par LECLER, dans *même rec.,* XXXVI (1889), 257-263. — La « Bardeyche » du clocher de Saint-Léonard et les marchés d'ouvrage de 1467-1473, par RENÉ FAYE, Limoges, 1909, in-8; ext. *même recueil,* LVIII (1909), 498-514. — Tables générales, 234-235. — Sur l'église de Saint-Léonard, par DE VERNEILH, dans *Congrès scientif. France,* Limoges (1859-1860), I, 282. — Le maître-autel de la collégiale de Saint-Léonard, par BARBIER DE MONTAULT, dans *Congrès archéol. France,* XLVII (1880-1881), 253-291. — Gallia christiana, II, 548. — Du TEMS, III, 328. — Pouillé, 733-734. — État du clergé, 349-350. — AULAGNE, 389-391.

1. Chef-l. arr. Haute-Vienne. — Arch. départ. sér. G. — Vita Sancti Aredii, dans *Acta Sanctorum,* Augusti, V, 178 et s. Acta Sanctorum de MABILLON, sec. I, 349-352. — KRUSCH, III, 581-609. — Les Sources de l'histoire de France, par MOLINIER, I, 122. — Les sources de l'histoire du Limousin, par LEROUX, 38. — Vie de saint Yrieix, ses miracles, son culte, par ARBELLOT. Paris, 1900, in-8. — Le Testament de saint Yrieix, par LE MÊME, dans *Bul. soc. archéol. Limousin,* XXIII (1875), 174-193. — Testaments de saint Yrieix, par DE MONTÉGUT, dans *Bul. hist. com. trav.* (1908), 103 et s. — Inventaire du testament de saint Yrieix, par BARBIER DE MONTAULT, dans *Bul. soc. archéol. Limousin,* XXXVI (1889), 247-256. — Statuts du chapitre de Saint-Yrieix, dans *Documents historiques,* par LEROUX, I, 276-345. — Registres consulaires de Saint-Yrieix. Nouveaux extraits, par LEROUX, dans *Arch. hist. Limousin,* VI, 297-310. — Journal historique d'Antoine de Jarrige, chanoine de Saint-Yrieix (1600-1633),

prieur, un curé et quatre chanoines[1]; Saint-Martial de *Limoges*[2].

Il y avait dans la ville épiscopale des couvents de Dominicains, la cinquième maison de cet ordre en France, fondé en 1219, sous l'épiscopat de Bernard de Savenne[3]; de Cordeliers, fondé en 1223, qui eut pour premier gardien saint Antoine de Padoue[4]; des pau-

---

dans *Chartes, chroniques...,* par Leroux et Bosvieux, 309-315. — Factum pour les doyen, chanoines et chapitre de Saint-Yrieyx, intervenant au procès et prenant la cause pour M. Delafon, leur procureur d'office en la dite juridiction de Saint-Yrieyx, contre Daniel Le Maistre, Jean Paignon et Georges Mallet, chanoine en l'église dudit Saint-Yrieyx, intervenant. *S. l. n. d. in-4.* — Notes pour servir à l'histoire de Saint-Yrieyx, par Leroux, dans *Bul. soc. archéol. Limousin,* XXX (1882). — Chronologie de l'histoire de Saint-Yrieix-la-Perche, par le même. *Ibid.,* XL (1893), 562-663, 834 ; XLI, 651. — Tables générales, 237-238. — Le trésor de l'église paroissiale de Saint-Yrieix, par Barbier de Montault. *Brive,* s. d., in-8; ext. *Bul. soc. Corrèze, Brive,* XIV (1892), 98-138. — *Gallia christiana,* II, 547-548. — Histoire de la maison d'Auvergne, par Baluze, II, 47. — Du Tems, III, 329. — *Pouillé,* 634-638. — Etat du diocèse, 344-345. — Aulagne, 389-391.

1. Cant. Meyssac, arr. Brive, Corrèze. — *Pouillé,* 718. — Etat du diocèse, 349. — Poulbrière, ouv. cit., III, 489-496.

2. Voir plus bas : Abbayes de l'ordre de Saint-Benoit.

3. 4 reg. et 10 lias. aux *Arch. départ. Vienne,* sér. H. — Historia fundationis conventuum ordinis Prædicatorum, par Bernard Gui, dans *Amplissima collectio* de Martène, VI, 463 *et s.* — Fundatio et priores conventus Fratrum Prædicatorum Lemovicensis (1219-1335), par Bern. Gui, publié par Douais, dans *Bul. soc. archéol. Limousin,* XL, 261-282. — Extraits de la Chronique des Frères-Prêcheurs, dans *Chroniques ecclésiastiques du Limousin,* par Leclerc. — Ex libro confratriæ Visitationis Beatæ Mariæ apud Prædicatores, dans *Archives historiques Limousin,* I, 261-262. — Lettre de Paradis au sujet de la chaire de théologie du couvent des Jacobins (1768), *Ibid.,* IV, 377-386. — Les Dominicains en Limousin, par Roy-Pierrefitte, dans *Bul. soc. archéol.,* X, 27 et s.; par Maur. Ardant. *Ibid.,* 249, IV, 208. — *Pouillé,* 183-184. — Etat du diocèse, 382. — Tableau ecclésiastique et religieux de la ville de Limoges, dans *Martyrs et confesseurs de la Foi,* par Leclerc, I, 86-88. — Aulagne, 102-106, 277-282, 594-596. — Othon Péconnet, par Dubédat, dans *Bul. soc. archéol.,* XX, 243, 259 ; V, 31.

4. 14 reg. ou lias. aux *Arch. départ.* sér. H. — Documents historiques, par Leroux, Molinier, I, 186. — Les religieux de Saint-François d'Assise

vres Récollets de Sainte-Valérie, établi auprès de l'église de ce nom en 1596[1]; de Récollets de Saint-François, fondé en 1616[2]; de Carmes, remontant au milieu du XIIIe siècle[3]; de Carmes déchaussés, établi dans le prieuré de Saint-André en 1625[4]; d'Augustins, fondé en 1290[5]. Les Jésuites prirent la direction du collège en 1599[6].

dans la Marche et le Limousin, par ROY-PIERREFITTE, dans *Bul. soc. archéol. Limousin*, XIV, 137 et s. — Les Frères Mineurs de Limoges, par ARDELLOT. *Ibid.*, IV, 208. — Notice sur saint Antoine de Padoue en Limousin, par LE MÊME. Limoges, 1895, in-8. — Pouillé, 172. — Tableau ecclésiastique, 90.

1. Une liasse aux *Arch. départ. sér. H.* — Manuel à l'usage des Récollets de Sainte-Valérie, *Bib. Séminaire* ms. 102. — Pouillé, 183. — Tableau, 90. — AULAGNE, 277-282.

2. Pouillé, 166. — Tableau, 91. — Les Récollets en Limousin et le Père Salomon Goyrand, dans *Bul. soc. archéol.*, XXXIII, 97.

3. 10 reg. ou lias. aux *Arch. départ. sér. H.* — La cité de Limoges, par GRENIER, 120-125. — Pouillé, 168. — Tableau, 88.

4. 1 reg. et 17 lias. *ibid.* — Pouillé, 179-181. — AULAGNE, 120-122.

5. 2 reg. et 1 lias. *ibid.* — Etat du clergé, 385. — Tableau, 88-89.

6. Inv. som. arch. départ. Haute-Vienne, sér. D, par LEROUX. L'introduction est une véritable histoire du collège. — Documents divers, dans *Arch. hist. Limousin*, V, 341. — *Annuæ litteræ Societatis Jesu. Collegium Lemovicense* (1598-1614, 1650-1654), par LEROUX, *Ibid.*, VI, 99-144. — Thèses du collège des Jésuites de Limoges, dans *Catalogue de l'exposition du livre limousin*, par DUCOURTIEUX, dans *Bul. soc. archéol.*, XLIV, CCLIII-CCLIV. — Tables générales, 84. — Manifeste des excès et violences exercées par Nicolas Chastagner, sieur des Etangs, l'espace de trente et un ans, contre les Pères Jésuites du collège de Limoges, en la jouissance du prieuré Saint-Paul de Mussignac. S. l., 1634, in-4. — Factum du procès pour le syndic des Pères Jésuites de Limoges, intimé, contre Christophe de Pressac, sieur du Repaire, tuteur des enfants mineurs de Nicolas Chasteigner, appelant d'une sentence rendue par le sénéchal d'Angoulême, le 11 janvier 1642. S. l. n. d., in-4. — Mémoire signifié par le même, contre Antoine Malvergne de Masdoumier. Paris, 1736, in-fol. — A Nosseigneurs du Grand-Conseil. Requête de François de Romanet, sieur de la Briderie, demandeur en continuation d'expertise ordonnée par arrêt du conseil du 1er août 1741, contre le syndic des Jésuites de Limoges. Paris, s. d., in-fol. — Cinq autres factums sur ce même sujet. — Pouillé, 159. — Tableau ecclésiastique de la ville de Limoges, 75-77. AULAGNE, 39-57, 285-288, 410-413, 594-596. — Limoges au XVIIe siècle, par LAFOREST, 141-178.

Les Oratoriens eurent une maison fondée en 1624[1]. Maldent de Savignac fonda la mission diocésaine, composée de douze prêtres[2]. La ville de Limoges possédait encore des couvents de Carmélites, fondé en 1618[3], d'Ursulines, en 1620[4], de Filles de Notre-Dame, en 1634[5], de Visitandines, en 1643[6], de Clairettes, en 1659[7], de Religieuses de la Providence, fondé la même année[8], de Sœurs de la Croix, en 1687[9], de Sœurs de Saint-Alexis, en 1659[10], et de Filles de la Charité, en 1777.

---

1. 6 reg. et 6 lias. aux *Arch. départ. sér. H.* — Discours funèbre sur la vie et la mort du Père Lejeune, prêtre de l'Oratoire, par RUBEN. *Limoges*, 1674, in-8. — Etude sur le Père Lejeune, de l'Oratoire, surnommé le moderne apôtre du Limousin, par GRANGE. *Limoges*, 1867, in-8. — Tableau..., 82-84. — LAFOREST, 563-581. — AULAGNE, 118-120, 413-417.

2. Voir : art. Séminaire.

3. 1 reg. et 4 lias. aux *Arch. départ. sér. H.* — Vie de la vénérable mère Isabelle des Anges, par FRANÇOIS NICOLAS DE TRALAGE, nouv. éd. par BOUIX. *Paris*, 1876, in-8. — Tableau ecclésiastique, 94. — Etat du clergé, 392. — LAFOREST, 359-370. — AULAGNE, 112-116. — Bul. soc. archéolog. Limousin, XXXV, 626.

4. Une lias. aux *Arch. départ. sér. H.* — Chronique des Ursulines de Limoges, dans *Archives hist. Marche et Limousin*, II, 137. — Etat du clergé, 390. — Tableau ecclésiastique, 95-97. — Pouillé, 161. — LAFOREST, 112-118. — AULAGNE, 116-118.

5. Deux lias. aux *Arch. départ. sér. H.* — Etat du clergé, 391. — Tableau ecclésiastique, 97. — Pouillé, 166. — LAFOREST, 339-359. — AULAGNE, 305-308. — Histoire des religieuses filles de Notre-Dame. *Poitiers*, 1700, in-8, t. II, l. XXVI.

6. Trois lias. *ibid.* — Etat du clergé, 392. — Tableau ecclés., 97. — AULAGNE, 308-310.

7. Deux reg. et un lias., *ibid.* — Relation de ce qui s'est passé à la fondation du petit couvent de Sainte-Claire, dans *Arch. hist. Marche et Limousin*, II, 1 et s. — Etat du clergé, 391. — Tableau, 98. — Pouillé, 167. — LAFOREST, 522-563. — AULAGNE, 297-301.

8. Une lias. *ibid.* — Etat du clergé, 392. — Tableau..., 98. — Pouillé, 172. — LAFOREST, 370-404. — AULAGNE, 310-314.

9. Deux lias. *ibid.* — Tableau ecclés., 99. — AULAGNE, 431-432; 616-619.

10. Règlement pour la congrégation des Sœurs hospitalières de Saint-Alexis de Limoges. *Limoges*, 1659. — Monastères du Limousin, par ROY-

Les Dominicains fondèrent des couvents à Brive (1261)¹, Chatenet, faubourg de Rochechouart (1614)² et Saint-Junien (1310)³. Les Cordeliers s'installèrent à Brive, après le passage de saint Antoine de Padoue (vers 1226)⁴, Donzenac (vers 1230)⁵, Nontron (1267)⁶, Saint-Junien (1252)⁷, Saint-Projet (1489)⁸ et Boisferru (1396)⁹. Le couvent des Carmes de Mortemart remonte à 1342¹⁰ ; le cardinal de Mortemart, son fondateur, appela dans la même ville les Augustins¹¹. Les Récollets avaient des maisons à Aubus-

---

Pierrefitte. — Les institutions charitables en Limousin, par Leroux, dans *Bul. soc. archéol. Limousin*, XXXIII, 335 et s. — Etat du clergé, 390, 392. — Tableau, 99-102. — Laforest, 404-442. — Aulagne, 314-317.

1. Inv. arch. départ. Corrèze, sér. H. p. 11. — Les Dominicains en Limousin, par Roy-Pierrefitte. Limoges, 1860, in-8 ; ext. *Bul. soc. archéol. Limousin*, X, 27. — Pouillé, 711. — Dictionnaire..., par Poulbrière, I, 238-239.

2. Une lias. aux *Arch. départ.* sér. H. — Roy-Pierrefitte, *ouv. cit.* — Etat du clergé, 383. — Pouillé, 221-222.

3. Cinq lias. ibid. — Roy-Pierrefitte, ibid. — Pouillé, 230.

4. Quelques pièces aux *Arch. départ. Corrèze*, sér. H. — Les religieux de Saint-François d'Assise dans la Marche et le Limousin, par Roy-Pierrefitte. Limoges, 1863, in-8. — Notice sur saint Antoine de Padoue en Limousin, par Ardellot. Limoges, 1895, in-8. — Pouillé, 709. — Dictionnaire..., par Poulbrière, I, 237-238. — Saint Antoine de Padoue et son pèlerinage aux grottes de Brive, par Bonnely. Brive, in-12.

5. Chef-l. cant., arr. Brive, Corrèze. — Poulbrière, I, 449. — Pouillé, 562. — Archives historiques de la Corrèze, par Clément Simon, I, 636-638.

6. Chef-l. arr. Dordogne. — Arch. départ. sér. H. — Pouillé, 496.

7. Une lias. *Arch. départ. Haute-Vienne*, sér. H. — Pouillé, 230.

8. Com. et cant. Neuvic, arr. Ussel, Corrèze. — Poulbrière, II, 348-351. — Pouillé, 615. — Gallia christiana, II, 537. — Champeoval, 383. — Notes historiques sur le monastère de Saint-Projet, par Marche, dans *Bul. soc. Corrèze. Tulle*, II (1880), 266-275.

9. Com. Linard, cant. Bonnat, arr. Guéret, Creuse. — Pouillé, 537. — Etat du clergé, 384. — Lecler, 366.

10. Cant. Mézières, arr. Bellac, Haute-Vienne. — 6 lias. aux *Arch. départ.* sér. H. — Etat du clergé, 385. — Pouillé, 207. — Histoire de Mortemart, par Longue. Limoges, 1893, in-18.

11. Mêmes sources que le précédent. — Epitaphe du cardinal Pierre de

son [1], Brive [2], Confolens [3], Guéret [4], Le Dorat [5], Saint-Junien [6], Saint-Léonard [7], Saint-Yrieix [8] et Ussel [9]. Les Jésuites eurent une résidence à Beaulieu [10] et à Guéret [11]. Les Doctrinaires ouvrirent des collèges à Bellac [12], Brive [13], Treignac [14]. Les Barnabites dirigeaient le séminaire de Guéret [15]. Il y eut des collèges ou séminaires à Cublac [16], Felle

---

Mortemart dans l'église des Augustins, dans *Bul. soc. archéol. Limousin*, XLII, 554. — Sceau des Augustins, par Dumuys, *ibid.*, XXXIX, 727.

1. Chef-l. arr. Creuse. — État du clergé, 387. — Lecler, 327.
2. Inv. arch. départ. Corrèze, sér. II, p. 13. Pouillé, 711. — Poulbrière, I, 242. — La municipalité de Brive et les Récollets en 1791, par Lacoste, dans *Bul. soc. Brive*, IV (1882), 227-252.
3. Chef-l. arr. Charente. — Pouillé, 204. — Pouillé historique du diocèse d'Angoulême, par Nanglard, III, 87-91.
4. Pouillé, 548.
5. Une liasse aux *Arch. départ. Haute-Vienne*, sér. II.
6. Une liasse *ibid.* — Pouillé, 232.
7. Pouillé, 736.
8. Pouillé, 638.
9. Inv. arch. départ. Corrèze, sér. II, p. 14. — Pouillé, 596. — Poulbrière, III, 527. — Champeval, 242. — Actes concernant les Récollets d'Ussel, par Champeval, dans *Bul. soc. Corrèze, Brive*, XXII (1900), 603-610.
10. Chef-l. cant., arr. Brive, Corrèze. — Arch. départ. sér. II, p. 11. — Poulbrière, I, 109, 118.
11. Arch. départ. Creuse, sér. II. — Lecler, 327.
12. Inv. arch. départ. Corrèze, sér. D, p. 3. — Documents divers pour servir à l'histoire des collèges classiques de la Marche et du Limousin, dans *Documents historiques*, par Leroux, Molinier et Thomas, II, 265-271. — Archives communales de Bellac. — Aulagne, 594-595.
13. Inv. arch. départ. Corrèze, sér. D., p. 1. — Fondation des Doctrinaires et des Ursulines à Brive, par de Malliard, dans *Bul. soc. Corrèze. Brive*, II, 183 et s.; par Marche, dans *Bul. soc. Tulle*, III, 150 et s. — Documents divers, 271-273. — État du collège de Brive en 1763, dans *Bul. soc. Brive* (1880), 555 et s. — Essai sur l'ancien collège et l'école secondaire de Brive, par Ch. Godard, et J. l'Hermitte. *Ibid.*, XXII, 1900, 203, 523. — Poulbrière, I, 239, 243. — Aulagne, 595.
14. Chef-l. cant., arr. Tulle, Corrèze. — Inv. arch. départ. sér. D, p. 2. — Documents divers, 288-293. — Aulagne, 595. — Poulbrière, III. — Champeval, 84.
15. État du clergé, 389. — Lecler, 327.
16. Cant. Larche, arr. Brive, Corrèze. — Ce petit séminaire, fondé en

tin¹, La Souterraine², Magnac-Laval³ et Ussel⁴. Les Clarisses avaient des monastères à Brive⁵, Nontron⁶ et Saint-Yrieix⁷. Les Carmélites en avaient un à Brive⁸. Les Ursulines étaient installées à Beaulieu⁹, Bort, Brive¹⁰, Eymoutier¹¹, Ussel¹². Les Visitandines à

1667, fut transféré à Brive (1669). — Inv. arch. départ. sér. G, p. 10. — Documents divers, 271-273. — AULAGNE, 598. — Le petit séminaire de Cublac et son transfert à Brive, par R. FAGE. Brive, 1909, in-12. — POULBRIÈRE, I, 243.

1. Chef-l. cant., arr. Aubusson, Creuse. — Arch. départ. sér. D. — Documents divers, 273-279. — Fondation et état du collège de Felletin (1763), dans Arch. hist. Limousin, IV, 356. — Histoire de Felletin, par PATAUX, 253 et s. — AULAGNE, 597. — Il y eut, en outre, des collèges à Auzance (1706) et à La Courtine (1746). — LECLER, 264.

2. Chef-l. cant., arr. Guéret. — Arch. départ. sér. D. — Documents divers, 285-288.

3. Chef-l. cant., arr. Bellac, Haute-Vienne. — 3 art. aux arch. départ. sér. D. — Documents divers, 279-285. — Histoire du collège de Magnac-Laval, par NORMAND. Limoges, 1867, in-12. — AULAGNE, 598-600. — Fondation du séminaire de Magnac et autres documents, dans Arch. hist. Limousin, VI, 168-206.

4. Un art. aux arch. départ. Corrèze, sér. D. — Documents divers, 296, 307. — Le collège d'Ussel, par R. FAGE. Paris, 1909, in-8. — Séminaire de Moustier-Ventadour, fondé en 1617, transféré à Ussel en 1644. — CHAMPEVAL, 242.

5. Inv. arch. départ. Corrèze, sér. H, p. 14. — POULBRIÈRE, I, 237. — Pouillé, 709.

6. Pouillé, 496.

7. Pouillé, 638.

8. Arch. départ. Corrèze, sér. H. — Pouillé, 712. — POULBRIÈRE, I, 242. — Quelques notes sur le couvent des Carmélites et la manufacture royale de tissus de Brive, par L. GUIBERT, dans Bul. soc. Brive, XII, 459-468.

9. Arch. départ. Corrèze, sér. H. — POULBRIÈRE, I, 110.

10. Ibid., sér. H, p. 15. — Pouillé, 711. — POULBRIÈRE, I, 240. — Fondation des Doctrinaires et des Ursulines à Brive, par DE MAILLARD, dans Bul. soc. Brive, II, 183 et s. — Notes historiques sur les Doctrinaires et les Ursulines de Brive, par MARCHE, dans Bul. soc. Tulle, III, 150. — AULAGNE, 116-118.

11. Ibid. — Chronique des Ursulines d'Eymoutier, dans Chroniques ecclésiastiques, par LECLER. — Pouillé, 432. — AULAGNE, 303-305.

12. Arch. départ. Corrèze, sér. H. — Pouillé, 597. — CHAMPEVAL, 242.

Guéret[1]. Les Filles de Notre-Dame, à Saint-Junien[2] et à Saint-Léonard[3], Les Hospitalières de Saint-Augustin, à Guéret[4]. Les Sœurs de la Croix, à Magnac-Laval[5]. Les Filles de la Charité, à Saint-Léonard[6].

Les Chartreux avaient deux monastères, Le Glandier et Mortemart ; le premier fut fondé par Archambaud VI, vicomte de Comborn, en 1219[7] ; le second, par le cardinal Pierre de Mortemart, en 1335[8].

---

1. AULAGNE, 308. — LECLER, 325.
2. Une liasse aux *arch. départ. Haute-Vienne*, sér. II. — Pouillé, 231. — AULAGNE, 306-308.
3. Ibid. — Pouillé, 737. — AULAGNE, 306-308. — Les Filles de Notre-Dame à Saint-Léonard en 1753, par COUSSEYROUX, dans *Bul. soc. archéol.* XLVI, 462.
4. État du clergé, 392.
5. Une liasse *Arch. départ. Haute-Vienne*, sér. II. — Pouillé, 394.
6. Ibid.
7. Com. Beyssac, cant. Lubersac, arr. Brive, Corrèze. — Quelques pièces aux *Arch. départ.* sér. II. — Ancien catalogue des prieurs de la Chartreuse de Glandier, dans *Rev. soc. savantes* (1877), 312-315. — Lettre de sauvegarde en faveur des Chartreux de Glandier (1558), par DEGOUX-LAGOUTTE, dans *Bul. soc. Corrèze. Brive*, IV (1882), 363-388. — Acte de profession d'un Donné à la Chartreuse de Glandier (1715), par DUTHEILLET DE LAMOTHE. *Ibid.* XIII, 515. — Notice historique sur l'ancienne Chartreuse de Glandier, par BRUNET. *Limoges*, 1860, in-8 ; ext. *Bul. soc. archéol. Limousin*, X, 97-140. *Brive*, 1879, in-8. — La Chartreuse de Glandier en Limousin, par BOUTRAIS. *Montreuil*, 1886, in-8. — Annales ordinis Carthusiensis, par DOM LE COUTEULX, III, 441-448. — Dictionnaire..., par POULBRIÈRE, I, 145-162. — Pouillé, 552. — Coup d'œil sur la nouvelle Chartreuse du Glandier, par POULBRIÈRE, dans *Bul. soc. Brive*, I (1876), 392-400.
8. Une lias. aux *Arch. départ. Haute-Vienne*, sér. II. — Pouillé, 207. — La Chartreuse de Mortemart, par ROY-PIERREFITTE, dans *Bul. soc. arhéol. Limousin*, X, 258 et s. ; XI, 22 et s. — Histoire de Mortemart, par LORGUE, *Limoges*, 1893, in-12. — DOM LE COUTEULX, IV, 356-358.

Abbayes d'hommes
Ordre de Saint-Benoît

Saint-Augustin-lès-Limoges, *Sanctus Augustinus Lemovicensis*[1], fondée par Turpion, évêque de Limoges (934), auprès d'une église construite dans l'ancien cimetière. L'abbé Jean Regnaud y introduisit la réforme de Saint-Vanne (1613). Les religieux entrèrent dans la Congrégation de Saint-Maur dès l'origine. La commende fut supprimée en 1627. Les abbés réguliers étaient triennaux. Les

---

1. Les arch. départ., sér. H, possèdent 255 reg. ou lias. provenant de cette abbaye. — Histoire de Saint-Augustin de Limoges attribuée à Dom Aubert, *Bib. nat. ms. lat.* 12661, f. 219. Histoire depuis 1613, *ms. lat.* 12704. Notes de Dom Chantelou, *ms. lat.* 13845, f. 30 ; *ms. lat.* 13816, f. 134. — Le bénédictin Dom Col en Limousin, par L. Guibert, dans *Bul. soc. lettres Corrèze*, VI (1884), 289, 381. — Arch. nat. L. 750. — De ordinibus Grandimontensi et Artigiæ et monasterio sancti Augustini Lemovicensis, auct. Bernardo Guidone, dans *Bibliotheca nova*, de Labbe, II, 275-350. — De fundatione et progressu monasterii Sancti Augustini Lemovicensis, auct. Bernardo Guidone, par L. Delisle, dans *Notices et extraits des manuscrits*, XXVII, II, 261-263. — Series Abbatum Sancti Augustini Lemovicensis, dans *Annales Benedictini* de Mabillon, IV, 645. 646. — Potthast, *Adrien IV* (1159), 10542. — Terrier de la pitancerie de l'abbaye de Saint-Augustin, dans *Bul. soc. archéol. Limousin*, XXV, 411-416. — Délibération pour la ferme du domaine de la Rechignerie, *ibid.*, XLIII, 718. — Sceau de l'abbé Simon (1317), dans Douet d'Arcq, n° 8793. — L'abbaye de Saint-Augustin de Limoges, par Roy-Pierrefitte, dans *Bul. soc. archéol. Limousin*, VIII (1858), 157. — L'abbaye de Saint-Augustin de Limoges (1617), dans Laforest, 95-111. — Réforme de Saint-Maur à Saint-Augustin de Limoges, dans Aulagne, 95-97. — Les Bénédictins de Saint-Augustin de Limoges, par Dom Besse, dans *Bul. soc. scientif. Corrèze. Brive*, XXIII, 549 ; XXIV, 87, 411, 559. — État du clergé, 350-351. — Tableau ecclésiastique de la ville de Limoges, 77-80. — Pouillé, 122-127. — Note sur une inscription du XII° siècle jadis conservée à Saint-Augustin-lès-Limoges, par De Lasteyrie, dans *Bul. soc. scientif. Corrèze*, I (1879), 151. — *Gallia christiana*, II, 575-582. — Du Tems, III, 280-282.

édifices claustraux et l'église ont été détruits, sauf une partie transformée en caserne. La gare du chemin de fer occupe une partie de l'enclos monastique.

SAINT-MARTIAL-DE-LIMOGES, *Sanctus Martialis Lemovicensis*[1], dont l'église était sous le vocable du Saint-Sauveur, s'élevant auprès du tombeau de ce saint. Ses clercs embrassèrent la règle bénédictine en 848. Les vicomtes de Limoges la comblèrent de biens et de

---

[1]. On conserve aux arch. départ., sér. H, 568 reg. ou lias. provenant de cette abbaye. — Documents relatifs à Saint-Martial de Limoges, *Bib. nat. ms. lat.* 9373; 13818, f. 159; ESTIENNOT, *ms. lat.* 12746, f. 397; 12759, f. 231; 17718, f. 221. Coll. LESPINE, XXXIV, 96, 101. *Nouv. acq. lat.* 2342, n° 1. — Bib. Arsenal, *ms.* 6470, f. 3. — Bib. Sainte-Geneviève, *ms.* 347, 1919, 2550. — Bib. Limoges, *ms.* 4, 18 et 21. — Bibliot. du séminaire de Limoges, *ms.* 41, 42, 44, 45, 46, 52, 87-95. — Bib. La Rochelle, *ms.* 607, f. 85. — Bib. Carpentras, *ms.* 1792, f. 108-116; 1823, f. 53-55. — Arch. nat. L. 1001. — Terriers, dans *Les sources de l'histoire du Limousin*, par LEROUX, 199.

POTHAST. *Jean XIX* (1031), 4092; *Urbain II* (1096), 5639; *Paschal II* (1102), 5920; *Alexandre III* (1171, 1177, 1160-1178), 12084, 12877, 12970; *Lucius III* (1182, 1183), 14793, 14861; *Innocent IV* (1253), 15074. — Bulle de Clément VI, confirmant l'union de la prévôté de Panazol à la mense de Saint-Martial (1339), par BELLET, dans *Bul. soc. archéol. Limousin*, XXXVII, 468. — Notitia quomodo Cluniacenses occupaverunt locum Sancti Martialis, dans *Miscellanea* de BALUZE, I, 123. — Bullarium Cluniacense, 27. — Recueil des chartes de l'abbaye de Cluny, par BRUEL, n°ˢ 3383, 3397, t. IV, 479, 499; n° 3909, V, 258; n°ˢ 4884, 4885, VI, 389-394. — Étude sur les comtes et vicomtes de Limoges, par DE LASTEYRIE, 126. — Catalogus abbatum Sancti Martialis Lemovicensis, dans *Bibliot. nova* de LABBE, II, 274. — Donation du lieu de Corné à Saint-Martial (1096), dans *Archives historiques du Limousin*, III, 299; Bulle de Clément VI, 307-311; Serment de fidélité de l'abbé (1229), V, 235; Documents (1559), 320-335; VII, 112-116, 122-124, 137, 146, 153, 190, 261, 377. — Chartes, chroniques..., par LEROUX et BOSVIEUX, 7-13, 16-30, 50-57, 63-65, 93-97, 99, 129. — Documents historiques, par LEROUX, MOLINIER, I, 122-127, 129, 201. — Chartes concernant Saint-Martial (IX° s.-1481), dans *Arch. hist. Limousin*, I, 121-258. — Déclaration des revenus de l'abbaye de Saint-Martial (1608), par DE JUSSIEU, dans *Bul. soc. archéol. Limousin*, VIII (1858), 110. — Documents concernant Saint-Martial (X-XIII° s.), par RIVAIN. *Ibid.*, XXIV, 387; XXV, 390, 402; XXVII, 351.

privilèges. Le vicomte Adémar la donna à saint Hugues, abbé de Cluny, qui soumit ses moines aux observances clunisiennes (1062). L'histoire de cette abbaye se confond, pendant tout le Moyen-Age,

---

— Donation de l'église Saint-Sauveur, près Bellac, et de ses dépendances, par Geoffroy du Breuil (1063-1086) etc., *Ibid.*, XXX, 242-250. — Altercation entre le procureur de Saint-Martial et le vicomte de Rochechouart (1438), *Ibid.*, XXXII, 142 ; XLII, 614. — Deux chartes limousines, concernant Saint-Martial, par DE LASTEYRIE. *Ibid.*, LIV (1904), 807-816 ; LV, 805-816. — Donation faite à Saint-Martial par Robert (1028), *Ibid.*, LVI (1907), 443. — Note sur une charte du monastère de Paunat et sur les origines de Saint-Martial de Limoges, par LEVILLAIN, dans *Bul. soc. antiq. Ouest* (1906), 526-533. — Inv. som. arch. départ. Gironde, sér. G, I, 28-46.

Die Urkunden der Karolinger, von SICKEL, II, 420. — Louis VI, par LUCHAIRE, 267. — Ordonnances des rois de France, XV, 640. — Actes du Parlement de Paris, par BOUTARIC, nos 139, 6341, 6711. — Recueil des Actes du clergé, IV, 1235. — Mémoire pour le syndic du chapitre de l'église royale et collégiale de Saint-Martial de Limoges, demandeur, contre Luc Hébrard, sieur de Veyrinas, contrôleur au bureau des finances de la généralité. *Paris*, 1739, *in-fol*. — Mémoire pour Pierre Chastaignac, curé de Saint-Michel-des-lions de la ville de Limoges, contre le chapitre de Saint-Martial de la même ville. *Paris*, 1760, *in-4*. — Précis pour les abbé et chanoines de Saint-Martial de Limoges contre le sieur Chastaignac. *Paris*, 1760, *in-4*. — Bénéfices de l'abbaye de Saint-Martial de Limoges, dans *Pouillé général, diocèse de Limoges*, 57-58. — Sceau du monastère de Saint-Martial de Limoges. *Paris*, 1853, *in-8* ; ext. *Soc. de sphragistique de Paris*, III, 48. — Inventaire des sceaux, par DOUET D'ARCQ, 8262, 8263 ; abbé *Raymond* (1230), 8794 ; *Hélie* (1317), 8795.

Bibliotheca insignis et regalis ecclesiae Sancti Martialis Lemovicensis seu catalogus librorum manuscriptorum qui in eadem bibliotheca asservantur. *Paris*, 1730, *in-8*. — Les manuscrits de Saint-Martial de Limoges, réimpression textuelle du catalogue de 1730, par L. DELISLE. *Limoges*, 1895, *in-8* ; ext. *Bul. soc. archéol. Limousin*, XLIII, 1-60. — Le Cabinet des manuscrits, par LE MÊME, I, 387, 396, 444, 453 ; II, 493-504. — Catalogue des manuscrits de Saint-Martial de Limoges par Bernard Ithier, par HAURÉAU, dans *Bul. comité trav. historiques*, IV (1853), 61-67. — Bibliotheca bibliothecarum, par MONTFAUCON, II, 1033-1040. — Dictionnaire des manuscrits, I, 1080-1096. — Ueber mittelalterliche Bibliotheken, von TH. GOTTLIEB, 113-117. — Histoire littéraire de la France, XVII, 298 ; XXI, 749-750, 770-771, 774. — Breviarium celebris monasterii

avec celle de la ville, où elle jouait un rôle considérable. La guerre de Cent ans la jeta dans une décadence d'où elle ne put sortir. Ses

---

Sancti Martialis. *Limoges, Garnier,* 1520. — Le bréviaire de Saint-Martial de Limoges, par FRAY-FOURNIER, dans *Le Bibliophile limousin* (1893), 35-40. — Prosarium Lemovicense. Die Prosen der abtei Saint-Martial zu Limoges aus Troparien des X, XI und XII Jahrh. herausgegeben von: G. M. DREVES. *Leipzig,* 1890, in-8. — Les anciennes proses des manuscrits de Saint-Martial, par ARBELLOT, dans *Bul. hist. Comité* (1886), 123. — Ordre du chant dans les processions, dans *Bul. soc. archéol.* XLIV, CCXXXIX. — Modus celebrandi synodum, dans *De antiquis Ecclesiæ ritibus,* de MARTÈNE, II, 873. Le même auteur a utilisé *passim* un *ordinarium* de Saint-Martial, un rituel et les *consuetudines* de 1470. — Manuscrit inédit des miracles de Saint-Martial (XIV° s.); par ARBELLOT. *Paris,* 1882, in-8 ; ext. *Bul. soc. archéol. Limousin,* XXX, 84 et s. *Analecta Bollandiana,* I, 412-446. — Livre des miracles de saint Martial de Limoges, texte latin inédit du IX° siècle, par LE MÊME. *Limoges,* 1889, in-8 ; ext. même recueil, XXXVI, 339-376. — *Acta Sanstorum, Junii* VII, 507-515. — Translatio de Monte Gaudio, dans *Die Cluniacenser,* de SACKUR, I, 392-396. — Translation de saint Martial à Montjauvy, dans *Bul. soc. archéol. Limousin,* XLII (1894), 307-311. — Les sources de l'histoire de France, par MOLINIER, II, 109.

Necrologium primum Ecclesiæ Sancti Martialis Lemovicensis, dans *Documents historiques...,* par LEROUX, I, 1-63. — Necrologium secundum (extraits), 63-80. — Obituaire de Saint-Martial de Limoges, dans *Archives historiques de la Marche et du Limousin,* V, par FAGE et GRANET, 222 et s. — Fragments de rouleaux des morts de Saint-Martial, dans *Rouleaux des morts,* par L. DELISLE, 8, 12-13, 28, 30, 33. — Acte d'association spirituelle de Saint-Martial de Limoges, dans *Obituaires français,* par MOLINIER, 290-292. — Fragments d'obituaires de Saint-Martial, dans *Chroniques de Saint-Martial,* par DUPLÈS-AGIER, 161-287. — Chartes de confraternité de Saint-Martial, par LE MÊME, dans *Bul. soc. archéol. Limousin,* XLII (1894), 302, 391. — MOLINIER, *ouv. cit.,* n° 496-500, p. 251-253. — Les sources, par LEROUX, 170-171. — Chroniques de Saint Martial de Limoges, par DUPLÈS-AGIER. *Paris,* 1874, in-8 (*Société de l'Histoire de France*). — Supplément aux Chroniques de Saint-Martial, par CHAMPEVAL, dans *Bul. soc. archéol. Limousin,* XLII (1894), 304-391. — Supplément aux Chroniques anonymes de Saint-Martial de Limoges (1494-1684), dans *Chartes, chroniques...,* par LEROUX, BOSVIEUX, 238-239. — Les sources..., par LEROUX, 54-58. — Les sources de l'histoire de France, par MOLINIER, II, 108-110. — Avis au public de l'ostension du chef de saint Martial (1533), dans *Arch. hist. Limousin,* I, 296-

religieux furent sécularisés en 1535 et Saint-Martial fut réduit au rang de collégiale. Il ne reste plus rien de l'église et des édifices claustraux.

---

300. — Notes sur les reliques de Saint-Martial, Limoges, 1895, in-8. — Le trésor de Saint-Martial de Limoges au XIII° siècle, par Duplès-Agier, dans *Bib. éc. chartes*, XVI (1855), 28-35. — Inventaire des ornements de l'abbaye de Saint-Martial de Limoges (XII° s.), *Bul. archéol. com. trav. hist.*, IV (1848), 100 et s. — Médailles et monnaies trouvées dans l'emplacement qu'occupait l'église de Saint-Martial de Limoges, par Maurice Ardant, dans *Bul. soc. agric. Limoges*, XVI (1838), 61, 102. — Monnaies féodales de France, par Poey d'Avant, I, 355. — Les anciennes confréries de Saint-Martial de Limoges, par L. Guibert. Paris, 1895, in-8 ; ext. *Bul. soc. archéol.*, XLIII. — Histoire de Jésus-Christ en figures gouachés du XII° au XIII° siècle conservées jadis à la collégiale de Saint-Martial de Limoges, par de Bastard. Paris, 1879, in-fol.

L'abbaye de Saint-Martial de Limoges, par Ch. de Lasteyrie. Paris, 1901, in-8. — L'abbaye de Saint-Martial de Limoges, par le même, dans *Position des thèses de l'école des chartes* (1899), 51-65. — L'abbaye de Saint-Martial de Limoges d'après un livre récent, par Leroux. Toulouse, 1901, in-8 ; ext. *Annales du Midi*. — Un livre sur l'abbaye de Saint-Martial de Limoges, par L. Guibert. Limoges, 1902, in-8 ; ext. *Bul. soc. archéol. Limousin*. — Saint-Martial de Limoges par Roy-Pierrefitte, dans même recueil, XII (1862), 1-94. — Saint Pierre Damien à Limoges, par Arbellot. Limoges, 1893, in-8 ; ext. *Bul. soc. archéol. Limousin*, XL (1893), 799-803. — Notice sur Pierre de Poitiers, grand prieur de Cluny, abbé de Saint-Martial de Limoges, par Lecointre-Dupont, dans *Mém. soc. antiq. Ouest*, IX (1842), 369 et s. — Trois abbés pour une abbaye (XIII° s.), par H. G., dans *Bib. éc. chartes*, IV (1843), 344-353. — Le tombeau du cardinal de Mende, Guillaume de Chanac, à Saint-Martial de Limoges (1389), par L. Guibert, dans *Cabinet historique* (1882), 233-242. Tulle, 1882, in-8 ; ext. *Bul. soc. Corrèze*, IV (1882), 448-463. — Note sur le tombeau du chantre Roger (XI° s.), retiré des fouilles de l'église Saint-Martial à Limoges, dans *Bul. soc. agric. Limoges*, XVIII (1840), 30. — Mémoire sur un tombeau placé dans l'église de l'abbaye de Saint-Martial de Limoges et qu'on appelait le tombeau de Tève-le-duc, *ibid.*, XI (1833), 11 et s. — Les chevaliers de Saint-Martial de Limoges, par Arbellot. Limoges, 1898, in-8 ; ext. *Bul. soc. archéol.*

Tableau ecclésiastique de la ville de Limoges, 23-42. — Pouillé, 109-129. — Etat du clergé ou du diocèse de Limoges, 336-340. — Laforest, 229-257. — Aulagne, 223-227, 638. — *Gallia christiana*, II, 553-565 ; *instr.*, 161, 179. — Du Tems, III, 269-275.

Beaulieu, *Bellus locus*[1], fondée sous le vocable des saints apôtres Pierre et Paul par saint Rodolphe de Turenne, archevêque de Bour-

---

1. Chef-l. cant., arr. Brive, Corrèze. — Inv. arch. dép. sér. H., 1-23. — Papiers de Dom Col, Bib. nat. ms. lat. 9194. Dom Estiennot, 12747, f. 454 ; 12858 ; 17089, f. 579-822 ; 12777, 161-190 ; 9196, f. 453-455 ; coll. Duchesne, XXII, 321-326. — Bib. Poitiers. Dom Fonteneau, LIII, 33-164. — Arch. nat. Z¹ 248. MM., 716. Titres de la Maison de Bouillon-Turenne, liasse 42. — Cartulaire de l'abbaye de Beaulieu, en Limousin, par Deloche. Paris, 1859, in-4. — Observations sur la géographie et l'histoire de Quercy et du Limousin à propos de la publication du cartulaire de Beaulieu, par Lacabane, dans *Bib. éc. chartes*, XXI (1860), 305-339 ; XXII (1861), 97-123. — Géographie historique au Moyen-Age. Des divisions territoriales du Quercy aux IX, X et XIe siècles, à propos d'observations sur le cartulaire de Beaulieu, par Deloche. Paris, 1861, in-8 ; ext. *Nouvelles Annales des Voyages*, juin 1861. — Revue des sociétés savantes, 1866, I, 514. — Potthast, *Urbain II* (1096), 5648 ; *Paschal II* (1102), 5918. — Recueil des chartes de Cluny, nᵒˢ 3490, 3491, t. IV, 600, 602. — Bullarium Cluniacense, 24. — Bibliotheca Cluniacensis, 525. — Histoire générale de la maison de Turenne, par Justel, preuves, 3-30. — Histoire généalogique de la maison d'Auvergne, par Baluze, pr. 8. — Historia Tutelensis, par le même, p. 308, 324, etc. — Archives historiques de la Marche et du Limousin, I, 274-289. — Lettres sur quelques singularités du rituel de l'abbaye de Beaulieu, par Dom Boyer, dans *Mémoires de littérature et d'histoire* du P. Desmolets, XI, 419. — Une prétendue histoire de l'abbaye de Beaulieu au XIIe s. (ms. 168 du fonds de la reine Christine au Vatican), par Ant. Thomas. Toulouse, 1905, in-8 ; ext. *Annales du Midi*, XVII (1901), 67-71. — Abrégé de l'histoire de l'abbaye de Saint-Pierre de Beaulieu, en Bas-Limousin, de Dom Amand Vaslet, publié et annoté par Poulbière, dans *Bul. soc. scient. Corrèze*, VI (1884), 59 et s. — Notice historique sur l'abbaye de Beaulieu, par Roy-Pierrefitte. Guéret, 1863, in-8 et dans *Études historiques sur les monastères du Limousin et de la Marche*. — Beaulieu en Corrèze, par Almond, dans *The Ampleforth Journal* (1908), 147-161. — La vicomté de Turenne et ses principales villes, Beaulieu, Argentat, Saint-Ceré, Martel, par Marche. Tulle, 1880, in-8. — La ville de Beaulieu en 1569, par le même, dans *Bul. soc. Corrèze*. Tulle, I, (1879), 107-118. — L'abbaye de Beaulieu et les seigneurs de Castelnau de Bretenoux (1316-1344), par Albe et Poulbière, dans *Bul. soc. Brive* (1903), 145-162. — Note sur le portail de l'église de Beaulieu, par Texier, dans *Congrès soc. franç. Archéologie* X (1843), 136-145. — L'église Saint-

ges (840), adopta au XI° siècle les observances de Cluny, eut fort à patir de la guerre de Cent ans et des guerres de religion et fut soumise à la Congrégation de Saint-Maur (1663). L'église (XII° s. avec restaurations du XV°) est devenue paroissiale. Il reste une partie du monastère.

Le Moutier d'Ahun, *Monasterium Agedunense*[1], fondée sous le

---

Pierre de Beaulieu et le portail sculpté, par Poulbière. *Limoges*, 1873, *in-8;* ext. *Bul. soc. archéol.* XXII, 41 et s. *Rev. art. chrét.* XIV (1870), 272-289; 358-372; *Congrès archéolog.* XLIV, 582. — Description ancienne des boiseries du sanctuaire de Beaulieu, par le même, dans *Bul. soc. Tulle*, X (1888), 527-568. — Les retables de Beaulieu (XVII et XVIII° s.), par le même, *ibid.*, VIII (1886), 108. — Statue de la Vierge en bois recouverte d'argent (XII° s.), à Beaulieu, par Rupin, dans *Bul. soc. Brive*, II (1880), 231. — Discussion sur la Vierge de Beaulieu, *ibid.*, III, 171 et 342; IV, 25. — Statue de la Vierge conservée dans l'église de Beaulieu, par le même, *ibid.*, XI (1889), 247-251. — Crosse eucharistique de l'église de Beaulieu, par le même. *Ibid.*, III (1881), 499. — Bras-reliquaire de l'église de Beaulieu, par le même, *ibid.*, IV, 25 et s. — Épitaphe de Mathias Charlau, abbé de Beaulieu, à Rome (1695), par Barbier de Montault, *ibid.*, 519, 751. — *Congrès archéol. France*, LVII. Brive (1890), 55-58.

Gallia christiana, II, 601-608; *instr.*, 188-190. — Du Tems, III, 291-293. — Pouillé, 756-760. — État du clergé, 352-353. — Dictionnaire..., par Poulbière, I, 93-120. — *Monasticon gallicanum*, pl. 30.

1. Cant. Ahun, arr. Guéret, Creuse. — 145 art. aux arch. départ. sér. II. — Arch. nat. S 3240. — Bib. nat. nouv. acq. fr. ms. 6650. — Documents historiques, par Leroux, Molinier, I, 166. — Statuts pour la réformation du Moutier d'Ahun (1611), *ibid.*, I, 295-300. — Estat de ce qui s'est passé de plus remarquable dans l'abbaye du Moutier d'Ahun de 1611 à 1631, dans *Inv. arch. départ. Creuse*, sér. II, par Autorde, 28 et s. — Réforme de l'abbaye du Moutier d'Ahun (1611), dans *Archives hist., artist. et littér.* (1890), mars. — Chronique d'Evrard, notaire d'Ahun (XVI° s.), par Leclen, dans *Arch. hist. Limousin*, IV, 1-45. — Pièces diverses sur Ahun, par Leroux, *Ibid.*, VI, 367-379. — Le Comté de la Marche et le Parlement de Poitiers, par Thomas, 275. — Liste critique des abbés du Moutier d'Ahun, par Delannoy, dans *Mém. soc. Creuse*, XIII (1902), 343-362. — L'abbaye du Moutier d'Ahun, par le même, *Ibid.*, XIV, 109-189. *Annales du Midi*, XV, 388; XVI, 541. — Contribution à l'histoire d'Ahun, par Mazet, dans *Mém. soc. Creuse*, VII

vocable de Notre-Dame par Boson II, comte de la Marche (997), qui le soumit à l'abbaye d'Uzerche. Le monastère fut incorporé à l'Ordre de Cluny en 1630. L'église (XIIe s. avec additions du XVe et de belles boiseries) est devenue paroissiale.

MEYMAC, *Meymacum*[1], sous le vocable de saint André, fondée

---

(1893), 345-374. — L'étude des monuments de la Creuse, par AUTORDE, *ibid.*, VII, 425-430. — L'église d'Ahun, par MAZET, dans *L'Ami des monuments*, VII (1893). — Restauration des églises de Guéret et du Moutier d'Ahun, par BONNAFOUS, dans *Mém. soc. Creuse*, I (1847), 27, 66, 72. — La Croix reliquaire du Moutier d'Ahun, par P. DE CESSAC, *Ibid.* (1889), 139-146. — Les boiseries du chœur de l'église d'Ahun, par LE MÊME, *Ibid.*, 147-151. — Croix reliquaire du Moutier d'Ahun, par CALLIER, dans *Rev. art chrét.* (1886), 84-86. — Histoire de l'antique ville d'Ahun, en la province de la Marche, suivie de la légende de saint Sylvain, patron de la cité, d'après un ms. du XVe s. *Clermont*, 1857, in-18.

Gallia christiana, II, 608-610; instr. 175, 190. — DU TEMS, III, 294. — Cartulaire d'Uzerche, 50, 78. — Pouillé, 270-272. — État du clergé, 355-356. — Aulagne, 60-62. — Dictionnaire... de la Creuse, par LECLER, 464-470.

1. Chef-l. cant., arr. Ussel, Corrèze. — Inv. arch. départ. sér. H, p. 7. — Papiers de DOM COL; *Bib. nat. ms. lat.* 9194; DOM ESTIENNOT, 12746 f. 706. *Monast. bened.* 12684 f. 287. — Arch. nat. V³ 371. — POTHAST, *Eugène III* (1147), 9080. — Cartulaire d'Uzerche, 51-53 et table, 493. — Inventaire du mobilier des religieux bénédictins de Meymac (1791), par LAVEIX, dans *Bul. soc. Brive* (1892), 395-404. — Requête pour les bourgeois et habitants de la ville de Meymac en Limousin, contre les religieux Bénédictins réformés de la Congrégation de Saint-Maur étant en l'abbaye de Saint-André de Meymac. *Paris*, 1723, in-fol. — Mémoire signifié pour M. Jean Ozenne de Renneville, abbé commendataire de l'abbaye de Meymac, contre Michel Binet, sieur du Jassonneix, et les religieux, prieur et couvent de l'abbaye de Meymac. *Paris*, 1742, in-fol. — Sommaire pour les religieux, prieur et couvent de l'abbaye de Saint-André de Meymac, contre le sieur Ozenne de Renneville. *Paris*, 1742, in-fol. — Mémoire pour les mêmes contre le même. *Paris*, 1743, in-4. — Mémoire pour les mêmes contre François de Gain de Bassignat, Marie Binet, veuve du sieur de Pradinas, et Pierre Mary, son gendre, et encore J. Ozenne... *Paris*, 1744, in-fol. — Les églises de Saint-Angel et de Meymac. Histoire et description, par POULBRIÈRE. *Tulle*, 1880, in-8; ext. *Bul. soc. Corrèze*. — Meymac et son abbaye, par TREICH-LAPLÈNE. *Brive*, 1887, in-8; ext. *Bul. soc. Corrèze*. — Gallia christiana, II, 597-

par Archambaud, vicomte de Comborn, autour d'une ancienne église dédiée à Notre-Dame, et donnée au monastère d'Uzerche (1085), érigée en abbaye au siècle suivant, entra dans la Congrégation de Saint-Maur (1669), après avoir appartenu quelque temps à celle des Exempts et à l'Ordre de Cluny. L'église (XII° s.) est devenue paroissiale. Une partie des édifices claustraux sert de presbytère.

SOLIGNAC, *Solemniacum*[1], sous le vocable de saint Pierre, fondée

---

601 ; *instr.*, 163-165. — DU TEMS, III, 288-290. — Pouillé, 600-603. — Etat du Clergé, 382. — Dictionnaire..., par POULBRIÈRE, II, 223-253. — Le Bas-Limousin seigneurial et religieux, par CHAMPEVAL, 276-282. — Monasticon gallicanum, pl. 31.

1. Cant. et arr. Limoges, Haute-Vienne. — 411 reg. ou lias. aux arch. départ. sér. H, où huit diplômes carolingiens et chartes des X, XI et XII° s. — Inv. arch. départ. Corrèze, sér. H, p. 7-10. — Cartulaire de l'abbaye de Solignac (XII° s.), *Bib. nat. ms. lat.* 18363. Petit cartulaire (XIII° s.) *nouv. acq. lat. ms.* 461. Sur les autres cartulaires : *Bibliographie générale des cartulaires*, par STEIN, 3735-3738, p. 512-513. Les sources..., par LEROUX, 193. — Les Terriers, dans LEROUX, 199. — Papiers de DOM COL, *Bib. nat. ms. lat.* 9193, f. 293-455 ; recueil de titres par DOM DU CHER et DOM ESTIENNOT ; 12748 f. 103-204, 271-361 ; mémoires de Doms LAURENT DUMAS et AMBROISE FREGERAT, 12697 f. 230 ; censier de Solignac, 18363, 18364 ; liber Benefactorum, 18365 ; chronique du monastère de Saint-Pierre de Solemnac, par DOM LAURENT DUMAS, *ms. fr.* 19857. Voir : LEROUX, 78. — Bib. Limoges, ms. 6 f. 47, 55. — Bib. Châteauroux, ms. 3. — Bib. Poitiers, DOM FONTENEAU, LXXX, 357-377. Die Urkunden der Karolinger, von SICKEL, II, 117, 384. — DOM BOUQUET, VIII, 653. — Bulle du pape Marin I en faveur du monastère de Solignac (883), par ARBELLOT, dans *Bul. soc. archéol. Limousin*, XXV (1877), 27. — Bulle du pape Marin, dans *Mélanges de paléographie*, par L. DELISLE, 488-489. — Bulle du Pape Eugène III (1147) en faveur de Solignac, par RIGAUDIE, *Ibid.*, XXXIX, 639 ; XLI, 632 ; par LECLER, XL, 832 ; XLI, 660. — POTHAST, *Benoît VIII* (855-858), 2670 ; *Marin I* (883), 3388 ; *Eugène III* (1147), 9130 ; *Adrien IV* (1155-1158, 1157-1159), 10332, 10482 ; *Innocent IV* (1248), 13018. — Etude sur les comtes de Limoges, par DE LASTEYRIE, 119. — Amblardus abbas, epistola ad Herveum thesaurarium Sancti Martini (vers 1000), dans *Annales Benedictini*, de MABILLON, IV, 155. — Documents historiques, par LEROUX, MOLINIER, I,

vers 631 par saint Eloi. Saint Remacle en fut le premier abbé. Elle fut restaurée sous Louis le Débonnaire. Les Calvinistes la pillèrent après 1571. Elle fut incorporée à la Congrégation de Saint-Maur en 1619. L'église (XII° s.) est devenue paroissiale et le monastère est occupé par une fabrique de porcelaine.

158, 169, 189, 226. — Chroniques, chartes..., par Leroux et Bosvieux, 13-15, 30-49, 59-62, 72-73, 78-81. — Arbitrage entre l'abbé de Solignac et les habitants (1246), dans *Arch. hist. Marche et Limousin*, IV, 347-351. Documents concernant Solignac, *ibid.*, I, 121-258. — Ordonnances des rois de France, décembre 1323, V, 590 ; janvier 1372. — Actes du Parlement de Paris, n°ˢ 6432, 6433, 6850. — Bul. soc. archéol. Limousin, XXX, 254, 278, 289 ; XLVII, 441. — Sceau de l'abbé Archambaud (1317) dans Douet d'Arcq, 9118.

Vita Sancti Tillonis, dans *Acta Sanct.*, de Mabillon, II, 994-1001 ; *Acta Sanctorum, Januarii*, I, 376-380. — Le rouleau des morts de l'abbaye de Solignac (1240-1241), par Rivain. Limoges, 1879, in-8 ; ext. *Bul. soc. archéol.*, XXVI, 327-367. — Fragments du rouleau mortuaire d'Hugues, abbé de Solignac (1240-1241), dans *Arch. hist. Limousin*, III, 300-302. — Extraits d'un nécrologe de Solignac, *ibid.*, VI, 338-367. — Les sources..., par Leroux, 171, 174. — Abbatum Sollemniacensium series, dans *Chroniques de Saint-Martial*, par Duplès-Agier, 245. — Chronique du monastère de Saint-Pierre de Solignac, par Dom Laurent Dumas, publiée par Leclen, Limoges, 1896, in-8 ; ext. *Bul. soc. archéol.* XLIII, 585-673 ; XLV, 179 et s. — Les sources..., par Leroux, 78. — Notice sur l'abbaye de Solignac, par le prince Napoléon-Bonaparte, dans *Bul. soc. archéol. Limousin*, VII, 101 et s. — Notice historique sur l'abbaye de Solignac, par Roy-Pierrefitte, dans *Congrès scientif.* XLI, Limoges (1859), 225. — L'abbaye de Solignac. Histoire, description, par Texier. Paris, 1860, in-4 ; ext. *Annales archéologiques* de Didron, XX, 125-136. — Notes pour servir à l'histoire de la ville de Solignac, par L. Guibert, dans *Almanach limousin* (1883), pars II, 1-12. — La basilique de Solignac au XVII° siècle, par J. Tixier. *Almanach annuaire du Limousin* (1907). — Château de Chalusset. Description et documents historiques, suivis de quelques notes sur l'église de Solignac, par Arbellot. Limoges, 1851, in-8. — L'église de Solignac, par R. Fage, dans *Bul. monum.*, LXXIV, 1910, 75-106.

Gallia christiana, II, 566-575 ; instr., 185-188. — Du Tems, III, 275-280. — Pouillé, 627-632. — Etat du clergé, 351-352. — Aulagne, 97-100. — Monasticon gallicanum, pl. 33.

Uzerche, *Uzerchia*[1], sous le vocable de saint Pierre, fondée par Arbert de Chavanon sous l'épiscopat d'Hildegaire (987), eut beau-

---

1. Chef-l. cant. arr. Tulle. Corrèze. — Inv. arch. départ. Corrèze, sér. II, p. 10. — Bib. nat. ms. lat. 12701, f. 8 ; 12746, f. 701 ; 12759, f. 207, 255 ; 13820, f. 392 ; 17118, f. 27-82 ; col. Duchesne, XXII, 215-238 ; col. Dupuy, 628, f. 19-22 ; col. Baluze, CCCLXXVII. — Arch. nat. S. 3234. — Cartulaire de l'abbaye d'Uzerche, avec tables, identifications, notes historiques, par Champeval. Tulle, 1901, in-8 ; ext. *Bul. soc. Corrèze*, IX et s. — Pothast. *Eugène III* (1147), 9080 ; *Alexandre III* (1179), 13339. — Excerptum de Gerardo abbate Usercensi ex antiqua historia ejusdem monasterii, dans *Miscellanea* de Baluze, II, 183. — Notitia de controversia quæ erat inter abbatem Usercensem et priorem Ventedernensem, dans Bouquet, XIV, 188-191. — Donation faite par Guy à l'abbaye d'Uzerche pour le repos de l'âme de son père (vers 1036), dans *Documents historiques inédits*, III, 430. — Communication de chartes concernant l'abbaye d'Uzerche, par Marchand. Ibid., 438. Serment de fidélité de l'abbé d'Uzerche, dans *Arch. hist. Limousin*, V, 235. — Hommage fait par Jean de Malbernard, coseigneur d'Allassac, à Gérald, abbé d'Uzerche (1393, 1398), par Poulbrière, dans *Bul. soc. Tulle*, XIII (1891), 543. — Titres et documents. Abbaye d'Uzerche. Livre des revenus de l'abbaye de 1737 à 1745, dans *Bul. soc. Corèze, Brive*, XXX (1908), 233-252. — Etat des revenus de l'abbaye d'Uzerche depuis 1737 jusque et y compris 1745, ibid., XXVII (1905), 525-540. — Etude sur les comtes de Limoges, par de Lasteyrie, 124-126, 130-140. — Actes du Parlement de Paris, par Boutaric, nos 4882, 4883, 5036, 5741. — Justel, *ouv. cit.*, pr. 20, 21, 23, 26, 29, 31, 33. — Historia monasterii Usercensis, dans *Historia Tutelensis* de Baluze, 825-830 et s. — Willelmi Godet chronicon ab Anonymo continuatum, dans Bouquet, XXI, 760. — La suite de la Chronique d'Uzerche (1320-1373), par de Manteyer. Paris, 1902, in-8, ext. *Mélanges Fabre*, 403-415. — Notes chronologiques d'un moine d'Uzerche (1226-1291), dans *Hist. littér. France*, XXI, 765. — Histoire de la ville et du canton d'Uzerche, par Combet. Limoges, 1857, in-8. — Lettres à Madame de B. sur le Limousin. Histoire d'Uzerche, par de Labouverade, dans *Annuaire Corrèze*, 1828 et 1829. — La quatrième lettre de la Royne mère envoyée au Roy sur la prise de l'Ysarche le 11 avril 1619. Paris, 1619, in-8. — Lettre envoyée au Roy par Monsieur le comte de Schomberg sur la prise d'Ysarche. Paris, 1619, in-8. — Explication d'une inscription latine qui existe encore dans l'église autrefois abbatiale d'Uzerche, par Meilhac, dans *Rev. art. chrét.* (1894), 39. — Les inscriptions de l'église d'Uzerche, par Rupin. Ibid., 235. — Épitaphes de

coup à souffrir des guerres de religion, et fut quelque temps le chef-lieu de la Congrégation des Exempts. Les moines furent sécularisés en 1745 ; le chapitre se composa de l'abbé commendataire, du doyen et de neuf chanoines. L'église (XIIe) est paroissiale.

VIGEOIS, *Vosium*[1], sous le vocable de saint Pierre, remontait au VIe siècle. Elle fut réformée au XIe par l'abbaye de Saint-Martial de Limoges, qui la garda longtemps sous sa dépendance. Elle eut dans la personne de Geoffroy un chroniqueur célèbre. Les moines, qui échappèrent aux réformes du XVIIe siècle, tombèrent en pleine décadence. On conserve l'église, qui est du XIIe siècle.

Boson et de Gaubert dans l'église d'Uzerche, par ARBELLOT, dans *Bul. soc. Tulle*, XVI, 291.

Gallia christiana, II, 585-593 ; instr., 181-186. — DU TEMS, III, 283-286. — Pouillé, 567-579. — État du clergé, 353. — Dictionnaire, par POULBRIÈRE, III, 533-550. — Le Bas-Limousin seigneurial et religieux, par CHAMPEVAL, I, 61-67.

1. Chef-l. cant., arr. Brive, Corrèze. — Inv. arch. départ. sér. II, p. 11. — Bib. nat. ms. lat. 9193, f. 529-568 ; 12703, f. 203-204 ; 17719 ; BALUZE, LXXXV, 1-128. — Cartulaire de Saint-Pierre de Vigeois, par DE MONTÉGUT, dans *Bul. soc. archéol. Limousin*, XXXIX (1890), 1-303. — Notes topographiques sur le cartulaire de Vigeois, par CHAMPEVAL, dans *Annales du Midi*, VII (1895), 432-435. — Notitia de electione abbatis Vosiensis (1229), dans *Miscellanea* de BALUZE, III, 12. — Délibérations capitulaires de Vigeois (1741-1744), par DE NUSSAC, dans *Bul. soc. Corrèze, Tulle* (1890), 534-536. — Chronicon Lemovicense de GEOFFROY DE VIGEOIS, dans *Bib. nova manuscript.* de LABBE, II, 279-342. — La chronique de Geoffroy de Vigeois, traduite par BONNÉLYE. Tulle, 1864, in-8. — Etude historique et bibliographique sur Geoffroy de Vigeois, par ARBELLOT. Limoges, 1888, in-8 ; ext. *Bul. soc. archéol. Limousin*, XXXVI, 135-162. — Hist. littér. de la France, XIV, 337-346. — Geoffroy de Vigeois, chroniqueur limousin, par ARBELLOT, dans *Bul. hist. com. trav. hist.* (1885), 97.

Gallia christiana, II, 593-597. — DU TEMS, III, 286-288. — Pouillé, 583-587. — État du clergé, 354-355. — POULBRIÈRE, III, 580-592. — L'abbaye de Saint-Martial, par DE LASTEYRIE, 402-407.

Ordre de Citeaux

Saint-Martin-de-Limoges[1], dont la fondation serait l'œuvre des parents de saint Eloi (vers 618), fut confiée à des Bénédictins par Hilduin, évêque de Limoges. Marchandon, abbé commendataire, après avoir réparé les ruines matérielles faites par les Huguenots en 1548 et 1563, y introduisit les religieux Feuillants (1624). L'hôtel du Chef de Corps occupe l'emplacement de ce monastère, dont il ne reste pas une trace.

Aubepierre, *Albæ Petræ*[2], fondée en l'honneur de Notre-Dame

---

[1]. On conserve aux arch. départ. de la Haute-Vienne, sér. H, 231 reg. ou lias. provenant de cette abbaye. — Terriers, Les sources..., par Leroux, 199. — Arch. hist. Limousin, VII, 70, 242, 261. — Bul. soc. archéol. Limousin, LVII (1908), 619-626. — Sceau de l'abbaye de Saint-Martin-des-Feuillants de Limoges, dans *Soc. de Sphragistique de Paris*, I, 258-267. — Sceau de l'abbé Guillaume (1317), dans Douet d'Arcq, 8796. — Sur Pierre Coral, abbé (1285), *Hist. littér. France*, XIX, 440. — Abbaye de Saint-Martin de Limoges, par Ardant, dans *Bul. soc. archéol. Limousin*, IV, 8; XI, 64. — Les sépultures de l'abbaye de Saint-Martin de Limoges et la crosse de l'archevêque Geoffroy, par L. Guibert, *Ibid.* XLVI (1898): 242-253. — Le monastère de Saint-Martin-des-Feuillants à Limoges, par Leroux, dans *Limoges illustré* (1906). — Gallia Christiana, II, 582-585. — Du Tems, III, 283. — Pouillé, 127-130. — État du clergé, 367-368. — Tableau ecclésiastique de la ville de Limoges, 80-82. — Aulagne, 100-102.

[2]. Com. Méasnes, cant. Bonnat, arr. Guéret, Creuse. — Inv. som. arch. départ. sér. H. — Cartulaire (1127-1767), *Ibid.*, 63-74. — Le Comté de la Marche et le Parlement de Poitiers, par Thomas, 163, 165, 184. — L'abbaye d'Aubepierre, par Roy-Pierrefitte. Guéret, 1860, in-8. — Liste critique des abbés d'Aubepierre, par Delannoy, dans *Mém. soc. sciences Creuse*, XV (1906), 429-461, 773. — Notice sur l'abbaye d'Aubepierre, par le même. *Ibid.*, XVI, 43-86. — Gallia christiana, II, 644. — Du Tems, III, 318. — Origines cisterciennes, par Janauschek, 115-116. — Pouillé, 528-529. — État du clergé, 388. — La Haute-Marche au XIIe siècle. Les moines cisterciens et l'agriculture, par G. Martin. Guéret, 1893, in-8 ; ext. *Mém. soc. sciences Creuse*. — Dictionnaire historique de la Creuse, par Lecler, 5.

(1149) avec des moines venus de Clairvaux. Les Huguenots la mirent au pillage (1569). La vie monastique y continua néanmoins jusqu'à la révolution. Une ferme occupe aujourd'hui son emplacement.

BEUIL, *Bulium*[1], fondée sous le vocable de Notre-Dame (1123) par Ramnulfe de Nieul, abbé du Dorat, avec des moines de Dalon et soumise peu après à l'abbaye d'Obazine et à l'ordre de Cîteaux. Il n'y avait au XVIII° siècle que le prieur et un moine. Il n'en reste que des ruines.

BONLIEU, *Bonus Locus*[2], sous le vocable de Notre-Dame, fondée par saint Giraud de Sales sur des terres reçues d'Amélius, seigneur de Chambon en 1120 et soumise à l'Ordre de Cîteaux en 1163. L'abbaye fut fortifiée pendant la guerre de Cent ans. Ce qui reste du monastère et de l'église est une propriété privée.

BONNAYGUE, *Bona Aqua*[3], fondée sous le vocable de Notre-Dame

---

1. Com. Veyrac, cant. Nieul, arr. Limoges, Haute-Vienne. — Bib. nat. ms. lat. 12746, f. 572-573. — Gallia christiana, II, 631-632. — Du Tems, 308-309. — JANAUSCHEK, 148. — Pouillé, 211. — État du clergé, 369. — Bul. soc. archéol. Limousin, XLII, 132 et s.

2. Com. Peyrat-la-Nonière, cant. Chénerailles, arr. Aubusson, Creuse. — 10 art. et 20 reg. aux arch. départ. sér. H. Cartulaire, Inv. som. 166-192. — Arch. nat. O, 623. — Bib. nat. papiers de Dom Col, ms. lat. 9196, f. 1-401 ; nouv. acq. fr. ms. 5219, f. 27-32 ; coll. DUCHESNE, XXII, 240-242. — STEIN, 74. — JUSTEL, ouv. cit., pr. 168. — Histoire génél. de la maison d'Auvergne, par BALUZE, *passim*. — Sceau d'un abbé (1281), dans DOUET D'ARCQ, 8557 ; de l'abbé Eble (1317), 8558. — L'abbaye de Bonlieu, par ROY-PIERREFITTE. Guéret, 1860, in-8. — L'abbaye de Bonlieu, par CYPRIEN PÉRATHON, dans *Mém. soc. sciences Creuse*, XVI (1908), 12-24. — Note sur une inscription de l'abbaye de Bonlieu, par DE CESSAC, dans *Bul. soc. antiq. France*, XXXVIII (1877), 190. — Carreaux émaillés de l'abbaye de Bonlieu, par LE MÊME. *Ibid.*, XLI, 210-214. — Gallia christiana, II, 628-631. — DU TEMS, III, 305-307. — JANAUSCHEK, 148. — Pouillé, 281-282. — État du clergé, 369-370. — GABRIEL MARTIN, *ouv. cit.* — LECLER, 6-7, 506-508. — Album de la Creuse, par TEXIER, 1847.

3. Com. Saint-Frejoux, cant. et arr. Ussel, Corrèze. — Inv. arch. départ. sér. H, p. 6. — Bib. nat. ms. lat. 12663, f. 93 ; 12765, f. 235. — L'abbaye de Bonnaigue, par LAVEIX, dans *Bul. soc. scient. Corrèze. Brive*,

par saint Etienne d'Obazine sur des terres reçues de Guillaume et Pierre d'Ussel (1137). Le saint fondateur y mourut en 1159. Cette maison entra dans l'Ordre de Cîteaux. Il en reste des ruines.

Dalon, *Dalo*[1], fondée sous le vocable de Notre-Dame par le B. Giraud de Sales (1114) sur des terres reçues de Géraud et Gouffier de Lastours. Elle fut jusqu'à la mort du Bienheureux (1120) le centre des monastères fondés par lui. Les religieux entrèrent peu après dans l'Ordre de Cîteaux. Dalon garda néanmoins sous sa dépendance ses abbayes filles de Beuil, Bonlieu, Loc-Dieu, Prébenoît et Saint-Léonard de Chaumes. Il n'en reste que des ruines.

La Colombe, *Columba*[2], sous le vocable de Notre-Dame, fondée

---

XVI (1894), 535-557. — Gallia christ. II, 642-644. — Du Tems, III, 316-318. — Janauschek, 106. — Pouillé, 594-595. — État du clergé, 568. — Poulbrière, III, 150-157. — Champeval, 266-268.

1. Com. Sainte-Trie, cant. Excideuil, arr. Périgueux, Dordogne. — Extrait du cartulaire de l'abbaye de Dalon, par Gaignières, Bib. nat. ms. lat. 17120 f. 1-208; par Dom Boyer, 12697 f. 151 et 156. Coll. Baluze, CCCLXXV. Coll. Périgord, XXXIII, 392-395; XXXIV, 7; XXXVII, 395-400. Stein, n°ˢ 1117 et 1118 p. 156. — Bib. Poitiers, Dom Fonteneau, LVIII, 19-24. — Arch. départ. Haute-Vienne, sér. II. — Inv. arch. départ. Corrèze, sér. II, 27, p. 6. Lot, sér. F, t. III, 133. — Pothast, *Alexandre III* (1167), 11358; (1159-1181), 13863. — Liber fundationis et donationum abbatiæ Beatæ Mariæ Dalonis, dans Dom Bouquet, XIV; 161-162. — Prêt sur gage d'Hélie de Coulonges, abbé de Dalon et de Tourtoirac, à Jean de la Douze (14 déc. 1526), par d'Abzac de la Douze, dans *Bul. soc. hist. Périgord*, XV, (1888), 62. — Sceau de l'abbé Guillaume (1279), dans Douet d'Arcq, 8692; Pierre (1317), 8693. — Archives historiques de la Saintonge, X, 26. — Historia Tutelensis, par Baluze, 489. — Poésies complètes de Bertran de Born, publiées avec des extraits du cartulaire de Dalon, par Ant. Thomas. Toulouse, 1888, in-16. — L'abbaye de Dalon, par Roy-Pierrefitte, dans *Bul. soc. archéol. Limousin*, XIV (1864), 79. — Gallia christiana, II, 623-628; instr., 201-202. — Du Tems, III, 303-305. — Janauschek, 147-148. — Pouillé, 522-523. — État du clergé, 371. — Vie du B. Giraud de Salles, par Lavialle. Poitiers, 1907, in-18.

2. Com. Tilly, cant. Belabre, arr. Le Blanc, Indre. — Inv. som. arch. départ. par Hubert, sér. II. — Abbaye de la Colombe, par de Beaufort, dans *Mém. soc. antiq. Ouest*, XXVI (1861), 307-310. — Gallia christiana,

en 1146 avec des moines venus de Preuilly-en-Brie par le vicomte de Brosse. Les de la Trémouille furent au nombre de ses bienfaiteurs. L'église était sur le diocèse de Limoges, tandis qu'une partie des dépendances était sur le diocèse de Bourges. Il n'en reste que des ruines.

Le Palais-Notre-Dame, *Palatium Beatæ Mariæ Virginis*[1], fondée par le Bienheureux Giraud de Salle et son successeur Roger, abbé de Dalon, soumise à l'Ordre de Cîteaux (1162). On conserve encore l'église (XIIe) et le monastère (1574).

Obazine, *Obazina*[2], fondée sous le vocable de Notre-Dame par

---

II, 639-642. — Du Tems, III, 314-316. — Janauschez, 88. — Pouillé, 391-392. — État du clergé, 370. — Dictionnaire historique de l'Indre, par Hubert, 57-58.

1. Com. Thauron, cant. Pontarion, arr. Bourganeuf, Creuse. — Inv. som. arch. départ. sér. H. — Sceau d'un abbé (1281), dans Douet d'Arcq, 8897. — Le Palais-Notre-Dame, par Roy-Pierrefitte. *Guéret*, 1862, in-8. — Le siège du Palais de Notre-Dame en 1451, par G. Martin, dans *Mém. soc. Creuse*, XV (1905), 483-495. — Gallia christiana, II, 634. — Du Tems, III, 310. — Janauschek, 130. — Pouillé, 333-334. — État du clergé, 372. — Martin, *ouv. cit.* — Leclen, 497, 762.

2. Cant. Beynat, arr. Brive, Corrèze. — Inv. som. arch. départ. sér. H 31, p. 7. — Cartulaire de l'abbaye d'Obazine (XIIe s.), *Bib. nat. nouv. acq. ms. lat.* 1560. — Extraits par Dom Boyer, *ms. lat.* 12697 f. 152-153, 157-158. — Ext. d'un nécrologe par Dom Estiennot, 12740. — Notice sur le cartulaire de l'abbaye cistercienne d'Obazine, par L. Guibert. *Tulle*, 1890, in-8; ext. *Bul. soc. Corrèze* (1889), 435-459; (1890), 54-74, 133-156. — Pothast, *Innocent III* (1206), 2936; *Clément IV* (1267), 20093. — Deux chartes d'Obazine relatives à l'île d'Oléron, dans *Bul. Saintonge et Aunis* XII, 191. — Actes du Parlement de Paris, nos 654, 763, 36**. — Une visite à Obazine en 1712. « Journal de voyage » de Dom Boyer, par R. Fage. *Brive*, s. d., in-8; ext. *Bul. soc. Corrèze*. — Sceau d'un abbé (1317), dans Douet d'Arcq, 8890. — Sancti Stephani abbatis Obazinensis vita (1159), dans *Miscellanea* de Baluze, IV, 69-204, ou I, 149-179. — Tractatus de Stephano Obasinæ fundatore, par Bernard Gui, dans *Bibliotheca nova* de Labbe, I, 637. — Vie de saint Étienne, fondateur et premier abbé du monastère d'Obazine, de l'ordre de Cîteaux, par un Moine, fils d'une famille seigneuriale du Limousin et disciple du Saint. *Obazine*, 1881, in-16. — L'abbaye d'Obazine, par Roy-Pierrefitte, dans

saint Etienne, qui reçut avec ses compagnons l'habit et les observances des moines de Dalon en 1142, affiliée à l'Ordre de Cîteaux tout en gardant une certaine autonomie (1148). Cette maison resta le chef des monastères fondés par elle, Valette, Bonnaygue, La Garde-Dieu, La Frenade, Gros-Bois et Coyroux. Elle eut fort à souffrir de la guerre de Cent ans et des guerres de religion. L'église (XIIe s.) est paroissiale. Ce qui reste des édifices claustraux est affecté au presbytère et à un couvent de religieuses.

Prébenoit, *Pratum Benedictum*[1], fondée sous le même vocable que les précédentes par Malval, seigneur de Chastellus, avec des moines de Dalon (1140), soumise avec l'abbaye mère à l'Ordre de Cîteaux (1162).

Études historiques sur les monastères de la Marche et du Limousin. — L'Église d'Obazine, par Moulins, dans *Musées et Monuments* (1907), 78-80. — Lettre à M. Bonnay, architecte, sur la date de la construction de l'église d'Obazine, par Poulbrière, dans *Bul. soc. Corrèze, Brive*, II (1880), 213 et 605. — Vitraux du XIIe s. à Obazine, par Bonnay. Ibid., II, 199. — Fenêtre de la salle capitulaire de l'abbaye d'Obazine (XIIe s.), par Ch. Sicard. Ibid., II, 329. — Pied de croix ou de reliquaire en cuivre doré et émaillé (XIIIe s.); église d'Obazine, par Rupin. Ibid., I, 147. — Croix byzantine de l'église d'Obazine, par le même. Ibid., I, 275. — Reliquaire en cuivre doré et émaillé de l'église d'Obazine, par le même. Ibid., II, 461; *Rev. soc. sav.* (1881), 242. — Tombeau de Saint-Étienne d'Obazine, par Texier, dans *Annales archéol.* XII, 386-392; et *Bul. soc. sciences Tulle*, II (1880), 178. — Gallia christiana, II, 635-639. — Du Tems, III, 311-314. — Janauschek, 106. — Pouillé, 696-698. — État du clergé, 372. — Poulbrière, II, 387-406. — Les religieuses du Saint-Cœur de Marie à Obazine, par Roy-Pierrefitte, Limoges, 1859, in-8.

1. Com. Betète, cant. Chastellus, arr. Boussac, Creuse. — Inv. arch. départ. sér. H. — Le Comté de la Marche et le Parlement de Poitiers, par Thomas, 216, 218, 220-227, 231, 249, 255, 256, 264, 269, 276-281. — L'abbaye de Prébenoit, par Roy-Pierrefitte, dans *Études historiques sur les monastères*. — Notes complémentaires sur l'histoire de l'abbaye de Prébenoit, par de Beaufranchet, dans *Mém. soc. Creuse*, XIV (1904), 443-457. — Gallia christiana, II, 632-634. — Du Tems, III, 309-310. — Janauschek, 149. — Pouillé, 535-536. — État du clergé, 373. — Lecler, 55-56. — G. Martin, *ouv. cit.*

Ordre de Grandmont

GRANDMONT, *Grandis Mons*[1], chef-lieu de l'Ordre de ce nom, fondé d'abord à Muret par saint Étienne de Thiers (1076), Grand-

---

[1]. Com. Saint-Silvestre, cant. Laurière, arr. Limoges, Haute-Vienne. — 189 reg. ou lias. aux arch. départ. sér. H. — Cartulaire de l'abbaye de Grandmont (1180-1487), arch. départ. Maine-et-Loire. — Bullaire de l'Ordre, Bib. Grand Séminaire de Limoges. ms. 83. — Recueil des privilèges, Bib. Angers, ms. 410. — Arch. nat. V¹ 201. — Lettres inédites d'Innocent III pour Grandmont, par ARBELLOT, dans *Bul. soc. archéol. Limousin*, IV (1852), 140. — POTHAST, *Adrien IV* (1156), 10163; *Alexandre III* (1171-1181), 14271; *Urbain III* (1186), 15649, 15650; *Clément III* (1189), 16294-16296, 16298, 16385, 16395; *Innocent III* (1199, 1201, 1202, 1205, 1207, 1208, 1211, 1212, 1214, 1215-1220), 581, 1374, 1621, 1622, 1772, 2455, 3079, 3497, 4348, 4361, 4442, 4903, 5225, 5226; *Honorius III* (1218, 1219, 1221, 1223), 5622, 5895, 5998, 6661, 6998; *Grégoire IX* (1229, 1231, 1236), 8313, 8697, 8798, 10159; *Innocent IV* (1249, 1251), 13267, 14295; *Alexandre IV* (1260), 17953; *Honorius III* (1217), 5507°-25879, 25880, 25882, 25883, 25886, 25889. — ANT. THOMAS, *ouv. cit.* 47, 60, 68, 96, 127, 129, 166, 195, 217, 219, 246. — Documents historiques, par LEROUX, MOLINIER, I, 171, 206. — Catalogue des rôles gascons, I, 287. — JUSTEL, *ouv. cit.* pr. 42. — Sceaux du prieur Élie (1232), dans DOUËT D'ARCQ, 9528; A, (1255), 9529; Guillaume (1308), 9530; abbé Ademar (1378), 8741; abbé Pierre (1389), 8742.

Vita sancti Stephani, dans *Acta Sanctorum, februarii* II, 205 *et s.*; *Amplissima collectio*, de MARTÈNE, VI, 1042 *et s.* — Altera vita, par HUGUES DE LACERTA, dans MARTÈNE, *Ibid.*, VI, 118 *et s.* De relevatione Beati Stephani, par GERALD STIER, *Ibid.*, VI, 1087 *et s.* Les sources... par LEROUX, 47-48. — Vita Beati Hugonis de Lacerta, par FRÈRE EUDES, dans MARTÈNE, *Ibid.*, VI, 1143 *et s.* — Sur quelques écrivains de l'Ordre de Grandmont, par HAURÉAU, dans *Notices et extraits des manuscrits*, XXIV, II, 247-267. — Procès-verbal de la translation du chef de saint Étienne de Muret et autres reliques de Grandmont à Saint-Silvestre (1791), par LARUE, dans *Bul. soc. archéol. Limousin*, LV (1906), 827-829. — Itinerarium fratrum Grandimontensium seu translatio reliquiarum Sanctarum septem Virginum sociarum sanctae Ursulae e diœcesi Coloniensi in ecclesiam Grandimontis (1181). Limoges, 1790, in-16; *Recueil des Inscriptions*, par TEXIER, 347. — Lettre de Gui de Blond, moine de Grandmont, au

mont fut choisi par les disciples du saint Fondateur. Ce monastère garda le titre de prieuré jusqu'à son érection en abbaye (1317). Les rois d'Angleterre, Henri I, Henri II, Richard Cœur de Lion et Henri III le prirent sous leur protection ; ils firent construire

---

sujet des reliques apportées par lui de Palestine et distribuées à différents monastères, Grandmont, Condom, Le Dorat, dans *Mélanges pour servir à l'histoire de l'Orient latin*, par KOHLER. Paris, 1906, in-8. — Inventaire des reliques de Grandmont (1496 et 1515), dans *Bul. soc. archéol. Limousin*, XXXVI, 78, 91. — Note sur le trésor de Grandmont, par TEXIER, *Ibid.*, VI (1855), 73. — Inventaire des châsses, reliques, croix, reliquaires, coffres, calices et autre argenterie de l'église de Grandmont, fait par ordre du Révérendissime Père en Dieu Dom de Chavaroche, abbé et général de l'ordre de Grandmont, le 4e du mois de novembre en l'année 1666, par AUGUSTE DU BOYS. *Ibid.*, VI, 5-72. — Des Ostensions en Limousin, par ARDANT, 89. — Essai historique et descriptif sur les argentiers et les émailleurs de Limoges, par TEXIER, dans *Mém. soc. antiq. Ouest*, IX (1842), 321 et s. — Orfèvrerie et émaillerie limousine, par PALUSTRE et BARBIER DE MONTAULT (1886). — Les émaux de l'abbaye de Grandmont, par DE LINAS, dans *Rev. art chrét.* (1884), 341-343. — Une plaque d'émail limousin et la châsse de saint Étienne à Grandmont, par LE MÊME, *Ibid.*, 164-167. — Notice sur les archives de M. Nivet-Fontaubert, par LEROUX, dans *Bul. soc. archéol. Limousin*, XXXIX (1892), 559-634, où un inventaire du trésor de Grandmont. — Le reliquaire de saint Goussaud, par AUTORDE, dans *Mém. soc. Creuse*, XIV (1903), 209-218. — Inscription antique de la vraie Croix de l'abbaye de Grandmont, avec un sermon de la Passion, par FRANÇOIS OGIER, Paris, 1858, in-8. — L'école monastique d'orfèvrerie de Grandmont et l'autel majeur de l'église abbatiale, par L. GUIBERT. Limoges, 1889, in-8 ; ext. *Bul. soc. archéol. Limousin*, XXXVI (1889), 51-98. — La châsse d'Ambazac, par LECLER, *Ibid.*, LVII, 565-579. — Procès-verbal d'envoi à la fonte du cuivre de deux châsses provenant de Grandmont (1794), par FOURNE, *Ibid.*, 584.

Les manuscrits de l'abbaye de Grandmont, par COUDERC. Nogent-le-Rotrou, 1901, in-8; ext. *Bib. éc. Chartes*, LXII, 362-373. — Catalogue de la bibliothèque de Grandmont (1771), dans *Limousin historique*, I, 186 et s. — Catalogue des manuscrits du Grand Séminaire de Limoges, par GUIBERT, p. 42-68. — Les sources..., par LEROUX, 61-63.

Histoire de l'abbaye de Grandmont, par LECLER, dans *Bul. soc. archéol. Limousin*, LVII (1907), 129-171 et s., en cours de publication. — Hommes illustres de Treignac, Guillaume de Treignac, sixième prieur de Grand-

l'église et restaurer les édifices claustraux. Les Huguenots le mirent au pillage; on ne put s'en débarrasser qu'en 1604. Il se fit alors une réforme de l'Ordre. L'abbaye de Grandmont était régulière, c'est-à-dire occupée par un religieux au choix de la communauté. Le titre abbatial fut supprimé en 1771 et la mense, unie à l'évêché de Limoges, en attendant la suppression de l'Ordre lui-même par la Commission des Réguliers. De cette maison, qui fut la gloire du Limousin, il ne reste que des ruines informes.

Chanoines réguliers

BÉNÉVENT, *Beneventum*[1], fondée sous le vocable de saint Barthélemy par Robert, chanoine de Limoges (1028). Le chapitre cathédral lui fit des donations importantes en 1075, en se réservant le droit de confirmer le prieur et le sacristain. L'abbé était chanoiné de la cathédrale. Ce n'était d'abord qu'un prieuré; il fut érigé

---

mont, par Decoux-Lagoutte, dans *Bul. soc. Corrèze*, Tulle (1891), 271-284. — Prophétie de Frère Charles Cadomnat, religieux de Grandmont (XVIe s.), par Arbellot, dans *Bul. soc. archéol. Limousin*, IV (1852), 205. — Destruction de l'Ordre de Grandmont, par L. Guibert, Limoges, 1877, in-8.
Gallia christiana, II, 645-660; instr., 191-196. — Du Tems, III, 319-328. — Additions et corrections au Gallia christiana, tirées des registres d'Honorius IV, par Maur. Prou, dans *Mélanges de l'école de Rome*, V (1885), 251. — Pouillé, 356-359. — État du clergé, 305. — Aulagne, 274-277.
Voir : Notice et bibliographie de l'Ordre de Grandmont, dans *Abbayes et prieurés de l'Ancienne France*, Introduction, p. 184-194.
1. Chef-l. cant., arr. Bourganeuf, Creuse. — Inv. som., arch. départ. sér. H. — Extraits du cartulaire, Bib. nat., ms. lat. 17116, f. 69-130 et *nouv. acq. fr.* 5219, f. 2-25. — Esquisses marchoises, par Duval, 113 et 223. — L'abbaye de Bénévent, par Roy-Pierrefitte, dans *ouv. cit.* — Un légat de Boniface VIII, prieur de Bénévent et archiprêtre de Carcassonne (1295-1320), par Leroux, dans *Bul. soc. archéol. Limousin*, XXVII (1879), 33. — Gallia christiana, II, 619-620. — Du Tems, III, 299-300. — Pouillé, 302-306. — État du Clergé, 374. — Lecler, 50-51.

en abbaye (1459). L'abbaye fut supprimée et les menses abbatiale et conventuelle furent attribuées à l'évêché de Québec (1692) ; ce qui fut révoqué en 1737. L'église (XI*e*-XII*e* s.) est devenue paroissiale.

LESTERP, *Stirpum*[1], fondée en l'honneur de saint Pierre vers 975 et donnée peu après aux chanoines réguliers par Jourdain I de Chabanais. Saint Gaultier fut l'un des premiers abbés (1093-1102). Cette maison eut de nombreuses dépendances. L'amiral de Coligny la livra au pillage en 1567. Ses religieux embrassèrent la réforme de la Congrégation de France (1654). L'église est devenue paroissiale.

Abbayes de femmes

NOTRE-DAME-DE-LA-RÈGLE[2], à Limoges, *Beata Maria de Regula*,

---

1. Cant. et arr. Confolens, Charente. — Deux cart. et 3 reg. aux arch. départ. sér. H. — Arch. départ. Haute-Vienne, sér. H. — Bib. Sainte-Geneviève, ms. 701, 718, 1310. — Bib. Carpentras, ms. 1839, f. 111 bis. — POTHAST, *Innocent III* (1198), 303. — THOMAS, *ouv. cit.*, 154. — Notice et dissertation sur un fragment de cartulaire de l'abbaye de Lesterp, par BABINET DE RENCOGNE. *Angoulême*, 1863, in-8 ; ext. *Bul. soc. hist. Charente* (1862), 47-63. — Charte d'Almodie, comtesse de la Marche, en faveur de Lesterp, par LE MÊME. *Ibid.*, 409-414. — Bénéfices dépendant de l'abbaye de Lesterp, dans *Pouillé général* (1648), *diocèse de Limoges*, 56-57. — *Sancti Guillelmi Stirpensis vita*, dans *Acta Sanctorum Maii*, II, 701-704. — La vie de saint Gaultier, abbé de Lesterp, par ROUGERIE. *Limoges*. 1877, *in-8*. — *Gallia christiana*, II, 620-623 ; *instr.*, 195. — DU TEMS, III, 301-303. — Pouillé historique du diocèse d'Angoulême, par NANGLARD, III, 71-82. — État du clergé, 375. — Essai d'une bibliothèque historique de l'Angoumois, par CASTAIGNE, 82-83.

2. 525 reg. ou lias. aux arch. départ. Haute-Vienne, sér. H. — Terriers, dans les *Sources...*, par LEROUX, 200. — Fragment du livre des anniversaires, *Bib. nat. ms. lat.*, 9194, f. 661-668. — *Bul. soc. archéol. Limousin*, XXXVIII, 449. — Factum pour dame Elisabeth d'Aubusson de la Feuillade, abbesse de l'abbaye royale de Notre-Dame de la Règle, à Limoges, appelante d'une sentence rendue par le sénéchal de Montmorillon, le 10 mars 1686, contre messire Annel de la Bastide, seigneur de

fondée à une époque inconnue, restaurée par Louis le Débonnaire (817), n'atteignit tout son développement qu'au XIᵉ siècle. L'abbesse avait droit seigneurial sur une partie de la basse Cité. Cette maison était en décadence au XVIᵉ siècle. Elle fut réformée au commencement du XVIIᵉ. Jeanne de Verthamon, son abbesse, lui rendit son

---

Châteaumorand et de Cognac. S. l. n. d. in-fol. — Addition au factum pour la dame abbesse de la Règle, appelante d'une sentence rendue, etc. S. l. n. d. in-fol. — Mémoire pour la dame de Férières, religieuse en l'abbaye royale de la Règle, appelante, et encore pour l'abbesse et religieuses de l'abbaye intervenantes, contre la marquise de Vassan, intimée. Paris, 1741, in-fol. — Sceau de l'abbaye de Notre-Dame de la Règle, par Maur. Ardant. Paris, 1855, in-8 ; ext. Société sphragistique, IV, 33.
Rapports de Madame de la Feuillade d'Aubusson avec le séminaire de Limoges, dans Correspondance de Tronson, par Bertrand, II, 441-450. — Oraison funèbre de Madame Elisabeth d'Aubusson de la Feuillade, abbesse de Notre-Dame de la Règle, prononcée le 23 avril 1704, dans l'église de la Règle, par le P. Périère. Limoges, 1704, in-4. — Lettres de la prieure du convent de Notre-Dame de la Règle pour annoncer la mort de Madame Elisabeth d'Aubusson de la Feuillade, 22 mars 1704. Limoges, s. d. in-4. — Lettres de la prieure du convent de Notre-Dame de la Règle pour demander des prières pour le repos de l'âme de la même, 25 juin 1705. S. l. n. d., in-4. — Oraison funèbre de Madame Catherine-Elisabeth de Verthamon de Lavaud, abbesse de Notre-Dame de la Règle de Limoges, prononcée dans l'église de la dite abbaye, le 23 avril 1744, par le Père Martial Hardi, récollet. Limoges, 1744, in-4. — Madame Jeanne de Verthamon, dans Eloges de plusieurs personnes illustres de l'ordre de Saint-Benoît, par la Mère de Blémur, II, 456-471. — Crosse abbatiale et chapiteau antique trouvé à Notre-Dame de la Règle, par Arbellot, dans Bul. soc. archéol. Limousin, XXII (1873), 161. — Roland ou sépultures de Notre-Dame de la Règle, par le même. Limoges, 1890, in-8 ; ext. même recueil (1890), 137-141. — L'abbaye de la Règle, par M. Ardant, dans Revue du Centre (1837), 368. — Chronologie des abbesses de Notre-Dame de la Règle, par Legros, dans Calendrier historique du Limousin (1784).
Gallia christiana, II, 610. — Du Tems, III, 295. — Pouillé, 130-135. — État du clergé, 356-357. — Tableau ecclésiastique, 93. — Laforest, 271-222. — Aulagne, 106-112. — La cité de Limoges, par Grenier. Limoges, 1907, in-8.

beau renom et sa prospérité. On installa, au XIX⁰ siècle, le grand séminaire dans les bâtiments claustraux.

Bonnesaigne, *Bona Sania*[1], sous le vocable de Notre-Dame, existait en 1165. Après un long temps de prospérité, elle souffrit beaucoup de la guerre de Cent ans et des guerres de religion ; au XVII⁰ siècle, les religieuses essayèrent à Tulle un établissement qu'il fallut abandonner. Leur monastère fut transféré à Brive (1759). Il ne reste plus rien de Bonnesaigne.

Les Allois, *Allodia*[2], sous le vocable de Notre-Dame, dont la fondation est antérieure à 1180, n'a guère laissé de traces dans l'histoire. Les religieuses très pauvres se transportèrent à Limoges, où elles occupèrent le couvent des Urbanistes de Sainte-Claire de la Cité.

Ordre de Citeaux

Coyroux, *Coyresium*[3], n'était qu'un prieuré, sous l'entière dépen-

---

1. Com. Combressol, cant. Meymac, arr. Ussel, Corrèze. — Bib. nat. ms. lat. 12746, f. 506, 715-719. — Arch. nat. S. 3305. — Pothast, *Alexandre III* (1165), 11210. — Abbaye de Bonnesaigne, par Roy-Pierrefitte, dans *Bul. soc. archéol. Limousin*, XI (1861), 65-83. — Les Bénédictines de Bonnesaigne, par Bourneix. Brive, 1903, in-8 ; ext. *Bul. soc. scientif. Corrèze*, XXIV, XXV. — *Gallia christiana*, II, 614-617. — Du Tems, III, 297-298. — Pouillé, 685-687. — État du diocèse, 358. — Poulbrière, I, 364-372. — Aulagne, 293-296. — Champeval, 287.

2. Com. La Geneytouse, cant. Saint-Léonard, arr. Limoges, Haute-Vienne. — 255 reg. ou lias. aux arch. départ. sér. H. — Bib. nat. ms. lat. 12746, f. 609-624. — Obituaire du prieuré des Allois du XIII⁰ siècle, par Leroux, dans *Arch. hist. Marche et Limousin*, V, 224-230. — Abbaye des Allois, par Roy-Pierrefitte, dans *Bul. soc. archéol. Limousin*, IX (1859), 145. — *Gallia christiana*, II, 617-618. — Du Tems, III, 298-299. — Pouillé, 175-176. — État du clergé, 358. — Tableau ecclésiastique, 94. — Aulagne, 297.

3. Com. Obazine. — Inv. arch. départ. Corrèze, sér. H. 81, p. 16. — Bib. nat. ms. lat. 12746, f. 648. — Le prieuré de Coyroux, par Roy-Pierrefitte, dans *ouv. cit*. — Le monastère de Coyroux, par Espéret,

dance de l'abbaye d'Obazine, fondé par saint Etienne (1143). Il y eut jusqu'à 150 religieuses. Après la décadence des XV et XVI⁰ siècle, la communauté se partagea ; une partie se réfugia à Tulle (1622). Il ne reste de ce monastère que des ruines informes.

Maisons conventuelles

Chambon-Sainte-Valérie, *Cambonium*[1], fondée vers 857 par Abbon, abbé de Saint-Martial de Limoges, qui y fit transporter les reliques de sainte Valérie. Ce monastère portait le titre de prévôté. Il échappa à l'autorité de Saint-Martial en 1572 et fut soumis à Cluny en 1702.

Le Port-Dieu, *Portus Dei*[2], fondée vers 1060 par saint Robert,

---

dans *Bul. soc. scient. Corrèze. Brive*, XXX (1908), 121-122. — Les Dames de Coyroux, par A. Vayssière, *Ibid.*, V (1883), 299-313, 365-376. — Défense des dames religieuses de Coyroux, contre M. Vayssière. *Tulle*, 1888, *in-18*. — Les dames religieuses de Coyroux et les moines d'Obazine. *Limoges*, 1888, *in-16*. — Clef de voûte provenant de l'abbaye de Coyroux, par Lansade. *Ibid.*, IX (1887), 679. — Election d'une prieure à Coyroux en 1783, par Lalande, dans *Bul. soc. Corrèze. Brive*, VIII (1886), 355-360. — Prise de possession d'une prieure de Coyroux en 1783, par Poulbrière, dans *Bul. soc. Corrèze, Tulle*, IX (1886), 246. — *Gallia christiana*, II, 311. — *Pouillé*, 698. — État du clergé, 373. — Poulbrière, II, 406-409.

1. Chef-l. cant., arr. Boussac, Creuse. — Inv. som. arch. départ. sér. II. — Arch. nat. S. 3240. — Bib. nat. ms. lat., 17149. — Mémoire pour la prévôté de Chambon-Sainte-Valérie, *Bib. sém. Limoges ms.* 37. — Prévôté de Chambon-Sainte-Valérie, par Roy-Pierrefitte, dans *ouv. cit.* — L'église de Chambon, par Coudert-Lavilatte, dans *Mém. soc. Creuse*, I (1847), 40. — Deux pierres tumulaires de l'ancienne prévôté des Bénédictins de Chambon, par de Cessac, *Ibid.*, IV (1862), 337. — Prieuré de Chambon, par le même, dans *Bul. monum.* (1871), 684-686. — Le chef de sainte Valérie à Chambon, par Gay, dans *Bul. soc. Corrèze. Brive*, IV (1882), 435-480. — *Pouillé*, 282-284. — État du clergé, 362. — Lecler, 114-121. — L'abbaye de Saint-Martial de Limoges, par de Lasteyrie, 363-368.

2. Cant. Bort, arr. Ussel, Corrèze. — Inv. arch. départ. sér. II. 91, p. 17. — Mémoire signifié pour les prieur, religieux et convent du

abbé de la Chaise-Dieu, qui avait reçu ces terres de son disciple Raoul Passeron de Saint-Sauvin. Ce prieuré fut supprimé en 1753 et la mense conventuelle, unie à la collégiale de Brive.

SAINT-ANGEL, *Sanctus Michael de Angelis*[1], dépendant de l'abbaye de Charroux. La charte de donation du comte Roger est d'une authenticité douteuse (778). L'abbé de Bouillon, qui en était titulaire, le donna à la Congrégation de Saint-Maur (1698), qui y mit une communauté régulière. L'église est devenue paroissiale et ce qui reste des édifices claustraux tient lieu de presbytère.

LES TERNES, *Ternæ*[2], monastère de Célestins fondé dans son château paternel par Roger le Fort (1338), qui fut successivement évêque d'Orléans, de Limoges et archevêque de Bourges. Il était sous le vocable de Notre-Dame. Il fut supprimé en 1777 par la Commission des Réguliers. Il n'en reste plus rien.

---

prieuré du Port-Dieu, membre dépendant de l'abbaye de la Chaise-Dieu, contre M. François Texier de la Nogarède, prieur commendataire du même prieuré. *Paris*, 1729, in-fol. — Acte de 1255 relatif au prieuré du Port-Dieu, par L'HERMITTE, dans *Bul. soc. Corrèze*. Tulle, XX (1898), 383-386, et dans *Manuel de paléographie*, par PROU. — Port-Dieu et son prieur, par LONGY. Tulle, 1889, in-8; ext. *Bul. soc. Corrèze*. Tulle, XI (1889), 41-87, 153-192. — Pouillé, 605-611. — Etat du clergé, 360. — POULBRIÈRE, II, 460-475. — CHAMPEVAL, 371.

1. Cant. et arr. Ussel, Corrèze. — Inv. arch. départ. sér. H, 92, p. 17. — Cartulaire de Charroux, par DOM DE MONSABERT. Poitiers, 1911, in-8. — Bib. nat. ms. lat. 12746, f. 733. — Les églises de Saint-Angel et de Meymac. Histoire et description, par POULBRIÈRE. Tulle, 1880, in-8 ; ext. *Bul. soc. Corrèze*, II, 337. — Le prieuré de Saint-Angel, par VAYSSIÈRE. Brive, 1884, in-8 ; ext. *Bul. soc.* VI, 357, 591. — Pouillé, 612-614. — Etat du clergé, 359. — AULAGNE, 318-319. — POULBRIÈRE, III. — CHAMPEVAL, 251. — *Monasticon gallicanum*, pl. 31.

2. Com. Pionnat, cant. Ahun, arr. Guéret, Creuse. — Inv. som. arch. départ. sér. H., où un Cartulaire. — Inventaire historique des titres en vertu desquels les RR. PP. Célestins de Notre-Dame des Ternes possèdent la directe des Forgettes, des Fordeyx et du Mas de la Pallotte, par DOM GUILLAUME PITRA, prieur (1760), Bib. Limoges, ms. 29. — Bref de Pie VI, relatif à la suppression (1776), dans *Bullarium romanum*, VI, 1,

Saint-Gérald de Limoges[1], monastère de Chanoines réguliers en l'honneur de saint Géraud d'Aurillac, qui était un grand dévot de Saint-Martial, restauré par Géraud de Cher, évêque de Limoges, mort en 1177, et enfin réformé par Alain de Solminhac, abbé de Chancelade (1636), qui l'abandonna à la Congrégation de Sainte-Geneviève. L'hôtel de ville a été construit sur son emplacement. L'hôpital Saint-Gérald dépendait de cette maison.

Aureil, *Aurelium*[2], monastère de Chanoines réguliers, fondé

240-242. — Fragment de la règle du prieuré des Ternes (XV° s.), par Leroux, dans *Arch. hist. Limousin*, III, 8-18. — Obituaire du prieuré des Ternes (1429), *ibid.*, 18-38. — Mémoire signifié pour les prieur et religieux Célestins du monastère des Ternes contre frère Joseph de la Valdissière, commandeur de Maisonnisse, et contre le procureur général de l'ordre de Malte au grand prieuré d'Auvergne. *Paris*, 1744, in-fol. — Histoire du prieuré des Ternes, par Roy-Pierrefitte, dans *Mém. soc. Creuse*, IV (1862), 66. — Ajain, par Dardy, 57-68. — Vie de saint Pierre Célestin, par Dom Aurélien, 272-274. — Pouillé, 549. — État du clergé, 363. — Lecler, 515-518.

1. 108 reg. ou lias. aux arch. départ. sér. H. — Inventaire som. arch. départ. sér. H supplém., fonds de l'hôpital général. — Bib. Sainte-Geneviève, ms. 712, 726, 3274. — Documents historiques, par Leroux, Molinier, I, 161, 163, 167, 261-290. — Chartes, chroniques..., par Leroux, Bosvieux, 58, 67, 69, 75. — Potthast, *Alexandre III* (1159-1181, 1164), 13981, 11124; *Lucius III* (1184), 14981. — Pouillé, 135-147. — État du clergé, 376. — Tableau ecclésiastique, 82.

2. Cant. et arr. Limoges. — Inv. som. arch. départ. Haute-Vienne, sér. D, 428-482, 648-972, par Leroux, VII, xlvii-lviii, 197-212, 256-356. — Mémoire pour l'histoire du prieuré régulier d'Aureil, *Bib. sém. Limoges ms.* 39. — Cartulaire des prieurés d'Aureil et de l'Artige, par de Senneville, dans *Bul. soc. archéol. Limousin*, XLVIII (1900), 1-500. — Quelques notes extraites du cartulaire d'Aureil, par L. Guibert, dans *Bul. soc. Corrèze. Tulle*, V (1883), 205-231. — Documents historiques, par Leroux, I, 123, 128, 130-142, 145-156, 158, 159, 162, 187, 198, 199, 227. — Documents divers, dans *Bul. soc. archéol. Limousin*, II (1847), 165; VIII (1858), 131; XXX (1880), 243-283. — Sancti Gaucherii, Aureliensis prioris, vita, † 1140, dans *Acta Sanctorum, aprilis*, I, 842-844. — Aureil et le Bost-les-Monges, par Roy-Pierrefitte, dans *Bul. soc. archéol. Limousin*, IV, 47. — Aureil d'autrefois, par Oct. d'Abzac. *Limoges*, 1900, in-16; ext. *Almanach annuaire Limousin*. — Pouillé, 744. — État du clergé, 378.

vers 1070 par saint Gaucher, chanoine de Saint-Etienne de Limoges, ruiné pendant la guerre de Cent ans et les guerres de religion et restauré vers la fin du XVIᵉ s. De nombreuses églises dépendaient de cette maison. Elle fut unie au collège des Jésuites de Limoges, avec tous les bénéfices qui en dépendaient.

L'Artige, *Artigia*[1], sous le vocable de saint Marc, fondée au commencement du XIIᵉ siècle par deux Vénitiens, Marc et son neveu Sébastien, qui étaient venus en pèlerinage au tombeau de saint Léonard. Ce monastère, soumis à la règle de saint Augustin, fit de nombreuses fondations. Il comptait déjà onze prieurés en 1158. Le nombre s'accrut et ce fut le centre d'un Ordre de Chanoines réguliers. Les Anglais, d'abord, et les Huguenots ensuite le pillèrent. Les Jésuites obtinrent l'union de cette maison à leur collège de Limoges (1682).

---

1. Com. et cant. Saint-Léonard, arr. Limoges, Haute-Vienne. — Inv. som. arch. départ. sér. D, 483-584, 973-1021, LVIII-LXVI, 212-247, 357-432. — Cartulaire, voir à Aureil. — Bib. nat. ms. lat. 12763, 9-10; obituaire; 309-362, Statuta capitulorum generalium. — Mémoire pour l'histoire du prieuré de l'Artige, Bib. sém. Limoges, ms. 39. — Documents historiques..., par Leroux, Molinier, I, 143, 171, 187, 197, 259. — Chartes chroniques..., par Leroux, Bosvieux, 71, 81, 106-112. — Extraits du livre journal de Léonard Denard, chanoine de Lartige (1715-1782), par Leroux, dans *Arch. hist. Limousin*, VI, 291-297. — Même recueil, I, 121-259. — Bul. soc. archéol. Limousin, XXVI, 404; XXX, 262, 291; LVII, 580. — De fundatione Ordinis Artigiæ in diœcesi Lemovicensi, par Bernard Gui, dans *Bibliot. nov.* de Labbe, II, 278 et s. — Priores Artigiæ, du même, par L. Delisle, dans *Notices et extraits des manuscrits*, XXVII, II, 265-266. — Recherches étymologiques sur l'Artige, par Ruben, dans *Bul. soc. archéol. Limousin*, IX (1859), 5. — Prieuré de l'Artige, par Roy-Pierrefitte. Ibid., VIII, 97. — Notes complémentaires sur le prieuré de l'Artige, par Maur. Ardant, ibid., IX, 173. — Le prieuré de l'Artige, par Aurellot. Ibid., XLIX, 594. — Notes sur l'abbaye de l'Artige, par Texier, dans *Bul. monum.* VI (1840), 15-22. — Pouillé, 737-741. — Etat du clergé, 377-378. — Histoire des ordres monastiques, par Hélyot, III, 183-188.

Evaux, *Evanum*[1], prévôté de Chanoines réguliers sous le vocable de Saint-Pierre, d'une origine fort ancienne. Elle eut de nombreuses dépendances dans le diocèse de Limoges et les diocèses voisins. Le roi l'unit au chapitre de la Sainte-Chapelle de Riom ; ce qui fut exécuté en 1738.

Monastères de femmes

Les Bénédictines avaient un prieuré au Dorat[2], fondé sous le vocable de la Sainte-Trinité par Jeanne Guichard de Bourbon, abbesse de la Trinité de Poitiers en 1624, où un pensionnat fut ouvert en 1656. Le petit séminaire a été installé dans l'ancien monastère. — Une maison de Bénédictines fondée à Evaux eut une existence éphémère (1630-1649). Elle était sous le vocable de Notre-Dame de Pitié[3].

Les Fontevristes possédaient les monastères de Blessac[4], *Blecia-*

---

1. Chef-l. cant., arr. Aubusson, Creuse. — Inv. arch. départ. sér. H. — Arch. départ. Puy-de-Dôme, sér. G. — Catalogue de la bibliothèque de Saint-Pierre d'Evaux, dressé par les soins du Père Clément Esterlin, *Bib. Guéret ms.* 21. — Bullaire d'Auvergne, *Adrien IV* (1158), dans *Mém. acad. Clermont*, XIX, 91-98. — Liste des prévôts du monastère d'Evaux, par de Cessac, dans *Mém. soc. Creuse*, VI (1888), 90-120. — Pouillé, 275-278. — Etat du clergé, 376-377. — Leclen, 244-251.

2. Pouillé, 371. — Etat du clergé, 361. — Aulagne, 303-304.

3. Pouillé, 278. — Leclen, 251.

4. Cant. et arr. Aubusson, Creuse. — Inv. som. arch. départ. sér. H. — Arch. départ. Maine-et-Loire, sér. H, fonds de Fontevrault. — Arch. nat. S. 3305. — Deux cartulaires aux archives de la Creuse. — Chartes, chroniques..., par Leroux et Bosvieux, 152-183. — Monastères de l'ordre de Fontevrault dans le diocèse de Limoges. Monastère de Blessac. *Guéret*, 1862, in-8. — La fête du couvent de Blessac, par Pérathon, dans *Bul. soc. archéol. Limousin*, LV (1905). — Extraits du cartulaire de Blessac, par Thomas, dans *Arch. mis. scientif.* (1879), 461-471. — Pouillé, 466. — Etat du clergé, 381. — Fontevrault et ses monuments, par Edouard, II, 301. — Ajain, par Dardy, *Limoges*, 1902, 48-54.

cum, et de Boubon[1]. Le premier entra dans l'Ordre en 1120. Il avait été fondé antérieurement par Ramnulphe III d'Aubusson (1049), pour sa fille, qui en fut la première supérieure. Le second, fondé en 1106, fut restauré après la guerre de Cent ans par les seigneurs du voisinage avec le concours de l'abbesse de Fontevrault.

Les Religieuses de Grandmont avaient deux monastères, au Chatenet[2] et à La Drouilhe-Blanche[3]. Le premier, *Castanetum*, établi par François II de Neuville (1576) dans un ancien prieuré de l'Ordre; le second, *Drulhia alba*, était un monastère de Bénédictines, dont la fondation est antérieure au XIIIe siècle. Les religieuses embrassèrent la règle de Grandmont à une date inconnue.

Prieurés simples

Limoges. Notre-Dame des *Arènes*, *de Arenis*, dépendant de l'abbaye de Saint-Martial, uni à l'évêché. Les Clarisses s'y installèrent (1659)[4]. — *Bellegarde*, *Bella gardia*, dépendant de la même

---

1. Com. Cussac, cant. Oradour-sur-Vayres, arr. Rochechouart, Haute-Vienne. — Arch. départ. sér. H. — Bib. sém. Limoges, ms. 126. — Registre des visites du prieuré de Boubon (1653-1788), voir *Les sources*, par Lenoux, 151-152. — Sceau de la prieure Pétronille, dans *Description des sceaux conservés aux archives des Basses-Pyrénées*, par Raymond, Bul. soc. Pau (1872), 472. — Boubon. Monographie d'un monastère de Fontevrault au diocèse de Limoges, (1106-1792), par Rayet et Leclen. Limoges, 1903, in-8; ext. *Bul. soc. archéol. Limousin*. — La Vierge ouvrante de Boubon, près Rochechouart, par Lecler, même recueil, XXXVI (1889), 241-246. — Pouillé, 494-495. — Etat du clergé, 281. — Edouard, *ouv. cit.*, 302.

2. Com. Feytiat, cant. et arr. Limoges, Haute-Vienne. — Destruction de l'Ordre de Grandmont, par Guibert, 907-908. — Pouillé, 748. — Etat du clergé, 366.

3. Com. Bonnac, cant. Ambazac, ibid. — Mémoire pour servir à l'histoire du prieuré de La Drouille-Blanche, Bib. sém. Limoges ms. 36. — Guibert, 903-907. — Pouillé, 407-417. — Etat du clergé, 366.

4. Pouillé historique du diocèse de Limoges, 166-168. — Saint-Martial de Limoges, par de Lasteyrie, 352.

abbaye, uni à la mense abbatiale (1423)[1]. — *Beuveix, Bellum videre*, uni à la même mense[2]. — *Chamberet*, dépendant de l'abbaye de la Règle[3]. — *Saint-André*, dans la Cité, dépendant des Chanoines réguliers de Bénévent, où l'on installa les Carmes déchaux[4]. — *Saint-Cessateur*, dépendant des Chanoines réguliers de Saint-Jean de Cole, au diocèse de Périgueux[5]. — *Saint-Julien*, dépendant d'Evaux[6]. — *Sainte-Valérie*, dépendant de la prévôté du Chambon (1192), uni à la mense abbatiale de Saint-Martial (1427)[7]. — *Aumônerie de Saint-Maurice*, uni aux Religieuses de la Providence (1618). — Commanderie de *Saint-Jean*, des Chevaliers de Malte[8].

Anjat[9]. Saint-Jean de *Verlene, de Varzena*, dépendant du prieuré des Salles. — Affieux[10]. Saint-Georges de *Vergonzane*, dépendant de la prévôté du Chalard. — Ahun, *Agedunum*[11]. Saint-Silvain, dépendant de l'abbaye du Moutier d'Ahun. *Saint-Jean de las Fonts,*

---

1. Pouillé historique du diocèse de Limoges, 161.
2. Ibid., 168.
3. Arch. départ. Haute-Vienne, sér. H.
4. Pouillé, 179-182. — La cité de Limoges, par Grenier, 99-107.
5. Ibid., 190. — Tableau ecclésiastique de la ville de Limoges, 70.
6. Ibid., 188. — Tableau..., 71.
7. Ibid., 183.
8. Arch. départ. Haute-Vienne, sér. H. — Chevaliers hospitaliers de Saint-Jean de Jérusalem, de Rhodes et de Malte en Limousin, par Maur. Ardant, dans *Bul. soc. archéol. Limousin*, IX (1859), 159-170. — L'Ordre de Saint-Jean de Jérusalem ou de Malte en Limousin et dans l'ancien diocèse de Limoges, par Vayssières. Limoges, 1881, in-8. — Cartulaire général de l'ordre des Hospitaliers de Saint-Jean, par Delaville Le Roulx, I, LVI-LVII.
9. Cant. et arr. Nontron, Dordogne. — Pouillé, 474.
10. Cant. Treignac, arr. Tulle, Corrèze. — Ibid., 558. — Dictionnaire historique des paroisses du diocèse de Tulle, par Poulbrière, I, 2. — Champeval, 104.
11. Chef-l. cant., arr. Aubusson, Creuse. — Ibid., 272, 273. — Dictionnaire... historique de la Creuse, par Lecler, 10, 11. Voir la bibliographie du Moutier d'Ahun.

dépendant de Saint-Gérald de Limoges. — Aixe, *Axia*[1]. Saint-Martial, dépendant de l'abbaye de ce nom. *Chantegreu*, dépendant de l'Artige. — Ajain, *Agenium*[2]. Saint-Michel, ayant dépendu de Cluny. — Albignac, *Albiniacum*[3]. Saint-Loup, dépendant de l'abbaye de Cluse, en Piémont. — Allassac[4]. Saint-Laurent de *Bonnefont* ou de *Gorse*, dépendant de Saint-Martin de Limoges et uni à la mense conventuelle (1624). Saint-Jean de *Mons*, commanderie dépendant du Temple d'Ayen. — Alleyrat[5]. Saint-Pierre, dépendant de Saint-Angel. — Ambazac, *Ambaciacum*[6]. Saint-Antoine, ancien monastère, dont il est question dans la vie de saint Yrieix, devenu prévôté de Saint-Augustin de Limoges, uni à la mense conventuelle (1619). Notre-Dame de *Murel*, premier monastère fondé par saint Etienne, et celle dépendant de Grandmont, auquel on l'unit en 1318. — Ambrugeat[7]. Saint-Salvi, dépendant du chapitre de Saint-Léonard. — Anzème, *Anzisma*[8]. Saint-Pierre et Saint-Martial, dépendant de l'abbaye de Déols en Berry. — Arènes, *Arenæ*[9]. Saint-Eutrope, dépendant de Bénévent. Saint-Jean-Baptiste de *la*

---

1. Chef-l. cant., arr. Limoges, Haute-Vienne. — Pouillé, 652. — Monographie du canton d'Aixe-sur-Vienne, par Rougerie, dans *Bul. soc. archéol. Limousin*, XIV (1864), 65 et s., par Leclerc, XXXIV, 90.

2. Cant. et arr. Guéret, Creuse. — Ibid., 530. — Leclerc, 13. — Ajain, paroisse et séminaire, par Dardy, *Ajain*, 1902; in-8.

3. Cant. Beynat, arr. Brive, Corrèze. — Ibid., 722. — Poulbrière, I, 6-9.

4. Cant. Donzenac, arr. Brive, Corrèze. — Ibid., 564, 565. — Poulbrière, I, 17-18. — Le passé glorieux d'Allassac et de ses cinq annexes, par Marche. *Brive*, 1909, in-8.

5. Cant. Meymac, arr. Ussel. — Ibid., 436. — Id., I, 22. — Champeval, 286.

6. Chef.-l. cant., arr. Limoges, Vienne. — Ibid., 317-319.

7. Cant. Meymac, arr. Ussel, Corrèze. — Ibid., 618. — Poulbrière, I, 28-32. — Champeval, 299.

8. Cant. Saint-Vaury, arr. Guéret, Creuse. — Ibid., 538. — Leclerc, 19.

9. Cant. Bénévent, arr. Bourganeuf. — Ibid., 309, 313. — Leclerc, 21. — Arch. départ. Haute-Vienne, sér. II. — État du clergé, 363.

Ronze, appartenant aux moniales de l'abbaye des Allois. Saint-Paul de *Reix*, *de Recto*, dépendant de Bénévent. — ARFEUILLE, *Arfolia*[1]. Saint-Martial, dépendant de la prévôté d'Evaux. — ARNAC, *Arnacum*[2]. Saint-Pierre, fondé par Guy de Lastours, seigneur du lieu, et donné par lui à Saint-Martial de Limoges (1028), qui en fit une prévôté, uni à la mense abbatiale en 1723. — ARNAC-LA-POSTE[3]. Saint-Julien, dépendant de Saint-Benoît-du-Sault. — ASNIÈRES, *Asneriæ*[4]. Saint-Sulpice, dépendant de Lesterp, après avoir appartenu à Charroux. Saint-Laurent du *Theil*, *de Tilia*, dépendant de Charroux. — ASTAILLAC, *Astaliacum*[5]. Saint-Etienne, donné à l'abbaye de Beaulieu par son fondateur, saint Rodolphe (860). Sainte-Marie de *Donnette*, *de Donelis*, appartenant au même monastère. — AUBUSSON, *Albusso*[6]. Sainte-Croix du *Mont*, dépendant de la prévôté de Chambon. *La Cour*, dépendant du Moutier d'Ahun. — AUREIL[7]. Saint-Nicolas *Frégatoire*, *de Frigidis Urticis*, dépendant des Chanoines réguliers d'Aureil, ainsi que Sainte-Madeleine de *Chavagnac* et Notre-Dame du *Bosc-Marbaud*, *de Bosco*. Ce dernier était

---

1. Cant. Evaux, arr. Aubusson. — Pouillé, 269. — LECLER, 23.
2. Cant. Lubersac, arr. Brive, Corrèze. — Chartes et chroniques..., par LEROUX et BOSVIEUX, 87. — POTHAST, *Jean XIX* (1028-1033), 4107. — État du clergé, 364. — Pouillé, 310. — POULBRIÈRE, I, 45-52. — Abbaye de Saint-Martial de Limoges, par DE LASTEYRIE, 353-360. — Bas-relief funéraire découvert à Arnac, par DE LASTEYRIE, dans *Bul. soc. Corrèze*, XIV (1892), 21-50.
3. Cant. Saint-Sulpice-les-Feuilles, arr. Bellac, Haute-Vienne. — Pouillé, 400. —Monographie du canton de Saint-Sulpice-les-Feuilles, par DROUAULT, dans *Bul. soc. archéol. Limousin*, 1904.
4. Cant. L'Isle-Jourdain, arr. Montmorillon, Vienne. — Pouillé, 245. — Cartulaire de Charroux, par DOM DE MONSABERT.
5. Cant. Beaulieu, arr. Brive, Corrèze. — Ibid., 761-762. — POULBRIÈRE, I, 55-60.
6. Chef-l. arr. Creuse. — Ibid., 452. — Notes sur La-Cour-lez-Aubusson, par PÉRATHON, dans *Mém. soc. Creuse*, XVI, 1908, 31-42.
7. Cant. et arr., Limoges, Haute-Vienne. — Ibid., 745. — Inv. som. arch. départ. sér. D. 428-455, p. 197-205.

desservi par des religieuses. Ces trois prieurés furent unis au collège des Jésuites. — AURIAT, *Auriacum*[1]. Saint-Pierre, dépendant d'Aureil, ainsi que Sainte-Madeleine d'*Alesme*. Saint-Jean-Baptiste de *Vaux*, dépendant de l'Artige. Ces bénéfices furent unis au collège de Limoges. — AUZANCES, *Ausancia*[2]. Saint-Jacques, donné au monastère d'Evaux par Gérald, évêque de Limoges (1163) et uni à l'office de chambrier en 1564. — AYEN, *Aginium*[3]. Saint-Laurent, donné à Solignac par Adhémard, vicomte de Limoges, Foucher et Guy d'Ayen (1076). *Le Temple d'Ayen*, commanderie de Chevaliers de Malte, l'une des plus importantes de la région. — AZAT-PRÈS-LE-RIS, *Aziacum*[4]. Saint-Genès, fondé au XIIe s. par l'abbaye de Saint-Martial, qui avait reçu des biens d'Agnès de Magnac, uni à la mense capitulaire (1535). Sainte-Valérie de *La Brosse*, uni au précédent.

BALLEDENT[5]. Saint-Etienne, donné aux Chanoines d'Aureil (1169) par Gérald du Cher, évêque de Limoges, uni au collège des Jésuites, ainsi que Sainte-Catherine de *Lasvoux*, de *Vallibus*, dépendance du Boc-Morbaud. — BANISE, *Banisia*[6]. Saint-Sulpice, donné à l'abbaye d'Uzerche par Bernard (999). Sainte-Anne de *Beaubiat*,

---

1. Cant. et arr. Bourganeuf, Creuse. — Pouillé, 339-340. — LECLER, 31-33. — Inv. som. arch. départ. sér. D. 839-843, 845-846, 1194-1195, XLVIII, XLIX, p. 318-320, 431.

2. Chef-l. cant., arr. Aubusson. — Ibid., 267. — ID., 33. — Histoire illustrée des villes d'Auzances et de Crocq, avec dictionnaire des églises, des prieurés, etc., de ces deux cantons, par TARDIEU et BOYER, s. l., 1889, in-32.

3. Chef-l. cant., arr. Brive, Corrèze. — Ibid., 520. — POULBRIÈRE, I, 72-79. — Inv. arch. départ. Corrèze, sér. II. 98, p. 18. — DELAVILLE-LE-ROUX, I, 41.

4. Cant. Le Dorat, arr. Bellac, Haute-Vienne. — Ibid., 375. — DE LASTEYRIE, 361.

5. Cant. Châteauponsac, Ibid. — Ibid., 384. — Inv. arch. départ. sér. D, 847-848, XLIX, p. 320.

6. Cant. Saint-Sulpice-les-Champs, arr. Aubusson, Creuse. — Ibid., 466. — LECLER, 38-39. — Inv. som. arch. départ. sér. II. — Cartulaire de l'abbaye d'Uzerche, par CHAMPEVAL, p. 151.

uni à l'aumônerie du Moutier d'Ahun. — BEAULIEU, *Bellus Locus*. Saint-Nicolas, dépendant de Bénévent. — BEAUNE[1]. Saint-Christophe, dépendant de Saint-Martin de Limoges et uni à la mense abbatiale. Notre-Dame de *La Mazelle*, dépendant de l'Artige, et uni au collège des Jésuites. — BEISSAT, *Beyssacum*[2]. Saint-Pierre, dépendant du Port-Dieu. — BELLE-CHASSAIGNE, *Pulchra Cassania*[3]. Commanderie de Chevaliers de Malte, du Grand Prieuré d'Auvergne. — BENAYES, *Banaix*[4]. Saint-Maurice, fondé par l'abbaye de Saint-Martial, qui avait reçu en ce lieu des biens d'Eldegain, vicomte de Limoges (milieu du Xe s.). — BERSAC, *Berciacum*[5]. Notre-Dame, donné aux Chanoines d'Aureil par l'évêque de Limoges (1156) et uni au collège des Jésuites. — BEYNAT, *Beinacum*[6]. Saint-Jean de *Puy-de-Noix*, commanderie de Chevaliers de Malte, dépendant de celle de Belle-Chassaigne. — BLEAUDEIX[7]. Commanderie de Chevaliers de Malte. — BOISSEUIL, *Buxolium*[8]. Saint-Jacques, dépendant du Chapitre cathédral. — BONNAC, *Bonacum*[9]. Saint-Saturnin, dépendant de Saint-Augustin de Limoges et uni à la mense conventuelle (1632). Sainte-Valérie de la *Drouilhe-Noire*,

---

1. Cant. Saint-Benoît-du-Sault, arr. Le Blanc, Indre. — Pouillé, 402. — Dictionnaire historique..., de l'Indre, par HUBERT, 11.

2. Cant. Ambazac, arr. Limoges, Haute-Vienne. — Ibid., 384-386. — Inv. arch. départ. sér. D. 566-573, p. 239-242.

3. Cant. La Courtine, arr. Aubusson, Creuse. — Ibid., 437. — LECLER, 47. — Inv. arch. départ. sér. H.

4. Cant. Sornac, arr. Ussel, Corrèze. — Ibid., 411. — POULBRIÈRE, I, 123-127. — Inv. arch. départ. Creuse, sér. H. — VAYSSIÈRE, *ouv. cit.*, 69 et s. — DELAVILLE LE ROULX, I, XLIX. — CHAMPEVAL, 339.

5. Cant. Lubersac, arr. Brive. — Ibid., 659. — POULBRIÈRE, I, 127-132. — DE LASTEYRIE, 362.

6. Cant. Laurière, arr. Limoges, Haute-Vienne. — Ibid., 833. — Inv. arch. départ. sér. D, 849-854, XLIX, 320-323.

7. Chef-l. cant. arr. Brive, Corrèze. — Ibid., 695. — POULBRIÈRE, I, 137-140. — VAYSSIÈRE. *ouv. cit.*

8. Cant. Jarnages, arr. Boussac, Creuse. — Ibid., 295. — LECLERC, 58. — Ajain, par DARDY, 54-57.

9. Cant. Pierre-Buffère, arr. Limoges, Haute-Vienne. — Ibid.

dépendant de la prévôté du Chambon. — BONNEFONT, *Bona Fons*[1]. Saint-Léger de *Chastignol*, dépendant de Meymac, et Saint-Barthélemy de *Florentin*, dépendant de Saint-Angel. — BORT, *Bortum*[2]. Notre-Dame, monastère de l'ordre de Cluny, dont la fondation est antérieure à 1013. On y mena la vie conventuelle jusqu'au XVIe siècle. — BORT-SAINT-SULPICE[3]. Saint-Sulpice et Saint-Georges, dépendant de la prévôté du Chambon. Saint-Pierre de *Bournel, de Bornelo*, donné par Aimeric de Verina aux religieuses de Blessac. — BOSTROGER, *Boscus Rogerii*[4]. Saint-Pardoux, de la même dépendance que le précédent. — BOURGANEUF, *Burgum novum*[5]. La ville s'est formée autour d'une commanderie de Templiers, qui fut dévolue aux Chevaliers de Malte. Ce fut longtemps le chef-lieu de la Langue d'Auvergne. — BOUSSAC-LES-ÉGLISES, *Buciacum*[6]. Saint-Martin, dépendant de la prévôté d'Evaux. — BRANCEILLE, *Branselix*[7]. Saint-Martin, donné par Adémar à l'abbaye de Tulle vers 930,

---

1. Cant. Bugeat, arr. Ussel, Corrèze. — Ibid., 670. — POULBRIÈRE, I, 177. — CHAMPEVAL, 307.

2. Chef-l. cant., ibid. — Ibid., 615. — ID., I, 179-193. — Inv. som. arch. départ. Corrèze, sér. II. 94, p. 17. Creuse, sér. II. — État du clergé, 359. — Visites des monastères de l'ordre de Cluny de la province d'Auvergne, par BRUEL, dans *Bib. éc. Charles*, LII (1891), 64-115. — Protestation des habitants de Bort contre un projet d'établissement des moines de Saint-Maur dans leur ville (1706), par CAMILLE BLOCH, dans *La Révolution française* (1905), 436-437. — Un épisode de l'histoire de Madic et de Bort, par H. DE BORD, dans *Bul. soc. Corrèze*, II (1880), 235. — CHAMPEVAL, 356. — POULBRIÈRE, I.

3. Cant. et arr. Boussac, Creuse. — Pouillé, 284, 292. — LECLER, 66.

4. Cant. Bellegarde, arr. Aubusson. — Ibid., 456. — ID., 70.

5. Chef-l. arr. Creuse. — Pouillé, 341-343. — LECLER, 74-80. — Inv. arch. départ. Creuse, sér. II. — DELAVILLE-LE-ROULX, I, XLVI, LI. — Inventaire des ornements d'église (1672), dans *Dictionnaire d'orfèvrerie* de TEXIER, 272. — VAYSSIÈRE, *ouv. cit.*

6. Cant. et arr. Boussac. — Ibid., 279. — ID., 84.

7. Cant. Meissac, arr. Brive, Corrèze. — Ibid., 756. — POULBRIÈRE, I, 193-198.

uni plus tard à la prévôté de Vayrac. — Breuilaufa, *Brolium fagi*[1]. Commanderie de Chevaliers de Malte, dépendant de celle de Limoges. — Brignac, *Briniacum*[2]. Saint-Pierre, dépendant de l'abbaye de la Règle. — Brigueil-le-Chantre[3]. Saint-Cyr, fondé pour son église par Isambert, abbé du Dorat. — Brillac[4]. Saint-Marc des *Hautes-Mesures*, de *Mansuris*, dépendant de l'abbaye de Ligueux, qui eut au XIIe siècle une communauté nombreuse. — Brive[5], *Saint-Pierre*. Saint-Barthélemy du *Buis, de Buxu*, dépendant de la collégiale de Saint-Martin. — Brivezac, *Brivaciacum*[6]. Saint-Pierre, dépendant de l'abbaye de Solignac. — Bujaleuf, *Buca leonis*[7]. Saint-Martin, dépendant du chapitre de Saint-Léonard. Notre-Dame de *Boisvert, de Bosco viridi*, donné aux religieux de Grandmont du vivant de saint Etienne. — Bungnac[8]. Saint-Cosme et Saint-Damien, donné à Aureil par Bernard de Jaunac et ses frères (1101). — Bussière-Badil, *Busceria*[9]. Notre-Dame et Saint-Michel, que possédait l'abbaye piémontaise de Cluse. — Bussière-Dunoise[10]. Notre-Dame

---

1. Cant. Nantiat, arr. Bellac, Haute-Vienne. — Pouillé, 260.
2. Cant. Ayen, arr. Brive, Corrèze. — Ibid., 518. — Pouldrière, I, 186-199.
3. Cant. La Trimouille, arr. Montmorillon, Vienne. — Ibid., 372.
4. Cant. et arr. Confolens, Charente. — Ibid., 235. — Pouillé historique du diocèse d'Angoulême, par Nanglard, III, 82.
5. Chef-l. arr. Corrèze. — Ibid., 704-706. — Pouldrière, I, 235.
6. Cant. Beaulieu, arr. Brive. — Ibid., 764. — Id., I, 248-251.
7. Cant. Eymoutier, arr. Limoges, Haute-Vienne. — Ibid., 743. — Monographie du canton d'Eymoutier, par Dubois, dans *Bul. soc. archéol. Limousin*, XLVI, 206. — Le Comté de la Marche, par Thomas, 214. — Guibert, 833.
8. Cant. Aixe-sur-Vienne, arr. Haute-Vienne. — Ibid., 651. — Inv. som. arch. départ. sér. D, 873, L. 327.
9. Chef-l. cant. arr. Nontron, Dordogne. — Ibid., 497. — *Italia sacra*, par Ughelli, IV, 1436-1437. — Liste des prieurs de Bussière-Badil (1297-1767), par Sauvo-Desversannes, dans *Bul. soc. Périgord*, XX (1893), 143-146. — Justice du prieuré de Bussière-Badil, par le même. — *Ibid.*, XXXII (1905), 291-308. — Essais topographiques, historiques... sur l'arrondissement de Nontron, par de Lauguardière. *Ibid.*, XIX, 297-313.
10. Cant. Saint-Vaulry, arr. Guéret, Creuse. — Pouillé, 326. — Lecler, 96.

de *Veynes*, dépendant de l'Artige, uni au collège de Limoges. — BUSSIÈRE-GALAND[1]. Saint-Martin, dépendant du Chalard. Saint-Marc d'*Aurens*, dépendant de l'Artige. — BUSSIÈRE-NOUVELLE[2]. Saint-Pierre, dépendant de la prévôté d'Evaux.

CHABANAIS[3]. Saint-Sébastien, dépendant de Lesterp. — CHALUS, *Castrum Lucii*[4]. Saint-Michel de l'*Abeille*, dépendant de Saint-Augustin de Limoges. — CHAMBEREAU, *Cambarellum*[5]. Saint-Jean, commanderie de Templiers, possédée ensuite par les Chevaliers de Malte. — CHAMBERET, *Chambarellum*[6]. Notre-Dame, dépendant d'Uzerche, après une longue contestation avec Solignac. Saint-Nicolas de *Montceix, de Monsanis*, qui appartenait au même monastère, uni à la mense conventuelle en 1761. — CHAMBON-SAINTE-CROIX, *Cambonium*[7], uni au prieuré d'Aureil en 1350. — CHAMPAGNAC-DE-GORRE[8]. Notre-Dame, uni à l'abbaye de la Règle (1527). — CHAMPNETERIE, *Campus ministerii*[9]. Saint-Thomas, dépendant de Saint-Léonard. — CHAMPNIERS. *Reillac*[10], Commanderie de Chevaliers de

---

1. Cant. Chalus, arr. Saint-Yrieix, Haute-Vienne. — Pouillé, 493. — Inv. som. arch. départ. sér. D. 1139-1143, LIX, p. 416-417.
2. Cant. Auzances, arr. Aubusson, Creuse. — Ibid., 267. — LECLER, 97.
3. Chef-l. cant., arr. Confolens, Charente. — Ibid., 251-253.
4. Chef-l. cant., arr. Saint-Yrieix, Haute-Vienne. — Ibid., 483.
5. Cant. Saint-Sulpice-les-Champs, arr. Aubusson, Creuse. — Ibid., 294. — LECLER, 112-114. — VAYSSIÈRE, *ouv. cit.* — THOMAS, *ouv. cit.*, 114-116, 118. — Inv. som. arch. départ. sér. H.
6. Cant. Treignac, arr. Tulle, Corrèze. — Ibid., 666-667. — POULBRIÈRE, I, 267-280. — Trois prieurés limousins, II. Chamberet, par BOURNEIX, dans *Bul. soc. Corrèze*, Tulle (1905), 201-216.
7. Cant. Bonnat, arr. Guéret, Creuse. — Ibid., 538. — LECLER, 113. — Sainte Rufine et saint Léobon, patrons de Fursac, l'église de Saint-Pierre de Fursac, les prieurs-curés de Chambon-Sainte-Croix, par DUBREUIL. *Guéret*, 1900, in-16.
8. Cant. Oradour-sur-Vayres, arr. Rochechouart, Haute-Vienne. — Ibid., 493.
9. Cant. Saint-Léonard, arr. Limoges. — Ibid., 743.
10. Cant. Bussière-Badil, arr. Nontron, Dordogne. — Ibid., 499.

Malte. — CHAMPSANGLARD, *Campus singularis* [1]. Saint-Martin, dépendant de Bénévent. — CHARRON, *Carro* [2]. Saint-Martin, dépendant de l'abbaye de Saint-Genou, au diocèse de Bourges. — CHASTEAUX, *Castellum* [3]. Saint-Martial dépendant de Saint-Martin de Brive. — CHATEAU-CHERVIX [4]. Notre-Dame, fondé par Saint-Augustin de Limoges (1137). — CHATEAUNEUF, *Castrum novum* [5]. Saint-Michel, que les Chanoines d'Aureuil possédaient au XI° s., uni au collège des Jésuites. Saint-Jean de *Venouhan*, annexe du précédent. — CHATEAUPONSAC, *Castrum Ponciacum* [6]. Saint-Thyrse, uni à la mense abbatiale de Déols (1318). — CHATELUS-LE-MARCHEIX [7]. Notre-Dame, dépendant de Bénévent. Saint-Michel de *Boissieux*, de *Buxolio*, dépendant de Saint-Augustin de Limoges. Sainte-Madeleine de la *Faye, de Fagia,* fondé par Etienne, abbé de Saint-Augustin, et annexé au précédent (1318). — CHAUFFOURS, *Califurnium* [8]. Saint-Martin, dépendant de Solignac. — CHAUMEIL, *Camelli* [9]. Saint-Jacques de *la Monédière*, appartenant à l'abbaye de Tulle, à qui les moines de Saint-Martin de Limoges le contestèrent. — CHAVERO-

---

1. Cant. Bonnat, arr. Guéret, Creuse. — Pouillé, 542. — LECLER, 122.

2. Cant. Evaux, arr. Aubusson. — Ibid., 293. — Id., 143.

3. Cant. Larche, arr. Brive, Corrèze. — Ibid., 713. — POULBRIÈRE, I, 327-331. — Chavagnac et Couzages, par DE BOSREDON, dans *Bul. soc. Corrèze, Brive,* VIII, 363-366.

4. Cant. Saint-Germain-les-Belles, arr. Saint-Yrieix, Haute-Vienne. — Ibid., 645-646.

5. Chef-l. cant., arr. Limoges. — Ibid., 728. — Inv. som. arch. départ. sér. D, 461-469, XLII, 206-208. — Monographie du canton de Châteauneuf, par LECLER, dans *Bul. soc. archéol. Limousin,* XXII, 223 et s.

6. Chef.-l. cant., arr. Bellac, Haute-Vienne. — Ibid., 400. — Monographie du canton de Châteauponsac, par LECLER, dans *Bul. soc. archéol. Limousin,* XX, 262 et s. et 2° éd. revue et augmentée. Limoges, 1893, in-8.

7. Cant. Bénévent, arr. Bourganeuf, Creuse. — Ibid., 307. — LECLER, 154.

8. Cant. Meyssac, arr. Brive, Corrèze. — Ibid., 721. — POULBRIÈRE, I, 521-532.

9. Cant. Corrèze, arr. Tulle. — Ibid., 558. — ID., I, 533-535. — CHAMPEVAL, 31.

che, *Cava rupes* ¹. Saint-Clair, dépendant de Saint-Angel, ainsi que Saint-Barthélemy de *Ventejols*. — Chenaillers ². Saint-Jean de *Mascheix*, commanderie de Chevaliers de Malte, dépendant de celle de Carlat. — Chénérailles, *Chanathelæ* ³. Saint-Barthélemy, dépendant de Bénévent. — Chéronnac ⁴. Préceptorerie de *Fougerac*, dépendant du Grand Prieuré d'Auvergne. — Chirac ⁵. Saint-Silvain, dépendant de l'abbaye de Meymac. — Clairavaux, *Clara vallis* ⁶. Notre-Dame, fondé par l'abbaye de Saint-Martial, qui possédait cette église depuis 1094, uni à la sacristie en 1282, et à la mense capitulaire, en 1535. — Clavières, *Claveiræ* ⁷, uni à l'aumônerie de Saint-Martial. — Clergoux, *Clergorium* ⁸. Notre-Dame, dont une moitié fut donnée à l'abbaye de Tulle par un clerc du nom de Raoul de Clergoux (vers 1025). Saint-Jean de *Couderts*, commanderie, dépendant de celle de Carlat. — Clugnat, *Cluniacum* ⁹. Saint-Martial, dépendant de la prévôté d'Evaux. — Collonges, *Colongia* ¹⁰. Saint-Martin, donné à l'abbaye de Charroux par son fondateur, le vicomte Roger. — Compreignac ¹¹. Saint-Anne de

---

1. Cant. et arr. Ussel. — Pouillé, 437. — Poulbrière, I, 339-341. — Lecler, 273.

2. Cant. Beaulieu, arr. Brive. — Pouillé, 769. — Poulbrière, I, 342-345. — Vayssière, *ouv. cit.*, 85.

3. Chef-l. cant., arr. Aubusson, Creuse. — Ibid., 288. — Lecler, 169.

4. Cant. et arr. Rochechouart, Haute-Vienne. — Ibid., 485.

5. Cant. Neuvic, arr. Ussel, Corrèze. — Ibid., 604. — Poulbrière, I, 345-347. — Champeval, 393.

6. Cant. La Courtine, arr. Aubusson, Creuse. — Ibid., 461. — Lecler, 190. — De Lasteyrie, 369.

7. Cant. Nantiat, arr. Bellac, Haute-Vienne. — De Lasteyrie, 369.

8. Cant. La Roche-Canilhac, arr. Tulle, Corrèze. — Pouillé, 689. — Poulbrière, I, 347-351. — Archives historiques de la Corrèze, par Clément-Simon, I, 666. — Champeval, 134.

9. Cant. Chatelus-Malvaleix, arr. Boussac, Creuse. — Lecler, 193.

10. Cant. Meyssac, arr. Brive, Corrèze. — Nomination d'arbitre entre le prieur de Collonge et le prieur de Meyssac (1489), par Poulbrière, dans *Bul. soc. Corrèze. Tulle*, XIV (1892), 516. — Ibid., 721. — Id., I, 354-361. — Inv. som. arch. départ. sér. H, 84, p. 16.

11. Cant. Nantiat, arr. Bellac, Haute-Vienne. — Ibid., 376. — Monographie de la commune de Compreignac, par Lecler. Limoges, 1890, in-8.

Montégut-le-Noir, donné aux Bénédictines de Ligueux (1128), uni à la mense conventuelle (1436). Saint-Blaise de *la Mongerie*, dépendant de Saint-Gérald de Limoges. Notre-Dame d'*Augelard*, dépendant de la prévôté de la Souterraine. — Condat, *Condatum* [1]. Saint-Julien, dont la moitié fut donnée à l'abbaye d'Uzerche, par Aimeline, femme de Pierre de Beaufort (1073-1086). — Confolens [2]. Hôpital du Saint-Esprit, dont les origines sont inconnues. — Couzeix, *Coseium* [3]. Saint-Martial, dépendant de l'abbaye de ce nom. — Curemonte [4]. Saint-Barthélemy, préceptorerie, dépendant de l'Hôpital des Dames Maltaises de Fieux.

Domérot, *Domairanum* [5]. Saint-Martial, donné aux chanoines d'Evaux par Gérald, évêque de Limoges, en 1148. — Donzenac, *L'Hôpital-Haut* [6], commanderie, unie au Temple de Magnac. L'*Hôpital-Bas* ou *Maison-Dieu*, dépendant de Saint-Gérald de Limoges. Sainte-Madeleine de *La Gorse*, dépendant de L'Artige, ainsi que le prieuré de *La Mongerie*, unis au collège des Jésuites de Limoges. — Dournazac [7]. Notre-Dame d'*Altavaux*, de *Alta Valle*, fondé par

---

1. Cant. Uzerche, arr. Tulle, Corrèze. — Pouillé, 581. — Poulbrière, I, 374-379. — Cartulaire d'Uzerche, 126-129. — Champeval, 71.

2. Chef-l. arr. Charente. — Pouillé, 204. — Nanglard, III, 85-86. — Histoire de l'ordre hospitalier du Saint-Esprit, par Brune, 356.

3. Cant. et arr. Limoges, Haute-Vienne. — Ibid., 256. — De Lasteyrie, 369.

4. Cant. Meyssac, arr. Brive, Corrèze. — Ibid., 765. — Poulbrière, I, 410-413.

5. Cant. Jarnages, arr. Boussac, Creuse. — Ibid., 268. — Lecler 231.

6. Cant. Auzances, arr. Aubusson. — Lecler, 232.

6. Chef-l. cant., arr. Brive, Corrèze. — Ibid., 561-563. — Poulbrière, I, 441-454. — Inv. arch. départ. Haute-Vienne, sér. D, 1163-1164, p. LXII, 422-423.

7. Cant. Saint-Mathieu, arr. Rochechouart, Haute-Vienne. — Ibid., 486-492. — Inv. som. arch. départ. sér. D, 269-354, XXXIX, 142-173. — Documents concernant le prieuré d'Altavaux, par de Rencogne, dans *Bul. soc. archéol. Limousin*, XXVIII (1880), 241-283 ; XXIV, 381 ;

Aymeric Brun en 1180 et soumis à l'abbaye de la Couronne, au diocèse d'Angoulême ; uni au collège des Jésuites de Limoges en 1605. Saint-André de *Montbrun, de Monte bruno*, dépendant de Saint-Jean de Cole et uni au même collège. — Droux [1]. Saint-Jean du *Vieux-Bost*, dépendant des Augustins de Montmorillon. — Dun-le-Palleteau, *Dunum* [2]. Notre-Dame, dont la fondation est antérieure à 1163, dépendant en dernier lieu de la prévôté de la Souterraine. — Egletons [3]. Saint-Robert de *Vedrenne*, dépendant de la Chaise-Dieu. — Eragnac [4]. Saint-Pardoux d'*Etrécor, de stricto Cornu*, dépendant de l'abbaye de Grandmont. — Eybouleuf, *Herboleum* [5]. Saint-Pierre, dépendant de Saint-Léonard. — Eygeaux, *Esgalium* [6]. Saint-Gilles du *Breuil*, dépendant d'Aureil, uni au collège des Jésuites, ainsi que Sainte-Madeleine de *Poulenac*, qui dépendait des moniales du Bost. — Eygurande [7]. *Valbenette*, dépen-

---

XXVI, 400. — Brève chronique du prieuré d'Attavaux (XI-XIV⁰ s.). Inventaire des reliques (XII-XIII⁰ s.). Fragment des règles, dans *Documents historiques...*, par Leroux, Molinier, I, 81-89. — Sceau du prieur, dans *Description des sceaux conservés aux archives des Basses-Pyrénées*, par Raymond, Bul. soc. Pau (1872), 470. — Monographie du canton de Saint-Mathieu, par Lecler, dans *Bul. soc. archéol. Limousin*, XXXI, 33 et s. — Histoire de l'abbaye de la Couronne, par Blanchet, II, 355-361. — Nanglard, I, 400-401.

1. Cant. Magnac-Laval, arr. Bellac. — Pouillé, 360.
2. Chef-l. cant., arr. Guéret, Creuse. — Ibid., 801. — Lecler, 236-238. — Notes historiques sur la ville de Dun, par Mazet, dans *Mém. soc. Creuse*, VI (1887), 46-54.
3. Chef-l. cant., arr. Tulle, Corrèze. — Poulbrière, I, 462. — Champeval, 108. — Quelques mots sur la ville d'Egletons, par Huot, dans *Bul. soc. Tulle*, II, 412-427.
4. Cant. Chabanais, arr. Confolens, Charente. — Pouillé, 203. — L. Guibert, 851-852. — Nanglard, III, 83.
5. Cant. Saint-Léonard, arr. Limoges, Haute-Vienne. — Ibid., 742. — Inv. arch. départ. sér. D, 1032.
6. Cant. Pierre-Buffière, arr. Limoges. — Ibid., 746.
7. Chef-l. cant., arr. Ussel, Corrèze. — Ibid., 425. — Poulbrière, I, Champeval, 343.

dant des Chevaliers de Malte. — FELLETIN, *Filitinum* [1]. Sainte-Valérie, dépendant de la prévôté de Chambon, fondé en 1122. — FENIERS [2]. Commanderie de Chevaliers de Malte. Saint-Barthélemy de *Crabanac* en dépendant. — FEYT, *Feitum* [3]. Saint-Clair, dépendant du Port-Dieu. — FEYTIAT, *Festiacum* [4]. Saint-Léger, dépendant de Saint-Martin de Limoges. Saint-Etienne des *Séchères*, *de Cheycheriis*, uni à l'office de grand chantre de Saint-Martial. — FLAVIGNAC, *Flaviniacum* [5]. Notre-Dame *des Cars*, *de Quadris*, donné à Saint-Martial par Ranulphe de Lastours, doyen de Saint-Yrieix, uni à la mense capitulaire. Saint-André de *la Faye*, dépendant de Solignac. Notre-Dame de *Sermur*, dépendant de Grandmont, uni au prieuré du Chatenet. — FOLES, *Folia* [6]. Saint-Blaise, dépendant de Bénévent. Sainte-Catherine des *Arcs*, *de Arcubus*, acquis par Isambert, abbé de Saint-Martial, vers 1180. — FRANSÈCHES [7]. Saint-Maurice de la Roche-Nozil, érigé en prieuré séculier après 1538. — FRESSELINES [8]. Notre-Dame d'*Aurivant*, commanderie, dépendant de la Maison-Dieu de Montmorillon. Sainte-Madeleine du *Chambonnel*, fondé par André, abbé de Chezal-Benoît, avant 1112. — FROMENTAL [9]. Saint-Claude de *Champcontaud*, *de Campo comitali*, dépendant de l'Artige, uni au collège des Jésuites. Sainte-Madeleine de *Baignoux*, dépendant de la Maison-Dieu de Montmorillon.

---

1. Chef-l. cant., arr. Aubusson, Creuse. — Pouillé, 453. — LECLER, 261. — Inv. arch. départ. sér. H. — Terrier (1477), *Bib. nat. nouv. acq. fr. ms.* 1053.

2. Cant. Gentioux, ibid. — Ibid., 442. — ID., 267. — VAISSIÈRE, *ouv. cit*. — DELAVILLE LE ROUX, 4. — Inv. arch. départ. sér. H.

3. Cant. Eygurande, arr. Ussel, Corrèze. — Ibid., 427. — POULBRIÈRE, I, 303. — CHAMPEVAL, 348.

4. Cant. et arr. Limoges, Haute-Vienne. — Pouillé, 748. — DE LASTEYRIE, 371.

5. Cant. Chalus, arr. Saint-Yrieix. — Ibid., 625-627.

6. Cant. Bessines, arr. Bellac. — Ibid., 403.

7. Cant. Saint-Sulpice-de-Champs, arr. Aubusson, Creuse. — Ibid., 274. — LECLER, 283.

8. Cant. Dun, arr. Guéret. — Ibid., 531. — LECLER, 275-277.

9. Cant. Bessines, arr. Bellac, Haute-Vienne. — Ibid., 362. — Inv. som. départ. sér. D, 1155-1156, p. LX, 420.

GARTEMPE, *Gartempia* [1]. Saint-Martin, dépendant de l'abbaye d'Uzerche, qui possédait l'église depuis 1107. — GENIS [2]. Notre-Dame de *Cornud, de Coruynaco*, dépendant de la prévôté du Chalard. — GENOUILLAT, *Genuliacum* [3]. Saint-Pierre, dépendant de l'abbaye de Déols, uni au collège des Jésuites de Bourges (1625). — GENTIOUX, *Gensium* [4]. Commanderie de Chevaliers de Malte, annexée à celle de Charrière. — GLANGES [5]. *Le Theilly au Mas*, dépendant de Bonnesaigne. — GLÉNIC, *Glenicum* [6]. Notre-Dame, acquis par Raymond de Beinac, abbé de Saint-Augustin de Limoges, avant 1182. — GORRE, *Girora* [7]. Notre-Dame de *Maubuisson*, dépendant de la prévôté du Chalard. — GOUZON, *Gosomium* [8]. Saint Martin, dépendant de l'abbaye de l'Esterp. — GRANDSAIGNE, *Grandis Sania* [9]. Notre-Dame, donné à l'abbaye de Tulle par Raynald, vicomte d'Aubusson, vers 936. Sainte-Madeleine de *Clédal*, dépendant de Saint-Gérald de Limoges. — GUÉRET, *Waractum* [10]. Ancien

---

1. Cant. Saint-Vaury, arr. Guéret, Creuse. — Pouillé, 329. — LECLER, 291. — Cartulaire d'Uzerche, 350.
2. Cant. Excideuil, arr. Périgueux, Dordogne. — Ibid., 506.
3. Cant. Chatelus-Malvaleix, arr. Boussac, Creuse. — Ibid., 536. — LECLER, 295.
4. Chef-l. cant., arr. Aubusson. — Ibid., 444. — ID., 297.
5. Cant. Saint-Germain-les-Belles, arr. Saint-Yrieix, Haute-Vienne. — Ibid., 661.
6. Cant. et arr. Guéret, Creuse. — LECLER, 302.
7. Cant. Saint-Laurent-sur-Gorre, arr. Rochechouart, Haute-Vienne. — Pouillé, 493.
8. Cant. Jarnages, arr. Boussac, Creuse. — Ibid., 292. — LECLER, 307.
9. Cant. Bugeat, arr. Ussel, Corrèze. — Pouillé, 671. — POULBRIÈRE, I, 537-539.
10. Chef-l. départ. Creuse. — Ibid., 543-548. — LECLER, 321-336. — Inv. arch. départ. sér. II. — Terrier (1420), *Bib. nat. nouv. acq. fr. ms.* 3289. — THOMAS, *ouv. cit.*, 177, 194. — *Vita sancti Pardulphi*, dans *Acta Sanctorum*, de MABILLON, sec. III, 1, 573 *et s.* — Vie de saint Pardoux, patron de Guéret, par COUDERT DE LA VILATTE, Guéret, 1853, in-8. — Guéret dans les temps anciens et au Moyen-Age, par FILLIOUX, dans *Mém. soc. Creuse*, III (1862), 347. — Reliquaire de saint Pardoux à Guéret, par CALLIER, dans *Rev. art chrét.*, XXX, 459.

monastère sous le vocable de Saint-Pierre fondé par saint Pardoux au commencement du VIII° siècle. Ce ne fut dans la suite qu'un prieuré dépendant de l'abbaye de Saint-Savin en Poitou. — ISLE. *Balezis* [1], dépendant de Grandmont. — JARNAGES, *Jarnaia* [2]. Saint-Michel, dépendant de l'abbaye de Cluse. — JAVERENAC [3]. *La Chapelle Saint-Robert*, dépendant de la Chaise-Dieu, fondé par Raoul de Passerin, disciple de saint Robert. — JOUAC [4]. Saint-Jean de *Menussac*, dépendant de l'Artige, uni au collège des Jésuites. — JOURGNAC, *Jurnhacum* [5]. Saint-Pierre, dépendant de l'abbaye de la Règle. — JUILLAC [6]. Saint-Michel de *Trigant*, dépendant de Saint-Augustin de Limoges.

LA BRIONNE, *Bricona* [7]. Saint-Pierre, dépendant de la prévôté de Saint-Vaulry. — LA CELLE, *Cella* [8]. Saint-Pierre, qui appartenait à Solignac en 1147. — LA CELLE-SOUS-GOUZON [9]. Saint-Pierre, que Solignac possédait dès 924. — LA CELLETTE, *Celeta* [10]. Saint-Pierre, confirmé à Charroux par le roi Philippe I (1077). — LA CHAPELLE-

---

1. Cant. et arr. Limoges, Haute-Vienne. — Pouillé, 189. — GUIBERT, 827. — Balezis, par LE MÊME, dans *Almanach Limousin* (1877).
2. Chef-l. cant., arr. Boussac, Creuse. — Ibid., 266. — LECLER, 343-345. — ANT. THOMAS, *ouv. cit.*, 16-18, 37, 43.
3. Cant. et arr. Nontron, Dordogne. — Pouillé, 499.
4. Cant. Saint-Sulpice-les-Feuilles, arr. Bellac, Haute-Vienne. — Ibid., 405. — Inv. arch. départ. sér. D, 1169-1171, p. 424.
5. Cant. Aixe, arr. Limoges. — Ibid., 621. — Monographie du canton d'Aixe, par ROUGERIE, dans *Bul. soc. archéol. Limousin*, XVI, 77 ; par LECLER, Ibid., XXXIV, 113.
6. Chef-l. cant., arr. Brive, Corrèze. — Ibid., 516. — POULBRIÈRE, I, 565.
7. Cant. Saint-Vaury, arr. Guéret, Creuse. — Pouillé, 328. — LECLER, 92.
8. Cant. Treignac, arr. Tulle, Corrèze. — Ibid., 671. — POULBRIÈRE, II, 1-3. — CHAMPEVAL, 93.
9. Cant. Jarnages, arr. Boussac, Creuse. — Ibid., 266. — LECLER 105.
10. Cant. Chatelus-Malvaleix, ibid. — Ibid., 540. — ID., 105.

Saint-Martial [1], dépendant du Moutier d'Ahun. — La Chapelle-Espinasse, *Espinacia* [2]. Notre-Dame, donné à Saint-Martin de Tulle par Boson d'Aubusson (945). — La Chapelle-Taillefer [3]. La Trinité, dépendant du Moutier d'Ahun, puis uni au chapitre de Saint-Germain de la Châtre, diocèse de Bourges. — La Courtine, *Cortina* [4]. Notre-Dame, uni au prieuré de Saint-Angel (1501). Saint-Loup de la *Daigue*, *de Lataca*, dépendant de Meymac. — La Croisille [5]. Le Pommeau, *Pomellum*, dépendant de Meymac. Verseyne, *Verzesma*, dépendant d'Aureil. — La Croix [6]. Sainte-Croix, qui appartenait l'abbaye de Saint-Martial, dès le XIe siècle, uni à la mense capitulaire. — La Fage, *Fagia* [7]. Saint-Jean, dépendant de la Chaise-Dieu. — La Jonchère, *Juncheria* [8]. Notre-Dame, dépendant de l'Évêché. — La Mazière-Haute, *Mazeria* [9]. Sainte-Croix, dépendant du prieuré de Bort. Saint-Georges des *Boges*, dépendant du Port-Dieu. — La Mongerie, *Mongeria* [10]. Saint-Antoine, dépendant de l'abbaye de la Règle. — La Péruse, *Petrusia* [11]. Notre-Dame, fondé par les moines de Bourgueil-en-Vallée, qui avaient reçu l'église et les terres de Jourdain, fils d'Aynard, seigneur de Chaba-

---

1. Cant. Pontarion, arr. Bourganeuf. — Pouillé, 335. — Lecler, 134.

2. Cant. Egletons, arr. Tulle, Corrèze. — Ibid., 690. — Champeval, 116. — Archives historiques de la Corrèze, par Cément-Simon, 668.

3. Cant. et arr. Guéret, Creuse. — Ibid., 329. — Lecler, 135.

4. Chef-l. cant., arr. Aubusson. — Ibid., 424. — Id., 207.

5. Cant. Châteauneuf, arr. Limoges, Haute-Vienne. — Ibid., 660. — Monographie du canton de Châteauneuf, par Lecler, dans *Bul. soc. archéol. Limousin*, XXIII, 231.

6. Cant. Le Dorat, arr. Bellac. — Ibid., 254. — De Lastyrie, 373.

7. Cant. Lapleau, arr. Tulle, Corrèze. — Ibid., 691. — Poulbrière, II, 7-9. — Champeval, 229.

8. Cant. Laurière, arr. Limoges, Haute-Vienne. — Ibid., 298.

9. Cant. Eygurande, arr. Ussel, Corrèze. — Pouillé, 440. — Poulbrière, II, 42. — Champeval, 351.

10. Cant. Uzerches, arr. Tulle, Corrèze. — Ibid., 668. — Poulbrière, II, 45. — Arch. départ. Haute-Vienne, sér. II.

11. Cant. Chabanais, arr. Confolens, Charente. — Ibid., 253. — Nanglard, III, 83-85.

nais. — La Porcherie [1]. Sainte-Madeleine de *Sirac*, dépendant de l'abbaye de Saint-Martial. Notre-Dame de *La Bessaigne, de Alba Sania*, donné à Uzerche en 1118. — Larche [2]. Saint-Caprais, dépendant de Saint-Martin de Brive. *Puyjobert, Podium Gilberti*, ancienne maison de Grandmontains, dont la fondation remontait au XIIe s. — Laroche [3]. Saint-Pierre, dépendant du Port-Dieu et uni à la pitancerie (1484). — La Roche-Canillac [4]. Notre-Dame, fondé par Gérard de La Roche à la fin du XIe siècle et donné à l'abbaye de Tulle. — La Roche-l'Abeille [5]. Saint-Jean de *Valentin*, dépendant de l'abbaye de Tourtoirac, au diocèse de Périgueux. Saint-Laurent de *Pleine-Meyze*, dépendant de la prévôté du Chalard. — La Roche-Malvalèze, *Mala Valesia* [6]. Saint-Pierre, uni à la mense conventuelle d'Aureil (1444). — La Roche-Peyroux [7]. Notre-Dame de *Val-Beneyte, de Valle benedicta*. — La Souterraine, *Subterranea* [8]. Notre-Dame, fondé par l'abbaye de Saint-

---

1. Cant. Saint-Germain-les-Belles, arr. Saint-Yrieix, Haute-Vienne. — Pouillé, 656, 654.

2. Cant. et arr. Brive, Corrèze. — Poulbrière, II, 63-65. — Guibert, 870.

3. Cant. Eygurande, arr. Ussel. — Pouillé, 438. — Poulbrière, II, 73. — Champeval, 350.

4. Chef-l. cant., arr. Tulle, Corrèze. — Pouillé, 683-684. — Poulbrière, II, 66-71. — Champeval, 124-126. — Clément-Simon, I, 668.

5. Cant. Nexon, arr. Saint-Yrieix, Haute-Vienne. — Ibid., 622.

6. Cant. Chatelus-Malvaleix, arr. Boussac, Creuse, — Ibid., 539. — Inv. som. arch. départ. Haute-Vienne, sér: D, 958-959, LVI, 353-354.

7. Cant. Neuvic, arr. Ussel, Corrèze. — Ibid., 600. — Id., II, 502-505. — Id., 391.

8. Chef-l. cant., arr. Guéret, Creuse. — Ibid., 378-381. — Lecler, 746-755. — De Lasteyrie, 374-378. — Inv. arch. départ. Creuse, sér. II. — État du clergé, 363. — Une excursion à la Souterraine, par Callier, *Bul. monum.* (1875), 464-470. — Excursion archéologique à la Souterraine, par Jouanneaud, dans *Bul. soc. archéol. Limousin*, XL, 389, 877. — Inventaire de la sacristie (1702), ibid., XLII, 564. — Notice historique sur la Souterraine, par Valladeau, dans *Mém. soc. Creuse*, XIII (1902), 206-307. — Le canton de la Souterraine, par le même, Ibid., VIII, 172-218.

Martial, sur un domaine qu'elle tenait de Géraud de Cront (1017) uni à la mense abbatiale en 1460. — LAURIÈRE, *Laureria* [1]. Saint-Michel, que Saint-Martial possédait au XIII° siècle, cédé au chapitre cathédral (1271). Commanderie de *Baignouls*, appartenant aux Chevaliers de Malte. — LA VAU-FRANCHE, *Vallis Franca* [2]. Commanderie de l'Ordre de Malte, l'une des plus importantes de la région. — LE BOURDEIX, *Burgum Ageduni* [3]. Saint-Pierre, dépendant de Brantôme, puis de l'évêque de Limoges. — LE CHALARD, *Carlarium* [4]. Notre-Dame, monastère de Chanoines réguliers fondé par saint Geoffroy, en 1089. Les Jésuites obtinrent l'union de ce bénéfice à leur collège de Roanne (1613). Les *Charbonnières*, dépendant du Chalard. — LE CHATENET, *Castanetum* [5]. Notre-Dame, dépendant du chapitre de Saint-Léonard, à la suite d'un arrangement avec les moines d'Uzerche. Saint-Michel du *Dognon*, *de Domnhonio*, dépendant aussi de Saint-Léonard, ainsi que Saint-Blaise *de la Galemache*. — LE CHAUCHET [6]. Notre-Dame et Saint-Julien, dépendant de la prévôté du Chambon. — LE DORAT [7]. Saint-Sébastien de *Voulons*, *de Volonno*, dépendant de l'abbaye de

---

1. Chef-l. cant., arr. Limoges, Haute-Vienne. — Pouillé, 389. — Inv. arch. départ. sér. H. — DE LASTEYRIE, 379.

2. Cant. et arr. Boussac, Creuse. — Pouillé, 294. — LECLER, 782-784. — Inv. arch. départ. sér. H. — VAYSSIÈRE, *ouv. cit.*

3. Cant. et arr. Nontron, Dordogne. — Ibid., 477.

4. Cant. et arr. Saint-Yrieix, Haute-Vienne. — Ibid., 639. — Arch. départ. sér. H. — État du clergé, 379. — Bib. Sainte-Geneviève, ms. 376, n° 20. — Vita Beati Gaufredi, texte inédit, notice biographique sur saint Geoffroy († 1125) et histoire du Chalard, par BOSVIEUX, dans *Mém. soc. Creuse*, III (1862), 75 *et s.*

5. Cant. Saint-Léonard, arr. Limoges. — Ibid., 336. — Le comté de Dognon en la Marche et ses seigneurs, par DE CORBIER, dans *Mém. soc. Creuse*, XV (1906), 541-724.

6. Cant. Chénérailles, arr. Aubusson, Creuse. — Ibid., 286. — LECLER, 159.

7. Chef-l. cant., arr. Bellac, Haute-Vienne. — Ibid., 389. — Arch. départ. sér. H.

la Règle. — LE LONZAC, *Olonziacum* [1]. Saint-Laurent de la *Valette*, fondé par l'abbaye de Tulle, qui tenait ce domaine de Guillaume de Tournemire, dans la seconde moitié du XIe siècle. Notre-Dame de *Chatenet*, uni à l'infirmerie d'Uzerche. — LE PALAIS [2]. Commanderie de Templiers, qui fut attribuée aux Chevaliers de Saint-Jean. — LES-SALLES-LA-VAUGUYON, *Salæ* [3]. Notre-Dame et Saint-Entrope, monastère de Chanoines réguliers, remontant au XIe siècle, où la vie conventuelle fut abandonnée après la guerre de Cent ans. — LESTARS [4]. Saint-Antoine, commanderie de religieux Antonins. Notre-Dame de *la Bissière*, *de Buxeria*, dépendant de l'évêché. — LE VIGEN, *Vicanum* [5]. La Chapelle du *Château-Vieux*, dépendant de Solignac. — LIGINIAC, *Leginhacum* [6]. Saint-Barthélemy, uni au Port-Dieu. — LIGNAREIX [7]. Saint-Hermès, dépendant de Saint-Angel. — LINARS [8]. Saint-Martin, dépendant de Solignac. Sainte-Madeleine de *La Deveix*, dépendant d'Aureil, uni au collège

---

1. Cant. Treignac, arr. Tulle, Corrèze. — Acte concernant la chapelle de Chastenet, par POULBRIÈRE, dans *Bul. soc. Corrèze*, Tulle, XII (1890), 117. — Dictionnaire, par POULBRIÈRE, II. — CHAMPEVAL, 101-105. — CLÉMENT-SIMON, *ouv. cit.*, I, 669.

2. Cant. et arr. Limoges. — Ibid., 344. — Arch. départ. sér. H. Cartulaire au *British Museum ms. addit.* 19887. Copie, *Bib. nat. nouv. acq. lat* 225. Mélanges de paléographie, par DELISLE, 465. — Chartes, chroniques..., par LEROUX, BOSVIEUX, 76, 85. — Le Palais de Jocondiac, par ARBELLOT, dans *Bul. soc. archéol. Limousin*, XXIII, 161 et s.

3. Cant. Treignac, arr. Tulle, Corrèze. — Pouillé, 550. — POULBRIÈRE, II, 120-126. — CHAMPEVAL, 102, 103.

3. Cant. et arr. Rochechouart, Haute-Vienne. — Ibid., 485. — État du clergé, 379. — Bib. du Séminaire de Limoges, ms. 38.

4. Cant. Bugeat, arr. Ussel, Corrèze. — Ibid., 672. — CHAMPEVAL, 312-314. — POULBRIÈRE, II, 94-96.

5. Cant. et arr. Limoges, Haute-Vienne. — Ibid., 633.

6. Cant. Neuvic, arr. Ussel, Corrèze. — Ibid., 612.— POULBRIÈRE, II, 98-100. — CHAMPEVAL, 287.

7. Cant. et arr. Ussel. — Ibid., 437. — CHAMPEVAL, 271.

8. Cant. Châteauneuf, arr. Limoges, Haute-Vienne. — Ibid., 743. — Inv. arch. départ. sér. D, 477-479, p. 211.

des Jésuites de Limoges. — Liourdre[1]. Saint-Etienne, cédé à l'abbaye de Beaulieu par Eustorge, évêque de Limoges, en 1118. — Lissac. *Liciacum*[2]. Saint-Pierre, dépendant de Saint-Martin de Brive. — Louignac[3]. Notre-Dame de *Charniac*, ancienne maison de Grandmontains, unie au monastère de la Faye de Jumilhac. — Lourdoueix-Saint-Pierre, *Oratorium Sancti Petri*[4], dépendant de Saint-Hippolyte de Bourges, uni avec ce monastère au Chapitre de la Sainte-Chapelle de cette ville. Sainte-Madeleine de *Ligniaux*, dépendant de la prévôté du Chambon. — Lubersac[5]. Saint-Michel de *la Chapelle Antic*, qui appartenait à Saint-Martial en 1097. L'abbaye de Cluny eut à Lubersac un prieuré de Saint-Gervais, qui n'a pas laissé de trace. *Bonnefont*, dépendant des Chanoines d'Aureil. — Lussac-les-Eglises, *Lussacum*[6]. Saint-Martial, dépendant de la prévôté de la Souterraine. Saint-Jean des *Pardelières*, préceptorerie de Chevaliers de Malte, dépendant de la commanderie de Villejésus, au diocèse d'Angoulême. — Lussac-les-Nonnes[7]. Saint-Martin, dépendant de la prévôté du Chambon. Saint-Jean-l'Hermite, dépendant d'Aureil.

---

1. Cant. Beaulieu, arr. Brive, Corrèze. — Pouillé, 762. — Poulbrière, II, 106-110.
2. Cant. Larche, ibid. — Ibid., 714. — Id., 110-112.
3. Cant. Ayen, ibid. — Ibid., 505. — Id., 133-138. — Guibert, 841.
4. Cant. Bonnat, arr. Guéret, Creuse. — Ibid., 539-540. — Leclek, 370-373.
5. Chef-l. cant., arr. Brive, Corrèze. — Pouillé, 502. — Poulbrière, II, 143, 146. — Monographie de l'église de Lubersac, par de Valon, dans *Bul. soc. Corrèze*, Brive (1891), 163-215. — Notice historique sur l'église de Lubersac et sur son archiprêtré, par Gaudeix-Labourderie, dans *Bul. soc. Corrèze*. Brive, X (1888), 573-584. — Les origines de Lubersac, par Doussaud et Lalande, *Ibid.*, X, 215-236. — Inv. som. arch. départ. Haute-Vienne, sér. D, 1147-1148, lx, 418.
6. Cant. Saint-Sulpice-les-Feuilles, arr. Bellac, Haute-Vienne. — Ibid., 382. — De Lasteyrie, 382.
7. Cant. Chambon, arr. Boussac, Creuse. — Ibid., 287. — Leclek, 378-381. — Inv. som. arch. départ. Haute-Vienne, sér. D, 963-964, lvii, 355.

Magnac [1]. Saint-Jacques, dépendant d'Aureil, ainsi que *Fonloup*, son annexe. — Magnac-Laval, *Magnacum* [2]. Saint-Maximin, dépendant de Charroux. — Magnat [3]. Notre-Dame, dépendant de l'abbaye de Déols. — Maillac [4]. Saint-Gervais, dépendant de Saint-Benoît-du-Sault. — Mainsat, *Mainsacum* [5]. Notre-Dame, de l'ordre de Cluny, fondé au XIIIe siècle, dépendant de Souvigny. — Maisonfeyne, *Domus fagina* [6]. Notre-Dame, dépendant de l'abbaye de Déols. — Maisonnais [7]. Notre-Dame de *Sablarone*, dépendant des Chanoines des Salles. — Maisonnisses, *Maisonicæ* [8]. Commanderie de Chevaliers de Malte. — Malemort [9]. Saint-Sanctin, dépendant de Saint-Martin de Brive, uni au collège des Doctrinaires de cette ville (1611). Saint-Jean de *Montchalm, de Monte Calido*, uni au prieuré cluniste de Carennac. — Malleret [10]. Commanderie de Chevaliers de Malte. — Malval, *Mala vallis* [11]. Sainte-Valérie, dépendant

---

1. Cant. et arr. Bourganeuf, Creuse. — Pouillé, 340. — Inv. som. arch. départ. Haute-Vienne, sér. D, 945-948, LIV, 359-350.

2. Chef-l. cant., arr. Bellac, Haute-Vienne. — Ibid., 392. — Chronique paroissiale de Magnac-Laval (1656-1768), par Leroux, dans *Arch. hist. Limousin*, VI, 145-159. Documents divers, *Ibid.*, 159-206. — Consultation pour Dom Mathieu Génitour, religieux de l'Ancienne Observance de saint Benoît, contre François Ducoux, curé de Saint-Hilaire-la-Treille. *Paris*, 1774, in-4.

3. Cant. La Courtine, arr. Aubusson, Creuse. — Ibid., 439. — Lecler, 382-384. — Inv. arch. départ. sér. H.

4. Cant. Saint-Sulpice-les-Feuilles, arr. Bellac, Haute-Vienne. — Ibid., 399.

5. Cant. Bellegarde, arr. Aubusson, Creuse. — Ibid., 293. — Lecler, 385.

6. Cant. Dun, arr. Guéret, Creuse. — Pouillé, 328. — Lecler, 389.

7. Cant. Saint-Mathieu, arr. Rochechouart, Haute-Vienne. — Ibid., 481.

8. Cant. Ahun, arr. Aubusson, Creuse. — Ibid., 353. — Lecler, 390-392.

9. Cant. et arr. Brive, Corrèze. — Ibid., 715-716. — Poulbrière, II, 159-172.

10. Cant. La Courtine, arr. Aubusson, Creuse. — Lecler, 395.

11. Cant. Bonnat, arr. Guéret. — Pouillé, 540. — Lecler, 396-398. — Inv. arch. départ. sér. H. — Malval. Ses monuments et ses seigneurs,

de la prévôté du Chambon, fondé par Albert de Chambon en 1038. — Manot, *Manocum*[1]. Saint-Martial, donné à l'abbaye de ce nom par Guillaume I Taillefer, comte d'Angoulême (947). — Mansat, *Mansacum*[2]. Saint-Martial, que la grande abbaye de Limoges possédait au XIIe siècle. — Mansat ou Mansac[3]. Saint-Léger *de Chabal, de Capiaco*, dépendant de Saint-Martin de Limoges. — Marsac, *Marciacum*[4]. Saint-Pierre, dépendant de Bénévent. — Maussac[5]. Saint-Christophe, donné par Pierre de Maussac à Gaillarde II, sa petite-fille, abbesse de Bonnesaigne (1406). — Ménoire[6]. Saint-Benoît, puis Saint-Donat, dépendant de l'abbaye de Bonnesaigne, uni à la mense en 1428. — Merlines[7]. Saint-Blaise, dépendant du Port-Dieu. — Meuzac[8]. Saint-Jean de *la Veyrine*, uni à Saint-André de Limoges. Saint-Blaise du *Mas-Grudel*, dépendant de l'abbaye de Ligueux. Notre-Dame du *Cluzeau*, donné à Grandmont vers le temps

---

par Callier, dans *Bul. monum.*, XLIV (1878), 245-257 ; XLV, 145-175. — La seigneurie, le château et les familles féodales de Malval, par G. Martin, dans *Mém. soc. Creuse* (1890), 265-310. — Le prieuré de Malval, par de Cessac.

1. Cant. et arr. Confolens, Charente. — Ibid., 254. — De Lasteyrie, 382. — Nanglard, III, 85.
2. Cant. et arr. Bourganeuf, Creuse. — Ibid., 325. — Lecler, 400. — La seigneurie de Mansat, par Toumieux, dans *Bul. soc. Creuse*, XVII, 1, 130-174. — Identification du prieuré de Mansat, par Thomas, dans *Bul. soc. archéol. Limousin*, LVI (1907), 428.
3. Cant. Larche, arr. Brive, Corrèze. — Ibid., 504. — Poulbrière, II, 172-174.
4. Cant. Bénévent, arr. Bourganeuf, Creuse. — Ibid., 307. — Lecler, 495.
5. Cant. Meymac, arr. Ussel, Corrèze. — Ibid., 687. — Poulbrière, II, 196-199. — Champeval, 289-291.
6. Cant. Argentat, arr. Tulle. — Ibid., 754. — Poulbrière, II, 209-212. — Champeval, 158.
7. Cant. Eygurandes, arr. Ussel. — Ibid., 439. — Id., II, 215-218. — Id., 345.
8. Cant. Saint-Germain-les-Belles, arr. Saint-Yrieix, Haute-Vienne. — Ibid., 658. — Guibert, 844.

de sa fondation, et uni au prieuré de Chatenet (1318). — Meymac [1]. Saint-Clément de *Lestrade*, uni à l'abbaye en 1318. Sainte-Madeleine du *Longeyroux* en dépendait également. — Meyssac, *Maniciacum* [2]. Saint-Vincent, que l'abbaye de Tulle possédait au commencement du XIIe siècle. — Milhaguet [3]. Commanderie de Chevaliers de Malte. — Millevaches, *Mille Vaccæ* [4]. Sainte-Madeleine, donné à l'abbaye d'Uzerches par Roger de Laron (1048). — Monestier-Merlines [5]. Saint-Clair, dépendant du Port-Dieu. — Monestier-Port-Dieu [6]. Saint-Cosme, dépendant du même monastère. — Montaigut [7]. Saint-Blaise de *Boulonie*, uni à l'abbaye des Allois. — Montboucher [8]. Saint-Martial, dépendant de l'abbaye de Saint-Martial et uni à l'office de chantre. — Montgibaud [9]. Saint-Martial, dépendant d'Aureuil, uni au collège de Limoges. — Monterolles [10].

---

1. Chef-l. cant., arr. Ussel, Corrèze. — Pouillé, 603. — Poulbrière, II, 242-243. — Champeval, 281, 282.

2. Chef-l. cant., arr. Brive. — Ibid., 724. — Id., II, 253-266. — Différend entre le prieur de Collonge et celui de Meyssac, par Poulbrière, dans *Bul. soc. Tulle*, XIV, 516-519. — Clément-Simon, I, 669.

3. Cant. Saint-Mathieu, arr. Rochechouart, Haute-Vienne. — Ibid., 500. — Monographie du canton de Saint-Mathieu, par Lecler, dans *Bul. soc. archéol. Limousin*, XXXI, 66.

4. Cant. Sornac, arr. Ussel, Corrèze. — Ibid., 435. — Poulbrière, II, 266-269. — Champeval, 336. — Cartulaire d'Uzerches, 239 et s.

5. Cant. Eygurandes, ibid. — Ibid., 427. — Id., II, 281-290. — Id., 346.

6. Cant. Bort, ibid. — Ibid., 612. — Id., II, 291-295. — Id., 370.

7. Cant. Saint-Vaury, arr. Guéret, Creuse. — Pouillé, 309. — Lecler, 441. — Montaigut-le-Blanc, son château, sa chatellenie, ses possesseurs, par de Corrier, dans *Mém. soc. Creuse*, XIII, 391-449.

8. Cant. et arr. Bourganeuf, Creuse. — Pouillé, 313. — Lecler, 444.

9. Cant. Lubersac, arr. Brive, Corrèze. — Ibid., 669. — Poulbrière, II, 295-298. — Inv. som. arch. départ. Haute-Vienne, sér. D. 955-956, p. 352-353.

10. Cant. Bessines, arr. Bellac, Haute-Vienne. — Ibid., 418. — Arch. départ. sér. H.

Commanderie de Chevaliers de Malte. — Mourioux[1]. Saint-Remy, dépendant de Bénévent. — Moustier-Ventadour, *Ventiodorum monasterium*[2]. Saint-Pierre, donné à Cluny par les vicomtes de Comborn et de Ventadour, avant 1106. — Naillat, *Analiacum*[3]. Saint-Médard, dépendant de Saint-Vaury et uni à la pitancerie de Saint-Martial (1383), puis à la mense capitulaire. Saint-Jean de *Poulignac*, dépendant de la Maison-Dieu de Montmorillon.

Nantiat[4]. Saint-Vincent, dépendant de Bénévent, uni au prieuré Saint-André de Limoges. — Nedde, *Ancta*[5]. Saint-Martin, dépendant de Solignac et uni à la mense conventuelle (1526). Saint-Thiou (*Tillo*) de la *Bachelarie*, dépendant de Solignac, ainsi que Notre-Dame de *Chadiéras*. Sainte-Catherine de *la Ribière*, dépendant de Bonnesaigne. Saint-Thomas de *Serrut*, dépendant du prieuré de la Vinadière. — Nespouls, *Mespolium*[6]. Saint-Julien, dépendant de l'abbaye de Souillac. — Neuvic, *Novus vicus*[7]. Saint-Étienne, dépendant de Saint-Angel. — Nexon[8]. *Veyrines*, *Veyrinæ*, uni à la mense

---

1. Cant. Bénévent, arr. Bourganeuf, Creuse. — Pouillé, 307. — Lecler, 463.

2. Cant. Egletons, arr. Tulle, Corrèze. — Ibid., 687. — Poulbrière, II, 298-303. — Champeval, 113-116. — Trois prieurés limousins, III, par Bourneix, dans *Bul. soc. Corrèze. Tulle* (1902), 216 et s. — Inv. som. arch. départ. sér. II, 88-90, p. 17. — Etat du clergé, 361. — Recueil des chartes de Cluny, nos 3921-3924, t. V, 272-278; 4059, p. 412; 4727, VI, 244.

3. Cant. Dun, arr. Guéret, Creuse. — Ibid., 327. — Lecler, 478. — De Lasteyrie, 586. — Le comté de la Marche, par Thomas, 28-30, 129.

4. Chef-l. cant., arr. Bellac, Haute-Vienne. — Ibid., 259. — Monographie du canton de Nantiat, par Lecler, dans *Bul. soc. archéol. Limousin*, XVIII (1868), 5 et s.

5. Cant. Eymoutier, arr. Limoges. — Ibid., 432-435. — Monographie du canton d'Eymoutier, par Dubois, ibid., XLIX, 217-244.

6. Cant. et arr. Brive, Corrèze. — Pouillé, 716-717. — Poulbrière, II, 331-338.

7. Chef-l. cant., arr. Ussel. — Ibid., 728-729. — Id., II, 338-354. — Champeval. 378-384.

8. Chef-l. cant., arr. Saint-Yrieix, Haute-Vienne. — Ibid., 623, 749. — Arch. départ. sér. H. — Indulgence accordée par l'évêque de Limo-

capitulaire de Saint-Martial. Sainte-Madeleine de *Valeys*, dépendant de l'abbaye des Allois. — Noailles [1]. Notre-Dame, dépendant du prieuré de Brive. — Nonars [2]. Sainte-Madeleine de *Ménoire-Bas*, dépendant de l'abbaye de Beaulieu. — Nontron, *Nontronium* [3], Saint-Sauveur, dépendant de l'abbaye de Charroux. — Nouhant, *Nohentum* [4]. Saint-Martin, dépendant de l'abbaye de Déols. Saint-Léonard du *Bois près le château*, dépendant de Saint-Léonard. — Nouic, *Novus vicus* [5]. Notre-Dame, dépendant de l'abbaye de la Règle, uni d'abord à la mense abbatiale, puis à la mense conventuelle (1700). Saint-Nicolas d'*Aubis*, dépendant de Charroux. — Nouzerines, *Nozerinæ* [6]. Saint-Clérence, dépendant de l'abbaye de Déols. — Nouziers, *Nozia* [7]. Notre-Dame, dépendant de la même abbaye. — Oradour-sur-Glane, *Oratorium* [8]. Saint-Martin, dépendant de Lesterp. Saint-Marc de *la Fauvette*, dépendant de la Maison-Dieu de Montmorillon. — Orgnac [9]. Saint-Barthélemy de *Mialet*, fondé

---

ges en faveur du prieuré de Valeys, par Leroux, dans *Bul. archéol. com. trav. hist.* (1897), 478-480. — De Lasteyrie, 402.

1. Cant. et arr. Brive, Corrèze. — Pouillé, 714. — Poulbrière, II, 375. — Nomination de Philibert de Léonard au prieuré-cure de Noailles (1640), par Leclen, dans *Arch. hist. Limousin*, V, 339.

2. Cant. Beaulieu, ibid. — Ibid., 754. — Id., II, 382-383.

3. Chef-l. arr., Dordogne. — Ibid., 495. — Etat du clergé, 380. — Essais topographiques, historiques, sur l'arrondissement de Nontron, par de Laugardière, dans *Bul. soc. hist. Périgord*, XIII, 124-147, etc.

4. Cant. Chambon, arr. Boussac, Creuse. — Pouillé, 289. — Lecler, 490-491.

5. Cant. Mézières, arr. Bellac, Haute-Vienne. — Ibid., 248. — Arch. départ. sér. II.

6. Cant. et arr. Boussac, Creuse. — Ibid., 534. — Lecler, 491. — Arch. nat. S. 3240.

7. Cant. Chatelus, ibid. — Ibid., 538. — Id., 495.

8. Cant. Saint-Junien, arr. Rochechouart, Haute-Vienne. — Ibid., 247.

9. Cant. Vigeois, arr. Brive, Corrèze. — Ibid., 566. — Poulbrière, II, 19.

par les seigneurs de Comborn.— Pageas¹. Notre-Dame de *Puybonnieux*, *de Podio Bonionis*, commanderie de Chevaliers de Malte. — Palaginges, *Palajangæ*². Saint-Laurent, donné à l'abbaye de Tulle vers 931. — Panazol³. Saint-Pierre, qui dépendait de Saint-Martial en 1097, uni à la chantrerie au moment de la sécularisation de l'abbaye (1535). — Parsac, *Parciacum*⁴. Saint-Martin, dépendant de la prévôté d'Evaux. — Pérols⁵. Saint-Pierre d'*Orluc*, dépendant de la commanderie de la Vinadière. Saint-Léonard de *Barsanges*, dépendant de Saint-Léonard. — Perpezat-le-Noir, *Perpeziacum*⁶. Saint-Sicaire, donné à l'abbaye de Branthome par Hilduin, évêque de Limoges (990). *Chanzac*, que Uzerche possédait dès 1160. — Peyrat-la-Nonière, *Patriacum*⁷. Saint-Vincent, dépendant d'Evaux. — Peyrat-le-Chateau⁸. Saint-Denis, dépendant de Saint-Martial, uni à la mense abbatiale. — Peyrelevade⁹. *Comps*, commanderie de Chevaliers de Malte, dépendant de celle de Feniers. — Peyri-

---

1. Cant. Chalus, arr. Saint-Yrieix, Haute-Vienne. — Pouillé, 471. — Arch. départ. sér. H.

2. Cant. Beynat, arr. Brive, Corrèze. — Ibid., 699. — Poulbrière, II, 409-411.

3. Cant. et arr. Limoges, Haute-Vienne. — Ibid., 746. — De Lasteyrie, 387.

4. Cant. Jarnages, arr. Boussac, Creuse. — Ibid., 279. — Lecler, 498-500.

5. Cant. Bugeat, arr. Ussel, Corrèze. — Ibid., 660. — Poulbrière, II, 439. — Champeval, 306.

6. Cant. Agen, arr. Brive, Corrèze. — Pouillé, 589. — Poulbrière, II, 440-449. — Cartulaire d'Uzerche, 359.

7. Cant. Chenerailles, arr. Aubusson, Creuse. — Lecler, 505.

8. Cant. Eymoutiers, arr. Limoges, Haute-Vienne. — Ibid., 458. — De Lasteyrie, 389. — Monographie du canton d'Eymoutiers, par Dubois, dans *Bul. soc. archéol. Limousin*, XLIX (1900), 245-270. — Peyrat-le-Château, la ville et la baronnie, par Cousseyroux. *Ibid.*, XL, 864; XLIX, 635 et s. — Documents relatifs à la ville et à la baronnie de Peyrat-le-Château, par le même. *Ibid.*, XXXV, 628; XXXVII, 391; XL, 804; XLII, 532 et s. — Prieuré de Saint-Denis à Peyrat-le-Château, par le même. *Ibid.*, XXXVII, 447 et s.

9. Cant. Sornac, arr. Ussel, Corrèze. — Poulbrière, II, 453. — Champeval, 334.

Liiac[1]. Saint-Léger, dépendant de Saint-Martin de Limoges. *Conore*, commanderie de Chevaliers de Malte, dépendant de celle de Limoges. — Peyzac[2]. *La Plaigne-aux-Bonshommes*, ancienne maison de Grandmontains, fondée vers 1110 ou 1111, unie à celle de la Faye de Jumilhac (1318). — Pierre-Buffière, *Petra Bufferia*[3]. Sainte-Croix, donné à l'abbaye de Solignac par Joscelin de Pierre-Buffière et sa famille vers 1061. — Pigerolles[4]. Saint-Étienne, fondé par les moines de la Chaise-Dieu, qui reçurent la seigneurie du lieu de l'évêque Guy (1073-1086), dépendant du Port-Dieu. — Poussanges, *Pocengiæ*[5]. Saint-Pierre, donné par Pépin le Bref à l'abbaye de Mauzat (764), dépendant de la prévôté du Chambon. — Pradines[6]. Notre-Dame, dépendant de la Chaise-Dieu et uni au prieuré de Vedrennes (1484). — Puy-Malsignat, *Podium Malesignatum*[7]. Saint-Médard. — Reterre, *Rubra terra*[8]. Saint-Martin, dépendant de la prévôté d'Evaux. — Rilhac-Lastours[9]. Notre-Dame de *la Croix de Lastours, de Turribus*, dépendant de Saint-Martial de Limoges. — Rilhac-Rancon[10]. Saint-Jean, dépendant de Saint-Augustin de Limoges, uni à la mense conventuelle (1614). — Rochechouart, *Rupes cavardi*[11]. Saint-Sauveur, dépendant de

---

1. Cant. Nieuil, arr. Limoges, Haute-Vienne. — Pouillé, 258, 259. — Arch. départ. sér. H. — Monographie du canton de Nieuil, par Lecler, dans *Bul. soc. archéol.*, XLII, 125.
2. Cant. Lanouaille, arr. Nontron, Dordogne. — Ibid., 507. — Guibert, 867-868.
3. Chef-l. cant., arr. Limoges. Haute-Vienne. — Pouillé, 633.
4. Cant. Gentioux, arr. Aubusson, Creuse. — Lecler, 554.
5. Cant. Felletin, arr. Aubusson, Creuse. — Ibid., 456. — Lecler, 535.
6. Cant. Bugeat, arr. Ussel, Corrèze. — Ibid., 664. — Poulbrière, II, 475. — Champeval, 311.
7. Cant. Chénerailles, arr. Aubusson, Creuse. — Lecler, 545.
8. Cant. Evaux, ibid. — Pouillé, 280. — Lecler, 556.
9. Cant. Nexon, arr. Saint-Yrieix, Haute-Vienne. — Ibid., 640-641.
10. Cant. Ambazac, arr. Limoges. — Ibid., 405-407.
11. Chef-l. arr., Haute-Vienne. — Ibid., 217-221. — Monographie du

Charroux avant 1077. *Aubepierre*, *Alba Petra*, monastère de religieuses de Grandmont, fondé par Aymeric IX de Rochechouart (XIII⁰ s.). Saint-Jacques de *Chatenet*, dépendant de la prévôté des Salles. — Roches[1]. Saint-Pierre, uni à la mense prieurale d'Aureil (1443). — Rosier, *Roserium*[2]. Saint-Barthélemy, dépendant de Saint-Martial de Limoges depuis 1097 au moins, uni à la mense abbatiale avant 1367, puis à la mense capitulaire (1535). — Rougnat, *Runiacum*[3]. Saint-Laurent, dépendant de la prévôté d'Evaux. — Roussac, *Rossacum*[4]. Saint-Martial, dépendant de l'abbaye de ce nom qui la possédait dès le XI⁰ siècle, uni à la mense capitulaire en 1535. — Roussines[5]. Saint-Jacques, uni au prieuré de Bussière-Badil. — Royère, *Roeria*[6]. Notre-Dame, que l'abbaye de Saint-Martial possédait en 1097, uni à la Chantrerie. *Brignac*, dépendant de l'abbaye de la Règle.

Sagnat, *Sanium*[7]. Saint-Pierre, dépendant de la prévôté de la Souterraine (1209). — Saillac[8]. Saint-Jean, dépendant de l'abbaye

---

canton de Rochechouart, par Manfrand. Rochechouart, s. d., in-8. — Rochechouart, histoire, légende et archéologie, par Duléry. *Limoges*, 1835, in-8. — Rochechouart et ses monuments, par Arbellot, dans *Bul. monum.* (1868), 407-416. — Notice généalogique de la maison de Rochechouart. *Paris*, 1857, 2 vol. in-4. — Guibert, 900-901. — Etat du clergé, 380.

1. Cant. Chatelus, arr. Boussac, Creuse. — Pouillé, 539. — Lecler, 565. — Inv. arch. dép. Haute-Vienne, sér. D, 958-959, p. lvi, 354-355.
2. Cant. Juillac, arr. Brive, Corrèze. — Pouillé, 521. — Poulbrière, II, 517-519. — De Lasteyrie, 390-391.
3. Cant. Auzances, arr. Aubusson, Creuse. — Ibid., 269. — Lecler, 569.
4. Cant. Nantiat, arr. Bellac, Haute-Vienne. — Ibid., 375. — De Lasteyrie, 392. — Monographie du canton de Nantiat, par Lecler, dans *Bul. soc. archéol. Limousin*, XVIII, 23 et s.
5. Cant. Montembœuf, arr. Confolens, Charente. — Ibid., 359.
6. Cant. Saint-Léonard, arr. Limoges, Haute-Vienne. — Ibid., 747. — Arch. départ. sér. H.
7. Cant. Dun, arr. Guéret, Creuse. — Ibid., 301. — Lecler, 577. — L'église de Sagnac, par de Cessac, dans *Mém. soc. Creuse*, VI, 90-100.
8. Cant. Meyssac, arr. Brive, Corrèze. — Poulbrière, II, 525-527.

de la Règle. — Saint-Agnant-de-Versillat[1]. Sainte-Croix du *Dognon* ou de la *Mongie*, dépendant de Saint-Gérald de Limoges. — Saint-Alpinien[2], dépendant de Lesterp. — Saint-Amand-Jartoudeix[3], dont Sébrand, évêque de Limoges, reconnut la propriété aux chanoines d'Aureil (1196). — Saint-Auvent, *Sanctus Audentius*[4]. Saint-Gilles de *la Nouzille*, dépendant de la prévôté des Salles. — Saint-Basile[5]. Sainte-Quitterie de *Forgeas*, dépendant de la prévôté du Chalard. — Saint-Bonnet[6]. Le *Pont-Saint-Martin*, dépendant de Lesterp. Saint-Pardoux du *Bozeau*, dépendant de Saint-Savin-sur-Gartempe. — Saint-Bonnet-l'Enfantier[7]. Saint-Jean de la *Chapelle-Geneste*, fondé par l'abbaye de Tulle avant 1070, uni à la Chartreuse de Glandier. — Saint-Brice[8], dépendant de Lesterp. — Saint-Christophe[9], donné à Lesterp en 1123. — Saint-Cyr-sur-Gorre[10]. Notre-Dame de *Beaubreuil*, de *bello Brolio*, dépendant de la prévôté du Chalard. — Saint-Denis-des-Murs[11], que l'abbaye de Saint-Martial possédait au XIe siècle, uni à la mense capitulaire en 1535. — Saint-Dizier, *Sanctus Desiderius*[12], dépendant de l'abbaye

---

1. Cant. La Souterraine, arr. Guéret, Creuse. — Pouillé, 361. — Lecler, 582.

2. Cant. et arr. Aubusson. — Ibid., 457. — Id., 585.

3. Cant. et arr. Bourganeuf. — Ibid., 340. — Id., 588. — Inv. arch. départ. Haute-Vienne, sér. II, 960-962, p. 354.

4. Cant. Saint-Laurent-sur-Gorre, arr. Rochechouart, Haute-Vienne. — Pouillé, 199.

5. Cant. Oradour-sur-Vayres, ibid. — Ibid., 482. — Monographie du canton d'Oradour, par Mandon, dans *Bul. soc. archéol. Limousin*, XXXVI, 527.

6. Cant. et arr. Bellac. — Ibid., 245-246.

7. Cant. Vigeois, arr. Brive, Corrèze. — Ibid., 560. — Poulbrière, III, 51. — Archives historiques de la Corrèze, par Clément-Simon, I, 667.

8. Cant. et arr. Saint-Junien, Haute-Vienne. — Ibid., 247.

9. Cant. et arr. Confolens, Charente. — Ibid., 246.

10. Cant. Saint-Laurent-sur-Gorre, arr. Rochechouart, Haute-Vienne. — Ibid., 232. — Arch. départ. sér. II.

11. Cant. et arr. Limoges. — Ibid., 747. — De Lastevrie, 394.

12. Cant. et arr. Bourganeuf, Creuse. — Ibid., 310. — Lecler, 599.

de Bénévent. Saint-Jacques de *Champroy.* — Saint-Dizier-la-Tour[1]. *La-Tour-Saint-Austrille*, donné aux moines de Déols par Humbaud, évêque de Limoges (1095). — Saint-Domet[2]. *La Croix-au-Bost, Crux Albaudi*, commanderie de Chevaliers de Malte. — Sainte-Anne[3], commanderie de Chevaliers de Malte, l'une des plus importantes de la contrée. *Saint-Priest-les-Vergnes*, donné par Roger de Laron à l'abbaye d'Uzerche (996). Sainte-Radegonde de *Villevaleix*, dépendant de l'abbaye de Bonnesaigne. — Sainte-Ferréole[4], uni à l'évêché de Tulle avant 1396. — Saint-Estèphe[5]. *Badeix*, monastère de Grandmontains, uni au prieuré de Raveaux. — Saint-Etienne-aux-Claux[6], dépendant du Port-Dieu. — Saint-Etienne-de-Fursac, *de Furciaco*[7], dépendant de Bénévent. *Paulhac*, commanderie de Chevaliers de Malte. — Saint-Etienne-la-Geneste[8], dépendant du monastère de Mauriac. — Saint-Frion[9]. Saint-Antoine de *la Chassagne*, commanderie d'Antonins. — Saint-Georges-la-

---

1. Cant. Chénerailles, arr. Aubusson. — Pouillé, 291. — Id., 602. — Inv. arch. départ. sér. H.
2. Cant. Bellegarde, ibid. — Ibid., 295. — Id., 220. — Inv. arch. départ. sér. H.
3. Cant. Eymoutiers, arr. Limoges, Haute-Vienne. — Ibid., 751, 730. — Arch. départ. sér. H. — Delaville le Roux, I, li. — Vayssière, ouv. cit. — Monographie du canton d'Eymoutiers, par Dubois, dans *Bul. soc. archéol. Limousin*, XLIX, 283-292. — La visite d'une commanderie de Malte au XVII° siècle par Jean de Saint-Viance, commandeur de Limoges, procureur général du Grand-Prieuré d'Auvergne et visiteur général en 1685, par de Boysson, dans *Bul. soc. Corrèze, Brive*, XXI, 115 et s.
4. Cant. Donzenac, arr. Brive, Corrèze. — Pouillé, 725. — Poulbrière, III, 124-132.
5. Cant. et arr. Nontron, Dordogne. — Ibid., 477. — Guibert, 779.
6. Cant. et arr. Ussel, Corrèze. — Ibid., 612. — Champeval, 263.
7. Cant. Grand-Bourg, arr. Guéret, Creuse. — Ibid., 403, 418. — Lecler, 610-614. — Arch. départ. Haute-Vienne, sér. H. — La commanderie et les commandeurs de Paulhac, par J. Boulaud, *Limoges*, 1905, in-8 ; ext. *Bul. soc. archéol. Limousin*.
8. Cant. Neuvic, arr. Ussel, Corrèze. — Ibid., 605. — Champeval, 391.
9. Cant. Felletin, arr. Aubusson, Creuse. — Ibid., 451. — Lecler, 624.

Pouge[1], dépendant de la prévôté du Chambon. — Saint-Germain-Lavolps, de *Vulpe*[2]. Notre-Dame de *Seningour*, dépendant du Port-Dieu. Sainte-Madeleine d'*Indevuysse*, dépendant de Saint-Angel. — Saint-Germain-les-Belles[3]. Saint-Jean de *Pontchaulet*, dépendant de Fontevrault. *Le Theil de Margeride*, dépendant d'Aureil. — Saint-Germain-sur-Vienne[4], dépendant de Charroux. — Saint-Gilles-les-Forets[5], dépendant de Meymac. — Saint-Hilaire-Bonneval[6]. Saint-Laurent de *Roirette*, dépendant de l'Artige, uni au collège des Jésuites de Limoges. — Saint-Hilaire-Chateau[7], donné par Pépin le Bref à l'abbaye de Mauzac. — Saint-Hilaire-Lastours[8]. *Le Bourg d'en haut*. — Saint-Hilaire-la-Treille[9], donné à Bénévent par Humbert, évêque de Limoges, avant 1096. Sainte-Madeleine du *Mas-Rimoulet*, dépendant de l'Artige. — Saint-Hilaire-Peyroux[10]. Saint-Jean de *Derses*, dépendant de l'abbaye cistercienne de L'Eclache, au diocèse de Clermont, uni au monastère des Bernardines de Tulle. — Saint-Jean-

---

1. Cant. Pontarion, arr. Bourganeuf, Creuse. — Pouillé, 336.
2. Cant. Sornac, arr. Ussel, Corrèze. — Ibid., 422. — Champeval, 338. — Poulbrière, III, 177.
3. Chef-l. cant., arr. Saint-Yrieix, Haute-Vienne. — Ibid., 666, 598. — Inv. som. arch. départ. sér. D. 969-970, p. 356.
4. Cant. et arr. Confolens, Charente. — Ibid., 250. — Nanglard, III, 83.
5. Cant. Châteauneuf, arr. Limoges, Haute-Vienne. — Ibid., 672. — Monographie du canton de Châteauneuf, par Lecler, dans *Bul. soc. archéol. Limousin*, XXII, 236.
6. Cant. Pierre-Buffière, ibid. — Ibid., 672. — Inv. som. arch. départ. sér. H, 574-575, p. 242.
7. Cant. Pontarion, arr. Bourganeuf, Creuse. — Ibid., 339. — Lecler, 637.
8. Cant. Nexon, arr. Saint-Yrieix, Haute-Vienne. — Ibid., 653.
9. Cant. Saint-Sulpice-les-Feuilles, arr. Bellac. — Ibid., 464. — Inv. som. arch. départ. sér.D, 1172-1173, p. 425.
10. Cant. et arr. Tulle, Corrèze. — Ibid., 700. — Champeval, 11. — Notice sur le couvent de Derses, par Clément-Simon, dans *Bul. soc. Corrèze, Brive*, XI (1889), 546-568.

Ligoure[1]. Saint-Martial de *Feix*, de *Fisco*, dépendant de Saint-Martial de Limoges. — Saint-Julien-le-Chatel[2], uni à la sacristie du Chambon. — Saint-Julien-le-Petit[3]. Saint-Laurent de *Montlaront*, que les Chanoines d'Aureil possédaient en 1158. — Saint-Junien[4]. Commanderie de Chevaliers de Malte. — Saint-Junien-la-Bregère[5], donné aux Chanoines d'Aureil par Humbauld, évêque de Limoges. La *Brayère*, donné aux mêmes religieux par Bernard de la Brayère, seigneur du lieu. — Saint-Junien-les-Combes[6], dépendant de Lesterp. Saint-Thomas de *Lagudet*, dépendant de Saint-Gérald de Limoges. — Saint-Just[7], dépendant de l'abbaye de Saint-Martial. Commanderie de Chevaliers de Malte. — Saint-Laurent-sur-Gorre[8], dépendant de la même abbaye. Notre-Dame de *Beauvais*, *de bello videre*, dépendant du Chalard. — Saint-Léger-la-Montagne[9]. Notre-Dame de *Sauvagnac*, commanderie de Chevaliers de Malte. — Saint-Léger-le-Guérétois[10], dépendant de l'abbaye de Bénévent. — Saint-Léger-Magnazeix[11]. Notre-Dame des *Brouzeaux*, *de Brandellis*, maison de Grandmontains, fondée au XIIe s.

---

1. Cant. Pierre-Buffière, arr. Limoges, Haute-Vienne. — Pouillé, 620.
2. Cant. Chambon, arr. Boussac, Creuse. — Ibid., 287. — Lecler, 640.
3. Cant. Eymoutiers, arr. Limoges, Haute-Vienne. — Inv. som. arch. départ. sér. D, 1176-1177, LXIII, 426.
4. Chef-l. arr. Haute-Vienne. — Arch. départ. sér. H.
5. Cant. Royère, arr. Bourganeuf, Creuse. — Ibid., 339. — Lecler, 641-643. — Inv. som. arch. départ. Haute-Vienne, sér. D, 857-872, p. 323-327.
6. Cant. et arr. Bellac. — Pouillé, 246.
7. Cant. et arr. Limoges, Haute-Vienne. — Pouillé, 747. — De Lasteyrie, 396. — La banlieue de Limoges, X. La commanderie de Saint-Just, par d'Abzac. Limoges, 1909, in-12.
8. Chef-l. cant., arr. Rochechouart. — Ibid., 482.
9. Cant. Laurière, arr. Limoges. — Ibid., 387.
10. Cant. Saint-Vaulry, arr. Guéret, Creuse. — Ibid., 307. — Lecler, 646.
11. Cant. Magnac-Laval, arr. Bellac, Haute-Vienne. — Ibid., 374. — Guibert, 839.

et unie à l'abbaye. Notre-Dame de *Chiers*, dépendant de l'abbaye de la Règle. Le *Puy-Saint-Jean*, dépendant des Fontevristes de La Puye, au diocèse de Poitiers. Saint-Vincent d'*Eyruc*, dépendant de la Maison-Dieu de Montmorillon. — SAINT-LÉONARD[1]. Sainte-Catherine de l'*Artige-Vieille*, dépendant de l'Artige. Sainte-Madeleine de *la Plaigne*. — SAINT-MARC-A-FRONGIER[2], donné à Lesterp par Guillaume de Saint-Marc et son frère Etienne I, avant 1100. — SAINT-MARIEN[3], dépendant d'Aureil, uni au collège des Jésuites. — SAINT-MARTIN-DE-JUSSAC[4], dépendant de Saint-Jean de Cole. — SAINT-MARTIN-LE-VIEUX[5]. *Arton*, dépendant de Solignac. — SAINT-MARTIN-SAINTE-CATHERINE[6], donné à Saint-Martial de Limoges par l'évêque Eustorge (1109), uni à la Chambrerie (1471). Il y avait une dépendance de Grandmont. — SAINT-MARTIN-SEPERT[7]. Notre-Dame de *Malgorce, de majori Gorcia*, dépendant de Grandmont. — SAINT-MAUREIL[8]. Notre-Dame du *Châtain*, dépendant des Chanoines d'Aureil et uni au collège de Limoges. *Charrières*, commanderie de Chevaliers de Malte. — SAINT-MAURICE[9]. Notre-Dame de *Vitrathaut*, dépendant de l'abbaye de Bournet, au diocèse d'Angoulême.

---

1. Chef-l. cant., arr. Limoges. — Pouillé, 736-737. — Inv. arch. départ. sér. D, 495-501, XLIV, 217-220.

2. Cant. et arr. Aubusson, Creuse. — Ibid., 457. — LECLER, 650.

3. Cant. et arr. Boussac. — Ibid., 792. — Inv. som. arch. départ. Haute-Vienne, sér. D, 965-966, LVII, 355.

4. Cant. Saint-Junien, arr. Rochechouart, Haute-Vienne. — Ibid., 258.

5. Cant. Aixe-sur-Vienne, arr. Limoges. — Ibid., 624. — Monographie du canton d'Aixe, par LECLER, dans *Bul. soc. archéol. Limousin*, XXXIV, 115 et s.

6. Cant. et arr. Bourganeuf. — Creuse. — Ibid., 325. — LECLER, 660. — GUIBERT, 872.

7. Cant. Lubersac, arr. Brive, Corrèze. — Ibid., 553. — GUIBERT, 861. — POULBRIÈRE, III, 259.

8. Cant. Royère, arr. Bourganeuf, Creuse. — Ibid., 468. — LECLER, 661-662. — Arch. départ. sér. H.

9. Cant. La Souterraine, arr. Guéret, Creuse. — Ibid., 361. — LECLER, 665.

— Saint-Merd-les-Oussines[1], commanderie maltaise, dépendant de Bellechassaigne. Notre-Dame des *Fournols*, uni au prieuré de la Vinadière.

Saint-Mesmin[2]. Sainte-Catherine du *Breuil-à-la-Vieille*, *de Broglio veteri*, dépendant d'Aureuil et uni au collège de Limoges. — Saint-Mexant[3], donné à l'abbaye de Tulle au Xe s. — Saint-Michel-de-Veisse[4]. Notre-Dame de *Chasselinas*, uni à la mense prévôtale du Chambon. — Saint-Oradour-de-Chirouze[5], uni à la prévôté de Meymac, en 1312. — Saint-Pantaléon[6]. Saint-Martial de *Rot*, *Rotense monasterium*, fondé par Abbon, abbé de Saint-Martial, pour recevoir les reliques de saint Celse (861), uni à la mense capitulaire (1535). Notre-Dame d'*Agumont*, *de acuto Monte*, dépendant de Solignac et uni à la mense capitulaire en 1761. — Saint-Pantaléon-de-Lapleau[7], dépendant de la Chaise-Dieu. — Saint-Pardoux-Darnet[8]. Notre-Dame d'*Arfeuille*, dépendant des Fontevristes de Blessac. Sainte-Catherine d'*Arnet*, dépendant de l'Artige, qui avait reçu des domaines d'Adhémard d'Aubusson (1170). — Saint-Pardoux-la-Croizille[9], que l'abbaye de Tulle possédait en

---

1. Cant. Bugeat, arr. Ussel, Corrèze. — Pouillé, 441. — Champeval, 324-326. — Poulbrière, III, 263-270.

2. Cant. Excideuil, arr. Périgueux, Dordogne. — Ibid., 507. — Inv. arch. départ. Haute-Vienne, sér. D, 855-856, p. 322-323.

3. Cant. et arr. Tulle, Corrèze. — Champeval, 9. — Poulbrière, III, 231-236.

4. Cant. Saint-Sulpice-les-Champs, arr. Aubusson, Creuse. — Ibid., 457. — Lecler, 671.

5. Cant. La Courtine, ibid. — Ibid., 436. — Lecler, 671.

6. Cant. Larche, arr. Brive, Corrèze. — Ibid., 503. — De Lasteyrie, 391. — Cartulaire d'Uzerche, 182-185. — Poulbrière, III, 274-280.

7. Cant. Lapleau, arr. Tulle. — Ibid., 617. — Champeval, 239. — Poulbrière, III, 270-274.

8. Cant. Crocq, arr. Aubusson, Creuse. — Ibid., 446. — Lecler, 675. — Inv. som. arch. départ. Haute-Vienne, sér. D, 1135-1138, p. 415-416.

9. Cant. La-Roche-Canilhac, arr. Tulle, Corrèze. — Ibid., 683. — Champeval, 132-134. — Poulbrière, III, 284-292.

1115. — Saint-Pardoux-l'Ortigier [1], donné à l'abbaye d'Uzerche par Gui et Emma, sa femme, en 1003. — Saint-Pardoux-l'Enfantier [2]. Sainte-Madeleine de *Corbier, de Corberio,* donné à l'abbaye de Vigeois par Gui de Corbier, vers 1080. — Saint-Paul [3]. Saint-Jean de *Fondadouse,* dépendant de l'Artige et uni au collège de Limoges. *Neypouleu,* uni au prieuré du Bosc-Morbaud et uni au même collège. — Saint-Pierre-Chérignat [4], dépendant d'Aureil, uni au même collège. — Saint-Priest-la-Feuille [5]. Saint-Jacque de *Sagnemoussouse,* dépendant de l'Esterp. — Saint-Priest-le-Betoux [6], dépendant de Bénévent. — Saint-Priest-les-Holières [7], uni au chapitre cathédral. Sainte-Madeleine de *Réservat,* uni au prieuré de Bosc-Morbaud et au collège des Jésuites. — Saint-Priest-sous-Aixe [8]. Commanderie du *Tremps,* dépendant de celle du Palais. — Saint-Robert [9], dépendant du Port-Dieu et de la Chaise-Dieu. — Saint-Salvadour [10], que l'abbaye d'Uzerche possédait au X⁰ s. Saint-Jean de *Bort, de Bornio,* dépendant de Saint-Géral de Limoges. — Saint-Silvain-Bas-le-Roc [11], dépendant de la prévôté du Chambon. — Saint-Solve [12], que l'abbaye d'Uzerche possédait en

---

1. Cant. Donzenac, arr. Brive, Corrèze. — Pouillé, 583. — Cartulaire d'Uzerche, 258-262. — Poulbrière, III, 295-300.
2. Cant. Lubersac, ibid. — Ibid., 567. — Poulbrière, III, 280-284.
3. Cant. Pierre-Buffière, arr. Limoges, Haute-Vienne. — Ibid., 727. — Inv. som. arch. départ. sér. D, 514-517, XLV, p. 223-224.
4. Cant. et arr. Bourganeuf, Creuse. — Lecler, 680. — Inv. som. arch. départ. Haute-Vienne, sér. D, 878-906, p. 329-338.
5. Cant. La Souterraine, arr. Guéret. — Pouillé, 383. — Lecler, 692.
6. Cant. Chateauponsac, arr. Bellac, Haute-Vienne. — Ibid., 402.
7. Cant. Ambazac, arr. Limoges. — Ibid., 314.
8. Cant. Aixe, ibid. — Ibid., 198. — Monographie du canton d'Aixe, par Lecler, dans *Bul. soc. archéol. Limousin,* XXXIV, 118.
9. Cant. Ayen, arr. Brive, Corrèze. — Ibid., 523. — Poulbrière, III, 322-330.
10. Cant. Seilhac, arr. Tulle.— Ibid., 581-582. — Champeval, 45-46.— Poulbrière, III, 330-336.
11. Cant. et arr. Boussac, Creuse. — Ibid., 288. — Lecler, 700.
12. Cant. Juillac, arr. Brive, Corrèze. — Ibid., 514. — Poulbrière, III, 347-380.

1025. — Saint-Sornin-Lavolps[1]. *Saint-Theau, Sanctus Tillo*, dépendant de Solignac. — Saint-Sulpice-le-Dunois[2]. *Le Mas Saint-Jean*, donné au monastère d'Aureil par le comte de la Marche, Boson, vers 1115. — Saint-Sulpice-le-Guérétois[3]. *Montbat*, commanderie de Chevaliers de Malte, dépendant de celle de Maisonnisses. — Saint-Sulpice-les-Bois[4], dépendant de Meymac, ainsi que Saint-Jacques de *Freytet*. — Saint-Sulpice-les-Champs[5], uni à la mense conventuelle du Moutier d'Ahun. — Saint-Symphorien[6]. Saint-Jean de *Courrieu*, dépendant d'Aureil, uni au collège de Limoges. — Saint-Trie[7]. Saint-Jean de *Muraux, de Murello*, dépendant de Tourtoirac. *La Saigne-au-Morgue*, dépendant de Solignac. — Saint-Vaury, *Sanctus Valericus*[8], fondé par Geoffroy II, abbé de Saint-Martial de Limoges (1016). Le monastère fut sécularisé en 1677. Saint-Jean de *Céroux*, dépendant de Bénévent. — Saint-Viance[9]. *Sanctus Vincentianus*, donné à l'abbaye d'Uzerche par Guy, vicomte de Limoges et son frère, Geoffroy, vers 1048. On y conservait les

---

1. Cant. Lubersac, ibid. — Pouillé, 551. — Poulbrière, III, 340-343.

2. Cant. Dun, arr. Guéret, Creuse. — Ibid., 297. — Lecler, 707.

3. Cant. Saint-Vaulry, ibid. — Ibid., 527. — Id., 711. — La paroisse de Saint-Sulpice-le-Guérétois, par Delannoy, dans *Mém. soc. Creuse*, XII, 243-355.

4. Cant. Meymac, arr. Ussel, Corrèze. — Ibid., 435. — Champeval, 284. — Poulbrière, III, 350-352.

5. Chef-l. cant., arr. Aubusson, Creuse. — Ibid., 466. — Lecler 712.

6. Cant. Nantiat, arr. Bellac, Haute-Vienne. — Ibid., 386. — Inv. som. arch. départ. sér. D, 470-476, p. 208-210.

7. Cant. Excideuil, arr. Périgueux, Dordogne. — Ibid., 522.

8. Chef-l. cant., arr. Guéret, Creuse. — Ibid., 321-325. — Lecler, 713-719. — État du clergé, 363. — De Lasteyrie, 397.

9. Cant. Donzenac, arr. Brive, Corrèze. — Ibid., 512-514. — Cartulaire d'Uzerche, 90-97. — La vie miraculeuse de saint Vincentien, confesseur, appelé vulgairement saint Viance. Brive, 1609, in-12, et Saint-Flour, 1859, in-8. — La châsse de saint Viance, par F. de Lasteyrie. Brive, 1859, in-8. — Les inscriptions de la pierre tumulaire de Mascheix et de la châsse de saint Viance, par Poulbrière, dans *Bul. soc. Corrèze*, XVI (1894), 229-232 ; par Rupin. *Ibid.*, 232-234. — Poulbrière, III, 356-

reliques du Saint, dont cette église porte le nom. — Saint-Victor [1], dépendant de l'abbaye de Déols. — Saint-Victour [2], dépendant du monastère de Mauriac. — Saint-Victurnien [3]. Saint-Eutrope de *la Rocheblanche*, dépendant du chapitre cathédral. — Saint-Ybard, *Sanctus Eparchius* [4], donné à Uzerche moitié par Aymar, vicomte de Limoges (988-1007), moitié par le moine Archambaud, en 1080. — Saint-Yrieix-sous-Aixe [5]. Saint-Léobon d'*Eyren*, dépendant de l'abbaye de la Règle.

Salon, *Salamum* [6]. Saint-Hilaire, donné à l'abbaye d'Uzerche par Aymar II, vicomte de Limoges (1068). Saint-Loup de l'*Artigette, de Artigia*, dépendant de l'Artige et uni au collège des Jésuites. — Savignac [7]. Notre-Dame, dépendant de l'abbaye de la Règle. — Segonzac [8]. La *Chapelle-Saint-Laurent*, uni à la prévôté d'Arnac. — Seilhac, *Sellacum* [9]. Saint-Pierre, donné à l'abbaye de Tulle par

---

1. Cant. et arr. Guéret, Creuse. — Pouillé, 328. — Lecler, 719.

2. Cant. Bort, arr. Ussel, Corrèze. — Ibid., 604. — Poulbrière, III, 365-369. — Champeval, 376. — Notes pour servir à la monographie de Saint-Victour, par de Nussac. Tulle, 1892, in-8.

*3. Cant. Saint-Junien, arr. Rochechouart, Haute-Vienne. — Pouillé, 208.

4. Cant. Uzerche, arr. Brive, Corrèze. — Ibid., 579. — Cartulaire d'Uzerche, 203-208. — Saint-Ybard, monographie d'une commune rurale, par Oct. de la Roche-Sengensse, Tulle, 1907, in-8. — Poulbrière, III, 369-376.

5. Cant. Aixe-sur-Vienne, arr. Limoges, Haute-Vienne. — Ibid., 248. — Arch. départ. sér. H. — Monographie du canton d'Aixe, par Lecler, dans Bul. soc. archéol. Limousin, XXXIV, 136.

6. Cant. Uzerche, arr. Brive, Corrèze. — Ibid., 580. — Poulbrière, II, 528-537. — Cartulaire d'Uzerche, 53, 76. — Inv. som. arch. départ. Haute-Vienne, sér. D, 483-494, p. 212-216.

7. Cant. Lanouaille, arr. Nontron, Dordogne. — Ibid., 519. — Arch. départ. Haute-Vienne, sér. H.

8. Cant. Ayen, arr. Brive, Corrèze. — Ibid., 509. — Poulbrière, II, 555-548.

9. Chef-l. cant., arr. Tulle. — Ibid., 388, 720. — Poulbrière, II, 559-568. — Champeval, 43-45. — Archives historiques de la Corrèze, par Clément-Simon, I, 670. — Arch. départ. Haute-Vienne, sér. H. — Inven-

Adhémar des Echelles vers 930. *Saint-Jean-Baptiste*, dépendant de l'abbaye de la Règle. — Séreilhac [1]. Sainte-Marie de *Clairefage*, dépendant de l'Artige. — Séreilhac [2]. Saint-Nicolas, dépendant du prieuré de Brive. — Sermur, *Sermurium* [3]. Saint-Hilaire, dépendant de la prévôté du Chambon. — Sornac [4]. Saint-Martin, dépendant du Port-Dieu. — Soubrebost, *super Nemore* [5]. Notre-Dame, dépendant de Saint-Augustin de Limoges et uni à la mense abbatiale (1410-1418). — Soudaine-la-Vinadière [6]. Sainte-Foy de *Magoutière*, donné à Uzerche par Pierre Roes (1117), uni à la mense capitulaire (1761). Saint-Jean de la *Vinadière*, commanderie de l'ordre du Saint-Sépulcre, fondée par les vicomtes de Comborn. — Soudeilles [7]. Notre-Dame de *Bonneval*, maison de Grandmontains. L'*Hôpital*, commanderie maltaise, dépendant de Bellechassagne. — Soumans [8]. Saint-Martin, dépendant de la prévôté du Chambon. — Soursac, *Corssiacum* [9]. Saint-Julien, dépendant d'Aureil et uni au

---

taire sommaire des archives historiques de Seilhac, par L'Hermitte, dans *Bul. soc. Corrèze*, Tulle, XXI, 83-113, 257-273, 573-602. — Notes sur Seilhac, par de Nussac. *Ibid.*, XII, 469-481.

1. Cant. Aixe, arr. Limoges, Haute-Vienne. — Inv. som. arch. départ. sér. D, xliv, 221-224.
2. Cant. Beynat, arr. Brive. — Pouillé, 715.
2. Ibid. — Ibid., 715. — Pouldrière, II, 573-576.
3. Cant. Auzances, arr. Aubusson, Creuse. — Ibid., 287. — Lecler, 735.
4. Chef-l. cant., arr. Ussel, Corrèze. — Ibid., 439. — Poulbrière, II, 614-621. — Champeval, 326.
5. Cant. et arr. Bourganeuf, Creuse. — Ibid., 319. — Lecler, 740.
6. Cant. Treignac, arr. Tulle, Corrèze. — Ibid., 668, 673. — Poulbrière, II, 631-636. — Champeval, 97-99. — Cartulaire d'Uzerche, 933.
7. Cant. Meymac, arr. Ussel. — Ibid., 683. — Poulbrière, II, 621-630. — Champeval, 294-296. — Guibert, 835-838. — Chef de saint Martin dans l'église de Soudeilles, par Rupin, dans *Bul. soc. Brive*, IV, 435.
8. Cant. et arr. Boussac, Creuse. — Ibid., 284. — Lecler, 742.
9. Cant. Lapleau, arr. Tulle, Corrèze. — Ibid., 617. — Poulbrière, II, 636-645. — Champeval, 234-238. — Inv. arch. départ. Haute-Vienne, sér. D, 967-968, p. lviii, 355.

collège de Limoges. — Sous-Pansat¹. Sainte-Marie de *Marcille*, dépendant de l'évêché de Limoges. — Surdoux, *Surdola* ². Notre-Dame de Saint-Léobon, dépendant de Notre-Dame de la Règle et uni à la mense abbatiale (1631). — Sussac³. Notre-Dame, que Solignac possédait en 994. Notre-Dame de *Bonneval-de-Serre*, appartenant à Grandmont et fondé vers 1150.

Tercillat⁴. *Le Mas-Saint-Paul*, donné à l'abbaye de Déols par Aina, entre 1051 et 1063. Saint-Jean de *Viviers*, commanderie de Templiers, qui échut aux Hospitaliers de Saint-Jean (1313). — Tersannes⁵. Sainte-Madeleine de *la Plaigne*, dépendant de la Maison-Dieu de Montmorillon. — Thollet, *Theoletum* ⁶. Notre-Dame, dépendant de l'abbaye de la Règle. Saint-Georges de *Cluzeau, de Clusellis*, annexé au précédent. — Tilly, *Tillicium* ⁷. Notre-Dame, dépendant de l'abbaye de Charroux. — Toulx-Sainte-Croix⁸. Saint-Martial, dépendant de l'évêché. Notre-Dame de *Pradeaux, de Pradellis*, dépendant de l'abbaye de Déols en Berry. — Toy-Viam⁹. Saint-Jacques de Toy, que l'abbaye de Tulle reçut de Rainaud, vicomte d'Aubusson, vers 1073. Saint-Martin de *Viam, de Vianco*, qui appartenait à la même abbaye en 1106. — Treignac¹⁰. Notre-

---

1. Cant. Saint-Sulpice-les-Champs, arr. Aubusson. — Pouillé, 302. — Lecler, 745. — Inv. arch. départ. sér. II.

2. Cant. Châteauneuf, arr. Limoges, Haute-Vienne. — Ibid., 669. — Monographie du canton de Châteauneuf, par Lecler, dans *Bul. soc. archéol. Limousin*, XXXII, 257.

3. Ibid. — Ibid., 744. — Ibid., 256. — Guibert, 834.

4. Cant. Chatelus, arr. Boussac, Creuse. — Ibid., 533. — Lecler, 759. — Inv. arch. départ. sér. II. — Les origines du prieuré du Mas-Saint-Paul, par Chénon, dans *Mém. soc. antiq. Centre*, XXIII, 5-11.

5. Cant. Le Dorat, arr. Bellac, Haute-Vienne. — Pouillé, 373.

6. Cant. La Trimouille, arr. Montmorillon, Vienne. — Ibid., 390. — Arch. départ. Haute-Vienne, sér. II.

7. Cant. Bélabre, arr. Le Blanc, Indre. — Ibid., 391.

8. Cant. et arr. Boussac, Creuse. — Lecler, 765-767.

9. Cant. Bugeat, arr. Ussel, Corrèze. — Ibid., 670-671. — Champeval, 317-320. — Clément-Simon, *oup. cit.*, I, 670. — Poulbrière, III, 388-391.

10. Chef-l. cant., arr. Tulle. — Ibid., 661-664. — Id., 82-90. — Can-

Dame de *Manzanes*, donné à Cluny par Bernard, vicomte de Comborn, et soumis au prieuré de Ventadour. — Tudeil, *Tudellum*[1]. Saint-Martin, dépendant de Beaulieu. — Turenne, *Turrenna*[2]. Notre-Dame, que l'abbaye de Souillac possédait avant 1178. Saint-Paul-de *Gondre*, que l'abbaye d'Uzerche avait reçu de Léger, archevêque de Bourges (1103). Notre-Dame de *Nazaret*, appartenant à Souillac.

Ussac, *Uciacum*[3]. Saint-Julien, que l'abbaye de Tulle possédait en 1291 et uni au chapitre cathédral. Saint-Antoine de *Plantadis*, commanderie de religieux Antonins. Sainte-Madeleine de *la Saulière*, dépendant de l'Artige, uni au collège des Jésuites de Limoges. Sainte-Madeleine de *Lentilhac*, donné à Uzerche en 1161. — Vallière, *Valleria*[4]. Saint-Martin, que l'abbaye de Saint-Martial possédait en 1096. — Varetz[5]. *Le Temple du Mont*, commanderie dépendant de celle du Temple d'Ayen. — Vars, *Vartum*[6]. Saint-Benoît, dépendant de l'abbaye de la Règle, uni à la mense conventuelle. — Vaulry[7]. Notre-Dame de *Rosset*, *de Rosato*, maison de Grandmon-

---

ton de Treignac, par Decoux-Lagoutte, dans *Bul. soc. Tulle*, X, 255, 482, 625; XI, 103. — Poulbrière, III, 392-413.

1. Cant. Beaulieu, arr. Brive. — Pouillé, 763. — Poulbrière, III, 418-424.

2. Cant. Meyssac, ibid. — Ibid., 717-720. — Cartulaire d'Uzerche, 376. — Poulbrière, III, 489-501.

3. Cant. et arr. Brive. — Ibid., 589-591. — Clément-Simon, I, 671. — Inv. arch. départ., Haute-Vienne, sér. D, 1182-1187, p. 427-429. — Arch. hist. Limousin, III, 299. — Cartulaire d'Uzerche, 145-147. — Echos de la tradition dans la paroisse d'Ussac, par Marche. Ussac, 1885, in-8. — Poulbrière, III, 502-514.

4. Cant. Felletin, arr. Aubusson, Creuse. — Pouillé, 461. — Lecler, 774-778. — De Lasteyrie, 401.

5. Cant. et arr. Brive, Corrèze. — Ibid., 503. — Poulbrière, III, 352-359.

6. Cant. Ayen, ibid. — Ibid., 518. — Arch. départ. Haute-Vienne, sér. H. — Poulbrière, III, 359-362.

7. Cant. Nantiat, arr. Bellac, Haute-Vienne. — Ibid., 255. — Guibert, 871. — Le comté de la Marche, par Thomas, 31, 70, 83. — Monographie du canton de Nantiat, par Lecler, dans *Bul. soc. archéol. Limousin*, XVIII, 28.

tains. — Végennes[1]. Saint-Jean de *Maradennes*, appartenant à l'Artige et uni au collège de Limoges. — Veix, *Vescum*[2]. Saint-Pardoux, que l'abbaye d'Uzerche posséda dès le Xe et le XIe siècle. — Venarsal[3]. Saint-Martial, dépendant du prieuré de Brive. — Verneiges, *Verneja*[4]. Saint-Christophe, dépendant de la prévôté du Chambon. — Verneuil, *Vernolium*[5]. Saint-Xyste, dépendant de la prévôté des Salles. — Verneuil, *Vernolium*[6]. Saint-Pierre, que Saint-Martial possédait en 1097 et uni à la prévôté du chapitre (1535). — Vicq[7]. Le Temple de *Magnac*, commanderie maltaise dépendant de Sainte-Anne. — Vidaillat, *Vidalhacum*[8]. Saint-Pierre, possession du Moutier d'Ahun au XIIe siècle. — Viersat[9]. Saint-Sulpice, dépendant de la prévôté du Chambon. — Vignols[10]. Saint-Martin du *Vaysse*. — Villard, *Villaria*[11]. Saint-Paul, dépendant de la prévôté de Saint-Vaulry. — Voutezac[12]. *Agudour*, que l'abbaye d'Uzerche possédait au Xe s., uni à la mense capitulaire

---

1. Cant. Beaulieu, arr. Brive, Corrèze. — Pouillé, 755. — Inv. arch. départ. Haute-Vienne, sér. D, 547-565, p. 235-239. — Poulbrière, III, 562-569.

2. Cant. Treignac, arr. Tulle. — Ibid., 668. — Champeval, 105. — Cartulaire d'Uzerche, 235. — Poulbrière, III, 569-572.

3. Cant. et arr. Brive. — Ibid., 701. — Poulbrière, III, 572.

4. Cant. Chambon, arr. Boussac, Creuse. — Ibid., 285. — Lecler, 789.

5. Cant. Montemboeuf, arr. Confolens, Charente. — Ibid., 250.

6. Cant. Aixe-sur-Vienne, arr. Bellac, Haute-Vienne. — Ibid., 254. — De Lasteyrie, 401. — Monographie du canton d'Aixe, par Lecler, dans *Bul. soc. archéol. Limousin*, XXXIV, 127.

7. Cant. Saint-Germain-les-Belles, arr. Saint-Yrieix, Haute-Vienne. — Ibid., 657.

8. Cant. Pontarion, arr. Bourganeuf, Creuse. — Pouillé, 335. — Lecler, 791.

9. Cant. Chambon, arr. Boussac. — Ibid., 285. — Id., 793.

10. Cant. Juillac, arr. Brive, Corrèze. — Ibid., 518. — Poulbrière, III, 593-597.

11. Cant. Dun, arr. Guéret, Creuse. — Ibid., 326. — Lecler, 796.

12. Cant. Juillac, arr. Brive, Corrèze. — Ibid., 566-567. — Poulbrière, III, 602-609.

(1761). Sainte-Anne de *la Faye*, dépendant de Vigeois. — YSSANDON[1]. Sainte-Catherine de *Bonnefon*, dépendant de l'Artige, uni au collège de Limoges.

---

1. Cant. Ayen, ibid. — Pouillé, 505. — Inv. arch. départ. Haute-Vienne, sér. D, 1147-1148, p. 418. — POULBRIÈRE, III, 610-617.

V

DIOCÈSE DE SAINT-FLOUR[1]

[Saint-Flour, en latin *Floropolis*, évêché dans la ville du même nom de la Haute-Auvergne, situé sur une montagne de difficile accès... Saint Flour, premier évêque de Lodève en Languedoc, prêchant en Auvergne, mourut dans un lieu appelé *Indiac* vers l'an 389. Il y fut enterré, et son tombeau n'eut longtemps qu'un petit oratoire pour ornement. Le pèlerinage des peuples y forma depuis

---

1. Chef-l. arr. Cantal. — Inventaire sommaire des archives départementales, Cantal, sér. C, par Dacier, Paris, 1864, in-4. Sér. C et D, par Esquer, Aurillac, 1907, in-4. — Dictionnaire topographique du département du Cantal, par Amé. Paris, 1897, in-4. — Dictionnaire topographique du département de la Haute-Loire, par Chassaing et Jacotin. Paris, 1907, in-4. — Dictionnaire statistique ou histoire, description et statistique du département du Cantal, par Deribier du Chatelet. Aurillac, 1852-1857, 5 vol. in-8. — Description historique et scientifique de la Haute-Auvergne par Bouillet. Paris, 1834, in-8, avec atlas. — Les églises romanes de la Haute-Auvergne, par de Rochemonteix. Paris, 1902, in-4. — Sanctuaires élevés dans le diocèse de Saint-Flour à la très Sainte Vierge, par Chaumeil. Saint-Flour, 1860, in-18. — Notes paroissiales de géographie historique pour la Haute-Auvergne, par Champeval. Aurillac, s. d., in-4. — Pèlerinages et sanctuaires de la Sainte Vierge dans le diocèse de Saint-Flour, par Chabau. Paris, 1880, in-8. — Spicilegium Brivatense, par Chassaing. Paris, 1886, in-4. — Documents historiques relatifs à la vicomté de Carlat, par Saige et de Dienne. Monaco, 1900, 2 vol. in-4. — L'assemblée des États de la Haute-Auvergne en 1649, par René de Ribier. Paris, 1904, in-8. — Mémorial de l'abbé Antoine Glaize. Ouvrage précédé d'une étude historique sur le clergé constitutionnel de la Haute-Loire et du Cantal, par Ed. Peyron. Le Puy, 1901, in-8. — Gallia christiana, II, 419-437 ; instr. 127-162. — Du Tems, III, 207-240. — Voir Bibliographie des diocèses de Clermont et du Puy.

un bourg considérable[1]. Saint Odilon, abbé de Cluny, l'ayant acquis en 1004, y fit bâtir une église et un monastère de religieux de son ordre, que Amblard de Brezons, gentilhomme auvergnat, fonda. Saint Odilon fit même entourer le bourg de murailles pour la sûreté des habitants[2]. Ce prieuré demeura membre de l'abbaye et de l'ordre de Cluny jusqu'à l'année 1317, que le pape Jean XXII l'en détacha pour toujours, l'érigeant en évêché, en fit un des quatre nouveaux suffragants de Bourges... Les treize premiers évêques de Saint-Flour furent élus parmi les religieux de saint Benoît. Entre ces évêques, on distingue Pierre d'Estaing, qui fut transféré à l'archevêché de Bourges en 1367 et fait cardinal en 1370 par le pape

---

1. Acta Sanctorum, Novembris II, 266-268. — La légende de saint Florus, par DE SMEDT, dans *Analecta Bollandiana*, XIV (1895), 319-321. — La légende de saint Florus. Additions aux nouveaux Bollandistes, par BOUDET, dans *Annales du Midi* (1895), 257-275. — La légende de saint Flour et ses fables. Additions aux nouveaux Bollandistes, par LE MÊME. Clermont, 1897, in-8. — Histoire parénétique des trois saints protecteurs de la Haute-Auvergne, avec quelques remarques sur l'histoire ecclésiastique de la province, par DOMINIQUE DE JÉSUS. Paris, 1635, in-8.
2. Recueil des chartes de l'abbaye de Cluny, par BRUEL, III, 816; V, 241; VI, 691, 734. — Bullaire d'Auvergne, dans *Mém. acad. Clermont*, XIX, 511-514. Urbain II (1905), 659, 668. — Note sur le cartulaire de Saint-Flour, par M. BOUDET. Paris, 1903, in-8; ext. *Bul. hist. et philolog. comité trav. hist.* (1902), 436-439. — *Bul. hist. Auvergne*, 1910, 281-297. — Cartulaire du prieuré de Saint-Flour (972-1275), par LE MÊME. Monaco, 1902, in-4. — Bib. nat. Col. BALUZE, LXXIII, 53-86, ms. lat. 17048, f. 589-608; nouv. acq. ms. fr. 7455, f. 329-332. Bibliographie générale des cartulaires, par STEIN, nos 3412, 3413. — Acte de fondation de l'ancien monastère de Saint-Flour, par DE LABRO, MULLER et BOUANGE, dans *Tablettes historiques Auvergne*, V, 111, VIII, 395. — Notice sur Saint-Flour, par CARDISSAL, *ibid.*, IV, 1. — Saint-Flour dans le passé, II. Les confréries de Pénitents, par BÉLARD, dans *Rev. Haute-Auvergne*, 1909, 401-420. — Esquisse historique sur le monastère et la ville de Saint-Flour, par FROMENT, dans *Rev. Auvergne*, II (1885), 230, 282. — Saint-Flour et ses environs, par BOURBONNELLE. Saint-Flour, 1905, in-16. — L'hôtel du consulat de Saint-Flour, par BOUDET. Clermont, 1895, in-8. — Registres consulaires de Saint-Flour, par LE MÊME. Paris, in-8. — DERIBIER, III, 297-432.

Urbain V ; il fut ensuite évêque d'Ostie et mourut à Rome l'an 1377[1]. Les moines du prieuré restèrent dans leur église, dont ils composaient le chapitre ; ils n'ont été sécularisés que l'an 1476 par le pape Sixte IV[2].

L'évêché de Saint-Flour renferme quatre cents paroisses[3] et la seigneurie utile ou ordinaire de la ville appartient toujours à l'évêque, qui s'en dit seigneur, et en partie de celle de Chaudesaigues[4]. L'église cathédrale est dédiée à saint Pierre et à saint Paul[5]. Le chapitre est composé de trois dignités et de dix-sept canonicats. Les dignités sont l'archidiaconé, la trésorerie et l'archiprêtré. Ses chanoines prêtres jouissent d'environ quatre cents livres de revenu ; mais ceux qui ne sont point prêtres n'ont que la moitié[6].]

---

1. Pierre d'Estaing, moine de Saint-Victor de Marseille, fut évêque de Saint-Flour en 1361. — Chronologie des évêques, dans DERIBIER, III, 355-375.

2. Sous l'épiscopat d'Antoine de Léotoin.

3. Ces paroisses, au nombre de 295, étaient distribuées en cinq archiprêtrés : Saint-Flour, Aurillac, Langeac, Brioude et Blesle. Pouillés des diocèses de Clermont et de Saint-Flour du XIVe au XVIIIe siècle, par BRUEL, dans *Mélanges historiques*, IV, 217-300. — Pouillé général contenant les bénéfices de l'archevêché de Bourges. Paris, 1648, in-4.

4. 4 reg. et 125 lias. aux arch. départ. sér. G. — Recueil des actes du Clergé, II, 388 et s. ; VIII, 1925, 2015, 2242 ; XI, 652-655 ; XIV, II, 85.

5. Construite de 1396 à 1466. — Les églises romanes de la Haute-Auvergne, par DE ROCHEMONTEIX, 138-142.

6. Cinq portef. aux arch. départ. sér. G. — Mémoire pour les syndic, chanoines et chapitre de l'église de Saint-Flour, intimés, et M. Raymond-Maurice de Molien de la Vernède, appelant comme d'abus contre Gilbert Coutel, curé de Saint-Mary, et Louis Brugière, aussi demandeur. Paris, 1739, in-fol. — Mémoire pour Antoine La Font, prêtre, pourvu d'un canonicat et archiprêtre de l'église cathédrale de Saint-Flour, appelant, contre M. Joseph-Raymond de Molien de la Vernède, prétendant droit au même bénéfice. Paris, 1751, in-fol. — Addition de mémoire pour le même contre le même (relative à la trésorerie). Paris, 1751, in-fol. — Second mémoire pour le même, pourvu de l'archiprêtré de l'église cathédrale de Saint-Flour, intimé et défenseur, contre Antoine La Font, chorier de la dite église, appelant et demandeur. Paris, 1751, in-fol. — Recueil des actes du clergé, IV, 2063 ; VI, 1655 et s. ; XI, 1259, 1260.

Le diocèse possédait les collégiales de Saint-Flour, sous le vocable de Notre-Dame, avec un prévôt et sept chanoines [1]; Saint-Laurent d'Auzon, avec treize chanoines [2]; de Chaudesaigues, avec un doyen et neuf chanoines [3]; de Langeac, avec un doyen, un curé, un sacristain et onze chanoines [4]; de Murat, avec quatorze chanoines [5].

Il y avait dans la ville épiscopale des couvents de Dominicains [6], fondé sous l'épiscopat de Pierre d'Estaing; de Cordeliers [7], situé au faubourg; de Visitandines [8], fondé en 1625; de Religieuses de Notre-Dame [9], fondé par Louise de Bonafos (1632), et de Filles de la

---

1. Fondée en 1337, avec 18 chanoines, 20 choriers et un prévôt. — 7 reg. et 8 portef. aux arch. départ. sér. G, où des statuts de 1476. — DERIBIER, III, 375.

2. Chef-l. cant., arr. Brioude, Haute-Loire.

3. Chef-l. cant., arr. Saint-Flour, Cantal. — *Calidæ Aquæ*, fondée au XIV° siècle avec les prêtres qui desservaient l'église. Elle était sous le vocable de Notre-Dame et de saint Blaise. — Histoire de la baronnie de Chaudesaigues depuis ses origines (XI° s.) jusqu'à 1789, par CH. FELGÈRES. *Paris*, s. d., in-8, 315-341. — DERIBIER, III, 164-170. — CHABAU, 491-519.

4. Chef-l. cant., arr. Brioude, Haute-Loire. — *Langiacum*, sous le vocable de saint Gal. — Chapitre de Saint-Gal de Langeac, par FRUGÈRE, dans *Ann. soc. agric. le Puy*, XXXIII (1877), 134-142. — Méreaux de la collégiale du Puy, par CHASSAING, dans *Revue numismatique* (1885), 179-182. — Factum pour les doyen, chanoines et chapitre de Langeac, demandeurs aux fins de la commission du 25 novembre 1665, contre dame Marie-Françoise de Lascaris d'Urfé, veuve de M. Jean de la Rochefoucauld, seigneur de Langeac. S. l. n. d., in-fol. — Spicilegium Brivatense, par CHASSAING, 105.

5. Chef-l. arr. Cantal. — *Muratum*, sous le vocable de Notre-Dame et de saint Martin, érigée en 1357. — 27 reg. et 25 portef. aux archives départ. sér. G, où un inventaire de 1559 et un obituaire (XV-XVIII° s.). — DERIBIER, IV, 445-455. — CHABAU, 394-428. — Bredom, par BOUFFET, 173-185.

6. Quelques pièces aux arch. départ. sér. H. — DERIBIER, III, 375.

7. Ibid. — ID., III, 382.

8. Ibid. — ID., III, 382.

9. Ibid. — ID., III, 382.

Croix[1]. Les Jésuites reçurent la direction du collège en 1662[2]. Les Prêtres de la Mission ou Lazaristes prirent, en 1674, la direction du séminaire diocésain[3]. Les Cordeliers avaient des maisons à Murat (1430), où ils furent remplacés par les Récollets en 1583[4]; à Aurillac, fondé en 1225 ou 1226[5]. Les Conventuels étaient installés à Brioude[6]; les Capucins, à Brioude dès 1619, et à Langeac en 1631. Les Carmes, à Aurillac (XIV° s.)[7]; les Minimes, à Saint-Ferréol de Brioude[8]. Les Jésuites dirigeaient le collège d'Aurillac, depuis 1619[9]. Il y avait des Clarisses à Aurillac, où elles se transportèrent (1626) du monastère de Boisset, fondé par Isabelle de Rodez en 1323[10]; des Dominicaines de Sainte-Catherine, à Langeac[11] et à Murat[12] (1634); des Visitandines, à Aurillac[13], à Brioude[14]; des reli-

---

1. Le Calvaire de Saint-Flour, par BÉLARD, dans *Rev. Haute-Auverge*, 1907, 287-299.

2. Quelques pièces aux arch. départ., sér. D. — DERIBIER, III, 385-386. — L'instruction publique à Saint-Flour de 1249 à 1881, par GAILLARD. *Saint-Flour*, 1882, *in-8*. — Le collège de Saint-Flour, par BÉLARD, dans *Rev. Haute-Auvergne*, 1908, 316-344.

3. Ibid., sér. G. — ID., III, 384-385.

4. Ibid., sér. H. — ID., IV, 461-467. — Fondé par Bernard d'Armagnac, vicomte de Murat (1434).

5. Ibid. sér. H. — ID., I, 1, 151-153. — Cette fondation est attribuée à saint Antoine de Padoue.

6. Un art. aux arch. départ. Haute-Loire, sér. H. — Fondés en 1245.

7. Arch. départ. Cantal, sér. H. — DERIBIER, I, 153.

8. Fondé en 1606 au lieu où saint Julien fut martyrisé.

9. Arch. départ. Cantal, sér. D. — DERIBIER, I, 158-161. — Mémoire pour les recteurs et collège des Pères Jésuites de la ville d'Aurillac contre le cardinal de Gesvres, abbé d'Aurillac. *Paris*, 1720, *in-fol*.

10. Cinq. art. aux arch. départ. sér. H. — DERIBIER, I, 155-156.

11. Arch. départ. Haute-Loire, sér. H. — Fondées en 1619. — Vie de la V. Mère Agnès de Jésus, prieure du couvent de Sainte-Catherine de Sienne à Langeac, par DE LANTAGES, 2e éd. par LUCOT. *Paris, 2 vol. in-8*. — Vie de la V. Mère Agnès de Jésus, par la VICOMTESSE D'USSEL. *Paris*, *in-8*. — Vie merveilleuse de la V. Mère Agnès de Jésus..., par MARIE-ANNE-CATHERINE LACHAUD. *Paris*, 1894, *in-8*.

12. 40 lias. aux arch. départ. Cantal, sér. H. — DERIBIER, IV, 467-471. — Bredom, par BOUFFET, 188-194.

13. Arch. départ. Cantal, sér. H. — DERIBIER, I, 157. — Fondées en 1650.

14. Arch. départ. Haute-Loire, sér. H. — Fondées en 1659.

gieuses de Notre-Dame, à Aurillac[1], à Brioude[2], à Chaudesaigues[3] et à Langeac[4] ; des Religieuses de Saint-Joseph, à Aurillac et à Brioude ; des Religieuses de la Croix, à Brioude et à la Voûte. Il y avait un collège à Brioude[5].

Abbayes d'hommes

Ordre de Saint-Benoît

AURILLAC, *Aureliacum*[6], fondée en l'honneur de saint Pierre par le comte Géraud (898), seigneur du lieu, qui lui donna tous ses

---

1. Arch. départ., Cantal, sér. H. — DERIBIER, I, 156. — Fondées en 1619.
2. Fondées en 1628.
3. Fondées en 1658. — Histoire de la baronnie de Chaudesaigues, par FELGÈRES, 421-424.
4. Fondées en 1645.
5. JALOUSTRE, *ouv. cit.*, 289-318.
6. Chef-l. départ. Cantal. — 8 reg. et 8 portef. arch. départ. sér. G. où Inventaire de Hugues Cambefort de Mazic (1692). — Arch. départ. Lot, sér. F. 167, 193 ; Inventaire sommaire, III, 124, 131. — Bib. nat. ms. lat. 12661 f. 382. Inventaire des titres, dans *Coll. Moreau*, 347. — Bulle de sécularisation, ms. fr. 15713 f. 197. — Recueil sur Aurillac et l'abbaye de Saint-Gérard, par LAGARRIGUE, *Bib. Clermont* ms. 651. — Les archives de la ville et de l'abbaye d'Aurillac en 1787, d'après la correspondance et les transcriptions de Vacher de Bourg d'Ange, par DE DIENNE, dans *Rev. Haute-Auvergne*, I (1899), 1-24, 137-147. — Inventaire des archives communales de la ville d'Aurillac, antérieures à 1790, par ESQUER, Aurillac, 1906, in-4. — Bullaire d'Auvergne, *Agapit II* (695I), dans *Mém. acad. Clermont*, XVII, 83 ; *Nicolas II* (1061), 89 ; *Alexandre II* (1068), 112 ; *Grégoire VII* (1077, 1078-1085), 623, 633 ; *Urbain II* (1095-1096, 1096), 669, 670 ; *Paschal II* (1103, 1107), XVIII, 393, 408 ; *Callixte II* (1119), 443 ; *Innocent II* (1142, 1143), XIX, 46, 51 ; *Adrien IV* (1155-1159), 98-100 ; *Alexandre III* (1165, 1179), 124, 271, 310 ; *Formose II* (894), 492. — Monumenta pontificia Arverniæ, *Innocent III* (1198), XXIV, 43-48 ; *Grégoire IX* (1233), XXIX, 525-528 ; *Innocent IV* (1252, 1254), 617-620, 637-640. — Layettes du trésor des chartes, I, 162 ; IV, 478. — Actes du Parlement de Paris, par BOUTARIC, 313, 693, 810*,

biens et la soumit au Saint-Siège. Il eut lui-même pour biographe saint Odon, abbé de Cluny. Ce monastère exerça une influence con-

---

891, 1771, 2654, 5101, 5471, 5472, 5777. — Documents relatifs à l'histoire de la maison de Turenne, par VAYSSIÈRE (acte de Pierre, abbé d'Aurillac, 1214-1299), dans *Bul. soc. scientif. Corrèze*, VII (1885), 309. — Sentence d'arbitrage entre l'abbé d'Aurillac et Astorg d'Aurillac (1230), par AUBÉPIN, dans *Annales du Midi*, VII (1895), 435-439. — Accords et sentences arbitrales entre Mgr l'abbé et les consuls d'Aurillac, faisant suite à la deuxième paix, Texte collationné sur les originaux qui sont déposés à la bibliothèque (1298-1347). Aurillac, 1842, *in-8*. — Une poignée de documents sur la Haute-Auvergne, par POULBRIÈRE. Hommage d'Astorg d'Aurillac à l'abbaye de Saint-Géraud (1269), transaction entre l'abbaye et le curé d'Aurillac, d'une part, et la communauté des prêtres de cette ville, d'autre part (1508), dans *Bul. histor. Auvergne* (1888), 67-100; Enquête faite à Aurillac sur l'état du chapitre et de ses prieurés (1610), Lettre de protection et privilège octroyée par Louis XIV au chapitre d'Aurillac (1672), 167 et s. — Si la collation de la sous-sacristie de l'église d'Aurillac appartient à l'abbé ou au chapitre, *Bib. nat.* dans *Recueil Thoisy*, I, f. 147. — Bénéfices de l'abbaye d'Aurillac, dans *Pouillé général* (1648), II. Saint-Flour, 28-31. — Mémoire signifié pour les chanoines de l'église abbatiale de Saint-Gérauld d'Aurillac, contre Mgr Guillaume de Fontanges, seigneur de Velzic. *Paris*, 1731, *in-fol*. — Mémoire signifié pour les chanoines de l'église abbatiale de Saint-Gérauld d'Aurillac, possédant à titre d'union le prieuré de Saint-Vincent de Virarzel, contre Pierre Delzons, prêtre, se disant pourvu du dit prieuré. *S. l.* 1732, *in-fol*. — Théorème pour le chapitre d'Aurillac contre le sieur Delzons. *S. l. n. d., in-4*. — Sceau du couvent de Saint-Gérauld d'Aurillac, par CHEZJEAN, dans *Soc. sphragistique de Paris*, I, 275-278. — Sceau de Férand, religieux cellérier de l'abbaye de Saint-Gérauld d'Aurillac (XIIIe s.), par CHAUDRUC DE CRAZANNE. *Ibid.* 349-353. — Sceau de l'abbé Bertrand (1247) dans DOUET-D'ARCQ, 8504; de Dragonet (1303), 8506; de Pierre (1385), 8507.

Sancti Geraldi, comitis, Aureliaci fundatoris, vita, auct. ODONE, dans *Bibliotheca Cluniacensis*, 65 *et s.*; *Acta Sanctorum octobris* VI, 277-331; *Acta Sanctorum* de MABILLON, sec. V, 6-11; *Pat. lat.* CXXXIII, 639-704. La plus ancienne vie de saint Géraud d'Aurillac † 909, par PONCELET, *Bruxelles*, 1895, *in-8*; ext. *Compte rendu du congrès international des savants catholiques* (1894), et *Analecta Bollandiana*, XIV, 89-107. — Dissertatio de anno nativitatis et obitus sancti Gerardi comitis, fundatoris cœnobii Aureliacensis in Arvernia, par LACARRY. *Clermont*, 1674, *in-4*. — Breve chronicon Aureliacense, des origines à 1129, dans *Analecta vetera*

sidérable sur la province et les contrées voisines. Son religieux le plus illustre est Gerbert, l'un des savants les plus instruits du dixième siècle, qui fut le pape Silvestre II. Saint-Pierre garda longtemps son importance. Cette maison souffrit, comme beaucoup d'autres, des désordres qui suivirent la guerre de Cent Ans. Les moines ne purent s'en relever. Ils obtinrent de Sixte IV leur sécularisation, en 1561. Leurs instances étaient appuyées par celles des trois ordres de la Haute-Auvergne et du roi. Les protestants s'emparèrent de la ville en 1569 et ils détruisirent une grande partie de l'église et de l'abbaye. L'abbé était comte et seigneur de la ville, il avait juridiction épiscopale, territoire et pouvoir de donner la tonsure, les quatre ordres mineurs et des démissoires pour recevoir les

---

de Mabillon (in-fol.), 349-350, et II, 237. — Concilium provinciale apud Aureliacum (1278), dans *Novus Thesaurus anecd.* de Martène, IV, 189. Secundum concilium provinciale (1294) ad subveniendum urgentibus regni negotiis. *Ibid.*, 213. — Sacramentaire d'Aurillac, fin du X° siècle, dans Mémoire sur d'anciens sacramentaires, par Delisle, dans *Mém. acad. Inscript. Belles-Lettres*, XXXII, I, 223. — Le sacramentaire romano-gallican inédit de Saint-Pierre d'Aurillac, par Dom Plaine, dans *Lettres chrétiennes*, III (1888), 427-437. — Un sacramentaire romano-gallican inédit, par Boudet, dans *Rev. Haute-Auvergne* (1902), 220-224. — Gerbert, étude historique sur le X° siècle, par Lausser. Aurillac, 1866, in-8. — Gerbert. Aurillac et son monastère, par Olleris. Clermont, 1862, in-8; ext. *Mém. acad. Clermont.* — Œuvres de Gerbert, par Olleris. Clermont, 1867, in-4. — Gerbet, un pape philosophe, par Picavet. Paris, 1897, in-8.

Saint-Géraud d'Aurillac et son illustre abbaye, par Bouange. Aurillac, 1881, 2 vol. in-8. — Origine de la ville d'Aurillac, par Delzons, dans *Mém. acad. Clermont* (1862), 73. — Chronologie des abbés d'Aurillac, par le même, dans *Tablettes historiques Auvergne*, II, 363. — Origine et franchise d'Aurillac, dans *Annuaire du Cantal* (1834-1835). — Le monastère de Saint-Géraud au XII° siècle. *Ibid.* (1837). — Une attestation de médecin par l'abbé d'Aurillac (12 juillet 1303), dans *la France médicale* (1904), 192-193. — Médaille commémorative de Charles de Saint-Nectaire, 47° abbé de Saint-Géraud d'Aurillac, par Amé, dans *Rev. soc. sav.* (1872), 446-448.

Gallia christiana, II, 438-447; inst. 156. — Du Tems, III, 213-219. — Dom Vaissette, VIII, 344. — Deribier, I, 114-147.

ordres sacrés. Il conférait de nombreux bénéfices et il jouissait de huit mille livres de revenu. Les deux dignités, qui étaient le doyenné et la chantrerie, en valaient deux mille ; des deux personnats, l'aumônerie en valait quinze cents et la sacristie onze cents. Il y avait, en outre, dix canonicats de mille livres chaque, deux chapellenies de cinq cents et dix prébendes de cent cinquante environ.

Maurs, *Maurici, Maurtium* [1], sous le vocable de Saint-Pierre, d'origine inconnue, remontant pour le moins au onzième siècle, n'entra dans aucune réforme au dix-septième et fut supprimée par la Commission des Réguliers (1768). L'église (XIV et XVI° s.) est devenue paroissiale.

Abbaye de femmes

Ordre de Saint-Benoît

Aurillac. *Saint-Jean-du-Buis, Sanctus Johannes de Buxo* [2], fon-

---

1. Chef-l. cant., arr. Aurillac. — 2 portef. aux arch. départ. sér. H, où un inventaire (1790). — Inv. arch. départ. Lot, III, 149. — L'anneau de saint Césaire à Maurs, par Barbier de Montault, dans *Bul. soc. scientif. Corrèze* (Brive), X (1888), 241-250. — Crosse dite de Saint-Césaire à Maurs-du-Cantal, par Chabau. *Ibid.*, VIII (1886). — Antoine Redon de Fontenilles, abbé commendataire de Maurs (1723-1761), par Lafarge, dans *Revue de l'Agenais*, XXXVII, 1910, 453-455. — Gallia christiana, II, 447-449 ; instr. 157. — Du Tems, III, 219-220. — Deribier, IV, 308-314. — De Rochemonteix, 238-253. — Vie populaire de saint Césaire, par Firmin Sug. *Evreux*, 1891, in-8.

2. 1 portef. aux arch. départ. sér. H. — Bullaire d'Auvergne, *Alexandre III* (1161), dans *Mém. acad. Clermont*, XIV, 101. — L'abbaye de Saint-Jean du Buiz-les-Aurillac, par Chabau, dans *Bul. histor. Auvergne* (1894), 274-308 ; (1895), 189-261, 314-336 ; (1896). — Eloge funèbre de Marie de Saint-Marsal de Coures, abbesse de l'abbaye royale de Saint-Jean du Buis-lèz-Aurillac, prononcé au chapitre par la Mère Prieure, le jour anniversaire de sa mort, le 6 janvier 1754. S. l., 1754, in-4. — Gallia christiana, II, 456-457. — Du Tems, III, 223-224. — Deribier, I, 147-151.

dée à une date inconnue dans l'intérieur de la ville, transférée peu après en dehors, dura jusqu'au moment de la révolution.

Blesle, *Blazillia* [1], sous le vocable de Saint-Pierre, fondée par Ermengarde, femme de Bernard, comte de Poitiers, dans les premières années du dixième siècle. La fondatrice soumit ce monastère au Saint-Siège ; ce qui ne l'empêcha point d'appartenir à l'ordre de Cluny. L'église est conservée.

Les Chases, *Casæ* [2], dont la fondation, sous le vocable de Saint-Pierre, est attribuée à l'épouse de Claude, seigneur de Chanteuges (v. 800). La liste des abbesses connues commence avec Blanche de Saissac en 1213. Ce fut le monastère de femmes le plus renommé de l'Auvergne.

---

1. Chef-l. cant., arr. Brioude, Haute-Loire. — Un art. aux arch. départ. sér. H, et deux aux arch. départ. Cantal sér. H. — Bib. nat. ms. lat. 12663, f. 58. — Différend entre Suzanne de Bonneval et Christine de Noailles, abbesse de Blesle (1684), Bib. Sainte-Geneviève ms. 2570, f. 67. — Bullaire d'Auvergne, *Sergius III* (904-911), 77 ; *Urbain II* (1095), 643 ; *Calixte II* (1119-1124), XIX, 25 ; *Alexandre III* (1170), 279 ; *Lucius III* (1184), 317, 532. — Monumenta pontificia Arverniæ, *Honorius III* (1218, 1220), XXV, 419-424, 436. — Catalogue des actes de Philippe-Auguste, par Delisle, 2001. — Spicilegium Brivatense, par Chassaing, 19, 36-38. — Notice historique sur Blesle et l'abbaye de Saint-Pierre de Blesle, par Leo de Saint-Poncy. Le Puy, 1869, in-8 ; ext. Annal. soc. agr. Puy, XXIX, 385. — La porte romane en bois sculpté de l'église de Blesle, par Thiollier, dans *Bul. monum.*, LXIX (1905), 108-113. — L'architecture religieuse... dans l'ancien diocèse du Puy, par le même, 102. — Gallia christiana, II, 449-451 ; inst., 157-158. — Du Tems, III, 220-222.

2. Com. Saint-Julien-des-Chazes, cant. Langeac, arr. Brioude. — Les archives ont disparu. — Bib. nat. ms. lat. 12689, f. 327 ; 12765, f. 333-350, où extraits d'un obituaire. — Spicilegium Brivatense, 549-558. — Prix fait de la reconstruction de l'abbaye des Chazes, du 30 septembre 1666, par Chassaing, dans *Almanach de la Haute-Loire* (1893). — Notice sur Sainte-Marie-des-Chases, par Dominique Branche, dans *Bul. monum.*, XII (1846), 396-402. — L'abbaye de Saint-Pierre-des-Chazes en Auvergne, par Chabrier, dans *Ann. soc. agric. Le Puy*, XXXV (1889-1897), 159-169. — Gallia christiana, II, 451-456 ; instr., 159. — Du Tems, III, 222-223.

Chanoines réguliers

MONTSALVI, *Mons salvius*[1], fondée en 1066 sous le vocable de Notre-Dame par saint Gausbert grâce à la générosité de Bérenger, vicomte de Carlat. Ce monastère eut des possessions nombreuses dans le diocèse de Rodez, qui était voisin. Les religieux furent sécularisés en 1764. L'église, l'une des plus belles de la contrée, est devenue paroissiale. Cette maison n'eut jamais que le titre de prévôté.

PÉBRAC, *Piperacum*[2], fondée sous le vocable de Notre-Dame par saint Pierre Chavanon, archiprêtre de Langeac (1062). Durand, évêque de Clermont, se fit le protecteur de cette abbaye, à laquelle il donna des églises importantes de son diocèse. Ce fut le foyer de

---

1. Chef-l. cant. arr. Aurillac, Cantal. — On conserve quelques documents aux arch. départ. Aveyron, sér. H. — Bib. Sainte-Geneviève, ms. 165, 589, 885 et 1979. — Bullaire d'Auvergne, *Célestin III* (1153), dans *Mém. acad. Clermont*, XIX, 488. — Actes du Parlement de Paris, 7856. — Sur saint Gausbert, *Acta Sanct. Mai* VI, 715-716. Notice historique sur Montsalvy, son église et son ancien monastère, par MURATET. Aurillac, 1843, in-8. — DERIBIER, IV, 372-380. — DE ROCHEMONTEIX, 282-294. — Documents inédits sur la vicomté de Carlat, table, t. II, 289.

2. Cant. Langeac, arr. Brioude, Haute-Loire. — Bib. nat. ms. lat. 9855. — Extrait des mémoires de DOM ESTIENNE, chanoine de cette abbaye, par FR. BRANCHE, ms. fr. 13512. — Bib. Sainte-Geneviève, ms. 165 ; 608, f. 614, 867, 917 ; 1837, f. 214, 228, 237 ; 1945, f. 49. — Bullaire d'Auvergne, *Urbain II* (1095), dans *Mém. acad. Clermont*, XVIII, 668 ; *Anastase IV* (1153), XIX, 81 ; *Alexandre III* (1174), 291 ; *Célestin III* (1193), 487. — *Cartularium sive terrarium Piperacensis monasterii ex manuscripto et originali codice transcriptum*, cura D. J. B. PAYRARD. Le Puy, 1875, in-8 ; ext. *Tablettes historiques du Velay* (1874). — Aperçu historique sur l'abbaye de Pébrac, la vie et les écrits de Jacques Branche, par MARMEISSE. Clermont, 1858, in-12. — Sur la chape de Pébrac, par AYMARD, dans *An. soc. agric. Le Puy* (1858), 82. — Note sur la chape de Pébrac et sur l'ancienne porte de Saint-Julien de Brioude, par LE BLANC, dans *Bul. monum.* (1858), 89-98. — Sur saint Pierre Chavanon, *Acta Sanct. Septembris*, III, 460-472. — Vie de M. Olier, par FAILLON, I, 92-134. — *Gallia christiana*, II, 457-467 ; instr., 159. — Du TEMS, III, 225-228. — *Spicilegium Brivatense*, 41, 77, 104, 261-265, 270, etc.

la vie canoniale en Auvergne. On voit encore l'église (XIe s.) et des restes du monastère. Ses religieux entrèrent dans la congrégation de France.

Chapitre de Brioude [1]

Il n'y eut pas en Auvergne et dans les contrées voisines une institution ecclésiastique plus importante, soit à cause de l'étendue de

---

1. Chef-l. arr. Haute-Loire. — 6 art. aux arch. départ. sér. G. — 14 reg. et 10 lias. aux arch. Cantal, sér: G. — Arch. municipales de Brioude. — Bib. nat. ms. lat. 9086 ; 12704, f. 25-27 ; 17078, f. 1-80 ; coll. Duchesne, XXII, 8-27 ; coll. Baluze, XIV, LXXII. — Inventaire des titres, coll. Moreau, 347. — Arch. nat. M. 285, 289, 302, 303, 305, 352; MM., 708. — Inv. titres maison de Bourbon, 3180, 5147, 7244, 7306. — Cartulaire de Brioude. Liber de honoribus Sancto Juliano collatis, par Doniol. Clermont, 1863, in-4. — Note relative à la publication des cartulaires de Brioude et de Sauxillanges, par le même, dans *Mém. acad. Clermont*, XXXV, 21. — Essai sur la chronologie du cartulaire de Brioude, précédé de quelques observations, sur le texte de ce cartulaire d'après de nouveaux manuscrits, par Bruel, dans *Bib. éc. chartes*, XXVII (1866), 445-510. — Stein, nos 641-644, p. 91-92. — Spicilegium Brivatense ou recueil de documents relatifs à Brioude et au Brioudois, par Chassaing. Paris, 1886, in-4. — Bullaire d'Auvergne, Léon IX (1049), dans *Mém. acad. Clermont*, XVII, 83 ; Urbain II (1095), 660 ; Callixte II (1119), XVIII, 435 ; Alexandre IV (1163), XIX, 112-118 ; append. 514-522, 557-556, 586-592, 597. — Monumenta pontificia Arverniæ. Innocent III (1209, 1213), XXIV, 97-102, 105-114. Honorius III (1220, 1222), XXV, 232-435, 446 ; Innocent IV (1245-1249), XXIX, 586, 607. — Une bulle du pape Alexandre IV concernant l'église de Saint-Julien de Brioude, par M. C., Brioude, 1890, in-8 ; et *Ann. soc. Haute-Loire*, VI, 185-191. — Histoire généalogique de la maison d'Auvergne, par Baluze, II, 2-3 ; 7-10, 14, 15-21, 24-28, 34-38, 49, 53, 59, 63, 69-76, 146, 255, 260, 266, 267, 271-272, 313, 318, 475, 491, 492, 493, 516, 565. — Procès-verbal contenant l'examen et discussion de deux anciens cartulaires et de l'obituaire de Saint-Julien de Brioude, par Baluze, Mabillon et Ruinart. Paris, 1695, in-fol. Supplément, 1698, in-fol.

Die Urkunden der Karolinger, von Sickel, II, 149. — Ordonnances des rois de France (1138), VII, 413 ; (mars 1247), 415 ; (décembre 1269), XI, 342 ; (mars 1282), VII, 413 ; (14 mai 1322), VII, 421 ; (21 avril 1346),

ses domaines et de ses privilèges, soit par la qualité de ses abbés, prévôts ou doyens et de ses chanoines comtes. Son église fut élevée

---

VII, 413; (mai 1353), ibid. ; (mai 1362), (juillet 1366), (avril 1368), (mai 1391), ibid. — Actes du Parlement de Paris, 102*, 128*, 496*, 847, 1848, 1849, 1890, 2166, 3953. — Traité intervenu entre les sires de Mercœur et le chapitre noble de Brioude (1292), par DE SARTIGES D'ANGLES, dans *Mém. acad. Clermont*, XLII (1869), 13. — Don de reliques de saint Julien fait par le noble chapitre de Brioude à l'église de Sugère en Champagne (30 mai 1660), par VERNIÈRE, dans *An. soc. Haute-Loire*, III (1881), 231. — Une visite de Mgr de Maupas du Tour à l'église de Brioude (1647), par LE MÊME, *Ibid.*, 256. — Testament de noble Jean de Sugères, chanoine de Brioude (1370), *Ibid.*, 237. — Testament de Marc Falcimagne, chanoine de Brioude (1673), par LACHENAL. *Ibid.*, 294. — Procès-verbal et acte de notoriété de l'incendie et brûlement de la chambre capitulaire de Brioude (1697), par LE MÊME. *Ibid.*, 316. — Documents concernant le chapitre de Brioude, par LE MÊME, dans *Tablettes historiques Velay*, VII, 423-474 ; VIII, 57-104 ; 519-550. — Notitia de consuetudine precum quas pro successoribus suis apud capitulum facere solent canonici ecclesiæ Sancti Juliani Brivatensis. S. l., 1600, in-4 ; *Ann. scientif. Auvergne*, XIV, 185. — Chronologie du ci-devant chapitre de Saint-Julien de Brioude, dressée par des commissaires *ad hoc* de ce chapitre, acceptée et sanctionnée par lui le 12 novembre 1788 et publiée présentement par MM. DAUTELET DE CHAVANAT. Paris, 1805, in-8. — Factum pour les doyens, comtes-chanoines et chapitre de Saint-Julien de Brioude en Auvergne contre Annet et Jacques Dumas, père et fils. S. l. n. d., in-4. — Factum pour les prévôt, doyen, chanoines et comtes de l'église de Saint-Julien de Brioude, contre Jean-François de la Mure. S. l. n. d., in-4. — Notice historique sur l'église et le chapitre de Brioude, par DE TALAIRAT. Le Puy, 1829, in-8. — De nobili collegio Brivatensi, par ATTAIX. Toulouse, 1882, in-8. — Essai historique sur le chapitre noble de Saint-Julien de Brioude au Moyen-Age, par J. CASATI, dans *Université de Paris. Position des thèses présentées à la Faculté des lettres* (1905), 39-42. — Brioude et l'église Saint-Julien, par AUG. CASATI, Brioude, 1907, in-16. — Notices historiques sur la ville de Brioude, par AMÉDÉE DE SAINT-FERRÉOL. Brioude, 1880-1894, 5 vol. in-16. — Voyage d'Alain Desprez, recteur de Saint-Julien de Vouvante, à Brioude (1710). Brioude, 1890, in-8. — Rapport sur les peintures murales de l'église de Saint-Julien de Brioude, par DESROSIERS, dans *Congrès scientif. France* (1885). Le Puy, II, 551. — Inscription énigmatique sur un chapiteau de Saint-Julien de Brioude, par DE LASTEYRIE, dans *Bul. acad. Inscript. Belles-Lettres* (1890), 193-205. — Les dates de Saint-Julien de Brioude, par LEFÈVRE-PONTALIS.

sur le tombeau de saint Julien, martyr. Louis le Pieux, qui la restaura après les invasions sarrazines, fonda la collégiale. Les comtes d'Auvergne la comblèrent de largesses. Elle eut des églises sous sa dépendance, Saint-Germain-Lembron, Saint-Marcellin de Chanteuge, Saint-Julien de Tours, Notre-Dame de Pébrac, et d'autres d'importance moindre. Le chapitre possédait, outre la seigneurie de la ville, celle de Beaumont et de Saint-Germain-Lembron. Il se composait de l'abbé, du prévôt, du doyen, de six personnats, savoir le For-Doyen, le chantre, le sénéchal, le trésorier, l'aumônier et le sacristain, Clément VI abolit les personnats et la dignité d'abbé. Les chanoines comtes étaient au nombre de dix-huit ; ils devaient faire preuve de seize quartiers de noblesse, sauf le théologal. Il y avait, en outre, un chanoine aumônier, dix chanoines hebdomadiers, et dix semi-prébendés. L'église (XIIe s.) est paroissiale.

Maisons conventuelles

LA VOUTE-CHILHAC, *Volta in Alvernia* [1], sous le vocable de la

---

Caen, 1905, in-8 ; ext. *Congrès archéol.*, LXXI. — Notice historique sur les églises de l'arrondissement de Brioude, par DE TALAIRAT, dans *An. soc. agric. Haute-Loire* (1899), 173-179. — Notices sur les châteaux, églises, localités de l'arrondissement de Brioude, dont les photographies ont été réunies par MURET, dans ses albums de 1891-1892. Brioude, 1892, in-8. — Breviarium ad usum insignis ecclesiæ almi martyris Juliani Brivatensis. Thiers, 1518, in-8 ; Clermont, 1654, 2 vol. in-8. — Breviarium Brivatense, jussu et auctoritate nobilis capituli regalis ecclesiæ Sancti Juliani. Clermont, 1769, 4 vol. in-8. — Missale Brivatense. Clermont, 1654, in-fol. ; ibid., 1769, in-fol. — Notes bibliographiques sur les livres liturgiques du chapitre noble de Saint-Julien de Brioude, par PAUL LE BLANC, dans *Congrès scientif. France*, XXXIV. Le Puy (1855), 530.

Gallia christiana, II, 467-497 ; instrum., 130-157. — DU TEMS, III, 229-233. — DOM VAISSETTE, II, pr. 154 ; V, 357.

1. Chef-l. cant., arr. Brioude, Haute-Loire. — Quelques pièces aux arch. départ. sér. H. — Arch. Cantal, sér. H. — Recueil des chartes de Cluny, III, 811. — Saint Odilon, abbé, par JARDET. Lyon 1898, in-8,

Sainte-Croix, fondée et donnée à l'abbaye de Cluny par Béraud de Mercœur, saint Odilon, son frère, et Etienne, évêque du Puy, leur neveu (1025). Ce fut l'un des quatre grands prieurés de Cluny en Auvergne. Il y eut jusqu'à vingt-cinq moines. La famille de Mercœur y avait sa sépulture. L'église (XVe s.) est devenue paroissiale.

La Vaudieu [1], ainsi désignée depuis le 9 octobre 1487, était l'ancien prieuré de Saint-André de *Comps*, fondé par saint Robert, abbé de la Chaise-Dieu, pour des religieuses dépendant de son abbaye. Raoul de Lugeac et ses fils lui avaient donné le terrain (1050). On y menait encore la vie conventuelle au moment de la révolution.

Auzon [2]. Monastère de Bénédictines, fondé en 1643.

Brioude [3]. Monastère de Fontevristes, fondé en 1637 dans l'ancien château des Dauphins sous le vocable de saint Joseph.

Prieurés simples

Ally [4]. Notre-Dame, dépendant du prieuré de la Voûte-Chilhac.
— Anglards-de-Saint-Flour, *Anglarense castrum* [5]. Saint-Pierre, dépendant du monastère, puis du chapitre cathédral. — Anté-

---

726-731. — Sceau du prieur Richard (1301), dans Douet d'Arcq, 9598; de la Cour du prieur (1415), 9653. — Église du XIe siècle et porte sculptée du XIe à la Voûte-Chilhac, par Aymard, dans *An. soc. agric. Le Puy*, XIV (1849), 191. — Spicilegium Brivatense, 3-5, 21, 178-181, 487, 530-548.

1. Cant. et arr. Brioude. — Arch. départ. sér. II, fonds de la Chaise-Dieu. — Bib. nat. ms. lat. 12659, f. 317, 351. — Spicilegium Brivatense, 568-570, 576-585. — Les monastères en Auvergne, par Branche, 129-136.

2. Chef-l. cant. arr. Brioude. — Arch. départ. sér. II.

3. Arch. départ. Maine-et-Loire sér. II, fonds de Fontevrault. — Fontevrault et ses monuments, par Edouard, II, 243-251.

4. Cant. La Voûte-Chilhac, arr. Brioude, Haute-Loire. — Dictionnaire topographique du département de la Haute-Loire, par Jacotin, 5.

5. Cant. et arr. Saint-Flour, Cantal. — Dictionnaire topographique du département du Cantal, par Amé, 9. — Deribier, I, 52-54.

rieux[1]. Saint-Antoine, dépendant de l'évêque. — Arpajon, *Arpajo*[2]. Saint-Vincent, uni à la communauté des prêtres d'Aurillac. — Aubazac, *Albazacum*[3]. Saint-Projet, dépendant du prieuré de la Voûte. — Ayrens, *Ayrentum*[4]. Saint-Christophe et Saint-Genès, dépendant de Saint-Géraud d'Aurillac. — Azerat, *Azeracum*[5]. Saint-Jean-Baptiste, dépendant de la Chaise-Dieu. — Blassac, *Blassacum*[6]. Notre-Dame, dépendant de la Voûte. — Blesle[7]. Notre-Dame de *la Chapelle-Allagnon*, *Capella Alahnonis*, dépendant de l'abbaye du lieu. — Bonnac, *Albuniacum*[8]. Saint-Maurice, dépendant de Sauxillanges. Etienne II, évêque de Clermont, l'avait donné à Cluny (944). — Bournongles, *Burnunculum*[9]. Notre-Dame, dépendant du même monastère. — Bredom, *Bredonium*[10]. Saint-Pierre, donné à Moissac par Guillaume, vicomte de Murat (1050), auquel appartenaient plusieurs églises. — Brezons, *Brezonium*[11]. Saint-Hilaire, donné au monastère de Saint-Flour par Amblard, sei-

---

1. Cant. Chaudesaigues, arr. Saint-Flour. — Amé, 444.
2. Cant. et arr. Aurillac. — Amé, 15. — Deribier, I, 92.
3. Cant. Laroquebrou, arr. Aurillac. — Id., 22. — Id., 238.
4. Cant. Auzon, arr. Brioude, Haute-Loire. — Jacotin, 14. — Spicilegium Brivatense, 15-17, 78-84, 616.
5. Cant. La Voûte, ibid. — Id., 30.
6. Cant. La Voûte, ibid.
7. Chef-l. cant., ibid. — Id., 65.
8. Cant. Massiac, arr. Saint-Flour, Cantal. — Amé, 54. — Deribier, I, 269.
9. Cant. Ruines, ibid. — Id., 67. — Id., I, 278.
10. Cant. et arr. Murat. — Id., 74. — Id., I, 286-290. — Inv. som. arch. Tarn-et-Garonne, sér. G. 761, p. 242. — Arch. départ. Cantal, sér. H. — Le prieuré de Bredom, par Bouffet, dans *Revue Haute-Auvergne* VIII (1906), 103-149, 279-302, 370-394, etc. — Le prieuré de Bredom. Sa paroisse, ou seigneurie, son prieuré et les paroisses affiliées, par Bouffet, *Paris*, 1909, in-8. — Sceau du Prieur Hugues (1284), dans Douet d'Arcq, 9487. — De Rochemonteix, 68-81. — Pèlerinages et sanctuaires par Chabau, 429-439.
11. Cant. Pierrefort, arr. Saint-Flour. — Histoire des paroisses de Brezons et du Bourguet, par Pautard. Aurill*c*, 1909, in-16. — Amé, 75. — Deribier, I, 301-304. — De Rochemonteix, 82-85.

gneur du lieu, uni à la chambrerie. — Baioude [1]. Saint-Jean, commanderie de Malte. — Carlat, *Carlacum* [2]. Commanderie de Chevaliers de Malte. — Cassanjouze, *Cassanhoza* [3]. Notre-Dame, dépendant de Saint-Géraud d'Aurillac. *Saint-Projet*, prieuré de religieuses Augustines sous la dépendance de la prévôté de Montsalvy, uni à la Visitation de Saint-Flour. — Cayrols [4]. Notre-Dame et Sainte-Anne, dépendant de Saint-Géraud d'Aurillac. — Celles [5]. Commanderie du Temple, fondée par Dalmas de Celles (1212), attribuée aux Chevaliers de Malte. — Céloux [6]. Saint-Roch, dépendant de la Voûte. — Cezens, *Cezenum* [7]. Saint-Germain, uni à la mense épiscopale de Saint-Flour. — Chaliers, *Chalerium* [8]. Saint-Martin, dépendant de la Chaise-Dieu. — Chambezon, *Chambezo* [9]. Saint-Martin, dépendant de Sauxillanges. — Champagnac, *Campaniacum* [10]. Saint-Pierre, uni à l'hôtellerie de la Chaise-Dieu. — Chanteuges, *Cantoiolium* [11]. Saint-Marcellin, fondé par Cunibert, prévôt de Brioude (936), soumis à la Chaise-Dieu en 1136, fut entre les deux maisons le sujet de longues contestations. — Charrais,

---

1. Arch. départ. Puy-de-Dôme, sér. H.
2. Cant. Vic-sur-Cère, arr. Aurillac. — Documents historiques relatifs à la vicomté de Carlat, par de Dienne. — Amé, 95. — Deribier, III, 49.
3. Cant. Montsalvy, ibid. — Amé, 99. — Deribier, III, 53, 57-59.
4. Cant. Saint-Mamet, ibid. — Id., 104. — Id., III, 61.
5. Cant. et arr. Murat. — Id., 106. — Id., III, 67-71.
6. Cant. Ruines, arr. Saint-Flour. — Id., 106. — Id., III, 73.
7. Cant. Pierrefort, ibid. — Id., 107. — Id., III, 80.
8. Cant. Ruines, ibid. — Id., 110. — Id., III, 84.
9. Cant. Blesle, arr. Brioude, Haute-Loire. — Jacotin, 57.
10. Cant. Auzon, ibid. — Id., 59.
11. Cant. Langeac, ibid. — Arch. départ. Haute-Loire, sér. H. — Notes de Dom Chantelou et de Dom Boyer, *Bib. nat. ms. lat.* 12664 f. 39. — Bullaire d'Auvergne, *Innocent II* (1130-1143), dans *Mém. acad. Clermont*, XIX, 50; *Adrien IV* (1154-1159), 101; *Alexandre III* (1162-1175), 294; (1171-1181), 313; *Lucius III* (1184), 315; *append.* 572, 606-611. — Cartulaire de Brioude, p. 343-348. — Spicilegium Brivatense, 13. — Chanteuge; son histoire, ses antiquités et ses traditions, par Grellet, dans

Carasium [1]. Saint-Sébastien, uni au monastère des Chazes. — CHASSAGNES, *Cassaniæ* [2]. Saint-Pierre, dépendant de Pébrac. — CHASSIGNOLES, *Caucinogilæ* [3]. Notre-Dame, dépendant de La Vaudieu. — CHAUDESAIGUES, *Aquæ Calidæ* [4]. Saint-Martin, donné au monastère de Saint-Flour (1053), dépendant de l'évêché. — CISTRIÈRES, *Cisteriæ* [5]. Saint-Pierre, uni à la mense abbatiale de la Chaise-Dieu. — CLAVIÈRES, *Claveriæ* [6]. Sainte-Madeleine, dépendant de l'abbaye de Blesle. — COHADE [7]. *Le Chambon*, commanderie de Chevaliers de Malte, dépendant de Courteserre. — COLLAT, *Collatum* [8]. Saint-Martial, dépendant de la Chaise-Dieu. — CONNANGLES, *Connangliæ* [9]. Saint-Etienne, dépendant de l'Infirmerie de la Chaise-Dieu. — COREN, *Corentum* [10]. Saint-Pierre, dépendant de l'abbaye de Blesle. — CRANDELLES, *Carandelæ* [11]. Saint-Barthélemy, dépendant de Saint-Géraud. — CROS-DE-MONTVERT, *Crosum montis viridi* [12]. Sainte-Madeleine, dépendant de Saint-Géraud. — CROS-DE-RONESQUE, *Ronesca* [13]. Saint-Jacques, dépendant de la même abbaye,

---

Ann. soc. agric. Le Puy, X (1839), 273. — DOM VAISSETTE, V, 171, 188, 699. — THIOLLIER, 101.
1. Cant. Langeac, arr. Brioude. — JACOTIN, 67.
2. Cant. Paulhaguet, ibid. — ID., 68.
3. Cant. Auzon, ibid. — ID., 69.
4. Chef-l. cant., arr. Saint-Flour, Cantal. — AMÉ, 124. — Histoire de la baronnie de Chaudesaigues, par FELGÈRES, 317.
5. Cant. La Chaise-Dieu, arr. Brioude, Haute-Loire. — JACOTIN, 82.
6. Cant. Ruines, arr. Saint-Flour, Cantal. — AMÉ, 139. — DERIBIER, III, 211.
7. Cant. et arr. Brioude, Haute-Loire. — JACOTIN, 58.
8. Cant. Paulhaguet, arr. Brioude. — ID., 86.
9. Cant. La Chaise-Dieu, ibid. — ID., 89.
10. Cant. et arr. Saint-Flour, Cantal. — AMÉ, 154. — DERIBIER, III, 239.
11. Cant. et arr. Aurillac. — ID., 163. — ID., III, 242. — DE ROCHEMONTEIX, 123-125.
12. Cant. Laroquebrou, ibid. — ID., 167. — ID., III, 244.
13. Cant. Vic-sur-Cère, ibid. — ID., 167. — ID., III, 246.

ainsi que Saint-Hilaire de *Cros-de-Montamat.* — DOMEYRAT, *Dalmayracum*[1]. Saint-Hilaire, uni à la mense abbatiale de la Chaise-Dieu.

ESPINASSE, *Spinassa*[2]. Saint-Gilles, uni au chapitre cathédral. — FONTANNES, *Fontanæ*[3]. Notre-Dame, dépendant de Blesle. — GIOU-DE-MAMOU, *Hiori*[4]. Saint-Bonnet, uni à la mense capitulaire de Saint-Géraud (1593). — GIRGOLS, *Girgoli*[5]. Notre-Dame, uni à l'archidiaconé d'Aurillac (1252). — GLENAT, *Glenacum*[6]. Saint-Blaise, dépendant de l'évêché. Saint-Martin d'*Espinadel*, dépendant de Maurs. — GRENIER-MONTGON, *Graneriæ*[7]. Saint-Grégoire, dépendant de Montsalvy. — JABRUN[8]. Commanderie de Chevaliers de Malte, dépendant de celle de Montchamp. Saint-Laurent de *Requistal*, dépendant de Pébrac. — JAVAUGUES[9]. Saint-Loup, dépendant de la Chaise-Dieu. — JAX[10]. Saint-André, dépendant de Pébrac. — JOSAT, *Loiacum*[11]. Notre-Dame. — JOUX-SOUS-MONTJOU[12]. Notre-Dame, uni au prieuré de Saint-Julien du Pont, près Florac. — JUNHAC[13], *Junhacum*. Saint-Justin, dépendant de Montsalvy. — JUSSAC,

---

1. Cant. Paulhaguet, arr. Brioude, Haute-Loire. — JACOTIN, 107.
2. Cant. Chaudesaigues, arr. Saint-Flour, Cantal. — AMÉ, 187. — DERIBIER, III, 273.
3. Cant. et arr. Brioude, Haute-Loire. — JACOTIN, 123.
4. Cant. et arr. Aurillac, Cantal. — AMÉ, 234. — DERIBIER, III, 457.
5. Cant. Saint-Cernin, ibid. — ID., 234. — ID., III, 460. — DE ROCHEMONTEIX, 143-145.
6. Cant. Laroquebrou, ibid. — ID., 235, 186. — ID., 462, 463. — ID., 146-147.
7. Cant. Blesle, arr. Brioude, Haute-Loire. — JACOTIN, 141.
8. Cant. Chaudesaigues, arr. Saint-Flour, Cantal. — AMÉ, 254. — DERIBIER, III, 472. — DE ROCHEMONTEIX, 157-158.
9. Cant. et arr. Brioude, Haute-Loire. — JACOTIN, 148.
10. Cant. Paulhaguet, ibid. — ID., 148.
11. Ibid. — ID., 149.
12. Cant. Vic, arr. Aurillac, Cantal. — AMÉ, 259. — DERIBIER, III, 493. — DE ROCHEMONTEIX, 164-171.
13. Cant. Montsalvy, ibid. — ID., 260. — ID., III, 502.

Jussacum [1]. Saint-Martin, dépendant de Saint-Géraud d'Aurillac. — Ladrousse, *Bruxia* [2]. Saint-Martin, dépendant de Saint-Géraud. — La Besserette [3]. Notre-Dame, de la même dépendance. — La Capelle-Barrès [4]. Saint-Julien, dépendant de l'évêque. — La Capelle-en-Vézie [5]. Saint-Remy, dépendant de Monsalvy. — La Capelle-Viescamp [6]. Sainte-Madeleine, uni à l'archiprêtré d'Aurillac. — La Chomette, *Chalmeta* [7]. Saint-Mary. — Ladinhac, *Ladinhacum* [8]. Saint-Aignan de *la Salle*, dépendant de l'évêché. — La Motue [9]. Saint-Saturnin de *la Viale*, *de Villa*, dépendant de Pébrac. — Langeac [10]. *La Madeleine*, uni à la Bajasse. — Laroquevieille, *Rupes vetus* [11]. Saint-Pardoux, uni à l'archidiaconé d'Aurillac. — Lascelle, *Cellæ* [12]. Saint-Remy, dépendant de Saint-Géraud. — La Ségalassière, *Segalassiera* [13]. Notre-Dame, dépendant de la même abbaye. — Lastic, *Lasticum* [14]. Sainte-Madeleine, donné à Cluny en 1131, dépendant de la Voûte. — La Trinitat [15]. Sainte-Trinité,

---

1. Cant. et arr. Aurillac. — Amé, 260. — Deribier, III, 505. — Quelques pièces aux arch. départ. sér. H.
2. Ibid. — Id., 262. — Id., III, 510.
3. Cant. Monsalvy, arr. Aurillac. — Id., 44. — Id., I, 259.
4. Cant. Pierrefort, arr. Saint-Flour. — Id., 92. — Id., III, 5.
5. Cant. Montsalvy, arr. Aurillac. — Id., 92. — Id., III, 10.
6. Cant. Laroquebrou, ibid. — Id., 93. — Id., III, 12.
7. Cant. Paulhaguet, arr. Brioude, Haute-Loire. — Jacotin, 81.
8. Cant. Monsalvy, arr. Aurillac, Cantal. — Amé, 263.
9. Cant. et arr. Brioude. — Jacotin, 296.
10. Chef-l. cant., arr. Brioude. — Jacotin, 161.
11. Cant. et arr. Aurillac, Cantal. — Amé, 267. — Deribier, V, 133. — De Rochemonteix, 178-181.
12. Cant. et arr. Aurillac, Cantal. — Id., 267. — Id., III, 521. — De Rochemonteix, 182-188. — L'église de Lascelle, par le même. Caen, 1901, in-8 ; ext. *Bul. monum.*
13. Cant. Saint-Mamet. — Amé, 469. — Deribier, V, 512.
14. Cant. et arr. Saint-Flour. — Id., 268. — Id., IV, 5.
15. Cant. Chaudesaigues, ibid. — Id., 499. — Id., V, 472.

dépendant de Montsalvy. — LAURIE [1]. Sainte-Madeleine de *Lussaud*, dépendant de Blesle. — LA VASTRIE, *Bastria* [2]. Saint-Pierre, dépendant de Conques. — LA VOUTE-CHILLAC. La Madeleine. — LE FOURNOULÈS [3]. Notre-Dame, dépendant de Saint-Géraud. — LEMPDES, *Lendanum* [4]. Saint-Gérard, uni à la chambrerie de Sauxillanges. — LÉOTOING, *Laulon* [5]. Saint-Vincent, dépendant de Sauxillanges. — LES DEUX-VERGES, *Duæ virgæ* [6]. Saint-Médard, donné au monastère de Saint-Flour par Robert de Saint-Floret, seigneur du lieu (1274). — LES TERNES, *Terni* [7]. Saint-Martin, uni à la chambrerie de Saint-Flour, puis à la mense capitulaire. — LE TRIOULOU [8]. Saint-Blaise, dépendant de Figeac. — LEUCAMP, *Longus campus* [9]. Saint-Amand, uni au chapitre cathédral de Clermont. — LEYNHAC, *Lainhacum* [10]. Notre-Dame, uni à Notre-Dame *du Pont*, qui était

---

1. Cant. Massiac. — AMÉ, 285. — DERIBIER, IV, 15. — DE ROCHEMONTEIX, 189. — Pèlerinages et sanctuaires, par CHABAU, 591-604.
2. Cant. et arr. Saint-Flour. — ID., 270. — ID., V, 517.
3. Cant. Maurs, arr. Aurillac. — ID., 215.
4. Cant. Auzon, arr. Brioude, Haute-Loire. — JACOTIN, 155.
5. Cant. Blesle, ibid. — ID., 155.
6. Cant. Chaudesaigues, arr. Saint-Flour, Cantal. — AMÉ, 173. — DERIBIER, III, 252. — DE ROCHEMONTEIX, 129.
7. Cant. et arr. Saint-Flour. — ID., 488. — ID., V, 436. — DE ROCHEMONTEIX, 384-386.
8. Cant. Maurs, arr. Aurillac. — ID., 449. — ID., V, 473.
9. Cant. Montsalvy, arr. Aurillac. — ID., 274. — ID., IV, 16.
10. Cant. Maurs, arr. Aurillac. — ID., 275. — ID., IV, 18. — Documents aux arch. départ. sér. H. et aux arch. de l'Aveyron, sér. H. — Cartulaire du prieuré de Notre-Dame du Pont en Haute-Auvergne, précédé de la biographie de son fondateur, Bertrand de Griffeuille, par ANT. THOMAS. *Toulouse*, 1908, in-8 ; ext. *An. Midi*, XX, 161-203. — Documents inédits du XIIe siècle sur la Haute-Auvergne. Deux moines défricheurs fondateurs de neuf monastères. Bertrand de Griffeuille et le cartulaire de Notre-Dame du Pont, par BOUDET, dans *Rev. Haute-Auvergne*, X (1908), 133-168, 287-315, 404-435. — Nouveaux documents sur Bertrand de Griffeuille, par ANT. THOMAS, dans *An. Midi*, XX, 488-493. — Encore un document sur Bertrand de Griffeuille, par R. GRAND.

une dépendance de l'abbaye de la Couronne, au diocèse d'Angoulême. — LIEUTADÈS [1]. Saint-Martin, dépendant de la Chaise-Dieu. — LORCIÈRES, *Vallis Orseria* [2]. Saint-Sébastien, dépendant de Pébrac.

MALBO [3]. Saint-Jean-Baptiste, uni à l'archidiaconé de Saint-Flour. — MARCOLÈS [4]. Saint-Martin et Saint-Jean, dépendant de Saint-Géraud. — MARMANHAC, *Marmonhiacum* [5]. Saint-Saturnin, uni à l'archidiaconé d'Aurillac (1250). — MAURINES, *Maurinæ* [6]. Saint-Mary, dépendant d'Aubrac. — MAZERAT-AUROUZE, *Mazaracum* [7]. Saint-Pierre, dépendant de la Chaise-Dieu. — MENTIÈRES, *Menteriæ* [8]. Sainte-Madeleine, donné par Pons, évêque de Clermont, au monastère de Saint-Flour (1180), uni à l'office de chantre (1326). — MOISSAC, *Moyssacum* [9]. Saint-Hilaire, dépendant de la Voûte, et donné à l'abbaye de Moissac (1311). — MOLOMPIZE, *Molendinum Pisini* [10]. Sainte-Foy donné à l'abbaye de Conques dès le IX° siè-

---

Ibid., XXI, 198-201. — Histoire de l'abbaye de la Couronne, par BLANCHET, II, 381-386. — Pouillé du diocèse d'Angoulême, par NANGLARD, I, 398.

1. Cant. Chaudesaigues, arr. Saint-Flour. — AMÉ, 277. — DERIBIER, IV, 23.
2. Cant. Ruines, ibid. — ID., 281. — ID., IV, 29.
3. Cant. Pierrefort, ibid. — ID., 289. — ID., IV, 91.
4. Cant. Saint-Mamet, arr. Aurillac. — AMÉ, 295. — DERIBIER, IV, 125.
5. Cant. et arr. Aurillac. — ID., 297. — ID., IV, 134. — DE ROCHEMONTEIX, 207-208.
6. Cant. Chaudesaigues, arr. Saint-Flour. — ID., 305. — ID., IV, 307.
7. Cant. Paulhaguet, arr. Brioude, Haute-Loire. — JACOTIN, 174.
8. Cant. et arr. Saint-Flour, Cantal. — AMÉ, 310. — DERIBIER, IV, 348. — DE ROCHEMONTEIX, 264-268.
9. Cant. et arr. Murat. — ID., 316. — Id., IV, 350. — ID., 269-272.
10. Cant. Massiac, arr. Saint-Flour. — AMÉ, 318, 509. — DERIBIER, IV, 356. — BLANCHET, *ouv. cit.*, II, 370-376. — NANGLARD, *ouv. cit.*, I, 399. — Documents aux arch. départ. sér. H. — Cartulaire de Conques, par DESJARDINS, LXXXVII, 243, 291, 292, 332, 347, 373, 374. — DE ROCHEMONTEIX, 276-281, 412-414. — CHABAU, 582-590.

cle. Notre-Dame de *Vauclaire*, *de Valle Clara*, donné à l'abbaye de la Couronne, uni au collège des Jésuites de Clermont (1620), puis à la mense abbatiale. — Montchamp, *Mons Calmus* [1]. Saint-Jean, commanderie de Chevaliers de Malte, qui avait d'abord appartenu aux Templiers. — Montclard, *Mons Clarus* [2]. Saint-Clair, dépendant de la Chaise-Dieu. *La Trinité*, dépendant de la Bajasse. — Montmurat, *Mons Muratus* [3]. Notre-Dame. — Montsalvy. La Madeleine. — Montvert, *Mons viridis* [4]. Saint-Géraud, dépendant de l'abbaye d'Aurillac. Notre-Dame de *Griffeuille*, donné à l'abbaye de la Couronne par Bertrand, seigneur du lieu (1200). — Mourjou, *Muorghum* [5]. Saint-Médard, dépendant de Montsalvy. — Murat [6]. Saint-Etienne du Château. — Nieudan [7]. Saint-Julien, uni à l'archidiaconé d'Aurillac.

Parlan [8]. Saint-Georges, dépendant de l'évêque. — Paulhac, *Paulhacum* [9]. Saint-Julien, dépendant de l'évêque. — Paulhaguet,

---

1. Cant. et arr. Saint-Flour. — Arch. départ. Puy-de-Dôme et Rhône, sér. H. — Amé, 324. — Deribier, IV, 360.

2. Cant. Paulhaguet, arr. Brioude, Haute-Loire. — Jacotin, 185. — Une poignée de documents sur la Haute-Auvergne, par Poulbrière, dans *Bul. hist. Auvergne* (1888), 167-267. — Le prieuré et le pèlerinage de la Trinité, par de Lascombe, dans *Mém. soc. scientif. Haute-Loire*, XII (1902), 351-357.

3. Cant. Maurs, arr. Aurillac. — Amé, 329. — Deribier, IV, 366.

4. Cant. Laroquebrou, ibid. — Id., 331. — Id., IV, 382. — Blanchet, II, 365-370. — Nanglard, I, 393-395. — De Rochemonteix, 300-302.

5. Cant. Maurs, ibid. — Id., 339. — Id., IV 384.

6. Bredon, par Bouffet, 211. — Petit guide du touriste et de l'archéologue autour de Murat, par Delort. *Murat*, 1902, in-16.

7. Cant. Laroquebrou, arr. Aurillac. — Amé, 345. — Deribier, IV, 560.

8. Cant. Saint-Mamet. — Id., 357. — Id., IV, 580.

9. Cant. et arr. Saint-Flour. — Amé, 359. — Deribier, IV, 395. — Histoire de la commune de Paulhac, par Pautard. *Saint-Flour*, 1889, in-16. — De Rochemonteix, 306-310.

Pauliacum [1]. Saint-Etienne, dépendant de La Vaudieu, ainsi que Sainte-Croix de *Censac-Lavaux, de Sanesaco*. — PAULHENC, *Paulencum* [2]. Saint-Saturnin, dépendant de la Chaise-Dieu. — PÉBRAC [3]. Saint-Hippolyte de *Digons*, dépendant de l'abbaye du lieu. — PIERREFORT, *Petra fortis* [4]. Saint-Pierre, uni à la mense épiscopale. — POLMINHAC, *Polminhacum* [5]. Saint-Victor, uni à l'archidiaconé de Billom. — PRUNET, *Prunetum* [6]. Saint-Remy, dépendant de Saint-Géraud. — RAGEADE, *Ratgada* [7]. Saint-Pierre, dépendant de l'abbaye des Chazes. — RAULHAC, *Raulhacum* [8]. Saint-Pierre, uni au chapitre cathédral. — REILHAC, *Rillacum* [9]. Saint-Laurent, uni à l'archidiaconé d'Aurillac. — REILHAC [10]. Saint-Privat, dépendant de la Voûte. — ROANNES-SAINT-MARY [11]. Saint-Jean de *Griffeuille*, dépendant de l'évêque. — ROFFIAC, *Ruffiacum* [12]. Saint-Gal, uni au chapitre Notre-Dame de Saint-Flour. — ROUFFIAC, *Ruffiacum* [13].

---

1. Chef-l. cant. arr. Brioude, Haute-Loire. — JACOTIN, 204, 50. — Spicilegium Brivatense, 289-294.
2. Cant. Pierrefort, arr. Saint-Flour, Cantal. — AMÉ, 359. — DERIBIER, V, 5. — Arch. départ. II.
3. Cant. Langeac, arr. Brioude, Haute-Loire. — JACOTIN, 106.
4. Chef-l. cant., arr. Saint-Flour, Cantal. — AMÉ, 373. — DERIBIER, V, 16. — DE ROCHEMONTEIX, 311-313.
5. Cant. Vic, arr. Aurillac. — ID., 380. — ID., V, 46. — ID., 314-316.
6. Cant. et arr. Aurillac. — ID., 395. — ID., V, 66.
7. Cant. Ruines, arr. Saint-Flour. — ID., 407. — ID., V, 75.
8. Cant. Vic, arr. Aurillac. — ID., 408. — ID., V, 76. — Monographie historique ou l'ancien Raulhac depuis les origines jusqu'à la révolution, par POULHÈS. *Aurillac*, 1903, in-8. — Une paroisse rurale sous l'ancien régime, Raulhac en Carladès, par DE LA VAYSSIÈRE, dans *Rev. Quest. hist.* LXXVII (1905), 207-215. — Arch. départ. sér. II. — DE ROCHEMONTEIX, 318-322.
9. Cant. et arr. Aurillac. — ID., 412. — ID., V, 88. — ID., 323.
10. Cant. Langeac, arr. Brioude, Haute-Loire. — JACOTIN, 229.
11. Cant. Saint-Mamet, arr. Aurillac, Cantal. — NANGLARD, 393-395.
12. Cant. et arr. Saint-Flour. — AMÉ, 428. — DERIBIER, V, 111. — DE ROCHEMONTEIX, 347-354.
13. Cant. Laroquebrou, arr. Aurillac. — AMÉ, 433. — DERIBIER, V, 138.

Saint-Martin, uni à l'archidiaconé d'Aurillac. — ROUMEGOUX [1].
Saint-Paul, uni au prieuré de Cayrols. — ROUSSY, *Rousinum* [2].
Saint-Julien, dépendant de l'évêque. — ROUZIERS, *Rogerium* [3]. Saint-Martin, dans la même condition que le précédent. — RUINES, *Ruynæ* [4]. Notre-Dame, dépendant du Monastier, uni au collège des Jésuites de Rodez.

SAINT-ANTOINE [5]. Commanderie de Chevaliers de Malte. — SAINT-ARCONS-D'ALLIER, *Sanctus Arcontius* [6], dépendant des Chazes. — SAINT-CERNIN, *Sanctus Saturninus* [7], uni au chapitre cathédral de Clermont (1313). — SAINT-CIRGUES-DE-JORDANNE, *Sanctus Ciricus de Jordana* [8], à la nomination de l'évêque. — SAINT-CIRGUES-DE-MALBERT, *Sanctus Ciricus de Malverto* [9], uni à la mense épiscopale. — SAINT-CONSTANT, *Sanctus Constantius* [10], à la nomination épiscopale. — SAINT-DIDIER-SUR-DOULON, *Sanctus Desiderius* [11], dépendant de La Vaudieu. — SAINTE-GENEVIÈVE [12]. La Calm, *Calmus*, donné à Conques par Rigaud de Miramont et son frère Etienne (1031-1060). — SAINT-ETIENNE-CANTALÈS, *de Cantalesio* [13], uni au prieuré de la

---

1. Cant. Saint-Mamet, ibid. — AMÉ, 434. — DERIBIER, V, 141.
2. Cant. Montsalvy, ibid. — ID., 437. — ID., V, 145.
3. Cant. Maurs, ibid. — ID., 438. — ID., V, 148.
4. Chef-l. cant., arr. Saint-Flour. — ID., 439. — ID., V, 158. — Arch. départ. Aveyron, sér. D, 385-386. Inventaire sommaire, I, 47.
5. Cant. Maurs, arr. Aurillac. — ID., 443. — ID., I, 73.
6. Cant. Langeac, arr. Brioude, Haute-Loire. — JACOTIN, 247.
7. Chef-l. cant., arr. Aurillac, Cantal. — AMÉ, 445. — DERIBIER, III, 73. — Saint-Cernin depuis le XVIe siècle. Notes et documents inédits, par BASTID. Aurillac, 1901, in-8 ; ext. *Revue Haute-Auvergne*.
8. Cant. et arr. Aurillac. — ID., 445. — ID., III, 204.
9. Cant. Saint-Cernin, arr. Aurillac. — ID., 446. — ID., III, 206.
10. Cant. Maurs, ibid. — ID., 446. — ID., III, 235.
11. Cant. Paulhaguet, arr. Brioude, Haute-Loire. — JACOTIN, 248.
12. Chef-l. cant., arr. Espalion, Aveyron. — Cartulaire de Conques, 389.
13. Cant. Laroquebrou, arr. Aurillac, Cantal. — AMÉ, 447. — DERIBIER, III, 275.

Ségalassière. — Saint-Etienne-de-Carlat, de *Capellis* [1], donné à Bredon par Raymond, comte de Toulouse (1213). — Saint-Etienne-de-Maurs, de *Mauris* [2], uni au monastère voisin. — Saint-Etienne-près-Allègre [3], dépendant de la Chaise-Dieu. — Saint-Etienne-sur-Blesle [4], dépendant de Blesle. — Saint-Georges [5], donné à Saint-Flour par Alboin de Bressadel. On l'unit au prieuré de *Saint-Michel*, situé sur la même paroisse, qui était uni au chapitre cathédral. Saint-Etienne de *Broussadel*, uni à la réfectorerie de Saint-Flour. — Saint-Georges-d'Aurac, de *Aurato* [6], dépendant de Pébrac, ainsi que Notre-Dame de Flageac, de *Flaghaco*. — Saint-Hilaire [7], dépendant de la Chaise-Dieu. — Saint-Illide, *Sanctus Illidius* [8], dépendant de Saint-Géraud. — Saint-Ilpize, *Sanctus Illidius* [9], dépendant de Pébrac. — Saint-Julien-des-Chazes [10]. — Saint-Julien-de-Toursac, de *Coursaco* [11], uni à l'archidiaconé d'Aurillac. — Saint-Just, *Sanctus Justus* [12], dépendant de Pébrac. — Saint-Just-près-Brioude [13], de la même dépendance. — Sain-Laurent-Chabreuges [14]. *Entremonts*, dépendant de la Vaudieu. — Saint-

---

1. Cant. Vic, arr. Aurillac, Cantal. — Amé, 447. — Deribier, III, 277. — Bouffet, ouv. cit., 228.
2. Cant. Maurs, ibid. — Id., 447. — Id., III, 282.
3. Cant. Paulhaguet, arr. Brioude, Haute-Loire. — Jacotin, 250.
4. Cant. Blesle. — Id., 250.
5. Cant. et arr. Saint-Flour, Cantal. — Amé, 449. — Deribier, III, 449-453.
6. Cant. Paulhaguet, arr. Brioude, Haute-Loire. — Jacotin, 252.
7. Cant. Auzon, ibid. — Id., 253.
8. Cant. Saint-Cernin, arr. Aurillac, Cantal. — Amé, 450. — Deribier, III, 469. — De Rochemonteix, 154-156.
9. Cant. La Voûte, arr. Brioude, Haute-Loire. — Jacotin, 253.
10. Cant. Langeac, ibid.
11. Cant. Maurs, arr. Aurillac, Cantal. — Amé, 451. — Deribier, III, 499.
12. Cant. Ruines, arr. Saint-Flour. — Id., 451. — Id., III, 508.
13. Cant. et arr. Brioude, Haute-Loire. — Jacotin, 256.
14. Ibid. — Id., III.

Mamet-la-Salvetat [1]. Commanderie de la *Salvetat*. — Saint-Marc [2], dépendant de Pébrac. — Saint-Martial [3], à la nomination de l'évêque. — Saint-Pal-de-Murs, *Sanctus Paulus* [4], dépendant de la Chaise-Dieu. — Saint-Paul-des-Landes [5], uni à l'archidiaconé d'Aurillac. — Saint-Poncy, *Sanctus Poncius* [6], donné à Pébrac en 1070. Saint-Jean de *Rochefort*, dépendant de la Voûte. — Saint-Préjet-Armandon [7], dépendant de la Bajasse. — Saint-Remy-de-Chaudesaigues [8], uni au monastère de Saint-Flour (1219). — Saint-Santin-Cantalès, *Sanctus Sanctinus* [9], dépendant de Saint-Géraud. — Saint-Santin-de-Maurs [10], uni à l'abbaye (1255). — Saint-Saury [11]. Notre-Dame d'*Escalmels*, l'un des riches prieurés que l'abbaye de la Couronne possédait dans le diocèse de Saint-Flour. — Saint-Simon, *Sanctus Sigismundus* [12], dépendant de Saint-Géraud. — Saint-Urcize, *Sanctus Ursizius* [13], uni à l'hôtellerie de la Chaise-Dieu. — Saint-Vert [14], uni à l'infirmerie de la Chaise-Dieu.

Sansac-de-Marmiesse [15]. Saint-Sauveur de Marmiesse, dépendant

---

1. Chef-l. cant, arr. Aurillac, Cantal. — Amé, 463. — Deribier, IV, 98. — De Rochemonteix, 194.
2. Cant. Ruines, arr. Saint-Flour. — Amé, 452. — Deribier, IV, 107.
3. Cant. Chaudesaigues, ibid. — Id., 452. — Id., IV, 155.
4. Cant. La Chaise-Dieu, arr. Brioude, Haute-Loire. — Jacotin, 258.
5. Cant. et arr. Aurillac, Cantal. — Amé, 455.
6. Cant. Massiac, arr. Saint-Flour. — Id., 455. — Deribier, V, 60. — Arch. départ. sér. H. — De Rochemonteix, 316-318.
7. Cant. Paulhaguet, arr. Brioude, Haute-Loire. — Jacotin, 259.
8. Cant. Chaudesaigues, arr. Saint-Flour, Cantal. — Amé, 456. — Deribier, V, 94. — De Rochemonteix, 327.
9. Cant. Laroquebrou, arr. Aurillac. — Id., 457. — Id., V, 271.
10. Cant. Maurs, ibid. — Id., 457. — Id., V, 277. — De Rochemonteix, 379-383.
11. Cant. Saint-Mamet, ibid. — Id., 182. — Id., V, 295. — Blanchet, II, 375-381. — Nangland, I, 395-398. — De Rochemonteix, 372-376.
12. Cant. et arr. Aurillac. — Id., 458. — Id., V, 335.
13. Cant. Chaudesaigues, arr. Saint-Flour. — Id., 458. — Id., V, 484. — De Rochemonteix, 397-403.
14. Cant. Auzon, arr. Brioude, Haute-Loire. — Jacotin, 261.
15. Cant. et arr. Aurillac, Cantal. — Amé, 464. — Deribier, V, 259 et s.

de l'évêque. Saint-Avit de *Sansac*, dépendant du seigneur du lieu.
— SARRUS [1]. Saint-Nicolas de *Mallet*, dépendant de Chanteuges. —
SÉNEZERGUES [2]. Saint-Martin, uni à l'archidiaconé d'Aurillac. —
SIAUGUES-SAINT-ROMAIN [3]. Saint-Pierre, dépendant des Chazes. —
SIRAN [4]. Saint-Martin, uni au prieuré d'Escalmels. — TAILHAC, *Tau-lhacum* [5]. Saint-Jean-Baptiste, dépendant de Pébrac. — TALIZAT, *Talayssacum* [6]. Saint-Lambert, donné au chapitre de Brioude par Etienne de Mercœur, évêque de Clermont, uni au séminaire de Saint-Flour. Saint-Nicolas, dépendant de Saint-Géraud, ainsi que *Saint-Mary-le-Cros*, qui lui était uni (1541). — TEISSIÈRE-DE-CORNET, *Taxeriæ* [7]. Saint-Men, uni à l'archidiaconé d'Aurillac. — TEISSIÈRE-LÈS-BOULIÈS [8]. Notre-Dame. — THIÉZAC, *Tiazacum* [9]. Saint-Martin, dépendant de Saint-Géraud, après avoir appartenu au chapitre cathédral de Clermont. — USSEL, *Usselum* [10]. Saint-Julien, donné à Conques par les seigneurs de Brezons, uni au prieuré de Molompize (1618). — VALUÉJOLS, *Valegium* [11]. Saint-Saturnin, dépendant de Moissac et de son prieuré de Bredon, ainsi que *Saint-Maurice*. —
VÉDRINES-SAINT-LOUP, *Vedrinæ* [12], dépendant de la Voûte. — VÉZAC,

---

1. Cant. Chaudesaigues, arr. Saint-Flour.—AMÉ, 291.— DERIBIER, V, 281.
2. Cant. Monsalvy, arr. Aurillac. — ID., 471.
3. Cant. Langeac, arr. Brioude, Haute-Loire. — JACOTIN, 270.
4. Cant. Laroquebrou, arr. Aurillac, Cantal. — AMÉ, 476. — DERIBIER, V, 395.
5. Cant. Pinols, arr. Brioude, Haute-Loire. — JACOTIN, 275.
6. Cant. et arr. Saint-Flour, Cantal. — AMÉ, 484, 454. — DERIBIER, V, 426.
7. Cant. et arr. Aurillac. — ID., 487. — ID., V, 432.
8. Cant. Monsalvy, ibid. — ID., 487. — ID., V, 434.
9. Cant. Vic, ibid. — ID., 490. — ID., V, 440.
10. Cant. et arr. Saint-Flour. — AMÉ, 502. — DERIBIER, V, 488. — Cartulaire de Conques, 228, 297, 327, 374.— DE ROCHEMONTEIX, 404-405.
11. Cant. et arr. Saint-Flour. — AMÉ, 507, 475. — ID., V, 513. — Bredon, par BOUFFET, 215-223. — DE ROCHEMONTEIX, 407-411. — Inv. som. arch. Tarn-et-Garonne, sér. G. 762, p. 243.
12. Cant. Ruines, ibid. — ID., 512. — ID., V, 528.— DE ROCHEMONTEIX, 418-420.

Vezacum[1]. Saint-Sulpice, uni à l'archidiaconé d'Aurillac. — Vézezoux, *Vescdonum*[2]. Saint-Préjet, dépendant de Sauxillanges. — Vic-sur-Cère, *Vicus*[3]. Saint-Pierre, dépendant de Saint-Géraud, uni au monastère de Saint-Flour. — Vieil-Brioude, *Vetula Brioute*[4]. Saint-Vincent, dépendant de Pébrac. Saint-Jean de *La Bajasse*, monastère de Chanoines réguliers, supprimé en 1737, et uni à l'hôtel-Dieu de Brioude, fondé par Odilon de Chambon (1161). — Vieillespesse, *Veteresspissæ*[5]. Saint-Sulpice, uni au chapitre Notre-Dame de Saint-Flour. — Vieillevie, *Veterisviæ*[6]. Saint-Laurent. — Villedieu, *Villa Dei*[7]. Notre-Dame. *Montaigut*, dépendant du monastère de Saint-Flour. — Virargues, *Veyrargæ*[8]. Saint-Jean-Baptiste, donné à Moissac (1066) et soumis au prieuré de Bredon. — Vitrac, *Vitracum*[9]. Saint-Martial, dépendant de l'évêque. — Ytrac, *Ytracum*[10]. Saint-Julien, uni à la sacristie de Maurs.

---

1. Cant. et arr. Aurillac. — Amé, 525. — Deribier, V, 539.

2. Cant. Auzon, arr. Brioude, Haute-Loire. — Jacotin, 295.

3. Chef-l. cant., arr. Aurillac, Cantal. — Id., 529. — Id., V, 547. — De Rochemonteix, 434-437.

4. Cant. et arr. Brioude, Haute-Loire. — Jacotin, 297, 15. — Histoire de Vieil Brioude depuis les origines jusqu'à nos jours, par Peyron. *Le Puy*, 1900, in-18. — Histoire de la léproserie et du prieuré de la Bajasse de Vieil-Brioude (1150-1900), par le même. *Le Puy*, 1899, in-8. — Spicilegium Brivatense, 18, 27-31, 157-159, 400-402.

5. Cant. et arr. Saint-Flour, Cantal. — Amé, 531. — Deribier, V, 576. De Rochemonteix, 438.

6. Cant. Monsalvy, arr. Aurillac. — Id., 531. — Id., V, 578.

7. Cant. et arr. Saint-Flour. — Id., 535. — Id., V, 597. — L'église de Villedieu, par Vachès. *Saint-Flour*, 1907, in-8. — De Rochemonteix, 444-452. — Chabau, 528-536.

8. Cant. et arr. Murat. — Id., 536. — Id., V, 607. — Bredon, par Bouffet, 226. — De Rochemonteix, 455-458.

9. Cant. Saint-Mamet, arr. Aurillac. — Id., 535. — Id., V, 609.

10. Cant. Maurs, Ibid. — Id., 541. — Id., V, 685.

VI

DIOCÈSE DE TULLE[1]

[Tulle, en latin *Tutelensis*, ville épiscopale, située au confluent des rivières de Corrèze et de Solane, partie dans le fond et partie sur

---

1. Chef-l. Départ. Corrèze. — Historiæ Tutelensis libri III, auct. STEPHANO BALUZIO. Paris, 1717, *in-4*. — Institutio Tutelensis Ecclesiæ, par BERTRAND DE LA TOUR. *Tulle*, 1633, et *Toulouse*, 1638, *in-8*. — Histoire de l'Église de Tulle et de Notre-Dame de Roc-Amadour, par BERTRAND DE LA TOUR, traduite par BONNÉLYE. *Tulle*, 1858, *in-8*. — Histoire du diocèse de Tulle, par POULBRIÈRE. *Tulle*, 1884, *in-16*. — Dictionnaire historique et archéologique des paroisses du diocèse de Tulle, par LE MÊME. *Tulle*, 1894-1910, 3 vol. *in-4*. — Les principaux sanctuaires consacrés à la Sainte Vierge au diocèse de Tulle, par un CURÉ DE CAMPAGNE. *Tulle*, 1886, *in-16*. — Notes pour l'histoire des communes de la Corrèze, par VAYSSIÈRE. *Tulle*, 1883, *in-12*. — Histoire politique, civile et religieuse du Bas-Limousin, par MARVAUD. *Tulle*, 1842, 2 vol. *in-8*. — Études historiques et critiques sur le Bas-Limousin, par DE LAROUVERADE. *Tulle*, 1860 et 1865, *in-8*. — Le Bas-Limousin seigneurial et religieux ou géographie historique abrégée de la Corrèze, par CHAMPEVAL, arrondissement de Tulle et Ussel. *Limoges*, 1896, 2 vol. *in-8*. — Scènes et portraits de la révolution en Bas-Limousin, par DE SEILHAC. *Tulle*, 1878, *in-8*. — Histoire politique du département de la Corrèze sous le Directoire, le Consulat, l'Empire et la Restauration, par LE MÊME. *Tulle*, 1888, *in-8*. — Le diocèse de la Corrèze pendant la Révolution, par R. FAGE. *Tulle*, 1890, *in-12*. — Vie des Saints du diocèse de Tulle et des personnes mortes en odeur de sainteté, qui à diverses reprises appartiennent au Bas-Limousin. *Tulle*, 1887, *in-8* ; ext. *Semaine religieuse*. — Excursions limousines, I, de Brive à Tulle ; II, de Tulle à Ussel et à Eygurande ; III, d'Eygurande à Largnac, par R. FAGE. *Tulle*, 1883, 3 vol. *in-8*. — État de l'Église et du diocèse de Tulle en 1671, par POULBRIÈRE, dans *Bul. soc. Tulle*, X (1888), 668. — État ou tableau du diocèse de Tulle, conformément

le penchant d'une montagne, dans un pays affreux par ses montagnes et ses précipices. C'est pour cela que d'anciens moines s'y établirent pour faire pénitence ; et il se forma en ce même lieu un grand et célèbre monastère, dont saint Odon, abbé de Cluny, fait mention dans la vie de saint Géraud d'Aurillac. Ce monastère, connu sous le nom de Saint-Martin et fondé dans le septième siècle par saint Chafre, donna occasion à la fondation de la ville de Tulle [1]. Cette

---

aux instructions de MM. les agents généraux (1755), par LE MÊME. *Ibid.*, XI, 415-426. — Cahiers de doléances des paroisses du Bas-Limousin, par HUGUES, *Ibid.*, X, 115, 363, 532, 675. — Organisation ecclésiastique, judiciaire, civile et financière du Bas-Limousin vers la fin du XVIIIe s., par LAVEIX, dans *Bul. soc. Brive*, VI, 447, 621.

Archives historiques de la Corrèze, ancien Bas Limousin, par CLÉMENT-SIMON. *Tulle*, 1903-1906, 2 vol. in-8. — Inventaire sommaire des archives départementales. Corrèze, par LACOMBE, VAYSSIÈRE et HUGUES, sér. B-II, *Tulle*, 1869, 1874, 1884, 3 vol. in-4. — Les archives historiques de la Corrèze en 1895, par L'HERMITTE. *Tulle*, 1895, in-8. — Les archives du département de la Corrèze, par A. LACOMBE, dans *Bul. soc. Corrèze, Tulle,* I (1879), 18 *et s.* — Sigillographie du Bas-Limousin, par PH. DE BOSREDON et RUPIN. *Brive*, 1886, in-8 ; ext. *Bul. soc. Corrèze, Brive*, II-V. — Sigillographie du Bas-Limousin, par LES MÊMES. *Brive*, 1896, in-8. — Dictionnaire topographique du département de la Corrèze, par CHAMPEVAL, dans *Bul. soc. Brive*, XVIII, 43, 291, 509 ; XIX, 117, 243 ; XX, 385.

Bulletin de la Société des lettres, sciences et arts. *Tulle*, 1879 et s., in-8. — Bulletin de la Société scientifique, historique et archéologique de la Corrèze. *Brive*, 1879 et s. in-8. — Le Limouzi, *Tulle*, 1890 et s., in-4. Bibliographie du Bas-Limousin, par FAGE, dans *Congrès archéol. France*, LVII. *Brive* (1891), 116-129. — État des études historiques et archéologiques dans le département de la Corrèze, par LE MÊME. *Ibid.*, 99-116. — L'architecture religieuse dans la Corrèze, par POULBRIÈRE. *Ibid.*, 256-268. — Essai sur les lanternes des morts, par LECLER, *Tulle*, 1885, in-8 ; ext. *Bul. soc. Corrèze.* — Lanternes des morts, tombeaux, sépultures et mobilier des églises de la Corrèze, par POULBRIÈRE. *Ibid.*, 287-302. — Notes sur quelques églises de la Corrèze, par DE DION. *Paris*, 1890, in-8 ; ext. *Bul. monum.* — Gallia christiana, II, 661-680 ; instr., 203-220. — DU TEMS, III, 335-352. — Voir la bibliographie du diocèse de Limoges.

1. Histoire de Tulle et de ses environs, par BONNÉLYE. *Tulle*, s. d., 2 vol. in-12. — Le vieux Tulle, par R. FAGE. *Tulle*, 1888, in-8. — La vie à

abbaye fut absolument détruite par les Normands en 840 et ne fut rétablie que vers l'an 930. Le pape Jean XXII l'érigea en évêché, l'an 1318, d'autres disent 1317, il créa pour premier évêque Arnaud de Saint-Astier, qui en fut le dernier abbé [1]. Les moines bénédic-

---

Tulle, au XVIIe et au XVIIIe s., par LE MÊME. Tulle, 1902, in-8. — Tulle et sa banlieue, autrefois et aujourd'hui, par CHAMPEVAL, dans Bul. soc. Tulle, XII, 346, 509. — Les premières franchises de la ville de Tulle. Recherches sur l'histoire municipale de Tulle avant l'érection du Consulat, par CLÉMENT-SIMON, Ibid., XVIII, 5, 212 ; XIX, 289 ; XXI, 133, 259 ; XXII, 247 ; XXIII, 465 ; XXIV, 207 ; XXV, 41. — Les origines de Tulle et de son Église, par NIEL, dans Bul. soc. Tulle, VI, 1884, 489-506, IX, 385-420.

[1]. Cartulaire de l'abbaye Saint-Martin de Tulle, par CHAMPEVAL. Brive, 1899, in-8 ; ext. Bul. soc. Brive, IX-XIX. — POTHAST, Urbain II (1096), n° 5612 ; Paschal II (1105 et 1114), 6047, 6375 ; Adrien IV (1154), 9963 ; Alexandre III (1175), 12545 ; Clément III (1188), 16284 ; Innocent III (1207, 1212), n°s 3136, 4544 ; Innocent IV (1253, 1254), 15079, 15339. — Sanctorum Laudi et Baumadi reliquiarum revelatio Tutelæ, dans Acta Sanctorum, Septemb. VI, 445-446, et BALUZE, 481-484. — Stephani Baluzii dissertatio de sanctis Claro, Laudo, Ulfardo, Baumado, par R. FAGE, dans Bul. soc. Tulle, III, 826 et s. — Catalogus abbatum et episcoporum Tutelensium a St. Baluzio delineatum, par de BOSREDON, Ibid., VIII, 238-243. — Fragment d'un rouleau mortuaire d'Eble de Turenne, abbé de Tulle, dans Les Rouleaux des morts, par L. DELISLE, 361-362. — L'obituaire de la cathédrale de Tulle, par CLÉMENT-SIMON, dans Bul. soc. Tulle, XI, 1889, 478-497. — Pièces relatives aux différends soulevés entre les abbés de Tulle et de Marcillac pour la possession de l'église de Roc-Amadour, par RUPIN, ibid. Tulle, I, 1879, 469. — Autres vénérables documents monastiques sur Tulle et Roc-Amadour, par CHAMPEVAL, dans Bul. soc. Brive, XXX, 1908, 261-278. — La prévôté de la Valette et l'abbaye de Tulle, par MARCHE, ibid., VI, 533-546. — Actes de Bernard de Ventadour, abbé de Tulle, 1214-1299, par VAYSSIÈRE, ibid., VII, 309. — Histoire de la maison d'Auvergne, par BALUZE, II, 42, 484.

Histoire des évêques de Tulle, par NIEL, dans Bul. soc. Tulle, II, 1880, 5, 213 ; III, 5, 133, 219 ; IV, 165 ; V, 5, 501, 628 ; VI, 207, 325, 337 ; VIII, 5 ; X, 46, 251, 635 ; XI, 21, 250. Bul. soc. Brive, X, 113, 177, 409, 421, 677 ; XI, 105, 523 ; XII, 55, 263, 391, 597 ; XIII, 103, 113, 305. — Les évêques auxiliaires en Limousin, par POULBRIÈRE, ibid., Tulle, XII, 281-299. — Pierre d'Aigrefeuille, évêque de Tulle, Vabres, Clermont, Uzès, Mende, et Avignon, † 1371, par ALBANÈS, dans Bul. soc. Brive,

tins composèrent toujours le chapitre de l'église cathédrale jusqu'à l'an 1514 que Léon X les sécularisa, et depuis ce temps-là ils ont formé un chapitre composé d'un doyen, d'un chantre, d'un prévôt, d'un trésorier et de douze chanoines, d'autres disent de seize [1]. L'église cathédrale est dédiée à saint Martin et elle est renommée, pour l'aiguille pyramidale de son clocher, entre les plus belles du royaume [2].

XIV, 51-98. — Inv. arch. départ. sér. G, 1-2, p. 1. — Procès-verbaux de remise des clefs à l'entrée des évêques de Tulle, 1485, 1565, par Lacombe, dans *Bul. soc. Tulle*, I, 212. — Armoiries des évêques de Tulle, par Rupin, dans *Bul. soc. Brive*, I, 493, 692 ; II, 109, 346, 369. — Armoiries du chapitre et de deux évêques de Tulle, par J. Duval, *ibid.*, *Tulle*, I, 521-524. — Mémoire pour le syndic du clergé du diocèse de Tulle, demandeur, contre le syndic du clergé du diocèse de Limoges, défendeur. Paris, 1731, in-8. Il y a six autres factums sur ce différend. — Pouillé de Nadaud, dans *Archives historiques de la Corrèze*, par Clément-Simon, I, 414, 564-586. — La vie à Tulle, par R. Fage, 27-38.

1. Inv. arch. départ. sér. G, 3-36, p. 1-9. — Factum pour les doyen, chanoines et chapitre de Tulle, demandeurs, contre Antoine Lesteyrie, défendeur. S. l. n. d., in-4. — Factum pour les syndics du chapitre cathédral, en cette qualité prieurs du prieuré de Dussac, appelants, demandeurs et défendeurs, contre Ant. du Saillant, marquis du dit lieu, intimé, défendeur et demandeur. S. l. n. d., in-4. — Factum pour le sieur syndic du clergé du diocèse de Tulle, intimé, contre François de Fenis, prévôt de l'église cathédrale de Tulle, appelant d'une sentence interlocutoire, rendue le 13 juillet 1686. S. l. n. d., in-fol. — Arrêt du Grand Conseil unissant définitivement à la mense capitulaire l'ancienne aumônerie de Tulle (1667), par Poulbrière, dans *Bul. soc. Tulle*, XI, 1889, 571. — Recueil des actes du clergé, II, 1589-1591. — Liste des dignitaires, doyens, prévôts, trésoriers, chantres, chambriers, etc., dans *Arch. hist. Corrèze*, par Clément-Simon, I, 586-598. — Sur les ressources du chapitre, *ibid.*, 599-608.

2. Il reste de l'ancienne abbaye la salle capitulaire et le cloître. — Restauration du cloître de Tulle, par R. Fage, dans *Bul. soc. Brive*, I, 65. — Un mot sur les fresques de la salle capitulaire du monastère de Tulle (XIIIe s.), par Lalande, *Ibid.*, 95. — Lettre..., par Poulbrière, *Ibid.*, 191. — Restauration du cloître de Tulle, par R. Fage, dans *Bul. soc. archéol. Limousin*, XXII, 1873, 23. — La maison de l'abbé à Tulle. Notice historique et archéologique, par Le Même, Tulle, 1879, in-8. — Le trésor de

L'évêque de Tulle est vicomte et seigneur de cette ville; et il y a dans le diocèse une abbaye d'hommes et une de femmes, et environ cinquante paroisses [1]].

Le séminaire diocésain était dirigé par les prêtres de Saint-Sulpice; c'était une fondation de l'évêque François de la Garde (1681) [2]. Les Jésuites, arrivés à Tulle en 1620, prirent la direction du collège [3]. Les Cordeliers s'établirent à Tulle en 1491; leur couvent passa aux Récollets en 1601 [4]. Le couvent des Carmes fut fondé en 1644 [5]. Le monastère des Clarisses remontait à l'année

---

la cathédrale de Tulle, par BARBIER DE MONTAUT. Tulle, 1894, in-8; ext. Bul. soc. — Excursion à Tulle, par R. FAGE, dans Congrès archéol. France, LVII, Brive, 83-94.

1. Le pouillé de Nadaud compte 54 paroisses. Archives historiques de la Corrèze, par CLÉMENT-SIMON, 414-421. — Pouillé historique du diocèse de Limoges, manuscrit de NADAUD, publié par LECLER, 768-783. — Ces paroisses avaient été prises sur les archiprêtrés de Gimel, Brive, Brivezac et Vigeois.

2. Inv. arch. départ. sér. G, 37-43, p. 9-10. — Mémoire pour les supérieurs et syndics des séminaire et hôpital de Tulle, légataires de Charles Duplessy d'Argentré, évêque de Tulle, contre le duc de Bouillon. Paris, s. d., in-fol. — Histoire du diocèse de Tulle, par POULBRIÈRE, 300-302. — La vie à Tulle, par FAGE, 53. — Correspondance de L. Tronson, par BERTRAND, II, 62-88. — Dictionnaire... par POULBRIÈRE, III, 471-473.

3. Exemplaire d'une feuille de souscription publique à Tulle, en 1620, pour l'établissement d'un collège de Jésuites, par POULBRIÈRE, dans Bul. soc. Tulle, VIII, 1886, 244-246. — Histoire du collège de Tulle depuis son origine jusqu'à la création du lycée, par CLÉMENT-SIMON, Ibid., XI, 193, 460; XII, 186, 432; XIII, 173, 297; XIV, 118, 303. — Un chapitre inédit de l'histoire du collège de Tulle (1790-1792), par R. FAGE. Ibid., XVIII, 174, 350. — Dictionnaire..., par POULBRIÈRE, III, 468-470.

4. Inv. arch. départ. sér. II 68, p. 13. — Appel comme d'abus de l'ordonnance de M. l'évêque de Tulle, prononcée contre les Frères Mineurs Récollets de son diocèse (1651), s. l. n. d., in-4. — Historia Tutelensis, par BALUZE, 233, 785, 787. — Histoire du diocèse..., par POULBRIÈRE, 222, 267. — Dictionnaire..., par LE MÊME, III, 465. — La vie à Tulle, par FAGE, 52.

5. POULBRIÈRE, 275; III, 467. — FAGE, 52.

1605[1]. Les Ursulines furent appelées en 1618[2], et les Visitandines en 1644[3]. Il y eut, en outre, des Filles de la Charité et de l'Instruction[4]. Argentat possédait un couvent de Récollets (1630), un monastère de Clarisses (vers 1630) et une maison d'Ursulines (1637)[5].

Abbaye

La Valette, *Vallis læta*[6], de l'ordre de Cîteaux, sous le vocable

---

1. Inv. arch. départ. sér. H 73, p. 14. — Poulbrière, 268 ; III, 473-475. — Baluze, 277. — Recueil des choses qui se sont passées à l'établissement du monastère des religieuses de Sainte-Claire à Tulle (1601), s. l. n. d., in-8.
2. Inv. arch. départ. sér. H 78, p. 15. — Chronique des Ursulines de Tulle, dans *Chroniques ecclésiastiques du Limousin*, par Leclerc. — Poulbrière, 274-276 ; III, 475-477. — De la fondation de la communauté des religieuses de Sainte-Ursule à Tulle, par de Lavaur de Sainte-Fortunade, dans *Bul. soc. Tulle*, I, 139-156.
3. Inv. arch. départ. sér. H 79-80, p. 15. — Poulbrière, 279 ; III, 478-481.
4. Ces religieuses sont plus connues sous le nom de Sœurs de Nevers. Elles furent amenées à Tulle par Marcelline Pauper en 1704. — Poulbrière, 308-311. — Vie de Marcelline Pauper, par Bouix. Nevers, 1871, in-8. — Une page ignorée de l'histoire de Tulle, Marcelline Pauper, par Poulbrière, Tulle, in-32.
5. Chef-l. cant., arr. Tulle. — Inv. som. arch. départ. sér. H 71, 74, p. 14. — Archives historiques de la Corrèze, par Clément-Simon, I, 629. — Poulbrière, I, 41-43.
6. Com. Auriac, cant. Saint-Privat, arr. Tulle, Corrèze. — Inv. arch. départ. sér. H 52, p. 10. — Potthast, *Innocent IV* (1249-1250), 14004ᵃ. — Sceaux de l'abbé Pierre (1399), dans Douet d'Arcq, 9159 ; de l'abbé Louis (1473), 9160. — Les malheurs d'un abbé de Valette, Charles de Doyac (1483), par Vayssière, dans *Bul. soc. Corrèze*, VII, 35. — La prévôté de Valette et l'abbaye de Tulle, par Marche. *Ibid.*, VI, 533. — Inventaires corréziens, par Barbier de Montault. *Ibid.*, XVII, 348-370. — Pouillé de Nadaud, par Leclerc, 777-778, et dans *Arch. hist. Corrèze*, I, 420-421, 669. — Poulbrière, 101 ; I, 67-72. — *Gallia christiana*, II, 681-684 ; instr., 217-221. — Du Tems, III, 350-352. — Janauschek, 106.
— Monographies communales de la Xaintrie, cantons de Saint-Privat,

de Notre-Dame, fondée par les moines d'Obazine (1145). Les seigneurs du voisinage, en Limousin et en Auvergne, se plurent à l'enrichir. Il n'en reste que des ruines.

Maisons conventuelles

Les *Feuillants* de Tulle, fondés en 1620, avec la protection du vicomte de Pompadour, grâce à la générosité de Jean de Sammarsal et de Charles de la Fageardie. Les prieurés de Meyssac et des Angles furent unis à leur monastère [1]. — Les *Bénédictines* de Bonnesaigne fondèrent à Tulle une maison (1650), qui fut dissoute en 1673 [2]. — Les *Bernardines* de Tulle étaient sorties de Coyroux, en 1622, sous le priorat de Jeanne de Badefol [3].

Prieurés

ARGENTAT [4]. Saint-Pierre, qui appartenait au doyenné de Carennac, de l'ordre de Cluny (1075). — AURIAC, *Auriacum* [5]. Saint-

---

de Mercœur et Argentat, par SAINT-BONNET. *Tulle*, 1886, in-8. — CHAMPEVAL, 222.

1. Inv. som. arch. départ. sér. H 54-56, p. 11. — Les sculpteurs et peintres bas-limousins et leurs œuvres aux XVII et XVIII° s., par FONOT, dans *Bul. soc. Brive*, XXXI, 1909, 35-144. — Le Vieux Tulle, par R. FAGE, 310 et s. — La vie à Tulle, par LE MÊME, 52. — POULBRIÈRE, 273; III, 466-467.

2. POULBRIÈRE, III, 481.

3. Inv. arch. départ. sér. H 70, p. 14. — Le Vieux Tulle. Les couvents de femmes, par R. FAGE. *Tulle*, 1888, in-8, et p. 343 et s. — POULBRIÈRE, 279; III, 477-478.

4. Chef-l. cant., arr. Tulle, Corrèze. — Histoire d'Argentat et de son hospice, par BOMBAL, *Tulle*, 1879, in-8. — SAINT-BONNET, *ouv. cit.* — CLÉMENT-SIMON, I, 629. — POULBRIÈRE, I, 35-45. — CHAMPEVAL, 142-143.

5. Cant. Saint-Privat, ibid. — Visite de l'église d'Auriac en 1751, par BARBIER DE MONTAULT. *Tulle*, 1896, in-8; ext. *Bul. soc. Corrèze*. — CLÉMENT-SIMON, I, 662. — CHAMPEVAL, 219-221. — POULBRIÈRE, I, 60-67.

Géraud, dépendant de l'abbaye d'Aurillac. — Bassignac-le-Bas [1]. Saint-Jean de *Montcalm, de Monte calvo*, donné à l'abbaye de la Couronne, au diocèse d'Angoulême, par Bernard II, seigneur de Castelnau de Bretenoux, dans la seconde moitié du XII° s. — Camps [2]. Notre-Dame de *Belpeuch, de bello Podio*, donné à l'abbaye de Tulle par Bernard de Saint-Céré (1093), devenu le centre d'un pèlerinage fréquenté. — Chantrix [3]. Sainte-Madeleine de *Chauzu*, dépendant des Chevaliers de Saint-Jean. — Corrèze, *Correzia* [4]. Saint-Michel, donné aux chanoines réguliers d'Aureil par Pierre Aymard, de Tulle, et son frère Pierre Aimoin, après 1070, et par Pierre Viroald, évêque de Limoges, entre 1100 et 1103, uni plus tard au collège des Jésuites de Limoges. — Darazac [5]. *Immont*, dépendant de l'abbaye de Beaulieu. — Espagnac, *Espaniacum* [6]. dépendant de l'abbaye de Tulle, uni à l'office de chambrier dès

---

1. Cant. Mercœur, ibid. — Petite note sur le prieuré de Saint-Jean de Montcalm, au diocèse de Tulle, dépendant de l'abbaye de la Couronne en Angoumois, par Pouldrière, dans *Mém. soc. archéol. Charente*, 1875, 287-294. — Simple note sur l'ancien prieuré de Montcalm, par le même, dans *Bul. soc. Tulle*, I, 1879, 185 et s. — Supplément à la note sur Montcalm, par le même, IX, 1887, 607. — Clément-Simon, I, 664. — Champeval, 169. — Pouldrière, I, 86-88. — Pouillé historique du diocèse d'Angoulême, par Nangland, I, 461. — Histoire de l'abbaye de la Couronne, par Blanchet, II, 361-363.

2. Cant. Mercœur, ibid. — Notice sur Notre-Dame de Belpeuch, par Verniolle, Tulle, 1890, in-16. — Clément-Simon, I, 631-633. — Champeval, 179. — Pouldrière, I, 259-261. — Principaux sanctuaires de la Sainte Vierge au diocèse de Tulle, par Niel.

3. Cant. Seilhac, ibid. — Clément-Simon, I, 627. — Champeval, 57. — Pouldrière, I, 306.

4. Chef-l. cant., ibid. — Inv. som. arch. départ. Haute-Vienne, sér. D, 909-911, LII, 339-340. — Clément-Simon, I, 615-621. — Champeval, 23. — Pouldrière, I, 384-397.

5. Cant. Saint-Privat, ibid. — Clément-Simon, I, 630. — Champeval, 217. — Pouldrière, I, 427-430. — Saint-Bonnet, *ouv. cit.*

6. Cant. Laroche-Canillac, ibid. — Causerie historique. Espagnac, par Mougenc de Saint-Avid, dans *Bul. soc. Tulle*, XIII, 1891, 15-59. — Clément-Simon, I, 640-643. — Pouldrière, I, 464-471. — Champeval, 128.

1322. — Favars[1]. Saint-Pierre, dépendant de l'abbaye de Beaulieu.
— Goulles[2]. Saint-Martial de *la Beisserette*, fondé au XVe s. —
La Chapelle-Saint-Géraud[3], donné à l'abbaye d'Aurillac par saint
Géraud, son fondateur. — Les Angles, *Anguli*[4]. Notre-Dame,
dépendant de l'abbaye de Tulle, dont l'existence est signalée au
commencement du XIVe s., uni aux Feuillants de Tulle.

Marc-la-Tour, *Marcum*[5]. Saint-Nicolas, que l'abbaye de Tulle
posséda dès le XIe siècle, uni à l'office de grand prieur (1446). —
Naves[6]. Saint-Pierre, que l'abbaye de Tulle possédait au XIe siècle.
— Rilhac, *Rilhacum*[7]. Saint-Martin, donné à Aureil par Sébrand,
évêque de Limoges (1190), et uni au collège des Jésuites. — Saint-
Clément[8], donné à Tulle en 1170. Sainte-Madeleine de la *Rode*,
dépendant des Chevaliers de Saint-Jean. — Sainte-Fortunade[9].
Sainte-Foy *du Chastang*, donné à l'abbaye de Conques par Adémar
de Monceau et sa famille, vers 1065. — Saint-Paul[10]. Sainte-Made-

---

1. Cant. et arr. Tulle. — Monographie de la commune de Favars, par Melon de Pradou, dans *Bul. soc. Tulle*, VI, 1884, 436-491. — Clément-Simon, I, 653-656. — Poulbrière, I, 495-503. — Champeval, 10.

2. Cant. Mercœur, ibid. — Clément-Simon, I, 625.

3. Ibid. — Clément-Simon, I, 635. — Poulbrière, I, 313-317. — Champeval, 165.

4. Cant. et arr. Tulle. — Monographie de la commune des Angles, par Melon de Pradou, dans *Bul. soc. Tulle*, II, 428-478. — Clément-Simon, 660-661. — Poulbrière, II, 32-35. — Champeval, 23.

5. Ibid. — Clément-Simon, I, 650. — Poulbrière, II, 175-177. — Champeval, 17.

6. Ibid. — Id., I, 622-624. — Id., II, 319-331. — Id., 7.

7. Cant. Saint-Privat, arr. Tulle. — Inv. som. arch. départ. Haute-Vienne, sér. D, 957 ; LVI, 353. — Cément-Simon, I, 634. — Poulbrière, II, 494-500. — Champeval, 193. — Saint-Bonnet, ouv. cit.

8. Cant. Seilhac, ibid. — Clément-Simon, I, 624-627. — Champeval, 55. — Poulbrière, III, 84-90.

9. Cant. et arr. Tulle. — Cartulaire de l'abbaye de Conques, par Desjardins, 75. — Clément-Simon, I, 656-660. — Champeval, 13. — Poulbrière, I, 323-327 ; III, 132-146.

10. Cant. La Roche-Canillac, ibid. — Clément-Simon, I, 645. — Champeval, 127. — Poulbrière, III, 300-306.

leine du *Bousquet*, uni à la cellérerie de l'abbaye de Tulle. — Saint-Pardoux-lès-Saint-Chamans [1], dépendant du même monastère. — Servière [2]. Sainte-Madeleine de *Glénie*, dépendant de Saint-Géraud d'Aurillac.

---

[1]. Cant. Argentat, ibid. — Clément-Simon, I, 647. — Champeval, 150. — Poulbrière, III, 284-290.

[2]. Cant. Saint-Privat, ibid. — Id., I, 665. — Id., 21. — Id., II, 582-602. — Servière et son petit séminaire, par Poulbrière. Tulle, 1876, in-18.

TABLE DES ÉTABLISSEMENTS

auxquels une notice a été consacrée dans le présent volume

ABRÉVIATIONS

Abb. = Abbaye. — Coll. = Collégiale. — Com. = Commanderie. — Hôp. = Hôpital. — Hosp. = Hospice. — Pr. = Prieuré. — O. S. A. = Ordre de Saint-Augustin. — O. S. B. = Ordre de Saint-Benoît. — O. C. = Ordre de Citeaux.

Les noms latins et les anciennes formes françaises ont été placés à leur ordre alphabétique avec renvoi aux noms français modernes.

A

Abiliacum. — V. Buzançais.
Abjat. — Pr., 218.
Abrest. — Pr., 121.
Achères. — Pr., 48.
Achierium. — V. Achères.
Aculus Mons. — V. St-Pantaléon.
Ad tres fontes. — V. St-Nicolas des Biefs.
Affieux. — Pr., 218.
Agedunum. — V. Ahun.
Agenium. — V. Ajain.
Aginium. — V. Ayen.
Agudour. — V. Voutezac.
Agumont. — V. St-Pantaléon.
Ahun. — Pr., 218.
Aigueperse. — Coll. Notre-Dame, 87. — Coll. de la Ste-Chapelle, 87. — Clarisses, 96. — Ursulines, 96.
Ainay-le-Château. — Pr., 48.
Aixe. — Pr., 219.
Ajain. — Pr., 219.
Alagracum. — V. Alleyras.
Alba Petra. — V. Rochechouart.
Alba Sania. — V. la Porcherie.

Albazacum. — V. Aubazac.
Albæ Petræ. — V. Aubepierre.
Albiacum. — V. Aubriat.
Albignac. — Pr., 219.
Albiniacum. — V. Albignac, Aubignac, Aubigny-sur-Nerre, Poulaines.
Albretum. — V. Abrest.
Albuniacum. — V. Bonnac.
Albusso. — V. Aubusson.
Alesme. — V. Auriat.
Allanche. — Pr., 121.
Allantia. — V. Allanche.
Allassac. — Pr., 219. — Com., 219.
Alleyras. — Pr., 162. — Com., 162.
Alleyrat. — Pr., 219.
Allodia. — V. les Allois.
Ally. — Pr., 275.
Alta Vallis, Altavaux. — V. Dournazac.
Ambaciacum. — V. Ambazac.
Ambazac. — Grandmontains, 219. — Pr., 219.
Ambert. — Récollets, 94. — Ursulines, 96. — Com., 121.
Ambials. — V. St-Martin-Valmeroux.

Ambrugeat. — Pr., 219.
Analiacum. — V. Naillat.
Anela. — V. Nedde.
Anglards. — Pr., 121.
Anglards de St-Flour. — Pr., 275.
Anglarense Castrum. — V. Anglards de St-Flour.
Anguli. — V. les Angles.
Aniciensis. — V. Le Puy.
Annonciades. — V. Bourges.
Antérieux. — Pr., 275-276.
Anthoenium. — V. Antoingt.
Antignac. — Pr., 121.
Antoingt. — Pr., 121.
Antonius. — V. Cestars, St-Frion, Ussac.
Anzème. — Archiprêtré, 175. Pr., 219.
Anzisma. — V. Anzème.
Apchat. — Pr., 121.
Apchiacum. — V. Apchat.
Aprifons. — V. Briffons.
Aquæ Calidæ. — V. Chaudesaigues.
Aradulæ. — V. Araules.
Araules. — Pr., 162.
Arçay. — Pr., 48.
Arceium. — V. Arçay.
Arcomps. — Pr., 48.
Arconium. — V. Arcomps.
Arcubus (de). — V. Foles.
Ardennais. — Pr., 48.
Ardennayum. — V. Ardennais.
Ardes. — Archiprêtré, 84. — Récollets, 94.
Ardes-sur-Couze. — Pr., 121.
Ardili. — V. Ardes-sur-Couze.
Arenæ. — V. Arènes.
Arènes. — Pr., 219.
Arènes. — V. Limoges.
Arenis (de). — V. Arènes.
Arfeuille. — Pr., 220.
Arfeuille. — V. St-Pardoux-Darnet.
Arfolia. — V. Arfeuille.
Arfolium. — V. Arpheuilles.
Argeium. — V. Argy.
Argental. — Récollets, 296. — Clarisses, 296. — Ursulines, 296. — Pr., 297.
Argenton. — Archiprêtré, 10. — Cordeliers, 18. — Pr., 48.
Argy. — Pr., 48.
Arlanc. — Ursulines, 96.
Arlanc-le-Bourg. — Pr., 121.
Arnac. — Pr., 220.
Arnac-la-Poste. — Pr., 220.

Arnacum. — V. Arnac.
Arnet. — V. St-Pardoux-Darnet.
Arpajo. — V. Arpajon.
Arpajon. — Pr., 276.
Arpheuilles. — Pr., 48.
Arronnes. — Pr., 122.
Artamala. — V. la Chapelle-Horthemale.
Artigia. — V. l'Artige, Salon.
Arton. — V. St-Martin-le-Vieux.
Artonne. — Coll., 87.
Asneriæ. — V. Asnières.
Asnières. — Pr., 220.
Astaillac. — Pr., 220.
Astaliacum. — V. Astaillac.
Aubazac. — Pr., 256.
Aubepierre. — Abb. O. C., 201.
Aubepierre. — V. Rochechouart.
Aubeterre. — V. Brout-Vernet.
Aubiat. — Pr., 122.
Aubignac. — Abb. O. C., 33.
Aubigny. — V. Poulaines.
Aubigny-sur-Nerre. — Pr., 48.
Aubis. — V. Nouic.
Aubusson. — Archiprêtré, 175. — Coll., 177. — Récollets, 185-186. — Pr., 220.
Augelard. — V. Champreignac.
Augerolæ. — V. Augerolles.
Augerolles. — Pr., 122.
Augustines. — V. Craponne, St-Didier, Vals.
Augustins. — V. Bourges, Châtillon-sur-Indre, Clermont, le Blanc, Limoges, Mortemart, St-Benoit-du-Sault, Sancerre.
Auratum. — V. St-Georges d'Aurac.
Aurec. — Pr., 162.
Aureil. — Pr., 214, 220.
Aureliacum. — V. Aurillac.
Aurelium. — V. Aureil.
Aurens. — V. Bussière-Galand.
Auriac. — Pr., 122, 297.
Auriacum. — V. Aurec, Auriac, Auriat.
Auriat. — Pr., 221.
Aurillac. — Archiprêtré, 263. — Abb. O. S. B., 266. — Abb. O. S. B. (femmes), 269. — Carmes, 265. — Cordeliers, 265. — Jésuites, 265. — Clarisses, 265. — Notre-Dame (Religieuses de), 265. — St-Joseph (Religieuses de), 265. — Collège, 265.
Aurivant. — V. Fresselines.

TABLE ALPHABÉLIQUE DES ÉTABLISSEMENTS 303

Ausancia. — V. Auzances.
Authezat. — Pr., 122. — Com., 122.
Autrac. — Pr., 122.
Auxiniacum. — V. St-Martin d'Auxigny.
Auzances. — Pr., 221.
Auzon. — Bénédictines, 275.
Aveurdre. — Pr., 48.
Avèze. — Pr., 122.
Avor. — Pr., 49.
Avuldria. — V. Aveurdre.
Axia. — V. Aixe.
Ayen. — Pr., 221. — Com., 221.
Aynoliam. — V. Ineuil.
Ayrens. — Pr., 276.
Ayrentum. — V. Ayrens.
Azat près le Ris. — Pr., 221.
Azay-le-Ferron. — Pr., 49.
Azeracum. — V. Azerat.
Azerat. — Pr., 276.
Aziacum. — V. Azat près le Ris.
Aziacum Ferronil. — V. Azay-le-Ferron.

B

Bachelarie. — V. Nedde.
Badeix. — V. St-Estèphe.
Bagnoli. — V. Bagnols.
Bagnols. — Pr., 122.
Baignouls. — V. Laurière.
Baignoux. — V. Fromental.
Bains. — Pr., 163. — Com., 163.
Balanava. — V. Bellenaves.
Baleremna. — V. Baudres.
Balezis. — V. Isle.
Balledent. — Pr., 221.
Balzénac. — V. Baudres.
Banaix. — V. Benayes.
Banisia. — V. Banise.
Banise. — Pr., 221.
Banson. — V. Gelles.
Barlieu. — Pr., 49.
Barnabites. — V. Guéret.
Barrais-Bussoles. — Pr., 122.
Barriac. — Pr., 122.
Barrolocum. — V. Barlieu.
Barsanges. — V. Pérols.
Barzella. — V. Barzelles.
Barzelles. — Abb. O. C. — 34.
Bas. — Pr., 163.
Bassignac. — Pr., 122.
Bassignac-le-Bas. — Pr., 298.
Bassignacum. — V. Bassignac.

Bastria. — V. la Vastrie.
Basville. — Pr., 123.
Bauché, de Baucheis. — V. Vendeuvre-en-Brenne.
Baudra. — V. Baudres.
Baudres. — Pr., 49.
Bauzac. — Pr., 163.
Bazaiges. — Pr., 49.
Beaubiat. — V. Banise.
Beaubreuil. — V. St-Cyr-sur-Gorre.
Beauchamp. — V. Pellevoisin.
Beaulieu. — Abb. O. S. B., 194. — Jésuites, 186. — Ursulines, 187. — Pr., 123, 163, 222.
Beaumont. — Abb. O. S. B. (femmes), 110.
Beaune. — Pr., 49, 222.
Beaune. — V. Gehée, Langé.
Beauregard. — Minimes, 95.
Beauvais. — V. St-Laurent-sur-Gorre.
Beauvoir. — V. Buzançais, St-Silvestre.
Beauvois. — Abb. O. C. (femmes), 44.
Beciacum. — V. Bessay-sur-Allier.
Beinacum. — V. Beynac.
Beissat. — Pr., 222.
Belabre. — Pr., 49.
Bella Aqua. — V. Bellaigue.
Bella Gardia. — V. Bellegarde.
Bellac. — Doctrinaires, 186.
Bellaigue. — Abb. O. C., 106.
Belle-Chassaigne. — Com., 222.
Bellecombe. — Abb. O. C. (femmes), 160.
Bellegarde. — V. Limoges.
Bellenaves. — Pr., 49. — Com., 49.
Bellevaux. — V. Charenton.
Bellevue-la-Montagne. — Com., 163.
Belna. — V. Beaune.
Bellum Brolium. — V. St-Cyr-sur-Gorre.
Bellum Podium. — V. Comps.
Bellum Videre. — V. Beauvoir, Beuveix, St-Laurent-sur-Gorre.
Bellus Locus. — V. Beaulieu.
Bellus Mons. — V. Beaumont.
Bellus Visus. — V. St-Silvestre.
Belna. — V. Gehée.
Belpeuch. — V. Camps.
Benavent, *Benaventum.* — V. Pouligny-St-Pierre.
Benayes. — Pr., 222.

Bénédictines. — V. Auzon, Billom, Bonnesaigne, Charroux, Clermont, Courpières, Evaux, Issoire, le Dorat, Marsat, St-Genès-les-Monges, St-Julien-la-Genest, Souvigny.
Bénévent. — Archiprêtré, 175. — Abb. O. S. A., 208.
Beneventum. — V. Bénévent.
Berciacum. — V. Bersac.
Bergonne. — V. Antoingt.
Beriacum. — V. Berry.
Bernardines. — V. Clermont, Lezoux, Montfaucon, St-Martin-Valmeroux, Tulle.
Berriacum. — V. Barriac.
Berry. — Pr., 49.
Bersac. — Pr., 222.
Bessa Maurelli. — V. Bessamorel.
Bessac-le-Monial. — V. St-Aubin.
Bessamorel. — Com., 163.
Bessay-sur-Allier. — Pr., 123.
Besson. — Pr., 123.
Bessonium. — V. Besson.
Beuil. — Abb. O. C., 202.
Beuveix. — V. Limoges.
Beynat. — Com., 222.
Beyssacum. — V. Beissat.
Bézillac. — V. St-Priest-d'Andelot.
Billiacum. — V. Billy.
Billom. — Archiprêtré, 84. — Coll. 87. — Capucins, 94. — Jésuites, 95. — Bénédictines, 119. — Visitandines, 96. — Pr., 123. — Com., 123.
Billy. — Pr., 123.
Bituricensis. — V. Bourges.
Blancafort. — Pr., 49. — Com., 49.
Blancafortis. — V. Blancafort.
Blassac, Pr., 276.
Blassacum. — V. Blassac.
Blazilia. — V. Blesle.
Bleaudeix. — Com., 222.
Bleciacum. — V. Blessac.
Blesle. — Archiprêtré, 263. — Abb. O. S. B. (femmes), 270. — Pr., 276.
Blessac. — Fontevristes, 216.
Blison. — V. St-Michel-en-Brenne.
Blot. — Archiprêtré, 84.
Boges. — V. la Mazière-Haute.
Bogia. — V. Bouges.
Bois près le château. — V. Nouhant.
Boischassin. — V. St-Illaire.
Boiferru, — Cordeliers, 185.
Boisset. — Clarisses, 265.
Boisseuil. — Pr., 222.

Boissieux. — V. Chatelus-le-Marcheix.
Boisvert. — V. Bujaleuf.
Bommiers. — Minimes, 18. — Pr., 49.
Bon-Pasteur (Religieuses du). — V. Clermont.
Bona Aqua. — V. Bonnaygue.
Bona Fons. — V. Bonnefont.
Bona Sania. — V. Bonnesaigue.
Bona Vallis. — V. Bonneval.
Bonacum. — V. Bonnac.
Bonghacum. — V. Bongheat.
Bonlieu. — Abb. O. C., 202.
Bonnac. — Pr., 222, 276.
Bonnaygue. — Abb. O. C., 202.
Bonnefou. — V. Yssandon.
Bonnefont. — Pr., 223.
Bonnefont. — V. Allassac, Lubersac.
Bonnesaigne. — Abb. O. S. B. (femmes), 211. — Bénédictines, 297.
Bonnelum. — V. Bommiers.
Bonneval. — Pr., 223.
Bonneval. — V. Soudeilles.
Bonneval-de-Serre. — V. Sussac.
Bonus Locus. — V. Bonlieu.
Borna. — V. Borne.
Borne. — Pr., 163.
Bornelum. — V. Bort Saint-Sulpice.
Bornium. — V. St-Salvadour.
Bort. — Minimes, 95. — Ursulines, 187. — Pr., 223.
Bort. — V. St-Salvadour.
Bort-St-Sulpice. — Pr., 223.
Bortum. — V. Bort.
Bosc-Marbaud. — V. Aureil.
Boschatel. — V. Charcil-Cintrat.
Boschetum. — V. le Bouschet.
Boschetum Sti Nicolai. — V. Le Bouchet-St-Nicolas.
Bosco (de). — V. Aureil.
Bosco Viridi (de). — V. Bujaleuf.
Boscus Rogerii. — V. Bostroger.
Bostroger. — Pr., 223.
Boubon. — Fontevristes, 217.
Boudes. — Pr., 123.
Bouges. — Pr., 49.
Bougheat. — Pr., 123.
Boulonie. — V. Montaigut.
Bourbon. — Archidiaconé, 11. — Archiprêtré, 10.
Bourbon-l'Archambault — Coll. de la Ste-Chapelle, 12. — Capucins, 19. — Bénédictines, 45. — Pr., 50.

Bourg-Deols. — Bourg-Dieu. — V. Deols.
Bourg-Lastic. — Pr., 123.
Bourganeuf. — Com., 223.
Bourges. — Province ecclésiastique, 1. — Diocèse, 1. — Cathédrale, 6, 9. — Chapitre, 8. — Séminaire, 10. — Archiprêtré, 10. — Coll. de la Ste-Chapelle, 11. — de N.-D. de Moutier-Moyen, 10, 12. — de N.-D. de Sales, 12. — de St-Oustrille du Château, 12. — de St-Pierre le Puellier, 12. — de St-Ursin, 12. — Abb. de St-Sulpice, O. S. B., 20. — de St-Ambroise, O. S. A., 38. — de St-Laurent O. S. B. (femmes), 41. — Augustins, 16, 17. — Capucins, 17. — Carmes, 16. — Cordeliers, 16. — Dominicains, 16. — Frères des Écoles Chrétiennes, 17. — Jésuites, 17. — Minimes, 17. — Oratoriens, 17. — Annonciades, 17. — Clarisses, 17. — Hospitalières, 17. — Monitoire (Filles de la Charité du), 18. — Ursulines, 18. — Visitandines, 17, 18. — Pr. de *la Comtale*, 47. — St-Fulgent, 47; de St-Hippolyte, 47; de St-Martin-les-Bourges, 47; de St-Michel, 47; de St-Paul, 47; de St-Quentin, 47. — Com. 47. — Collège, 17.
Bourgneuf. — V. St-Eloy-de-Gy, Vicq-sur-Nahon.
Bournet. — V. Bort St-Sulpice.
Bournoncles. — Pr., 276.
Bousquet. — V. St.-Paul.
Boussac-les-Eglises. — Pr., 223.
Bozeau. — V. St-Bonnel.
Brageac. — Abb. O. S. B. (femmes), 111.
Braize. — Pr., 50.
Brajacum. — V. Brageac.
Branceille. — Pr., 223.
Brandellis (de). — V. St-Léger-Magnazeix.
Branseliæ. — V. Branceille.
Brecy. — Com., 50.
Bredom. — Pr., 276.
Bredonium. — V. Bredom.
Brétigny. — V. Ste-Thorette.
Breuil-à-la-Vieille. — V. St-Mesmin.
Breuilanfa. — Com., 224.
Brezia. — V. Braize.
Brezonium. — V. Brezons.
Brezons. — P., 276.

Bricona. — V. la Brionne.
Briffons. — Pr. 123.
Brignac. — Pr., 224.
Brignac. — V. Royère.
Brigueil-le-Chantre. — Pr., 224.
Brillac. — P., 224.
Briniacum. — V. Brignac.
Brioude. — Archiprêtré, 263. — Coll., 272. — Capucins, 265. — Conventuels, 265. — Croix (Religieuses de la), 266. — Fontevristes, 275. — Notre-Dame (Religieuses de), 266. — St-Joseph (Religieuses de), 266. — Visitandines, 265. — Com., 277. — Collège, 266.
Britonoria. — V. la Berthenoux.
Brivaciacum. — V. Brivezac.
Brivæ. — V. Brives.
Brive. — Archiprêtré, 175. — Coll., 177-178. — Chartreux, 157. — Cordeliers, 185. — Doctrinaires, 186. — Dominicains, 185. — Récollets, 186. — Carmélites, 187. — Clarisses, 187. — Ursulines, 187. — Pr., 224. — Collège, 187.
Brives. — Pr., 50.
Brivezac. — Archiprêtré, 175. — Pr., 224.
Broc (Notre-Dame du). — Coll., 87.
Broc. — V. Menet.
Brocum Vernelum. — V. Brout-Vernet.
Broglium Vetus. — V. St-Mesmin.
Brolium. — V. le Breuil.
Brolium Fagi. — V. Breuilaufa.
Bromont. — Pr., 123.
Broussadel. — V. St-Georges.
Brout. — Brout-Vernet.
Brout-Vernet. — Pr., 124.
Brouzeaux. — V. St-Léger-Magnazeix.
Bruères. — Archidiaconé, 11.
Bruxia. — V. Labrousse.
Bucca Leonis. — V. Bujaleuf.
Buciacum. — V. Boussac-les-Eglises.
Buis. — V. Brive.
Bujaleuf. — Grandmontains, 224. — Pr., 224.
Bulhon. — Pr., 124.
Bulium. — V. Breuil.
Burgi Dolum. — V. Déols.
Burgnac. — P., 224.
Burgo Novo (de). — V. Vicq-sur-Nahon.

Burgum Ageduni. — V. le Bourdeix.
Burgum Novum. — V. Bourganeuf.
Burgus. — V. Bourg-Lastic.
Burgus Arlenci. — V. Arlanc-le-Bourg.
Burgus Dei. — V. Déols.
Burnunculum. V. Bournoncles.
Busséol. — Pr., 124.
Bussière. — Abb. O. C. (femmes), 44.
Bussière-Badil. — Pr., 224.
Bussière-Dunoise. — Pr., 224.
Bussière-Galand. — Pr., 225.
Bussière-Nouvelle. — Pr., 225.
Buzeria. — V. Bussière, Bussière-Badil, Lestars.
Buxières. — Com., 50.
Buxolium. — V. Boisseuil, Chatelus-le-Marcheix.
Buxii (de). — V. Brive.
Buzançais. — Pr., 50. — Com., 50.
Buzentiacum. — V. Buzançais.

C

Cadalenum. — V. Chadeleuf.
Calamariæ. — V. Chamalière.
Califurnium. — V. Chauffours.
Callovium. — V. Chalivoy.
Calma. — V. la Chaulme.
Calmiliacum. — V. Chomelix.
Calmus. — V. Ste-Geneviève.
Calvus Mons. — V. Chaumont.
Camaleriæ. — V. Chamalières.
Cambarellum. — V. Chambereau, Chamberet.
Cambonium. — V. Chambon Ste-Croix, Chambon Ste-Valérie.
Cambrinis (de). — V. Gehée.
Camelli. — V. Chaumeil.
Campaniacum. — V. Champagnac, Champagnat le Jeune.
Campelli. — V. Champeix.
Camps. — Pr., 298.
Campus comitalis. — V. Fromental.
Campus ministerii. — Champneterie.
Campus singularis. — V. Champsanglard.
Canoniacum. — V. Chanonat.
Cantabennum. — V. Chantoin.
Cantalesium. — V. St-Etienne Cantalès.
Cantella. — V. Chantelle.
Cantonium. — V. Chantoin.
Capæ. — V. Chappes.

Capeletta. — V. la Chapelette.
Capella. — V. la Chapelle-Aude, la Chapelle-d'Angillon.
Capella Alahnonis. — V. Blesle.
Capella Bertini. — V. la Chapelle-Bertin.
Capella Hugonis. — V. la Chapelle-Hugon.
Capellis (de). — V. St-Etienne-de-Carlat.
Capiacum. — V. Mansat.
Captoiolium. — V. Chanteuges.
Capucins. — V. Billom, Bourbon-l'Archambault, Bourges, Châteauroux, Clermont, Cusset, Gannat, Issoire, Issoudun, Langeac, le Puy, Monistrol, Montaigut-en-Combrailles, Montluçon, Riom, St-Amand, Thiers.
Carandelæ. — V. Crandells.
Carasium. — V. Charrais.
Carentonium. — V. Charenton.
Carlacum. — V. Carlat.
Carlarium. — V. le Chalard.
Carlat. — Pr., 277.
Carmélites. — V. Brive, Limoges, Riom.
Carmes. — V. Aurillac, Bourges, Clermont, la Châtre, le Puy, Limoges, Mortemart, Pleaux, Riom, St-Amand, Tulle.
Caroliacum. — V. Charly.
Carros — V. Charron.
Carrofium. — V. Charost.
Casa Dei. — V. la Chaise-Dieu.
Casæ. — V. les Chases.
Casale Benedictum. — V. Chezal-Benoit.
Casali (de). — V. Moulins.
Casellæ. — V. Chézelles.
Caspiniacum. — V. Chaspignac.
Cassagnolæ. — V. Chassignoles.
Cassaniæ. — V. Chassagnes.
Cassanhoza. — V. Cassaniouze.
Cassaniouze. — Pr., 277.
Castaneriis (de). — V. Orsennes.
Castanetum. — V. le Chatenet.
Castellio. — V. Châtillon-sur-Loire.
Castellum. — V. Chasteaux.
Castellum inter aquas. — V. Châtillon-entre-les-Eaux.
Castrum Castellanum. — V. Charcil-Cintrat.
Castrum de Ainaco. — V. Ainay-le-Château.

TABLE ALPHABÉTIQUE DES ÉTABLISSEMENTS 307

Castrum in montanis. — V. Chatel-Montagne.
Castrum Lucii. — V. Chalus.
Castrum Marlhaci. — V. Chastel-Marlhac.
Castrum Melani. — V. Châteaumeillant.
Castrum Novum. — V. Châteauneuf.
Castrum Ponciacum. V. Château-Ponsac.
Castrum Rodulfi. — V. Châteauroux.
Castrum Vici. — V. Vic-le-Comte.
Caucinogilæ. — V. Chassignoles.
Caussenacum. — V. Chaussenac.
Cava Rupes. — V. Chaveroche.
Cayrols. — Pr., 277.
Cébazat. — Coll., 88.
Cebaziacum. — V. Cebazat.
Celeta. — V. la Cellette.
Cella. — V. la Celle, la Celle-Bruère.
Célestins. — V. Vichy.
Cella prope Linerias. — V. la Celle-Condé.
Cella Sti-Dionisii. — V. Selles-St-Denis.
Cellæ. — V. Lascelle, Selles-sur-Nahon.
Celle-Notre-Dame, Celle-St-Eusice. — V. Selles-sur-Cher.
Celles. — Ursulines, 19. — Com., 277.
Cellula. — V. Cellule.
Cellule. — Pr., 124.
Celoux. — Pr., 277.
Celsiniacum. — V. Sauxillanges.
Censac-Lavaux. — Paulhaguet.
Cereix, *Ceresium.* — V. St-Jean-de-Nay.
Ceroux. — V. St-Vaury.
Cezens. — Pr., 277.
Cezenum. — V. Cezens.
Chabanais. — Pr., 225.
Chadeleuf. — Pr., 124. — Com. 124.
Chadiéras. — V. Nedde.
Chalhat. — V. Mansat.
Chalais. — Pr., 50.
Chalerium. — V. Chaliers.
Chaliers. — Pr., 277.
Chalivoy. — Abb. O. C. 34. Pr., 50.
Chalmeta. — V. la Chomette.
Chalus. — Pr., 124, 225.
Chamalières. — Coll. 88. — Pr., 161.
Chamarande. — V. St-Pont.
Chambérat. — V. Noel.
Chambereau. — Com., 225.

Chamberet. — Pr., 225.
Chamberet. — V. Limoges.
Chambezo. — V. Chambezon.
Chambezon. — Pr., 277.
Chambo. — V. le Chambon.
Chambon. — Pr., 124.
Chambon. — V. Poulaines, Vicq-sur-Nahon.
Chambon-Ste-Croix. — Pr., 225.
Chambou-Ste-Valérie. — Pr., 212.
Chambonnet. — V. Fresselines, Sauret-Besserve.
Chambrines. — V. Gehée.
Chaméan. — Pr., 124.
Champagnac. — Pr., 124, 277.
Champagnac-de-Gorre. — Pr., 225.
Champagnat-le-Jeune. — Pr., 124.
Champcoutaud. — V. Fromental.
Champeix. — Pr., 124.
Champfraud. — V. St-Caprais.
Champillet. — V. Sougé.
Champneterie. — Pr., 225.
Champniers. — Com., 225.
Champroy. — V. St-Dizier.
Champsanglard. — Pr., 226.
Chandeli. — V. Echandelys.
Chanalhelæ. — V. Chénéraille.
Chanerium. — V. Chanet.
Chanet. — Pr., 124.
Chanonat. — Pr., 124. — Com., 124.
Chantegren. — V. Aixe.
Chanteix. — Com., 298.
Chantelle. — Archiprêtré, 10. — Abb. O. S. B.; puis O. S. A., 108.
Chanteuges. — Pr., 277.
Chantoin. — Abb. O. S. A., 108.
Chantoin. — V. Bains.
Chantouan. — V. Chalais.
Chanzac. — V. Perpezat-le-Noir.
Chapeau. — Pr., 125.
Chapelle (Ste). — V. Aigueperse, Bourbon-l'Archambault, Bourges.
Chapelle-Geneste. — V. St-Bonnet-l'Enfantier.
Chappes. — Pr., 50.
Charbonnier. — Pr., 125. — Com., 125.
Charbonnières. — V. le Chalard.
Chard. — Pr., 125.
Charcil-Cintrat. — Pr., 125.
Charenton. — Archiprêtré, 11. — Abb. O. S. B. (femmes), 42.
Charité (Filles de la). — V. Clermont, Limoges, St-Léonard.

Charité (Frères de la). — V. Effiat.
Charité chrétienne (Sœurs de la). — V. Clermont.
Charly. — Bénédictines, 46. — Pr., 50.
Charniac. — V. Louignac.
Charost. — Pr., 50.
Charpagne. — V. Prissac.
Charrais. — Pr., 277-278.
Charrières. — V. St-Maurcil.
Charron. — Pr., 226.
Charroux. — Bénédictines, 119. — Com., 125.
Chartreux. — V. Brive, le Glandier, Mortemart, Port-Ste-Marie.
Chas. — Pr., 125.
Chaspignac. — Pr., 163.
Chaspusacum. — V. Chaspuzac.
Chaspuzac. — Pr., 164.
Chassagnes. — Pr., 278.
Chasselinas. — V. St-Michel-de-Veisse.
Chassenay. — V. Ménétréols-sous-le Landais.
Chassignol. — V. Cusset.
Chassignoles. — Pr., 51, 278.
Chasteaux. — Pr., 226.
Chastel-Marlhac. — Pr., 125.
Chastignol. — V. Bonnefont.
Châtain. — V. St-Maurcil.
Château-Chervix. — Pr., 226.
Château-Ponsac. — Pr., 226.
Château-sur-Cher. — P., 125.
Châteaumeillant. — Coll., 13. — Pr., 51.
Châteauneuf. — Pr., 125, 226.
Châteauneuf-sur-Cher. — Archiprêtré, 11. — Coll., 13. — Pr., 51. — Com., 51.
Châteauroux. — Archidiaconé, 11. — Archiprêtré, 11. — Coll., 13. — Capucins, 19. — Cordeliers, 18. — Notre-Dame (Religieuses de), 20. — Pr., 51. — Com. 51.
Chatel-Montagne. — Pr., 125.
Chateldon. — Clarisses, 96. — Pr., 94.
Chatelguyon. — Pr., 125.
Chateloy. — V. Hérisson.
Chatalus-le-Marcheix. — Pr., 226.
Chatenet. — V. le Lonzac, Rochechouart.
Châtillon. — Ursulines, 19.
Châtillon-entre-les-Eaux. — Pr., 51-52.

Châtillon-sur-Indre. — Coll., 13. — Augustins, 19. — Pr., 52.
Châtillon-sur-Loire. — Pr., 52.
Chaudesaigues. — Coll., 264. — Notre-Dame (Religieuses de), 266. — Pr., 278.
Chauffours. — Pr., 226.
Chaumeil. — Pr., 226.
Chaumont. — Minimes, 95. — Pr., 52, 126.
Chauriat. — Pr., 126.
Chaussenac. — Pr., 125.
Chavagnac. — V. Aureil.
Chavani. — V. Chavin.
Chavano. — V. Chavanon.
Chavanon. — Grandmontains, 118.
Chavaroux. — Pr., 126.
Chaveroche. — Pr., 226-227.
Chavin. — Pr., 52.
Chazal. — V. Pont-du-Château.
Chazelet. — Pr., 52.
Chazeletum. — V. Chazelet.
Chedon. — V. Luçay.
Chenaillers. — Com., 227.
Chénérailles. — Pr., 227.
Chéronnac, préceptorerie, 227.
Chéry. — Pr., 52.
Cheycheriis (de). — V. Feytiat.
Cheylade. — Pr., 126.
Chezal-Benoît. — Abb. O. S. B., 24.
Chézelles. — Pr., 52.
Chiers. — V. St-Léger-Magnazeix.
Chillou. — V. Cléré-du-Bois.
Chirac. — Pr., 227.
Chirat-l'Eglise. — Pr., 52.
Chirouze. — Archiprêtré, 175.
Chomelix. — Pr., 164.
Choriacum. — V. Chauriat.
Ciron. — Pr., 52.
Cisteria. — V. Cistrières.
Cisternes-la-Forêt. — Pr., 126.
Cistrières. — Pr., 278.
Civitas Vellavorum. — V. St-Paulien.
Civray. — Pr., 52.
Clairavaux. — Pr., 227.
Clairefage. — V. Sércilhac.
Clairettes. — V. Limoges.
Clara Vallis. — V. Clairavaux.
Clarisses. — V. Aigueperse, Argentat, Aurillac, Boisset, Bourges, Brive, Chateldon, Clermont, le Puy, Nontron, St-Amant-Tallende, St-Yrieix, Tulle.

TABLE ALPHABÉTIQUE DES ÉTABLISSEMENTS 309

Claromontensis. — V. Clermont.
Clavas, *Clavasium.* — V. la Sauve-Bénite.
Claveirœ, Claveriœ. — V. Clavières.
Clavière. — Pr., 278.
Clavières. — Pr., 227.
Clédat. — V. Grandsaigne.
Clemo. — V. Clémont.
Clémont. — Pr., 52.
Cléré-du-Bois. — Pr., 53.
Clergorium. — V. Clergoux.
Clergoux. — Pr., 227. — Com., 227.
Clermont. — Diocèse, 73 — Evêques, 79. — Cathédrale, 85. — Chapitre, 83. — Séminaire, 93. — Archiprêtré, 84. — Coll. de Notre-Dame-du-Port, 85-86. — de St-Genès, 86. — Abb. de St-André (Prémontrés), 109. — de St-Allyre, O. S. B., 97. — Augustins, 93. — Capucins, 93. — Carmes, 92-93. Cordeliers, 92. Dominicains, 92. — Frères de St-Jean-de-Dieu, 93. — Jésuites, 93. — Minimes, 93. — Missionnaires Diocésains, 96 Oratoriens, 93. — Sulpiciens, 93. — Bénédictines, 118. — Bernardines, 120. — Bon-Pasteur (Religieuses du), 94. — Charité (Filles de la), 94. — Charité Chrétienne (Sœurs de la), 94. — Clarisses, 93. — Hospitalières, 94. — Ursulines, 93. — Visitandines, 94. — Pr., 120-121. — Collège, 93.
Clion. — Pr., 53.
Clionum. — V. Clion.
Closœ. — V. Cluis.
Clugnat. — Pr., 227.
Cluis. — Pr., 53.
Cluniacum. — V. Clugnat.
Clusellis (de). — V. Thollet.
Cluzeau. — V. Meuzac, Thollet.
Cohade. — Com., 278.
Collat. — Pr., 278.
Collatum. — V. Collat.
Collonges. — Pr., 227.
Colobrium. V. Couleuvre.
Colombier. — Pr., 53.
Colongia. V. — Collonges.
Colonium. — V. Tournon-St-Martin.
Columba. — V. la Colombe.
Columberium. — V. Colombier.
Combraille. — Archiprêtré, 172.
Combrailles. — Pr., 126.

Combronde. — Pr., 126.
Combronium. — V. Combronde.
Compains. — Pr., 126.
Compreignac. — Pr., 227-228.
Comps. — V. la Vaudieu, Peyrelevade, Poulaines.
Concorcellum. — V. Concressault.
Conoremeyum. — V. Concremiers.
Concremiers. — Pr., 53.
Concressault. — Pr., 53.
Condat. — Pr., 228.
Condatum. — V. Condat.
Condom-le-Monial. — V. Tournon-St-Martin.
Confolens. — Récollets, 186. — Hop., 228.
Confolent. — V. Bauzac.
Confolentum. — V. Bauzac.
Connangles. — Pr., 278.
Connangliœ. — V. Connangles.
Conore. — V. Peyrilhac.
Contigny. — Com., 126.
Contres. — Pr., 53.
Conventuels. — V. Brioude.
Corberium, Corbier. — V. St-Pardoux-l'Enfantier.
Cordeliers. — V. Argenton, Aurillac, Boisferru, Bourges, Brive, Chateauroux, Chateldon, Clermont, Donzenac, Issoudun, la Cellette, le Puy, les Plaix, Limoges, Montferrand, Montluçon, Murat, Nontron, Riom, St-Flour, St-Junien, St-Pourçain, St-Projet, Souvigny, Tulle, Vatan, Vic-le-Comte.
Coren. — Pr., 278.
Corentum. — V. Coren.
Cormilly. — V. Contres.
Cornonum. — V. Cournon.
Cornud. — V. St-Genis.
Corquoy. — Pr., 53.
Corrèze. — Pr., 298.
Correzia. — V. Corrèze.
Corssiacum. — V. Soursac.
Cortina. — V. la Courtine.
Corugnacum. — V. Genis.
Coseium. — V. Couzeix.
Couderts. — V. Clergoux.
Couleuvre. — Pr., 53.
Coulommiers. — V. Dun-le-Postier.
Cournon. — Coll., 88.
Courpière. — Bénédictines, 119. — Minimes, 95.
Courpières. — Com., 126.

Courrieu. — V. St-Symphorien.
Coursacum. — V. St-Julien-de-Coursac.
Courteserre. — V. Courpières.
Couzeix. — Pr., 228.
Coyresium. — V. Coyroux.
Coyroux. — Pr., 24.
Crabanac. — V. Feniers.
Crandelles. — Pr., 278.
Craponne. — Augustines, 157.
Crestum. — V. le Crest.
Creuzier-le-Neuf. — Pr., 127.
Crevant. — V. Parpeçay.
Croix (Filles de la). — V. St-Flour.
Croix (Religieuses de la). — V. Brioude, la Voulte.
Croix (Sœurs de la). — V. Limoges, Magnac-Laval.
Cros de Montamat. — V. Cros de Ronesque.
Cros de Montvert. — Pr., 278.
Cros de Ronesque. — Pr., 278.
Crosonium. — V. Crozon.
Crosum Montis viridi. — V. Cros-de-Montvert.
Crox. — V. Gehée.
Crozon. — Pr., 53.
Crux Albaudi. — V. St-Domet.
Cublac. — Collège, 186.
Cuciacum. — V. Cusset.
Culan. — Pr., 54.
Cunhlat. — Ursulines, 96. — Pr., 127.
Cunlhacum. — V. Cunlhat.
Curemonte. — Maltaises, 228.
Cuslanum. — V. Culan.
Cussac. — Pr., 164.
Cusset. — Archiprêtré, 84. — Abb., O. S. B. (femmes), 111. — Coll., 89. — Capucins, 95. — Doctrinaires, 95. — Pr., 127. — Com., 127.
Cussiacum. — V. Cusset.

D

Daigue. — V. la Courtine.
Dallet. — Pr., 127.
Dalmayracum. — V. Domeyrat.
Dalo. — V. Dalon.
Dalon. — Abb. O. C., 203.
Dame-Sainte. — V. Charost.
Damna Petra. — V. Dampierre-en-Crot.
Dampierre-en-Crot. — Pr., 54.
Darazac. — Pr., 298.

Dauzat-sur-Vodable. — Pr., 127.
Décenay. — V. Pouligny-St-Pierre.
Deneuille. — Pr., 54.
Déols. — Abb. O. S. B. 22.
Derses. — V. St-Hilaire-Peyroux.
Derventum. — V. Drevant.
Digons. — V. Pibrac.
Dolium. — V. la Roche-Noire.
Doa. — V. Douc.
Doctrinaires. — V. Bellac, Brive, Cusset, Treignac.
Dognon. — V. le Chatenet, St-Agnant-de-Versillat.
Dolum. — V. Déols.
Domairanum. — V. Domérot.
Dome. — V. Clermont.
Domerat. — Pr., 54.
Domerot. — Pr., 228.
Domeyrat. Pr., 279.
Dominicaines. — V. le Puy, Mauriac.
Dominicaines de Ste-Catherine. — V. Langeac, Murat.
Dominicains. — V. Bourges, Brive, Clermont, le Puy, Limoges, Rochechouart, St-Flour, St-Junien.
Dominis Sanctis (de). — V. Charost.
Domuhonium. — V. le Chatenet.
Domus Dei. — V. Noirlac.
Domus Fagina. — V. Maisonfeyne.
Donctis (de), Donnette. — V. Astaillac.
Donolium. — V. Deneuille.
Donzenac. — Cordeliers, 184. — Pr., 228. — Com., 228.
Dore-l'Eglise. — Pr., 127.
Douadic. — Pr., 54.
Douc. — Abb. (Prémontrés), 160.
Dournazac. — Pr., 228-229.
Doutreix. — Pr., 127.
Doutrigium. — V. Doutreix.
Dozacum. — V. Dauzat-sur-Vodable.
Dreturiacum. — V. Droiturier.
Dreuil. — V. la Roche-Noire.
Drevant. — Pr., 54.
Droiturier. — Pr., 127.
Drouilhe-Noire. — V. Bonnac.
Droux. — Com., 229.
Drugeac. — Pr., 127.
Drughacum. — V. Drugeac.
Drulhia Alba. — V. la Drouilhe-Blanche.
Duæ Virgæ. — V. les Deux-Verges.
Ducret. — V. St-Genès-du-Retz.

Dun-le-Palleteau. — Pr., 229.
Dun-le-Postier. — Pr., 54.
Dun-le-Roi. — Archiprêtré, 11. — Coll. 13. — Minimes, 18.
Duneriæ. — V. Dunières.
Dunet. — Pr., 54.
Dunetum. — V. Dunet.
Dunières. — Pr., 164.
Dunum. — V. Dun-le-Palleteau.
Durdat. — Pr., 54.

E

Ebreuil. — Abb. O. S. B. 99. — Pr., 127.
Ebrolium. — V. Ebreuil.
Ecclesia Nova. — V. Eglise-Neuve-d'Entraigues.
Echandelys. — Pr., 127.
Ecoles Chrétiennes (Frères des). — V. Bourges, le Puy.
Effiat. — Charité (Frères de la), 96. — Oratoriens, 95.
Egletons. — Pr., 229.
Eglise-Neuve-d'Entraigues. — Pr., 128.
Eglise-Neuve près Billom. — Pr., 128.
Ennezat. — Coll., 89. — Augustins, 95.
Enneziacum. — V. Ennezat.
Entraigues. — V. la Nassin, Langé.
Entremont. — V. St-Laurent-Chabreuges.
Epaillard. — V. Poulaines.
Epineuil. — Pr., 54.
Escalmels. — V. Saury.
Eschalariæ. — V. l'Esclache.
Escuroliæ. — V. Escurolles.
Escurolles. — Pr., 128.
Esgalium. — V. Eygeaux.
Espagnac. — Pr., 298.
Espeniacum. — V. Espagnac.
Espinadel. — V. Glenat.
Espinaciæ. — V. la Chapelle-Espinasse.
Espinasse. — Pr., 279.
Espinogilum. — V. Epineuil.
Esteil. — Fontevristes, 120.
Etagnac. — Grandmontains, 229.
Etrécor. — V. Etagnac.
Evanum. — V. Evaux.
Evaux. — Bénédictines, 216. — Pr., 216.

Exoldunum, Exolidunum. — V. Issoudun.
Eybouleuf. — Pr., 229.
Eygeaux. — Pr., 229.
Eygurande. — Com. 229.
Eymoutiers. — Coll., 178. — Ursulines, 187.
Eyruc. — V. St-Léger-Magnazeix.

F

Fagia. — V. Chatelus-le-Marcheix, la Fage.
Farges. — Com., 54. — Faours. — Pr., 229.
Faugeroliæ. — V. Fougerolles.
Faveroliæ. — V. Faverolles.
Faverolles. — Pr., 54.
Fayet-le-Vieux. — V. Yronde.
Feitum. — V. Feyt.
Feix. — V. St-Jean-Ligourre.
Felletin. — Pr., 230. — Collège, 186-187.
Fenerium. — V. Feniers.
Feniers. — Abb. O. C. 107. — Com. 230.
Fermignat. — V. St-Clément de Régnat.
Festiacum. — V. Feytiat.
Feuillants. — V. Tulle.
Feyt. — Pr., 230.
Feytiat. — Pr., 230.
Fililinum. — V. Felletin.
Filles de la Charité. — V. Charité (Filles de la).
Fiscum. — V. St-Jean Ligourre.
Fix St-Geneys. — Pr., 164.
Flocum. — V. Flat.
Flageac, *Floghacum.* — V. St-Georges d'Aurac.
Flat. — Pr., 128.
Flavignac. — Grandmontains, 230. — Pr., 230.
Fleuriel. — Pr., 54.
Floré. — V. Trézelle.
Florentin. — V. Bonnefont.
Floriacum. — V. Fleuriel, Trézelle, St-Vic-le-Fleuriel.
Floropolis. — V. St-Flour.
Foles. — Pr., 230.
Folia. — V. Foles.
Fondadoux. — V. St-Paul.
Fonloup. — V. Magnac.
Fons Gombaudi. — V. Fontgombault.

Fons Moriniacus. — V. Fontmorigny.
Fontanæ. — V. Fontannes.
Fontannes. — Pr., 279.
Fontevristes. — V. Blessac, Bourbon, Brioude, Esteil, Glatigny, Jarsay, Longefont, Orsan, Pontratier, St-Germain-les-Belles, Saint-Pardoux-Darnat, Vic-le-Comte.
Fontgombault. — Abb. O. S. B., 26.
Fontmorigny. — Abb. O. C., 34.
Fontsaline. — V. Hauterive.
Foreglæ. — V. Fourilles.
Forgeas. — V. St-Basile.
Fougerac. — V. Chéronnac.
Fougerolles. — Pr., 54.
Fourilles. — Pr., 55.
Fournols. — Pr., 128.
Fournols. — V. St-Merd-les-Oussines.
Francheville. — V. Brecy.
Fransèches. — Pr., 230.
Frégatoire. — V. Aureil.
Frères de la Charité. — V. Charité (Frères de la).
Frères de St-Jean de Dieu. — V. St-Jean de Dieu (Frères de).
Frères des Ecoles Chrétiennes. — V. Ecoles Chrétiennes (Frères des).
Fresselines. — Pr., 230. — Com., 230.
Freyssenet, *Freyssenetum.* — V. St-Jean de Nay.
Freytet. — V. St-Sulpice-les-Bois.
Frigidis Urticis (de). — V. Aureil.
Fromental. — Pr., 230. — Com., 230.
Furciacum. — V. St-Etienne de Fursac.

G

Gannat. — Augustins, 95. — Capucins, 95. — Notre-Dame (Filles de), 96. — Pr., 128.
Ganniacum. — V. Gannat.
Gargilessa. — V. Gargilesse.
Gargilesse. — Pr., 55.
Gartempe. — Pr., 231.
Gartempia. — V. Gartempe.
Gehée. — Pr., 55.
Gelles. — Pr., 128.
Genis. — Pr., 231.
Genouillac. — V. Mers.
Gensac, *Gensacum.* — V. Cussac.
Gensium. — V. Gentioux.
Gentioux. — Com., 231.

Genouillat. — Pr., 231.
Genuliacum. — V. Genouillat.
Gersiacum. — V. Gerzat.
Gerzat. — Pr., 128.
Gerziacum. — V. Jenzat.
Giacum. — V. Giat.
Giat. — Pr., 128.
Gieuræ. — V. Gièvres.
Gièvres. — Pr., 55.
Giliacum. — V. Guilly.
Gimel. — Archiprêtré, 175.
Giou-de-Mamou. — Pr., 275.
Gipsy. — Pr., 55.
Girette. — V. Domérat.
Girgoli. — V. Girgols.
Girgols. — Pr., 279.
Giro. — V. Giroux.
Girora. — V. Gorre.
Giroux. — Pr., 55.
Glaine-Montaigut. — Pr. 128.
Glanges. — Pr., 231.
Glatigny. — Fontevristes, 46.
Glatiniacum. — V. Glatigny.
Glenacum. — V. Glenat.
Glenæ. — V. Glaine-Montaigut.
Glenat. — Pr., 279.
Glénic. — Pr., 231.
Glenicum. — V. Glénic.
Godelum. — V. Goudet.
Gondeliacum. — V. St-Illaire de Gondilly.
Gondole. — V. le Cendre.
Gondre. — V. Turenne.
Gorre. — Pr., 231.
Gorse. — V. Allassac.
Gosomium. — V. Gouzon.
Goudet. — Pr., 164.
Goulles. — Pr., 299.
Gourlong. — V. Alleyras.
Goutte-Noire. — V. St-Maur.
Gouzon. — Pr., 231.
Graçay. — Archidiaconé, 11. — Archiprêtré, 11. — Coll., 13. — Pr., 55.
Graciacum. — V. Graçay, Grazac.
Grammont. — V. Corquoy.
Grammont-Brulemont. — V. Baudres.
Grammont-le-Chateigner. — V. Orsennes.
Grandis Mons. — V. Grandmont.
Grandis Sania. — V. Grandsaigne.
Grandis Vallis. — V. Grandval.
Grandmont. — Abb. Chef d'ordre, 206.

TABLE ALPHABÉTIQUE DES ÉTABLISSEMENTS

Grandmont. — V. Creuzier-le-Neuf.
Grandmontaines. — V. la Drouille-Blanche, le Chatenet, Rochechouart.
Grandmontains. — V. Ambazac, Bandres, Bujaleuf, Châteaumeillant, Châteauroux, Chavanon, Etagnac, Flavignac, Isle, Larche, Lonignac, Orsennes, Peyzac, St-Estèphe, St-Léger-Magnazeix, St-Martin-Ste-Catherine, St-Martin-Sepert, St-Vincent, Soudeilles, Sussac, Thiers, Vaulry, Yronde. — Pr., 231.
Grandsaigne. — Pr., 231.
Grandval. — Pr., 128.
Graneriæ. — V. Grenier-Montgon.
Graule. — V. Cheylade.
Grazac. — Pr., 164.
Grenier-Montgon. — Pr., 279.
Grézin. — V. le Broc.
Griffeuille. — V. Montvert, Roannes St-Mary.
Guéret. — Coll., 178. — Barnabites, 186. — Jésuites, 186. — Récollets, 186. — Hospitalières, 188. — Visitandines, 188. — Pr., 231.
Guilly. — P., 55.
Gurgile Longo (de). — V. Alleyras.
Guilla Nigra. — V. St-Maur.
Gyptiacum. — V. Gipsy.

H

Habilly. — V. Buzançais.
Hautes-Mesures. — V. Brillac.
Hauterive. — Pr., 128.
Héral. — V. Vigoulant.
Herboleum. V. Eybouleuf.
Hérisson. — Archiprêtré, 11. — Coll., 13. — Pr., 55.
Hermencum. — V. Herment.
Herment. — Archiprêtré, 84. — Coll., 89.
Heugnes. — Pr., 55.
Hiori. — V. Giou de Mamou.
Horta Mali. — V. la Chapelle-Horthemale.
Hospitalières. — V. Bourges, Clermont, Guéret, Riom, Vierzon.
Huriel. — Archiprêtré, 11. — Coll., 14. — Pr., 55.
Huvert. — V. Liernolles.

I

Iciodorum. — V. Issoire.
Immont. — V. Darazac.
Indevaysse. — V. St-Germain-Lavolps.
Indiac. — V. St-Flour.
Ineuil. — Pr., 55.
Instruction (D^{lles} de l'), V. le Puy.
Instruction (Filles de l'), V. Tulle.
Isle. — Grandmontains, 232.
Issoire. — Archiprêtré, 84. — Abb. O. S. B., 100. — Capucins, 95. — Bénédictines, 119. — Notre-Dame (Filles de), 96. — Pr., 128.
Issoudun. — Archiprêtré, 11. — Abb. O. S. B., 28. — Coll., 14. — Capucins, 19. — Cordeliers, 18. — Minimes, 18. — Ursulines, 19. — Visitandines, 19.
Ivernalis. — V. Mosnay.

J

Jabrun. — Pr., 279. — Com., 279.
Jalloniæ. — V. Jalognes.
Jalognes. — Pr., 55.
Jaligny. — Pr., 128.
Juliniacum. — V. Jaligny.
Jarnages. — Pr., 232.
Jarnaia. — V. Jarnages.
Jarsay. — Fontevristes, 46.
Jarzay. — V. Moulins.
Jarziacum. — V. Jarsay, Moulins.
Javaugnes. — Pr., 279.
Javerenac. — Pr., 232.
Jax. — Pr., 279.
Jenzat. — Pr., 129.
Jésuites. — V. Aurillac, Beaulieu, Billom, Bourges, Clermont, Guéret, Le Puy, Limoges, Mauriac, Montluçon, St-Flour, Tulle.
Job. — Pr., 129.
Josat. — Pr., 279.
Jouac. — Pr., 232.
Jourgnac. — Pr., 232.
Joux-sous-Montjou. — Pr. 279.
Joze. — Pr., 129.
Juillac. — Pr., 232.
Julhaniæ. — V. Jullianges.
Jullianges. — Pr., 129.
Juncheria. — V. la Jonchère.
Junhac. — Pr., 279.
Junhacum. — V. Junhac.

TABLE ALPHABÉTIQUE DES ÉTABLISSEMENTS

Jurnhaeum. — V. Jourgnac.
Jussac. — Pr., 279-280.
Jussacum. — V. Jussac

L

L'Abeille. — V. Chalus.
L'Artige. — Pr., 215.
L'Artige-Vieille. — V. St-Léonard.
L'Artigette. — V. Salon.
L'Epine. — V. Ciron.
L'Esclache. — Abb. O. C. (femmes), 112.
L'Estrée. — V. St-Genou.
L'Hermitage St-Robert. — V. Montluçon.
L'Hôpital. — V. Soudeilles.
L'Hôpital-Bas, L'Hôpital-Haut. — V. Donzenac.
L'Igneraie. — Pr., 61.
La Bajasse. — V. Vieil-Brioude.
La Beisserette. — V. Goulles.
La Berthenoux. — Pr., 55.
La Bessaigne. — V. la Porcherie.
La Besserette. — Pr., 280.
La Bissière. — V. Lestars.
La Brayère. — V. St-Junien-la-Bregère.
La Brionne. — Pr., 232.
La Brosse. — V. Azat-près-le-Ris.
La Calm. — V. Ste-Geneviève.
La Capelle-en-Vézie. — Pr., 280.
La Capelle Viescamp. — Pr., 280.
La Celle. — Pr., 232.
La Celle-Bruère. — Pr., 56.
La Celle-Condé. — Pr., 56.
La Celle-sous-Gouzon. — Pr., 232.
La Cellette. — Cordeliers, 94. — Pr., 232.
La Chaise. — V. Clion, Moulins.
La Chaise-Dieu. — Abb. O. S. B., 100.
La Chapelaude. — Pr., 56.
La Chapelette. — Pr., 57.
La Chapelle-Agnon., Pr., 129.
La Chapelle-Allagnon. — V. Blesle.
La Chapelle-Aulie. — V. Lubersac.
La Chapelle-Barrès. — Pr., 280.
La Chapelle-Bertin. — Pr., 164.
La Chapelle-d'Andelot. — V. St-Priest-d'Andelot.
La Chapelle d'Angillon. — Pr., 56.
La Chapelle-du-Château-Vieux. — V. le Vigen.
a Chapelle-Espinasse. — Pr., 233.

La Chapelle-Geneste. — Pr., 129.
La Chapelle-Gilon. — Archiprêtré, 10.
La Chapelle-Horthemale. — Pr., 56.
La Chapelle-Hugon. — Pr., 57.
La Chapelle-St-Géraud. — Pr., 299.
La Chapelle-St-Laurent. — V. Segonzac.
La Chapelle-St-Martial. — Pr., 232-233.
La Chapelle-St-Robert. — V. Javerenac.
La Chapelle-Taillefer. — Pr. 233.
La Chassagne. — V. St-Frion.
La Châtre. — Archidiaconé, 11. — Archiprêtré, 10. — Coll., 14. — Carmes, 18. — Visitandines, 19.
La Chaulme. — Pr., 129.
La Chomette. — Pr., 280.
La Colombe. — Abb. O. C., 203.
La Comtale. — V. Bourges.
La Cour. — V. Aubusson.
La Courtine. — Pr., 233.
La Croisille. — Pr., 233.
La Croix. — Pr., 233.
La Croix-au-Bost. — V. St-Domet.
La Croix-de-Lastours. — V. Rilhac-Lastours.
La Crouzille. — Pr., 129.
La Devcix. — V. Linars.
La Drouille-Blanche. — Grandmontaines, 217.
La Fage. — Pr., 233.
La Fauvette. — V. Oradour-sur-Glane.
La Faye. — V. Chatelus-le-Marcheix, Flavignac, Voutezac.
La Féline. — Pr., 129.
La Frenaie. — V. Ste-Gemme.
La Fressinette. — V. Sauvagnat.
La Galemache. — V. Le Chatenet.
La Gayette. — V. Montoldre.
La Gorse. — V. Donzenac.
La Gravolle. — V. Brives.
La Jonchère. — Pr., 233.
La Jonchère. — V. Bellenaves.
La Lande. — V. Luçay.
La Madeleine. — V. Langeac.
La Marche. — V. Charroux.
La Mazelle. — V. Beaune.
La Mazière-Haute. — Pr., 233.
La Meize. — Archiprêtré, 175.
La Mongerie. — Pr. 233.
La Mongerie. — V. Compreignac, Douzenac.

TABLE ALPHABÉTIQUE DES ÉTABLISSEMENTS

La Mongie. — V. St-Agnant-de-Versillat.
La Monzie. — V. Châteauneuf.
La Mothe. — Pr., 280.
La Nouzille. — V. St-Auvent.
La Paix. — V. Issoire.
La Péruse. — Pr., 233.
La Petite-Marche. — Pr., 57.
La Peyrouse. — Pr., 57.
La Plagne. — V. Prissac.
La Plaigne. — V. St-Léonard, Tersannes.
La Plaigne-aux-Bonshommes. — V. Peyzac.
La Porcherie. — Archiprêtré, 175. — Pr., 234.
La Prée. — Abb. O. C., 35.
La Prugne. — Pr., 130.
La Queille. — Coll., 90.
La Racherie. — V. Contigny.
La Ribière. — V. Nedde.
La Roche-Blanche. — Pr., 130.
La Rocheblanche. — V. St-Victurnien.
La Roche-Canillac. — Pr., 234.
La Roche-l'Abeille. — Pr., 234.
La Roche-Malvalèze. — Pr., 234.
La Roche-Noire. — Pr., 130.
La Roche-Peyroux. — Pr., 234.
La Ronce. — V. Arènes.
La Ronde. — V. Varennes-sur-Allier.
La Ronzière. — V. Chadeleuf.
La Saigne-au-Morgne. — V. St-Pric.
La Salle. — V. Ladinhac.
La Salvetat. — V. St-Mamet-la-Salvetat.
La Saulière. — V. Ussac.
La Sauvetat. — Com., 164.
La Sauvetat-Bastille. — V. Authezat.
La Seauve-Bénite. — Abb. O. C. (femmes), 160.
La Ségalassière. — Pr., 280.
La Souterraine. — Pr., 234. — Collège, 187.
La Tour. — Pr., 130.
La Tour-Goyon. — V. Job.
La Tour-St-Austrille. — V. St-Dizier-la-Tour.
La Trinitat. — Pr., 280.
La Trinité. — V. Montclard.
La Valette. — Abb. O. C. 296.
La Vassin. — Abb. O. C., (femmes), 112.
La Vastric. — Pr., 281.
La Vau-Franche. — Com., 235.
La Vaudieu. — Pr., 275.

La Vernusse. — Abb. O. S. A., 38.
La Vernussette. — V. Guilly.
La Veyrine. — V. Meuzac.
La Viale. — V. La Mothe.
La Voute. — Religieuses de la Croix 266.
La Voute-Chilhac. — Pr., 274, 281.
La Voute-sur-Loire. — Pr., 164.
Labrousse. — Pr., 280.
Lacrouay, *Lacus Rubei.* — V. St-Hilaire-la-Croix.
Ladinhac. — Pr., 280.
Ladinhacum. — V. Ladinhac.
Lagudet. — V. St-Julien-les-Combes.
Lainhacum. — V. Leynhac.
Lamontgier. — Pr., 130.
Landasium. — V. le Landais.
Landocium. — V. Landos.
Landos. — Pr., 164.
Langé. — Pr., 57.
Langeac. — Archiprêtré, 263. - Coll., 264. — Capucins, 265. - Dominicaines de Ste-Catherine 265. — Religieuses de Notre-Dame 266. — Pr., 280.
Langeium. — V. Langé.
Langiacum. — V. Langy.
Langy. — Pr., 130.
Larche. — Grandmontains, 234. - Pr., 234.
Laroche. — Pr., 234.
Larolium. — V. Lureuil.
Laroquevieille. — Pr., 280.
Larrode. — Pr., 130.
Lascelle. — Pr., 280.
Lastic. — Pr., 280.
Lasticum. — V. Lastic.
Lasvoux. — V. Balledent.
Lataca. — V. La Courtine.
Landosa. — V. Lezoux.
Laureria. — V. Laurière.
Lurie. — Pr., 281.
Laurière. — Pr., 235., Com., 235.
Lauton. — V. Leotoing.
Lavaulx-Ste-Anne. — Pr., 57.
Lazaristes. — V. St-Flour.
Le Blanc. — Archiprêtré, 11. Augustins, 19. — Récollets, 19. Pr., 57.
Le Bouchet-St-Nicolas. — Pr., 163.
Le Bourdeix. — Pr., 235.
Le Bourg-d'en-Haut. — V. St-Hilaire-Lastours.
Le Bouschet. — Abb., O. C., 107.
Le Brethou. — Pr., 57.

Le Breuil. — Pr., 130.
Le Breuil. — V. Eygeaux.
Le Broc. — Pr., 130.
Le Cendre. — Pr., 130.
Le Chalard. — Pr., 235.
Le Chambon. — Pr., 165.
Le Chambon. — V. Cohade.
Le Chastang. — V. Ste-Fortunade.
Le Château. — Archiprêtré, 10.
Le Chatelard. — V. Ebreuil.
Le Chatelier. — V. Prissac.
Le Chatenet. — Grandmontaines, 217. — Pr., 235.
Le Chauchet. — Pr., 235.
Le Claix. — V. Charbonnier.
Le Crest. — Coll., 88-89. — Pr., 130.
Le Dorat. — Coll., 179. — Récollets, 186. — Bénédictines, 216. — Pr., 235.
Le Falgoux. — Pr., 130.
Le Fournoulès. — Pr., 281.
Le Glandier. — Chartreux, 188.
Le Grand-Chézelles. — V. Bazaiges.
Le Landais. — Abb. O. C., 30.
Le Lonzac. — Pr., 236.
Le Magny. — Pr., 57.
Le Mas-St-Jean. — V. St-Sulpice-le-Dunois.
Le Mayet-d'Ecole. — Com., 130.
Le Montet-aux-Moines. — Pr., 57.
Le Moutier. — V. Jaligny.
Le Moutier-d'Ahun. — Abb. O. S. B., 195.
Le Palais. — Com., 236.
Le Palais-Notre-Dame. — Abb. O. C., 204.
Le Pin. — Pr., 57.
Le Pommeau. — V. La Croisille.
Le Pont. — V. Leynhac.
Le Pont-St-Martin. — V. St-Bonnet.
Le Port-Dieu. — Pr., 212.
Le Priorat. — V. St-Silvestre.
Le Puy. — Diocèse, 145. — Evêques, 149, 150. — Cathédrale, 150. — Chapitre, 153. — Séminaire, 155. — Abb. St-Pierre-de-la-Tour, O. S. B., 158. — Coll. de St-Georges et St-Agrève, 155 ; de St-Vosy, 154. — Capucins, 156. — Carmes, 156. — Cordeliers, 156. — Dominicains, 157. — Ecoles Chrétiennes (Frères des), 157. — Jésuites, 157. — Sulpiciens, 155.
— Clarisses, 156. — Dominicaines, 156. — Instruction (Dlles de l'), 156. — Notre-Dame (Religieuses de), 156. — Notre-Dame du Refuge, 156. — St-Joseph (Sœurs de), 156. — Visitandines, 156. — Com., 162.
Le Puy-Guillaume. — Pr., 131.
Le Puy-St-Ambroise. — V. St-Léon.
Le Puy-St-Jean. — V. St-Léger-Magnazeix.
Le Quartier. — Pr., 131.
Le Temple. — V. Valençay.
Le Temple-d'Ayen. — V. Ayen.
Le Temple-de-Magnac. — V. Vicq.
Le Temple-du-Mont. — V. Varetz.
Le Theil. — Pr., 58.
Le Theil-de-Margeride. — V. St-Germain-les-Belles.
Le Theilly-au-Mas. — V. Glanges.
Le Trioulou. — Pr., 280.
Le Verger. — V. Buzançais.
Le Vigean. — Pr., 131.
Le Vigen. — Pr., 236.
Leginhacum. — V. Liginiac.
Lemovicensis. — V. Limoges.
Lempdes. — Pr., 131, 281.
Lendanum. — V. Lempdes.
Lentilhac. — V. Ussac.
Leotoing. — Pr., 281.
Léré. — Coll., 14.
Les Aix-d'Anguillon. — Coll., 14.
Les Allois. — Abb. O. S. B. (femmes), 211.
Les Angles. — Pr., 299.
Les Arcs. — V. Foles.
Les Cars. — V. Flavignac.
Les Chases. — Abb. O. S. B. (femmes), 270.
Les Deux-Verges. — Pr., 281.
Les Martres-de-Veyre. — Pr., 131.
Les Plaix. — Cordeliers, 18.
Les Salles-la-Vauguyon. — Pr., 236.
Les Ternes. — Célestins, 213. — Pr., 281.
Lestars. — Antonins, 236. — Pr., 236.
Lesterp. — Abb. O. S. A., 209.
Lestrade. — V. Meymac.
Leucamp. — Pr., 281.
Levet. — Pr., 58.
Levet. — Pr., 58.
Levetum. — V. Levet.
Levroux. — Archiprêtré, 11. — Coll. 14-15.

Leynhac. — Pr., 281.
Leyraut. — V. Mérinchal.
Leyvaux. — Pr., 131.
Lezoua. — V. Lezoux.
Lezoux. — Coll., 89. — Augustins, 95. — Bernardines, 120. — Pr., 131.
Liciacum. — V. Lissac.
Liernolles. — Com., 131.
Lieu-Dieu. — V. Authezat, Luzeret.
Lieu-Dieu-de-Fresne. — V. Blancafort.
Lieutadès. — Pr., 282.
Liginiac. — Pr., 236.
Lignareix. — Pr., 236.
Lignerolles. — Pr., 58.
Ligniaux. — V. Lourdoueix-St-Pierre.
Lignières. — Coll., 15. — Ursulines, 19. — Pr., 58.
Ligonne. — V. Ambert.
Limagne (Archiprêtré de), 84.
Limeux. — Pr., 58.
Limoges. — Diocèse, 169. — Évêques, 1-3. — Chapitre 175, 176. — Cathédrale, 176. — Séminaire, 176-177. — Archiprêtré, 175. — Abb. de St-Augustin O. S. B., 189, de St-Martin O. S. B., puis coll., 190. — de St-Martin, O. C., 201. — de Notre-Dame de la Règle, O. S. B. (femmes), 209. — Augustins, 183. — Carmes, 183. — Cordeliers, 182. — Dominicains, 182. — Jésuites, 183. — Missionnaires diocésains, 184. — Oratoriens, 184. — Récollets, 183. — Récollets de Ste-Valérie, 183. — Sulpiciens, 177. — Carmélites, 184. — Charité (Filles de la), 184. — Clairettes, 184. — Croix (Sœurs de la), 184. — Notre-Dame (Filles de), 184. — Providence (Religieuses de la), 184. — St-Alexis (Sœurs de), 184. — Ursulines, 184. — Visitandines, 184. — Pr., 214, 217-218. — Aumônerie, 218. — Com., 218. — Collège, 183.
Linarolæ. — V. Lignerolles.
Linars. — Pr., 236.
Lineria. — V. Lignières.
Liourdre. — Pr., 237.
Lissac. — Pr., 237.
Livradois. — Archiprêtré, 84.

Locus Dei. — Authezat.
Locus Regis. — V. Loroy.
Loiacum. — V. Josat.
Longefont. — Fontevristes, 46.
Longeyroux. — V. Meymac.
Longoret, Longoretum. — V. St-Cyran-en-Brenne.
Longus Campus. — V. Leucamp.
Longus Fons. — V. Longefont.
Lourey. — V. St-Cyran-en-Brenne.
Lorcières. — Pr., 282.
Lormeteau. — V. Reuilly.
Loroy. — Abb. O. C., 36.
Lortige. — V. Malintrat.
Louignac. — Grandmontains, 237.
Loup. — V. St-Michel-en-Brenne.
Lobrdoueix-St-Pierre. — Pr., 237.
Louroux-Bourbonnais. — Pr., 58.
Louroux-Hodemont. — Pr., 58.
Lubersac. — Archiprêtré, 175. — Pr., 237.
Lucaium. — V. Luçay.
Luçay. — Pr., 58.
Luodo (de). — V. St-Michel-en-Brenne.
Lurciacum. — V. Lurcy.
Lurcy. — Pr., 59.
Lureuil. — Com., 59.
Luriacum. — V. Lury.
Lury. — Pr., 59.
Lussac-les-Églises. — Pr., 237. — Com., 237.
Lussac-les-Nonnes. — Pr., 237.
Lussacum. — V. Lussac-les-Églises.
Lussaud. — V. Laurie.
Luzeret. — Pr., 59.
Luzilhacum. — V. Luzillat.
Luzillat. — Pr., 131.
Lys-St-Georges. — Pr., 59.

M

Magdunum. — V. Villedieu.
Mageneiacum. — V. Moissat.
Magnac. — Pr., 238.
Magnac-Laval. — Croix (Sœurs de la), 188. — Collège, 187. — Pr., 238.
Magnacum. — V. Magnac-Laval.
Magnat. — Pr., 238.
Magniacum. — V. Le Magny.
Magnus Locus. — V. Manglieu.
Magoutière. — V. Soudaine-la-Vinadière.

Maillat. — V. Lamontgie.
Maillac. — Pr., 238.
Maillet. — Pr., 59.
Mailly. — V. St-Menoux.
Mainsacum. — V. Mainsat.
Mainsat. — Pr., 238.
Maison-Dieu. — V. Donzenac.
Maisonfeyne. — Pr., 238.
Maisonicæ. — V. Maisonisses.
Maisonisses. — Com., 238.
Maisonnais. — Pr., 238.
Major Gorcia. — V. St-Martin-Sepert.
Mala Valesia. — V. La Roche-Malvalèze.
Mala Vallis. — V. Malval.
Malbo. — Pr., 282.
Malemort. — Pr., 238.
Malgorce. — V. St-Martin-Sepert.
Maliacum. — V. St-Menoux.
Malicorne. — Pr., 59.
Malicornia. — V. Malicorne.
Malintrat. — Pr., 131.
Malleret. — Com., 238.
Mallet. — V. Sarrus.
Malliacum. — V. Maillet.
Maltaises. — V. Curemonte.
Malte (Ordre de). — V. Allassac, Alleyras, Ambert, Anthezat, Ayen, Bains, Belle-Chassaigne, Bellenaves, Bellevue-la-Montagne, Bessamorel, Beynat, Billom, Blancafort, Bleaudeix, Bourganeuf, Bourges, Brioude, Buxières, Buzançais, Carlat, Celles, Chadeleuf, Chambereau, Champniers, Chanonat, Chanteix, Charbonnier, Charroux, Châteauneuf-sur-Cher, Châteauroux, Chenailles, Chéronnac, Cléré-du-Bois, Clergoux, Cohade, Contigny, Cournières, Donzenac, Eygurande, Farges, Feniers, Gentioux, Jabrun, la Sauvetat, la Vau-Franche, Laurière, Le Mayetd'Ecole, le Palais, le Puy Liernolles, Limoges, Lureuil, Lussacles-Eglises, Maisonisses, Malleret, Mérigny, Milhaguet, Montchamp, Montchevrier, Montferrand, Morterolles, Mosnay, Olloy, Oulches, Pageas, Pérols, Prissac, Reuilly, Ste-Anne, St-Clément, St-Domel, St-Eloy-de-Gy, St-Etienne-de-Fursac, St-Hilaire, St-Jean-de-Nay, St-Junien, St-Just, St-Léger-la-Montagne, St-Mamet-la-Salvetat, St-Maureil, St-Merd-les-Oussines, St-Michel-en-Breune, St-Plaisir, St-Pont, St-Priest-sous-Aixe, St-Sulpice-le-Guérétois, Sidiailles, Soudeilles, Tauves, Torteresse, Valençay, Varetz, Velles, Vicq, Vicq-sur-Nahon, Villedieu, Villefranche-sur-Cher, Ydes, Yssac-la-Tourette.
Malval. — Pr., 238.
Malveriæ. — Malvières, Mauvières.
Malvières. — Pr., 131.
Manale cœnobium. — V. Chezal-Benoit.
Manergii. — V. Maringues.
Manglieu. — Abb. O. S. B., 104.
Maniciacum. — V. Meyssac.
Manocum. — V. Manot.
Manot. — Pr., 239.
Mansac, *Mansacum.* — V. Mansat.
Mansat. — Pr., 239.
Manso Roberdi (de). — V. Vijon.
Mansuris (de). — V. Brillac.
Manzanes. — V. Treignac.
Manzay. — V. Limeux.
Maradennes. — V. Végennes.
Marc-la-Tour. — Pr., 299.
Marçais. — Pr., 59.
Marceium. — V. Marçais.
Marciacum. — V. Marsac.
Marcilhacum. — V. Marcillat.
Marcillat. — Pr., 131.
Marcillat. — V. Billom.
Marcolès. — Pr., 282.
Marcum. — V. Marc-la-Tour.
Marcille. — V. Sous-Parsat.
Mareloyium. — V. Mareugheol.
Mareugheol. — Coll., 89, 131-132.
Maria (B.) *de Regula.* — V. Notre-Dame-de-la-Règle.
Maringues. — Récollets, 94. — Ursulines, 96. — Pr., 132.
Marmanhac. — Pr., 282.
Marmilhacum, Marmilhat. — V. Lempdes.
Marmonhiacum. — V. Marmanhac.
Marologium. — V. Mareugheol.
Marsac. — P., 239.
Marsat. — Bénédictines, 119. — Pr., 132.
Marseignes. — V. Jaligny.
Marsiacum. — V. Marsat.
Marthuretum. — V. Riom.
Martizaium. — V. Martizay.
Martizay. — Pr., 59.

Martræ. — V. les Martres-de-Veyre.
Mas-Grudel. — V. Meuzac.
Mas-Rimoulet. — V. St-Hilaire-la-Treille.
Mas-Robert. — V. Vijon.
Mascheix. — V. Chenaillers.
Massaium. — V. Massay.
Massay. — Abb. O. C., 28.
Massiacum. — V. Massay.
Maubuisson. — V. Gorre.
Mauliæ. — V. Mautes.
Mauriac. — Archiprêtré, 84. — Jésuites, 95. — Dominicaines, 96. — Pr., 132.
Mauriacum. — V. Mauriac.
Maurici. — V. Maurs.
Maurinæ. — V. Maurines.
Maurines. — Pr., 282.
Mauris (de). — V. St-Etienne-de-Maurs.
Maurs. — Abb. O. S. B., 269.
Maurtium. — V. Maurs.
Maussac. — Pr., 239.
Mautes. — Pr., 132.
Mauvières. — Pr., 59.
Mauziacum. — V. Mozac.
Mayetum. — V. Le Mayet-d'Ecole.
Mazarucum. — V. Mazerat-Aurouze.
Mazerat-Aurouze. — Pr., 282.
Mazeria. — V. La Mazière-Haute.
Mazeriæ. — V. Mazoires.
Mazerolles. — V. Cléré-du-Bois.
Mazoires. — Pr., 132.
Meaulnes. — Pr., 59.
Medagues. — V. Cunlhat.
Medeyrolles. — Pr., 132.
Medius Locus. — V. Mégemont.
Mégemont. — Abb. O. C., 107.
Mehun. — V. Villedieu.
Mehun-sur-Yèvre. — Coll., 15.
Meilland. — Pr., 59.
Meillanum. — V. Meilland.
Meillers. — Pr., 59.
Menat. — Archiprêtré, 84. — Abb. O. S. B., 104. — Pr., 132.
Menatum. — V. Menat.
Ménet. — Pr., 132.
Menetou-Ratel. — Pr., 59.
Menetou-Salon. — Pr., 60.
Ménétréols-sous-le-Landais. — Pr., 60.
Ménétréols-sous-Vatan. — Pr., 60.
Ménétréols-sur-Sauldre. — Pr., 60.
Menetrol. — Pr., 132.

Menetum. — V. Menet.
Mennetou-sur-Cher. — Bénédictines, 45.
Ménoire. — Pr., 239.
Ménoire-Bas. — V. Nonars.
Menteriæ. — V. Mentières.
Mentières. — Pr., 282.
Menussac. V. — Jouac.
Méobecq. — Abb. O. S. B., 30. — Pr., 60.
Mercum. — V. Mers.
Merdogne. — Archiprêtré, 84.
Merdogne, *Merdonia.* — V. La Roche-Blanche.
Mérigny. — Com., 60.
Mérinchal. — Pr., 132.
Merlines. — Pr., 239.
Mers. — Pr., 60.
Mery. — Pr., 60.
Mespolium. — V. Nespouls.
Meunet. — Pr., 60.
Meusna. — V. Meusnes.
Meusnes. — Pr., 60.
Meuzac. — Pr., 239.
Meymac. — Abb. O. S. B., 196. — Pr., 240.
Meymacum. — V. Meymac.
Meymont. — V. Olliergues.
Meyssac. — Pr., 240.
Mézières-en-Brenne. — Coll., 15.
Mialet. — V. Orgnac.
Mibouchet. — V. Méobecq.
Milhaguet. — Com., 240.
Mille Vaccæ. — V. Millevaches.
Millebeccum. — V. Méobecq.
Millevaches. — Pr., 240.
Minimes. — V. Beauregard, Bommiers, Bort, Chaumont, Clermont, Courpière, Dun-le-Roi, Issoudun, St-Ferréol de Brioude, Usson.
Ministrolium. — V. Ménétrol.
Miremont. — Pr., 132.
Miseraicum. — V. Miseray.
Miseray. — Abb. O. S. A., 39.
Miséricorde (Religieuses de la). — V. Sancerre.
Mission (Prêtres de la). — V. Lazaristes.
Moissac. — Pr., 282.
Moissat. — Pr., 132.
Moladier. — V. Besson.
Moledæ. — V. Molèdes.
Molèdes. — Pr., 133.
Molendario (de). — V. Besson.

Molendinum Pisini. — V. Molompize.
Molompize. — Pr., 282.
Monasteriolum. — V. Ménétréols-sous-le-Landais, Ménétréols-sous-Vatan.
Monasterium. — V. Monestier.
Monasterium Agedunense. — V. le Moutier-d'Ahun.
Monasterium Caprasii. — V. Montchevrier.
Monasterium Ratelli. — V. Menetou-Ratel.
Monasterium super Saldriam. — V. Ménétréols-sur-Sauldre.
Monasterium Sallonis. — V. Menetou-Salon.
Monastrolium. — V. Monistrol.
Monestier. — Pr., 60.
Monestier-Merlines. — Pr., 240.
Monestier-Port-Dieu. — Pr., 240.
Monestum. — V. Menneton-sur-Cher.
Mongeria. — V. la Mongerie.
Monistrol. — Coll., 155. — Capucins, 157. — Ursulines, 157.
Monitoire (Filles de la Charité du). — V. Bourges.
Mons. — Pr., 133.
Mons. — V. Allassac.
Mons Acutus. — V. Montaigut-le-Blanc.
Mons Brunus. — V. Dournazac.
Mons Calidus. — V. Malemort.
MonsCalmus. — V. Montchamp.
Mons Calvus. — V. Bassignac-le-Bas.
Mons Clarus. — V. Montclard.
Mons Ferrandus. — V. Montferrand.
Mons Muratus. — V. Montmurat.
Mons Panserii. — V. Montpensier.
Mons Petrosus. — V. Montpeyroux.
Mons Rotundus. — V. Bellevue-la-Montagne.
Mons Salvius. — V. Montsalvi.
Mons viridis. — V. Montvert.
Mont. — V. Aubusson.
Mont-la-Chapelle. — V. Pouligny-St-Pierre.
Montaigut. — Ursulines, 96. — Pr., 240.
Montaigut. — V. Villedieu.
Montaigut-en-Combrailles. — Capucins, 95.
Montaigut-le-Blanc. — Pr., 133.
Montboucher. — Pr., 240.

Montbrun. — V. Dournazac.
Montcalm. — V. Bassignac-le-Bas.
Montceix. — V. Chamberet.
Montcelet. — V. Vichel.
Montcenoux. — Coll., 15.
Montchalm. — V. Malemort.
Montchamp. — Com., 283.
Montclard. — Pr., 283.
Montchevrier. — Com., 60-61.
Montcilliis (de). — V. Vichel.
Monte Chantalesio (de). — V. St-Martin-Cantalès.
Montégut-le-Noir. — V. Compreignac.
Montel. — V. Doutreix.
Montes. — Pr., 133.
Montfaucon. — Archiprêté, 11. — Bernardines, 162.
Montferrand. — Coll., 89. — Cordeliers, 94. — Récollets, 94. — Ursulines, 96. — Visitandines, 96. — Pr., 133. — Com., 133.
Montgibaud. — Pr., 240.
Montgivrai. — Com., 61.
Monticulus Monachorum. — Pr., 57.
Montis Vicus. — V. Montvicq.
Montlaront. — V. St-Julien-le-Petit.
Montléon. — V. Cisternes-la-Forêt.
Montlevic. — Pr., 61.
Montluçon. — Archiprêtré, 11. — Coll., 15. — Capucins, 19. — Cordeliers, 18. — Bernardines, 46. — Ursulines, 19. — Pr., 61.
Montluçon (Notre-Dame de). — V. Montluçon.
Montmurat. — Pr., 283.
Montoldre. — Pr., 133.
Montpensier. — Pr., 133.
Montpeyroux. — Abb. O. C., 108.
Montpeyroux. — V. S. Léon.
Montredon. — V. Bellevue-la-Montagne.
Montregard. — Pr., 165.
Montsalvi. — Abb. O. S. A., 271.
Montsalvy. — Pr., 283.
Montvert. — Pr., 283.
Montvicq. — Pr., 61.
Morlac. — Pr., 61.
Mortemart. — Augustins, 185. — Carmes, 185. — Chartreux, 188.
Morterolles. — Com., 241-242.
Mosnay. — Pr., 61.
Mossay. — V. Faverolles.
Moulins. — Pr., 61.

Mouriou. — Pr., 241.
Mourjon. — Pr., 283.
Mousanis (de). — V. Chamberet.
Moustier-Ventadour. — Pr., 241.
Moutier-Moyen (Notre-Dame de). — V. Bourges.
Moyssacum. — V. Moissac.
Mozac. — Abb. O. S. B., 105.
Munetum. — V. Mennet.
Muorghum. — V. Mourjou.
Murat. — Coll., 264. — Cordeliers, 265. — Récollets, 265. — Dominicaines de Ste-Catherine, 265. — Pr., 61, 283.
Muratum. — V. Murat.
Muraux, *Murellum*. — V. St-Trie.
Muret. — V. Ambazac.

N

Naillat. — Pr., 241 — Com., 241.
Nantiat. — Pr., 241.
Nantuel. — V. Corquoy.
Narzenne. — Archidiaconé, 11.
Navæ. — V. Naves.
Navense monasterium. — V. Bourges (Abb. de St-Sulpice).
Naves. — Pr., 62, 299.
Nazaret. — V. Turenne.
Nebouzat. — Pr., 133. — Com., 133.
Neboziacum. — V. Nebouzat.
Nedde. — Pr., 241.
Néret. — Pr., 62.
Neretum. — V. Néret.
Néris. — Pr., 62.
Nesmond. — V. Vorly.
Nespouls. — Pr., 241.
Nétz-l'Abbé. — V. Martizay.
Neufontaines. — Abb. de Prémontrés, 110.
Neuvic. — Pr., 241.
Neuville. — Pr., 133-134.
Neuvy-le-Pailloux. — Pr., 62.
Neuvy-St-Sépulcre. — Coll., 15-16.
Neuvy-sur-Baranjon. — Pr., 62.
Nexon. — Pr., 241.
Neyponleu. — V. St-Paul.
Nieudan. — Pr., 283.
Niger locus. — V. Noirlac.
Nigrum Stabulum. — V. Noirétable.
Niherne. — Pr., 62.
Noailles. — Coll., 179. — Pr., 242.
Noalhacum. — V. Noalhat.
Noalhat. — Pr., 134.

Noet. — Pr., 62.
Nohant. — Pr., 62.
Nohentum. — V. Nouhant.
Noirétable. — Pr., 134.
Noirlac. — Abb. O. C., 36.
Nonars. — Pr., 242.
Nonette. — Pr., 134.
Nontron. — Archiprêtré, 175. — Cordeliers, 185. — Clarisses, 187. — Pr., 242.
Nontronium. — V. Nontron.
Notre-Dame (Filles de). — V. Gannat, Issoire, Limoges, Riom, St-Junien, St-Léonard.
Notre-Dame (Religieuses de). — V. Aurillac, Brioude, Châteauroux, Chaudesaigues, Langeac, le Puy, St-Flour, Yssingeaux.
Notre-Dame. — V. Joze.
Notre-Dame-de-la-Règle. — V. Limoges.
Notre-Dame-de-Moutier-Moyen. — Bourges.
Notre-Dames-de-Sales. — V. Bourges.
Nouhant. — Pr., 242.
Nouic. — Pr., 242.
Nouzerines. — Pr., 242.
Nouziers. — Pr., 242.
Nova Villa. — V. Neuville.
Novem Fontes. — V. Neufontaines.
Novus Vicus. — V. Neuvic, Neuvy-sur-Baranjon, Nouic.
Novus Vicus Paludosus. — V. Neuvy-le-Pailloux.
Nozerinæ. — V. Nouzerines.
Nozia. — V. Nouziers.

O

Obazina. — V. Obazine.
Obazine. — Abb. O. C., 204.
Obliacum. — V. Le Blanc.
Octovernis (de). — V. Liernolles.
Ognia. — V. Heugnes.
Olchiæ. — V. Oulches.
Olchiis (de). — V. Prémillat.
Olitium. — V. Lys-St-Georges.
Olivet. — Abb. O. C., 37.
Olivetum. — V. Olivet.
Olliergues. — Pr., 134.
Olloix. — Com., 134.
Olonziacum. — V. le Lonzac.
Oradour-sur-Glane. — Pr., 242. — Com., 242.

Oratoriens. — V. Bourges, Clermont. — Effiat, Limoges, Riom.
Oratorium. — V. Louroux. — Hodement, Oradour-sur-Glane.
Oratorium Barbonense. — V. Louroux-Bourbonnais.
Oratorium Sti Petri. — V. Lourdoueix-St-Pierre.
Orbeil. — Pr., 134.
Orbellum. — V. Orbeil.
Orcival. — Coll., 89-90. — Pr., 134.
Orgnac. — Pr. 242.
Orluc. — V. Pérols.
Orsan. — Fontevristes, 46.
Orsanum. — V. Orsan.
Orsenna. — V. Orsennes.
Orsennes. — Grandmontains, 62. — Pr., 62.
Orsonnette. — Pr., 134.
Oulche. — V. Prémillat.
Oulches. — Com., 62.
Ourouer-les-Bourdelins. — Pr., 62.

P

Pageas. — Com., 243.
Palaginges. — Pr., 243.
Palajangæ. — V. Palaginges.
Palatium B. M. V. — V. le Palais-Notre-Dame.
Pallegiacum. — V. Montregard.
Palluau. — Coll., 16. — Pr., 63.
Paludellum. — V. Palluau.
Panazol. — Pr., 243.
Parciacum. — V. Parsac.
Pardelières. — V. Lussac-les-Églises.
Parentignat. — Pr., 134.
Parentiniacum. — V. Parentignat.
Parlan. — Pr., 283.
Parpeçay. — Pr., 63.
Parsac. — Pr., 243.
Parva Marchia. — V. la Petite-Marche.
Patriacum. — V. Peyrat-la-Nonière.
Pauleneum. — V. Paulhenc.
Paulhac. — Pr., 283.
Paulhac. — V. Pont-du-Château, St-Étienne-de-Fursac.
Paulhacum. — V. Paulhac.
Paulhaguet. — Pr., 283-284.
Paulhenc. — Pr., 284.
Pauliacum. — V. Paulhaguet.
Pauliat. — V. Billom.
Pébrac. — Abb. O. S. A., 271. — Pr., 284.

Pelivicinum. — V. Pellevoisin.
Pellevoisin. — Pr., 63.
Pentilloux. — V. Châteaumeillant.
Perol. — V. Prondines.
Perolia. — V. Pérouille.
Pérols. — Pr., 243. — Com., 243.
Perosium. — V. la Peyrouse.
Peroline. — V. Noirétable.
Pérouille. — Pr., 63.
Perpezat-le-Noir. — Pr., 243.
Perpeziacum. — V. Perpezat-le-Noir.
Perucha. — V. Peyrusse.
Pessacum. — V. Pessat-Villeneuve.
Pessat-Villeneuve. — Pr., 134.
Petra Bufferia. — V. Pierre-Buffière.
Petra Fortis. — V. Pierrefort.
Petræ. — V. Pierres.
Petrusia. — V. la Péruse.
Peyrat-la-Nonière. — Pr., 243.
Peyrat-le-Château. — Pr., 243.
Peyrelevade. — Com., 243.
Peyrilhac. — Pr., 243-244. — Com., 243-244.
Peyrusse. — Pr., 134.
Peyzac. — Grandmontains, 244.
Piedjobert. — V. Douadic.
Pierre-Buffière. — Pr., 244.
Pierrefort. — Pr., 284.
Pierres. — Abb. O. C., 37.
Pigerolles. — Pr., 244.
Pigniacum. — V. Pigny.
Pigny. — Pr., 63.
Pinus. — V. le Pin.
Pionsat. — Pr., 134.
Piperacum. — V. Pébrac.
Plaimpied. — Abb. O. S. A., 39.
Plaincourault. — V. Mérigny.
Plantadis (de). — V. Ussac.
Plauzat. — Pr., 134.
Pleaux. — Carmes, 95. — Pr., 135.
Pleine-Meyze. — V. la Roche l'Abeille.
Plenus Pedis. — V. Plaimpied.
Plodium. — V. Pleaux.
Ploziacum. — V. Plauzat.
Polengix. — V. Poussanges.
Podiensis. — V. le Puy.
Podium Bonionis. — V. Puybonnieux.
Podium Ferrandi. — V. Puyferrand.
Podium Gilberti. — V. Larche.
Podium Malesignatum. — V. Puy-Malsignat.
Podium S. Ambrosii. — V. St-Léon.
Podium Tillosum. — V. Pentilloux.
Polminhac. — Pr., 284.

TABLE ALPHABÉTIQUE DES ÉTABLISSEMENTS 323

Polminhacum. — V. Polminhac.
Pomellum. — V. la Croisille.
Pons Castri. — V. Pont-du-Château.
Pons Gibaldi. — V. Pontgibaud.
Pont-Chrétien. — V. St-Marcel.
Pont-du-Bouchet. — V. Miremont.
Pont-du-Château. — Coll., 90. — Pr., 135.
Pontchaulet. — V. St-Germain-les-Belles.
Pontgibaud. — Pr., 135.
Pontratier. — Fontevristes, 120.
Pontvieux. — V. Tauves.
Port (Notre-Dame du). — V. Clermont.
Port-Ste-Marie. — Chartreux., 96.
Portus Dei. — V. le Port-Dieu.
Poulaines. — Pr., 63.
Poulenac. — V. Eygeaux.
Poulignac. — V. Naillat.
Pouligny-St-Pierre. — Pr., 63.
Poussanges. — Pr., 244.
Pradeaux, *Pradellis* (de). — V. Toulx-St-Croix.
Pradines. — Pr., 244.
Prat. — V. Romagnat.
Pratea. — V. la Prée.
Pratum Benedictum. — V. Prébenoît.
Prébenoît. — Abb. O. C., 205.
Prelliacum Captivum. — V. Presly-le-Chétif.
Prémillat. — Pr., 63.
Prémont. — V. Creuzier-le-Neuf.
Presly-le-Chétif. — Pr., 63.
Prissac. — Pr., 63. — Com., 63.
Prodelles. — V. Champagnac.
Prompsat. — Pr., 135.
Prompsiacum. — V. Prompsat.
Prondines. — Pr., 135.
Providence (Religieuses de la). — V. Limoges.
Prunet. — Pr., 284.
Prunetum. — V. Prunet.
Prunhia. — V. la Prugne.
Pulchra Arbor. — V. Belabre.
Pulchra Cassania. — V. Belle-Chassaigne.
Puy-de-Noix. — V. Beynat.
Puy-Malsignat. — Pr., 244.
Puybonnieux. — V. Pageas.
Puyjobert. — V. Larche.

Q

Quadris (de). — V. Flavignac.

Quincy. — Pr., 63.
Quinssaines. — Pr., 63.

R

Rageade. — Pr., 284.
Rancon. — Archiprêtré, 175.
Randon. — V. Sauxillanges.
Ratgada. — V. Rageade.
Raulhac. — Pr., 284.
Raulhacum. — V. Raulhac.
Récollets. — V. Ambert, Ardes, Argental, Aubusson, Brive, Confolens, Guéret, le Blanc, le Dorat, Limoges, Maringues, Montferrand, Murat, St-Amant-Tallende, St-Junien, St-Léonard, St-Yrieix, Tulle, Ussel.
Récollets de Ste-Valérie. — V. Limoges.
Rectum. — V. Arènes.
Refuge (Notre-Dame du). — V. le Puy.
Reginyacum. — V. Reigny.
Regniacum. — V. Reugny.
Reigny. — Pr., 63-64.
Reilhac. — Pr., 284.
Reillac. — V. Champniers.
Reix. — V. Arènes.
Rentières. — Pr., 135.
Requistat. — V. Jabrun.
Resentariæ. — V. Rentières.
Réservat. — V. St-Priest-les-Holières.
Reterre. — Pr., 244.
Retornacum. — V. Retournac.
Retournac. — Coll., 155.
Retz. — V. St-Genès-du-Retz.
Reugni. — V. la Féline.
Reugny. — Pr., 64.
Reuilly. — Pr., 64. — Com., 64.
Ricomum. — V. Riom.
Rilhac. — Pr., 299.
Rilhac-Lastours. — V. Rilhac.
Rilhac-Rancon. — Pr., 244.
Rilhacum. — V. Rilhac.
Rillacum. — V. Reilhac.
Riom. — Abb. O. S. A., 108. - Coll. de N.-D. du Marthuret, 9 — de St-Amable, 90. — de l Ste-Chapelle, 91. — monastè O. S. A., 118. — Capucins, 95. - Carmes, 95. — Cordeliers, 94. - Oratoriens, 95. — Carmélites, 9(

324 TABLE ALPHABÉTIQUE DES ÉTABLISSEMENTS

— Filles de Notre-Dame, 96. — Hospitalières, 96. — Visitandines, 96. — Pr., 135.
Riom-ès-Montagnes. — Pr., 135.
Riomum. — V. Riom.
Ris. — Pr., 135.
Rivarenæ. — V. Rivarennes.
Rivarennes. — Pr., 64.
Rivi. — V. Ris.
Roannes-St-Mary. — Pr., 284.
Roche-d'Agoux. — Pr., 135.
Roche-en-Régnier. — Pr., 165.
Rochechouart. — Dominicains, 185. — Grandmontains, 245. — Pr., 244-245.
Rochefort. — Archiprêtré, 84.
Rochefort. — V. St-Poncy.
Roches. — Pr., 245.
Roclæ. — V. Rocles.
Rocles. — Pr., 64.
Rode. — V. St-Clément.
Roeria. — V. Rogère.
Rofflac. — Pr., 284.
Rogerium. — V. Rouziers.
Roirette. — V. St-Hilaire-Bonneval.
Romagnat. — Pr., 135-136.
Ronesca. — V. Cros-de-Ronesque.
Rongères. — V. Ste-Sévère.
Rosatum. — V. Vaulry.
Roserium. — V. Rosier.
Rosier. — Pr., 245.
Rosnaium. — V. Rosnay.
Rosnay. — Pr., 64.
Rossacum. — V. Roussac.
Rosset. — V. Vaulry.
Rot. — V. St-Pantaléon.
Rota. — V. Larrode.
Rotense monasterium. — V. St-Pantaléon.
Rouffiac. — Pr., 284.
Rougnat. — Pr., 245.
Roumegoux. — Pr., 285.
Rousinum. — V. Roussy.
Roussac. — Pr., 245.
Roussines. — P., 245.
Roussy. — Pr., 285.
Rouvres-les-Bois. — Pr., 64.
Rouziers. — Pr., 285.
Rovra. — V. Rouvres-les-Bois.
Royat. — Pr., 136.
Royère. — Pr., 245.
Rubra Terra. — V. Reterre.
Ruffec. — Pr., 64.
Ruffec-le-Franc. — V. Saint-Aigny.

Ruffiacum. — V. Rofflac, Rouffiac, Ruffec.
Ruines. — Pr., 285.
Rulliacum. — V. Reuilly.
Runiacum. — V. Rougnat.
Rupes Cavardi. — V. Rochechouart.
Rupes Vetus. — V. Laroquevieille.
Rupis in Regnerio. — V. Roche-en-Régnier.
Ruynæ. V. — Ruines.

S

Sablaro. — V. Maisonnais.
Sablon. — V. Ste-Gemme.
Sagnemoussouse. — V. St-Priest-la-Feuille.
Sagnat. — Pr., 245.
Sailhant. — V. St-Nectaire.
Saillac. — Pr., 245.

Saint — Sainte

St-Agnant-de-Versillat. — Pr., 246.
St-Agrève. — V. le Puy.
St-Aignan. — V. Issoire.
St-Aignan-des-Noyers. — Pr., 64.
St-Aigny. — Pr., 65.
St-Alexis (Sœurs de). — V. Limoges.
St-Allyre. — Pr., 136.
St-Allyre. — V. Clermont.
St-Allyre-ès-Montagne. — V. le Puy-Guillaume.
St-Alpinien. — Pr., 246.
St-Amand. — Capucins, 19. — Cordeliers, 18. — Pr., 65.
St-Amand-Jartoudeix. — Pr., 246.
St-Amand-Tallende. — Récollets, 94. — Clarisses, 96.
St-Ambroise. — Pr., 65.
St-Ambroise. — V. Bourges.
St-André. — V. Clermont, Limoges.
St-André-les-Clermont. — V. Clermont.
St-Angel. — Pr., 213.
Ste-Anne. — Pr., 247. — Com., 247.
St-Anthème. — Pr., 136.
St-Antoine. — Com., 285.
St-Antoine. — V. Montferrand.
St-Antoine (Ordre de). — V. Gusset, Montferrand, Nébouzat.
St-Aoustrille. — Pr., 65.
St-Aoustrille. — V. Châtillon-sur-Indre.
St-Arcons-d'Allier. — Pr., 285.

St-Aubin. — Pr., 65.
St-Augustin. — V. Limoges.
St-Auvent. — Pr., 246.
St-Avit. — V. Issoire.
St-Bard. — Pr., 136.
St-Barnabé. — V. Oulches.
St-Barthélemy. — V. Le Breuil.
St-Basile. — Pr., 246.
St-Benoît. — V. Argenton.
St-Benoît-du-Sault. — Augustins, 19. — Pr., 44.
St-Blaise. — V. Châteauroux.
St-Bonnet. — Pr., 246.
St-Bonnet. — V. Clermont.
St-Bonnet-du-Désert. — Pr., 65.
St-Bonnet-l'Enfantier. — Pr., 246.
St-Bonnet-le-Bourg. — Pr., 136.
St-Brisson. — Pr., 65.
St-Brice. — Pr., 246.
St-Caprais. — Pr., 65.
St-Cassi. — V. Clermont.
Ste-Cécile. — Pr., 65.
St-Céols. — Pr., 65.
St-Cernin. — Pr., 285.
St-Cessateur. — V. Limoges.
St-Chaffre. — Abb. O. S. B., 158.
St-Chamand. — Coll., 88.
St-Charlier. — Pr., 65.
St-Christophe. — Pr., 136, 246.
St-Cirgues-de-Jordanne. — Pr., 285.
St-Cirgue-de-Malbert. — Pr., 285.
St-Clément. — Com., 299.
St-Clément-de-Régnal. — Pr., 136.
St-Clément-de-Valorgues. — Pr., 136.
St-Constant. — Pr., 285.
Ste-Croix. — V. Buzançais.
St-Cyr-sur-Gorre. — Pr., 246.
St-Cyran-du-Jambot. — Pr., 65.
St-Cyran-en-Brenne. — Abb. O. S. B., 30.
St-Denis. — V. Sancerre.
St-Denis-Combarzenat. — Pr., 136.
St-Denis-de-Jouet. — Pr., 65.
St-Denis-des-Murs. — Pr., 246.
St-Désiré. — Pr., 65.
St-Didier. — Augustines, 157.
St-Didier-sur-Doulon. — Pr., 285.
St-Dier. — Pr., 136.
St-Diéry-Haut. — Pr., 136.
St-Dizier. — Pr., 246.
St-Dizier-la-Tour. — Pr., 247.
St-Domet. — Com., 247.
St-Eloy. — Pr., 136.
St-Eloy. — V. Hérisson.

St-Eloy-de-Gy. — Com., 66.
St-Estèphe. — Grandmontains, 247.
St-Etienne. — V. Argenton, Le Blanc.
St-Etienne-aux-Claux. — Pr., 247.
St-Etienne-Cantalès. — Pr., 285.
St-Etienne-de-Carlat. — Pr., 286.
St-Etienne-de-Fursac. — Pr., 247. — Com., 247.
St-Etienne-de-Maurs. — Pr., 286.
St-Etienne-la-Geneste. — Pr., 247.
St-Etienne-Lardeyrol. — Pr., 165.
St-Etienne près Allègre. — Pr., 286.
St-Etienne-sur-Blesle. — Pr., 286.
St-Etienne-sur-Usson. — Pr., 136.
St-Eutrope. — V. Meunet.
St-Exupéry. — Archiprêtré, 175.
St-Ferréol. — V. Clermont.
St-Ferréol-de-Brioude. — Minimes, 265.
St-Ferréol-des-Cotes. — Pr., 136-137.
Ste-Ferréoles. — Pr., 247.
St-Fiacre. — V. Classignoles, Châteauroux.
St-Floret. — Pr., 137.
St-Flour. — Diocèse, 261. — Chapitre, 263. — Séminaire, 265. — Archiprêtré, 263. — Coll., 264. — Cordeliers, 264. — Dominicains, 264. — Jésuites, 265. — Lazaristes, 265. — Croix (Filles de la), 264-265. Notre-Dame (Religieuses de), 264. — Visitandines, 264.
Ste-Fortunade. — Pr., 299.
St-Frion. — Antonins, 247.
St-Front. — Pr., 165.
St-Fulgent. — V. Bourges.
St-Gaultier. — Pr., 66.
Ste-Gemme. — Pr., 66.
St-Genès. — V. Clermont.
St-Genès-du-Retz. — Pr., 137.
St-Genès-les-Monges. — Bénédictines, 119.
Ste-Geneviève. — Pr., 285.
St-Génitour. — V. Le Blanc.
St-Genou. — Pr., 66.
St-Genou-de-l'Estrée. — Abb. O. S. B., 31.
St-Georges. — Pr., 286.
St-Georges. — V. Bourbon-l'Archambault, Le Puy.
St-Georges-d'Aurac. — Pr., 286.
St-Georges-de-Mons. — Pr., 137.
St-Georges-la-Pouge. — Pr., 247-248.

St-Gérald. — V. Limoges.
St-Germain-de-Salles. — Pr., 137.
St-Germain-des-Fossés. — Pr., 137.
St-Germain-Lambron. — Coll. 89.
St-Germain-Laprade. — Pr., 165.
St-Germain-Lavolps. — Pr., 248.
St-Germain-les-Belles. — Coll., 279.
— Fontevristes, 248. — Pr., 248.
St-Germain-l'Herm. — Pr., 137.
St-Germain-près-d'Herment. — Pr., 137.
St-Germain-sur-Vienne. — Pr., 248.
St-Gervais-d'Auvergne. — Pr., 137-138.
St-Gervais-d'Auvergne. — V. Miremont.
St-Gervais-sous-Meymont. — Pr., 137-138.
St-Gildas. — Abb. O. S. B., 31.
St-Gilles-les-Forêts. — Pr., 248.
St-Goudon. — Pr., 66.
St-Haon. — Pr., 165.
St-Hérent. — Pr., 138.
St-Hilaire. — Pr., 66, 286. — Com., 66.
St-Hilaire-Bonneval. — Pr., 248.
St-Hilaire-Château. — Pr., 248.
St-Hilaire-de-Gondilly. — Pr., 66-67. — Com., 67.
St-Hilaire-en-Lignères. — Pr., 67.
St-Hilaire-la-Croix. — Pr., 138.
St-Hilaire-la-Treille. — Pr., 248.
St-Hilaire-Lastours. — Pr., 248.
St-Hilaire-Peyroux. — Pr., 248.
St-Hippolyte. — Pr., 138.
St-Hippolyte. — V. Bourges.
St-Hostien. — Pr., 165.
St-Illide. — Pr., 286.
St-Ilpize. — Pr., 286.
St-Jean. — V. Limoges, Montferrant.
St-Jean-Baptiste. — V. Seilhac.
St-Jean-Baptiste-du-Temple. — V. Châteauneuf-sur-Cher.
St-Jean-de-Dieu (Frères de). — V. Clermont.
St-Jean-de-la-Chevalerie. — V. Le Puy.
St-Jean-de-las-Fonts. — V. Ahun.
St-Jean-de-Nay. — Pr., 165. — Com., 165.
St-Jean-du-Buis. — V. Aurillac.
St-Jean-Lacalm. — Pr., 166.
St-Jean-Ligourre. — Pr., 248-249.
St-Joseph (Religieuses de). — V. Aurillac, Brioude.

St-Joseph (Sœurs de). — V. Le Puy.
St-Julien. — V. Limoges.
St-Julien-Chapteuil. — Pr., 166.
St-Julien-d'Ance. — Pr., 166.
St-Julien-de-Copel. — Pr., 138.
St-Julien-de-Pinet. — Pr., 166.
St-Julien-de-Toursac. — Pr., 286.
St-Julien-des-Chazes. — Pr., 286.
St-Julien-la-Gehest. — Bénédictines, 119.
St-Julien-la-Tourelle. — V. St-Pal-de-Chalençon.
St-Julien-le-Chatel. — Pr., 249.
St-Julien-le-Petit. — Pr., 249.
St-Julien-sur-Cher. — Pr., 67.
St-Junien. — Archiprêtré, 175. — Coll., 179. — Cordeliers, 185. — Dominicains, 185. — Récollets, 186. — Notre-Dame (Filles de), 188. — Com., 249.
St-Junien-la-Bregère. — Pr., 249.
St-Junien-les-Combes. — Pr., 249.
St-Just. — Pr., 249, 286. — Com., 249.
St-Just-près-Brioude. — Pr., 286.
St-Laurent. — V. Bourges.
St-Laurent-Chabreuges. — Pr., 286.
St-Laurent-d'Auzon. — Coll., 264.
St-Laurent-de-Bourges. — V. Bourges.
St-Laurent-sur-Gorre. — Pr., 249.
St-Léger-des-Bois. — V. Villecelin.
St-Léger-la-Montagne. — Com., 249.
St-Léger-le-Guéretois. — Pr., 249.
St-Léger-Magnazeix. — Grandmontains, 249. — Fontevristes, 250. — Pr., 250. — Com., 250.
St-Léon. — Pr., 138.
St-Léonard. — Coll., 180. — Récollets, 186. — Charité (Filles de), 188. — Pr., 250.
St-Loup. — Pr., 67.
St-Mamet-la-Salvetat. — Com. 286, 287.
St-Marc. — Pr., 287.
St-Marc-à-Frongier. — Pr., 250.
St-Marcel. — Pr., 67.
St-Marcel-en-Marcillat. — Pr., 138.
St-Marien. — Pr., 250.
St-Mart. — V. Royat.
St-Martial. — Pr., 287.
St-Martial. — V. Limoges.
St-Martin. — V. Limoges, Sancerre.
St-Martin-Cantalès. — Pr., 138.
St-Martin-d'Auxigny. — Pr., 67.

TABLE ALPHABÉTIQUE DES ÉTABLISSEMENTS 327

St-Martin-de Fugères. — Pr., 166.
St-Martin de Jussac. — Pr., 250.
St-Martin-de-Lamps. — Pr., 67.
St-Martin-des-Champs. — Pr., 67.
St-Martin-le-Vieux. — Pr., 250.
St-Martin-les-Bourges. — V. Bourges.
St-Martin-Ste-Catherine. — Grandmontains, 250. — Pr., 250.
St-Martin-Sepert. — Grandmontains, 250.
St-Martin-Valmeroux. — Bernardines, 120. — Pr., 138.
St-Mary-le-Cros. — V. Talizat.
St-Mary-le-Plain. — Pr., 138.
St-Maur. — Pr., 67.
St-Maureil. — Pr., 250. — Com., 250.
St-Maurice. — Pr., 139, 250.
St-Maurice. — V. Limoges, Valuejols.
St-Maurice-de Lignon. — Pr., 166.
St-Médard-d'Allier. — V. St-Ilaon.
St-Menoux. — Abb. O. S. B. (femmes), 43.
St-Merd-les-Oussines. — Pr., 251. — Com., 251.
St-Mesmin. — Pr., 251.
St-Michel. — V. Bourges, St-Georges.
St-Michel-de-Veisse. — Pr., 251.
St-Michel-en-Brenne. — Pr., 67. — Com., 67-68.
Ste-Miroflete. — V. Rouvres-les-Bois.
St-Nectaire. — Pr., 139.
St-Nicolas. — V. Talizat.
St-Nicolas-des-Biefs. — Pr., 139.
St-Optat-de-Dècre. — V. Vierzon.
St-Oradour-de-Chirouze. — Pr., 251.
St-Ours. — Pr., 139.
St-Oustrille-du-Château. — V. Bourges.
St-Pal-de-Chalençon. — Pr., 166.
St-Pal-de-Mons. — Pr., 166.
St-Pal-de-Murs. — Pr., 287.
St-Palais. — Pr., 68.
St-Pantaléon. — Pr., 251.
St-Pantaléon-de-Lapleau. — Pr., 251.
St-Pardoux-Darnet. — Fontevristes, 251. — Pr., 251.
St-Pardoux-l'Enfantier. — Pr., 252.
St-Pardoux-l'Ortigier. — Pr., 252.

St-Pardoux-la-Croizille. — Pr., 251.
St-Pardoux-lès-St-Chamans. — Pr., 300.
St-Patrocle. — V. Souvigny.
St-Paul. — Archiprêtré, 175. — Pr., 252, 299.
St-Paul. — V. Bourges.
St-Paul-des-Landes. — Pr., 287.
St-Paulien. — Coll., 155.
St-Pierre. — V. Brive, Châteauneuf-sur-Cher, Montluçon, Sancerre.
St-Pierre-Chérignat. — Pr., 252.
St-Pierre-Colamine. — Pr., 139.
St-Pierre-de-Chantoin. — V. Clermont.
St-Pierre-de-la-Tour. — V. Le Puy.
St-Pierre-des-Sables. — V. Bas.
St-Pierre-Eynag. — Pr., 166.
St-Pierre-le-Chastel. — Pr., 139.
St-Pierre-le-Puellier. — V. Bourges.
St-Pierre-les-Bois. — Pr., 68.
St-Pierre-les-Etieux. — Pr., 68.
St-Plaisir. — Com., 68.
St-Poncy. — Pr., 287.
St-Pont. — Pr., 139. — Com., 139.
St-Pourçain. — Cordeliers, 94. — Pr., 139.
St-Préjet-Armandon. — Pr., 287.
St-Priest. — Pr., 68.
St-Priest-d'Andelot. — Pr., 140.
St-Priest-des-Champs. — Pr., 140.
St-Priest-la-Feuille. — Pr., 252.
St-Priest-le-Betoux. — Pr., 252.
St-Priest-les-Holières. — Pr., 252.
St-Priest-les-Vergnes. — V. Ste-Anne.
St-Priest-sous-Aixe. — Com., 252.
St-Privat-d'Allier. — Pr., 166.
St-Projet. — Cordeliers, 185. — Pr., 140.
St-Projet. — V. Cassaniouze.
St-Quentin. — V. Bourges.
St-Remy-de-Chaudesaigues. — Pr., 287.
St-Remy-de-Salers. — Pr., 140.
St-Robert. — Pr., 252.
St-Romble. — V. Sancerre.
St-Sacrement (Congrégation du). — V. Thiers.
St-Salvadour. — Pr., 252.
St-Sandoux. — Pr., 140.
St-Santin-Cantalès. — Pr., 287.
St-Santin-de-Maurs. — Pr., 287.
St-Satur. — Abb. O. S. A., 40.
St-Saturnin. — Pr., 140.

St-Saury. — Pr., 287.
St-Sauves. — Pr., 140.
St-Sauvenz. — Pr., 140.
Ste-Scholastique. — V. Billom.
St-Sébastien. — V. Ménétréols-sous-le-Landais.
St-Sépulchre (Ordre du). — V. Soudaine-la-Vinadière.
Ste-Sévère. — Pr., 66.
St-Silvain-Bas-le-Roc. — Pr., 252.
St-Silvestre. — Pr., 140.
St-Simon. — Pr., 287.
St-Solve. — Pr., 252.
St-Sornin-Lavolps. — Pr., 253.
St-Sulpice. — V. Bourges.
St-Sulpice-le-Dunois. — Pr., 253.
St-Sulpice-le-Gueretois. — Com., 253.
St-Sulpice-les-Bois. — Pr., 253.
St-Sulpice-les-Champs. — Pr., 253.
St-Symphorien. — Pr., 253.
St-Theau. — V. Sornin-Lavolps.
Ste-Thérence. — Pr., 66.
Ste-Thorette — Pr., 66.
St-Tillo. — V. St-Sornin-Lavolps.
St-Trie. — Pr., 253.
St-Urcize. — Pr., 287.
St-Ursin. — V. Bourges.
Ste-Valérie. — V. Limoges.
St-Vaury. — Pr., 253.
St-Vert. — Pr., 287.
St-Viance. — Pr., 253.
St-Vic-le-Fleuriel. — Pr., 68.
St-Victor. — Pr., 140, 254.
St-Victour. — Pr., 254.
St-Victurnien. — Pr., 254.
St-Vincent. — Pr., 140, 167. — Grandmontains, 167.
St-Vosy. — V. le Puy.
St-Ybard. — Pr., 254.
St-Yorre. — Pr., 141.
St-Yrieix. — Récollets, 186. — Clarisses, 187.
St-Yrieix-la-Perche. — Coll., 181.
St-Yrieix-sous-Aixe. — Pr., 254.

Salæ. — V. les Salles-la-Vauguyon.
Salamum. — V. Salon.
Sales (N.-D. de). — V. Bourges.
Salliat. — V. St-Pont.
Salon. — Pr., 254.
Salvitas. — V. la Sauvetat.
Salviacum. — V. Sauviat.
Sancergues. — Coll., 16.

Sancerre. — Archidiaconé, 11. — Archiprêtré, 11. — Augustins, 19. — Miséricorde (Religieuses de la), 19, 20. — Pr., 68.
Sancerre (Notre-Dame de). — V. Sancerre.

SANCTUS, SANCTA

S. Aborreus. — V. St-Yorre.
S. Amandus. — V. St-Amand.
S. Ambrosius. — V. St-Ambroise.
S. Andreas in suburbio Claromontensi. — V. Clermont.
S. Anthemius. — V. S. Anthème.
S. Arcontius. — V. St-Arcons-d'Allier.
S. Audentius. — V. St-Auvent.
S. Austregesilus. — V. St-Aoustrille.
S. Augustinus. — V. St-Augustin.
S. Benedictus de Saltu. — V. St-Benoît-du-Sault.
S. Bonitus de Deserto. — V. St-Bonnet-du-Désert.
S. Briccius. — V. St-Brisson.
S. Celsus. — V. St-Céols.
S. Chartarius. — V. St-Chartier.
S. Circœneus de Billomo. — V. Billom.
S. Ciricus de Jordana. — V. St-Cirgues-de-Jordanne.
S. Ciricus de Malverto. — V. St-Cirgues-de-Malbert.
S. Constantius. — V. St-Constant.
S. Desiderius. — V. St-Didier-sur-Doulon, St-Dier, St-Diéry-Haut, St-Dizier.
S. Eligius. — V. St-Eloy.
S. Eparchius. — V. St-Ybard.
S. Florus de Castro. — V. St-Floret.
S. Fronto. — V. St-Front.
S. Gemma de Arena. — V. Ste-Gemme.
S. Genesius de Fys. — V. Fix St-Geneys.
S. Genulfus. — St-Genou-de-l'Estrée.
S. Germanus Lambron. — V. St-Germain-Lembron.
S. Germanus Pratensis. — V. St-Germain-Laprade.
S. Gildasius. — St-Gildas.
S. Gondulphus. — V. St-Gondon.
S. Heremus. — Pr., 138.

S. Illidius. — V. St-Allyre, St-Illide, St-Ilpize.
S. Johannes de Buxo. — V. Aurillac.
S. Johannes de Calma. — V. St-Jean-Lachalm.
S. Johannes de Mirmanda. — V. St-Jean-Lachalm.
S. Julianus de Ansa. — V. St-Julien d'Ance.
S. Julianus de Captolio. — V. St-Julien-Chapteuil.
S. Julianus de Pineto. — V. St-Julien de Pinet.
S. Julianus de Turreta. — V. St-Pal de Chalençon.
S. Julianus super Carum. — V. St-Julien-sur-Cher.
S. Justus. — V. St-Just.
S. Laurentius. — V. St-Laurent.
S. Lupus. — V. St-Loup.
S. Maria de Cella. — V. Selles-sur-Cher.
S. Martialis. — V. St-Martial.
S. Martinus de Fugeriis. — V. St-Martin-de-Fugères.
S. Mauricius de Podenciago. — V. St-Maurice-de-Lignon.
S. Medardus propre Aligerim. — V. St-Haon.
S. Menulfus. — V. St-Menoux.
S. Michael de Angelis. — V. St-Angel.
S. Michael in Brena. — V. St-Michel-en-Brenne.
S. Palladius. — V. St-Palais.
S. Paulianus. — V. St-Paulien.
S. Paulus. — V. St-Pal-de-Murs.
S. Paulus de Chalenconio. — V. St-Pal-de-Chalençon.
S. Paulus juxta montes. — V. St-Pal-de-Mons.
S. Petrus de Aynaco. — V. St-Pierre-Eynag.
S. Petrus de Turre. — V. le Puy.
S. Petrus in Bosco. — V. St-Pierre-les-Bois.
S. Petrus in Extallis. — V. St-Pierre-les-Etieux.
S. Poncius. — V. St-Poncy.
S. Privatus prope Allerium. — V. St-Privat-d'Allier.
S. Projectus. — V. St-Priest.
S. Sanctinus. — V. St-Santin-Cantalès.
S. Saturninus. — V. St-Cernin.

S. Saturus. — V. St-Satur.
S. Sigirannus in Brenna. — V. St-Cyran-en-Brenne.
S. Sigismundus. — V. St-Simon.
S. Silvanus. — V. Sauves.
S. Sostianus. — V. St-Hostien.
S. Spartius. — V. St-Bard.
S. Stephanus de Lardeyrolis. — V. St-Étienne-Lardeyrol.
S. Sulpitius. — V. St-Sulpice.
S. Syndulphus. — V. St-Sandoux.
S. Theofredus Calmiliacensis. — V. St-Chaffre.
Sta Terentia. — V. Ste-Thérence.
S. Ursizius. — V. St-Urcize.
S. Valericus. — V. St-Vaury.
S. Vincentianus. — V. St-Viance.
S. Vincentius in Vallavia. — V. St-Vincent.

Sanesacum. — V. Paulhaguet.
Sanium. — V. Sagnat.
Sansac. — V. Sansac-de-Marmiesse.
Sansac de Marmiesse. — Pr., 287.
Sanssal. — Pr., 141.
Sarlhat. — V. Dallet.
Sarrus. — Pr., 288.
Sarzay. — Pr., 68.
Saulnay. — Pr., 69.
Saulzet. — Pr., 141.
Saulzetum. — V. Saulzet.
Saunaisum. — V. Saulnay.
Sauret-Besserve. — Pr., 141.
Saurier. — Pr., 141.
Sauvagnac. — V. St-Léger-la-Montagne.
Sauvagnat. — Pr., 141.
Sauviat. — Pr., 141.
Sauxillanges. — Archiprêtré, 84. — Pr., 113, 141.
Sauzai. — V. Châteauroux.
Sauzilles. — Pr., 69.
Sauzeya. — V. Sauzai.
Savennes. — Pr., 141.
Savignac. — Pr., 254.
Scoury. — V. Ciron.
Séchères. — V. Feytiat.
Securum. — V. Ségur.
Segalassiera. — V. la Ségalassière.
Segonzac. — Pr., 254.
Ségur. — Pr., 141.
Seihac. — Pr. 254.
Sellacum. — V. Seilhac.
Selles-St-Denis. — Pr., 69.
Selles-sur-Cher. — Abb. O. S. A., 40.

Selles-sur-Nahon. — Pr., 69.
Semur. — V. St-Ambroise.
Seningour. — V. St-Germain-La-volps.
Sénezergues. — Pr., 288.
Serasium. — V. Sarzay.
Sereilhac. — Pr., 255.
Sérigny, *Seriniacum*. — V. Civray.
Sermur. — Pr., 255.
Sermur. — V. Flavignac.
Sermurium. — V. Sermur.
Serrut. — V. Nedde.
Servière. — Pr., 300.
Siaugues-St-Romain. — Pr., 288.
Sicco Muro (de). — V. St-Ambroise.
Sidiailles. — Com., 69.
Silva Benedicta. — V. la Seauve-Bénite.
Silviniacum. — V. Souvigny.
Singles. — Pr., 141.
Singuli. — V. Singles.
Sirac. — V. la Porcherie.
Siran. — Pr., 288.
Sivraicum. — V. Civray.
Solemniacum. — V. Solignac, Solignac-sous-Roche.
Solengiacum. — V. Soulangis.
Solignac. — Abb. O. S. B., 197.
Solignac-sous-Roche. — Pr., 167.
Sologne (Archiprêtré de), 11.
Sornac. — Pr., 255.
Souage. — V. Morlac.
Soubrebost. — Pr., 255.
Soudaine-la-Vinadière. — Pr., 255. — Com., 255.
Soudeilles. — Grandmontains, 255. — Com., 255.
Sougé. — Pr., 69.
Soulangis. — Pr., 69.
Soumans. — Pr., 255.
Soursac. — Pr., 255.
Sous-Parsat. — Pr., 256.
Soutrains. — V. Avor.
Souvigny. — Archiprêtré, 84. — Cordeliers, 94. — Bénédictines, 119. — Pr., 115, 141.
Spinosa. — V. Espinasse.
Stirpum. — V. Lesterp.
Strata. — V. St-Genou.
Strictum Cornu. — V. Etagnac.
Subterranea. — V. la Souterraine.
Subtrini. — V. Niherne.
Succiacum. — V. Sussat.
Sulpiciens. — V. Bourges, Clermont, Le Puy, Limoges, Tulle.

Super Nemore. — V. Soubrebost.
Surdola. — V. Surdoux.
Surdoux. — Pr., 256.
Surins. — V. Niherne.
Sussac. — Grandmontains, 256. — Pr., 256.
Sussat. — Pr., 141.

T

Tailhac. — Pr., 288.
Talayssacum. — V. Talizat.
Talizat. — Pr., 288.
Talvæ. — V. Tauves.
Target. — Pr., 69.
Targiacum. — V. Target.
Taulhacum. — V. Tailhac.
Tauves. — Pr., 141. — Com., 141.
Taveyrat. — V. Beaulieu.
Taxeriæ. — V. Teissière-de-Cornet.
Teilhède. — Pr., 141-142.
Teilhet. — Pr., 142.
Teissière-de-Cornet. — Pr., 288.
Teissière-les-Bouillies. — Pr., 288.
Telletum. — V. Teilhède.
Tence. — Pr., 167.
Tenciacum. — V. Tence.
Tercillat. — Pr., 256. — Com. 256.
Ternæ, *Terni*. — V. les Ternes.
Tersannes. — Com., 256.
Tessonnière. — Pr., 129.
Theil. — V. Asnières.
Thénioux. — Pr., 69.
Thenolium. — V. Thénioux.
Theoletum. — V. Thollet.
Thiernum. — V. Thiers.
Thiers. — Abb. O. S. B., 106. — Coll., 91. — Capucins, 95. — Grandmontains, 118. — S. Sacrement (Congrégation du), 96. — Ursulines, 96. — Visitandines, 96 — Collège, 96.
Thiézac. — Pr., 288.
Thilloux. — V. Sauzelles.
Thollet. — Pr., 256.
Thuret. — Pr., 142.
Tiazacum. — V. Thiézac.
Tilia. — V. Asnières, le Theil.
Tillicium. — V. Tilly.
Tillo. — V. Nedde.
Tilly. — Pr., 256.
Toiselay. — V. Châtillon-sur-Indre.
Torteresse. — Com., 142.

TABLE ALPHABÉTIQUE DES ÉTABLISSEMENTS 331

Toulx-Ste-Croix. — Pr., 256.
Tournon-St-Martin. — Pr., 69.
Toy-Viam. — Pr., 256.
Transalia. — V. Tranzault.
Tranzault. — Pr., 69.
Treignac. — Doctrinaires, 186. — Pr., 256.
Treignat. — Pr., 69.
Treigniacum. — V. Treignat.
Tremolia. — V. Trémouille.
Trémouille. — Pr., 142.
Tremps. — V. St-Priest-sous-Aixe.
Trézelle. — Pr., 142.
Trigant. — V. Jaillac.
Tudeil. — Pr., 257.
Tudellum. — V. Tudeil.
Tulle. — Diocèse, 291, 295. — Chapitre, 294. — Cathédrale, 294. — Séminaire, 295. — Abbaye O. S. B., 292, 293. — Carmes, 295. — Cordeliers, 295. — Feuillants, 297. — Jésuites, 295. — Récollets, 295. — Sulpiciens, 295. — Bernardines, 297. — Clarisses, 297. — Charité (Filles de la), 296. — Instruction (Filles de l'), 296. — Ursulines, 296. — Visitandines, 296. — Collège, 295.
Turenne. — Coll., 281-282. — Pr., 257.
Turiacum. — V. Thuret.
Turno. — V. Tournon-St-Martin.
Turrenna. — V. Turenne.
Turribus (de). — V. Rilhac-Lastours.
Tutelensis. — V. Tulle.

U

Uciacum. — V. Ussac.
Urcivalis. — V. Orcival.
Uriacum, Uriat. — V. Joze.
Ursulines. — V. Aigueperse, Ambert, Argentat, Arlanc, Beaulieu, Bort, Bourges, Brive, Celles, Châtillon, Clermont, Cunhlat, Eymoutiers, Issoudun, Lignières, Limoges, Maringues, Monistrol, Montaigut, Montferrand, Montluçon, Thiers, Tulle, Ussel, Valençay, Viverols.
Usellum. — V. Ussel.
Ussac. — Antonins, 257. — Pr., 257.
Ussel. — Coll., 187. — Récollets, 186. — Ursulines, 187. — Pr., 69, 288.

Usselum. — V. Ussel.
Usson. — Minimes, 95. — Pr., 142.
Uzerche. — Abb. O. S. B., 199.
Uzerchia. — V. Uzerche.

V

Vailly. — Pr., 69.
Val. — V. Combrailles.
Val-Beneyte. — V. la Roche-Peyroux.
Valbenette. — V. Eygurande.
Valegium. — V. Valuéjols.
Valençay. — Ursulines, 19. — Pr., 69-70. — Com., 70.
Valenche. — V. Sanssat.
Valentiacum. — V. Valençay.
Valentin. — V. la Roche-l'Abeille.
Valentines. — V. Ségur.
Valette. — V. le Lonzac.
Valeys. — V. Nexon.
Valignat. — Pr., 70.
Valigny-le-Monial. — Pr., 70.
Valiniacum. — V. Valignat, Valigny-le-Monial.
Valle-Marone (de). — V. St-Martin-Valmeroux.
Valle regia (de). — V. Vorey.
Valleria. — V. Vallière.
Valles. — V. Leyvaux.
Valliacum. — V. Verilly.
Vallibus (de). — V. Balledent.
Vallière. — Pr., 257.
Vallis Amblivina. — V. la Voûte-sur-Loire.
Vallis Benedicta. — V. la Roche-Peyroux.
Vallis Clara. — V. Molompize.
Vallis Franca. — V. la Vau-Franche.
Vallis Honesta. — V. Feniers.
Vallis læta. — V. la Vallette.
Vallis lucida. — V. le Bouschet.
Vallis Orseria. — V. Lorcières.
Vallis Sta Anna. — V. Lavaux-Ste-Anne.
Vallis Sanci. — V. la Vassin.
Vals. — Augustines, 157.
Valuéjols. — Pr., 288.
Varennæ. — V. Varennes.
Varennes. — Abb. O. C., 37. — Pr., 70.
Varennes-sur-Allier. — Pr., 142.
Varetz. — Com., 257.

St-Gérald. — V. Limoges.
St-Germain-de-Salles. — Pr., 137.
St-Germain-des-Fossés. — Pr., 137.
St-Germain-Lambron. — Coll. 89.
St-Germain-Laprade. — Pr., 165.
St-Germain-Lavolps. — Pr., 248.
St-Germain-les-Belles. — Coll., 279.
— Fontevristes, 248. — Pr., 248.
St-Germain-l'Herm. — Pr., 137.
St-Germain-près-d'Herment. — Pr., 137.
St-Germain-sur-Vienne. — Pr., 248.
St-Gervais-d'Auvergne. — Pr., 137-138.
St-Gervais-d'Auvergne. — V. Miremont.
St-Gervais-sous-Meymont.— Pr., 137-138.
St-Gildas. —Abb. O. S. B., 31.
St-Gilles-les-Forêts. — Pr., 248.
St-Goudon. — Pr., 66.
St-Haon. — Pr., 165.
St-Hérent. — Pr., 138.
St-Hilaire. — Pr., 66, 286. — Com., 66.
St-Hilaire-Bonneval. — Pr., 248.
St-Hilaire-Château. — Pr., 248.
St-Hilaire-de-Gondilly. — Pr., 66-67. — Com., 67.
St-Hilaire-en-Lignères. — Pr., 67.
St-Hilaire-la-Croix. — Pr., 138.
St-Hilaire-la-Treille. — Pr., 248.
St-Hilaire-Lastours. — Pr., 248.
St-Hilaire-Peyroux. — Pr., 248.
St-Hippolyte. — Pr., 138.
St-Hippolyte. — V. Bourges.
St-Hostien. — Pr., 165.
St-Illide. — Pr., 286.
St-Ilpize. — Pr., 286.
St-Jean. — V. Limoges, Montferrant.
St-Jean-Baptiste. — V. Seilhac.
St-Jean-Baptiste-du-Temple. — V. Châteauneuf-sur-Cher.
St-Jean-de-Dieu (Frères de). — V. Clermont.
St-Jean-de-la-Chevalerie. — V. Le Puy.
St-Jean-de-las-Fonts. — V. Ahun.
St-Jean-de-Nay. — Pr., 165. — Com., 165.
St-Jean-du-Buis. — V. Aurillac.
St-Jean-Lacalm. — Pr., 160.
St-Jean-Ligourre. — Pr., 248-249.
St-Joseph (Religieuses de). — V. Aurillac, Brioude.

St-Joseph (Sœurs de). — V. Le Puy.
St-Julien. — V. Limoges.
St-Julien-Chapteuil. — Pr., 166.
St-Julien-d'Ance. — Pr., 166.
St-Julien-de-Copel. — Pr., 138.
St-Julien-de-Pinet. — Pr., 166.
St-Julien-de-Toursac. — Pr., 286.
St-Julien-des-Chazes. — Pr., 286.
St-Julien-la-Gehest. — Bénédictines, 119.
St-Julien-la-Tourelle. — V. St-Pal-de-Chalençon.
St-Julien-le-Chatel. — Pr., 249.
St-Julien-le-Petit. — Pr., 249.
St-Julien-sur-Cher. — Pr., 67.
St-Junien. — Archiprêtré, 175. — Coll., 179. — Cordeliers, 185. — Dominicains, 185. — Récollets, 186. — Notre-Dame (Filles de), 188. — Com., 249.
St-Junien-la-Bregère. — Pr., 249.
St-Junien-les-Combes. — Pr., 249.
St-Just. — Pr., 249, 286. — Com., 249.
St-Just-près-Brioude. — Pr., 286.
St-Laurent. — V. Bourges.
St-Laurent-Chabreuges. — Pr., 286.
St-Laurent-d'Auzon. — Coll., 264.
St-Laurent-de-Bourges. — V. Bourges.
St-Laurent-sur-Gorre. — Pr., 249.
St-Léger-des-Bois. — V. Villecelin.
St-Léger-la-Montagne. — Com., 249.
St-Léger-le-Guérétois. — Pr., 249.
St-Léger-Magnazeix. — Grandmontains, 249. — Fontevristes, 250. — Pr., 250. — Com., 250.
St-Léon. — Pr., 138.
St-Léonard. — Coll., 180. — Récollets, 186. — Charité (Filles de), 188. — Pr., 250.
St-Loup. — Pr., 67.
St-Mamet-la-Salvetat. — Com. 286, 287.
St-Marc. — Pr., 287.
St-Marc-à-Frongier. — Pr., 250.
St-Marcel. — Pr., 67.
St-Marcel-en-Marcillat. — Pr., 138.
St-Marien. — Pr., 250.
St-Mart. — V. Royat.
St-Martial. — Pr., 287.
St-Martial. — V. Limoges.
St-Martin. — V. Limoges, Sancerre.
St-Martin-Cantalès. — Pr., 138.
St-Martin-d'Auxigny. — Pr., 67.

Vigeois. — Archiprêtré, 175. — Abb. O. S. B., 200.
Vignols. — Pr., 258.
Vignonet, *Vignonetum*. — V. Antignac.
Vigoulant. — Pr., 71.
Vigoux. — Pr., 71.
Vigus. — V. Vigons.
Villagoen. — V. Villegoin.
Vijon. — Pr., 71.
Villa. — V. la Mothe.
Villa Dei. — V. Villedieu.
Villa in Strata. — V. Villentrois.
Villard. — Pr., 258.
Villare. — V. Villers.
Villaria. — V. Villard.
Ville-aux-Moines. — V. St-Priest.
Villecelin. — Pr., 71.
Villedieu. — Pr., 71, 289. — Com., 71.
Villedieu. — V. St-Plaisir.
Villefranche-sur-Cher. — Com., 71.
Villegoin. — Pr., 72.
Villentrois. — Pr., 72.
Villers. — Pr., 72.
Villevaleix. — V. Ste-Anne.
Vilmarin. — V. Mosnay.
Vinadière. — V. Soudaine-la-Vinadière.
Violium. — V. Veuil.
Virargues. — Pr., 289.
Virzinum, *Virzio*. — V. Vierzon.
Visitandines. — V. Aurillac, Billom, Bourges, Brioude, Clermont, Guéret, Issoudun, la Châtre, le Puy, Limoges, Montferrand, Riom, St-Flour, Thiers, Tulle.
Vitrac. — Pr., 143, 289.
Vitracum. — V. Vitrac.
Vitrathant. — V. St-Maurice.
Vitray. — Pr., 72.
Vitriacum. — V. Vitray.
Viverolo. — Ursulines, 96. 143.

Viviers. — V. Tercillat.
Vocacum. — V. Voussac.
Vodables. — Pr., 143.
Vodolio. — V. Vouillon.
Vohencum. — V. Voingt.
Voingt. — Pr., 143.
Volonnum. — V. le Dorat.
Vollure. — Pr., 143.
Volta in Alvernia. — V. la Voûte-Chilhac.
Volubrum. — V. Vollure.
Volvic. — Pr., 143.
Volvicum. — V. Volvic.
Vorey. — Pr., 162.
Vorly. — Pr., 72.
Vosium. — V. Vigeois.
Vouillon. — Pr., 72.
Voulons. — V. le Dorat.
Voussac. — Pr., 72.
Voutezac. — Pr., 258.
Vouzeron. — Pr., 72.
Vozero. — V. Vouzeron.
Vulpes. — V. St-Germain-Lavolps.

W

Waractum. — V. Guéret.

Y

Ydes. — Com., 143.
Yronde. — Grandmontains, 143.
Yssac-la-Tourette. — Pr., 143. — Com., 143.
Yssandon. — Pr., 259.
Yssingeaux. — Notre-Dame (Religieuses de), 157. — Pr., 167.
Ytrac. — Pr., 289.
Ytracum. — V. Ytrac.
Yvernault. — V. Mosnay.
Yvoi-le-Pré. — Pr., 72.
Yvoium. — V. Yvoi-le-Pré.

TABLE DES MATIÈRES

Province ecclésiastique de Bourges

Bourges	1
Clermont	73
Le Puy	145
Limoges	169
Saint-Flour	261
Tulle	291

Ligugé (Vienne). — Imprimerie E. Aubin.

ARCHIVES DE LA FRANCE MONASTIQUE

ABBAYES ET PRIEURÉS DE FRANCE
NOTICES HISTORIQUES ET BIBLIOGRAPHIQUES
Par le R. P. Dom BESSE

INTRODUCTION
Congrégations monastiques et canoniales.
1 vol. in-8, xxxii-352 p...... 10 fr.

TOME PREMIER
Provinces ecclésiastiques de Paris (Diocèses de Paris, Chartres, Blois, Orléans et Meaux).
1 vol. in-8, xxiv-596 p....... 10 fr.

TOME DEUXIÈME
Provinces ecclésiastiques d'Aix, Arles, Avignon et Embrun....... 12 fr.

TOME TROISIÈME
Provinces ecclésiastiques d'Auch et de Bordeaux............ 12 fr.

TOME QUATRIÈME
Provinces ecclésiastiques d'Albi, de Narbonne, de Toulouse...... 12 fr.

TOME CINQUIÈME
Province ecclésiastique de Bourges.
1 vol. in-8............. 12 fr.

TOME SIXIÈME
Province ecclésiastique de Sens.
(pour paraître en 1913).

LES MOINES DE L'ANCIENNE FRANCE

TOME PREMIER
Période gallo-romaine et mérovingienne, par le R. P. Dom BESSE.
1 vol. in-8, xii-571 p. (épuisé.)
L'Académie française a décerné à cet ouvrage le prix du baron de Courcel (1907).

TOME DEUXIÈME
Période Carolingienne, par le R. Dom BESSE.
1 vol. in-8.
(En préparation.)

Les Dépendances de l'Abbaye de Saint-Germain-des-Prés
Par Dom ANGER

TOME PREMIER
Seine-et-Marne.
1 vol. in-8, vii-362 p...... 10 fr.

TOME DEUXIÈME
Seine-et-Oise.
1 vol. in-8, vii-324 p...... 10 fr.

TOME TROISIÈME ET DERNIER, 1 vol. in-8 de 400 p...... 10 fr.

DOCUMENTS ET MÉLANGES MABILLON
Publiés à l'occasion du deuxième anniversaire séculaire de sa mort.
1 volume in-8 de xlviii-376 p............................ 10 fr.

HISTOIRE DE L'ABBAYE DE SAINTE-CROIX DE BORDEAUX
Par M. CHAULIAC
1 volume in-8 de 408 p.............................. 10 fr.

Mémoires du R. P. Dom Audebert
De la Congrégation de Saint-Maur (1643-1654)
Publiés par le R. P. Dom GUILLOREAU, 1 vol. in-8............ 12 fr.

Recueil de Chartes et Documents de Saint-Martin-des-Champs, monastère parisien, par J. DEPOIN,
Secrétaire général de la Société historique du Vexin. — Tome I.
Un vol. in-8 de 320 pages......................... 10 fr.

www.ingramcontent.com/pod-product-compliance
Lightning Source LLC
Chambersburg PA
CBHW070606160426
43194CB00009B/1211